KB121097

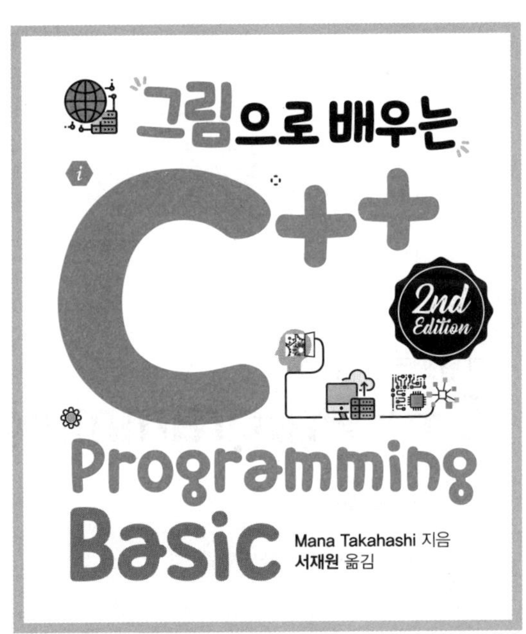

YoungJin.com Y.
영진닷컴

그림으로 배우는

C++ Programming 2nd Edition

YASASHII C++ DAI5HAN

독자님의 의견을 받습니다

이 책을 구입한 독자님은 영진닷컴의 가장 중요한 비평가이자 조언가입니다. 저희 책의 장점과 문제점이 무엇인지, 어떤 책이 출판되기를 바라는지, 책을 더욱 알차게 꾸밀 수 있는 아이디어가 있으면 이메일, 또는 우편으로 연락주시기 바랍니다. 의견을 주실 때에는 책 제목 및 독자님의 성함과 연락처(전화번호나 이메일)를 꼭 남겨 주시기 바랍니다. 독자님의 의견에 대해 바로 답변을 드리고, 또 독자님의 의견을 다음 책에 충분히 반영하도록 늘 노력하겠습니다.

주　　소 : 서울시 금천구 가산디지털1로 128 STX-V타워 4층 영진닷컴 기획1팀

등　　록 : 2007. 4. 27. 제16-4189호
이 메 일 : support@youngjin.com

ISBN : 978-89-314-6333-0

STAFF

저자 Mana Takahashi | **역자** 서재원 | **기획** 기획1팀 | **총괄** 김태경 | **진행** 김민경, 서민지 | **본문 편집** 이주은
표지 디자인 임정원 | **영업** 박준용, 임용수, 김도현 | **마케팅** 이승희, 김근주, 조민영, 김예진, 이은정 | **제작** 황장협
인쇄 제이엠인쇄

머리말

현재 C++ 언어는 다양한 프로그램 개발에 활용되고 있습니다. C++ 언어를 사용하면 실용적이고 고급 기능을 가진 프로그램을 개발할 수 있습니다. 그러나 C++ 언어는 어렵다는 인상이 강한 언어이기도 합니다. 'C++은 배워야 할 것이 많을 것 같은데……' 라고 생각하신 분들이 많으리라 생각됩니다.

이 책은 그런 분들을 위해 만들어진 C++ 언어 입문서입니다. 프로그래밍을 배워본 적이 없는 분들도 무리없이 학습할 수 있도록 구성되어 있습니다. 프로그래밍의 기초부터 설명하기 때문에 다른 언어에 대한 지식은 필요하지 않습니다. 또한 일러스트를 풍부하게 사용하여, 어려운 개념도 그림을 통해 이해할 수 있도록 노력했습니다.

이 책에는 많은 예제 프로그램이 수록되어 있습니다. 프로그래밍 실력 향상의 지름길은 실제로 프로그램을 입력하고 실행해 보는 것입니다. 예제들을 하나씩 확인하면서, 단계적으로 학습하시기 바랍니다.

이 책이 독자 여러분에게 큰 도움이 되길 바랍니다.

저자 Mana Takahashi

역자의 말

생산성이 훨씬 높은 언어가 셀 수 없이 등장한 지금 이 시대에도 C++ 언어의 수요가 결코 줄어들고 있지 않다는 것은 그만큼 C++ 언어의 영역이 확고하다는 증거일 것입니다.

그러나 C++ 언어는 강력한 기능과 더불어 높은 자유도를 가진 언어인 만큼, 진입장벽이 높은 언어인 것이 사실입니다.

이 책은 선수 과목처럼 다루어지는 C 언어의 학습조차 강요하지 않습니다.

그러나 C++ 언어가 가지고 있는 고급 기능까지 매우 쉽게 설명하고 있습니다.

더욱이, 다른 입문 서적에서 부록처럼 다루고 있는 제네릭 프로그래밍과 STL을 상세하면서 쉽게 설명하고 있다는 점은 분명 대단한 성과라고 말할 수 있을 것입니다.

C++을 학습하고 싶지만, 높아만 보이는 진입장벽에 좌절하고 계신 당신께 감히 일독을 권해 드립니다.

어려운 길을 택하신 당신의 한걸음 한걸음을 먼 발치에서나마 응원하겠습니다.

이 책이 그 길의 길동무가 될 수 있다면 대단한 영광이겠습니다.

마지막으로 귀한 기회를 제공해 주시고, 부족한 원고를 책으로 엮어주신 영진닷컴 관계자 여러분, 작업하는 동안 귀한 노래를 들려주신 Goose House의 멤버 여러분, 그리고 저를 일본어 번역가의 길로 이끌어 주신 최남열 선생님과 프로그래머의 길로 이끌어 주신 권오형 선생님께 지면을 빌어 감사말씀을 올립니다.

대단히 감사합니다. 모두 여러분 덕분입니다.

서재원

책에 등장하는 예제파일에 대하여…

다음 주소에서 다운로드 받으시기 바랍니다.

영진닷컴 홈페이지(www.youngjin.com) / 고객센터 / 부록 CD 다운로드

C++ 언어의 개발 환경 사용법

C++ 프로그램의 실행 순서는 이 책의 1장에서 설명한 바와 같이, ① 소스 코드 작성 → ② 컴파일 (→ ③ 링크) → ④ 프로그램 실행 순으로 이루어집니다. 이 장에서는 'Microsoft Visual Studio' 의 사용 방법을 통하여, C++ 프로그램의 작성에서 실행까지의 과정을 설명합니다. ①~④의 자세한 내용은 제 1장을 참조하시기 바랍니다.

Visual Studio 사용법

사용 전 설정

Visual Studio는 Microsoft 사의 통합 개발 환경입니다. Microsoft 사에서 제공하는 지침에 따라 설치하고 실행하십시오. 이 책에서는 Community Edition을 사용합니다.

● Visual Studio 다운로드

https://www.visualstudio.com/ko/downloads/

이 책의 집필 시점의 최신 버전인 Community 2017은 설치하거나 설치를 변경할 때, 인스톨러 선택 화면에서 'C++를 사용한 데스크톱 개발' 항목을 선택하고 설치해야 합니다.

또한 Community Edition을 30일 이상 이용한다면 Microsoft 계정으로 로그인을 해야 합니다.

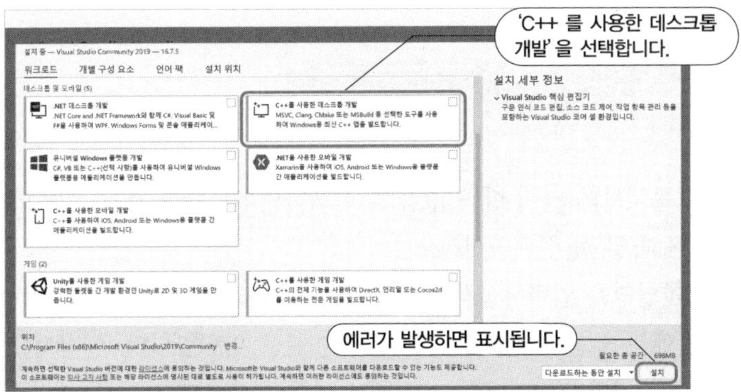

● 프로그램 작성순서

1. 메뉴에서 [파일] → [새로 만들기] → [프로젝트]를 선택하면 '새 프로젝트' 화면이 표시됩니다. '빈 프로젝트' 을 선택하십시오. '이름' 란에 "Sample1"과 같이 프로젝트 명을 입력합니다. '위치' 란에는 사용하기에 편리한 폴더 명을 입력하십시오. 다음 그림의 경우는 c 드라이브 아래의 YCCSample 폴더→ 01 폴더로 지정한 상태입니다.

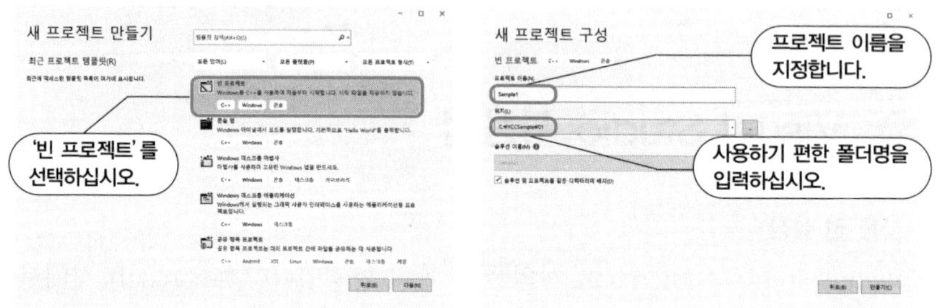

2. 메뉴에서 [프로젝트] → [속성]을 선택하면 [XXX 속성 페이지] (여기에서는 [Sample1 속성 페이지) 화면이 열립니다. 화면 왼쪽에서 '구성 속성' → '링커' → '시스템' 을 선택한 뒤, 오른쪽 '하위 시스템' 목록에서 '콘솔(/ SUBSYSTEM: CONSOLE)' 을 선택합니다.

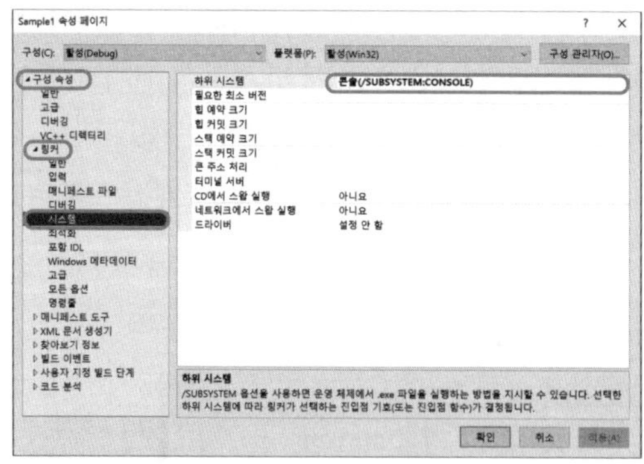

3. 메뉴에서 [프로젝트] → [새 항목 추가]를 선택하면 [새 항목 추가] 화면이 표시됩니다. 'C++ 파일' 을 선택하십시오.

'이름' 란에 파일명을 입력하십시오. 파일 이름은 'Sample1.cpp' 처럼 입력합니다. '위치' 란에는 소스 파일을 저장할 폴더 이름을 입력합니다. 일반적으로 이전 1단계에서 지정한 '폴더 이름 + 솔루션 이름 + 프로젝트 이름' 이 자동으로 입력됩니다.

다음 그림에 등장한 'C:\YCCSample\01\Sample1\Sample1'의 경우, C 드라이브의 YCCSample 폴더 → 01 폴더 → Sample1 폴더 → Sample1 폴더 안에 소스 파일이 저장됩니다.

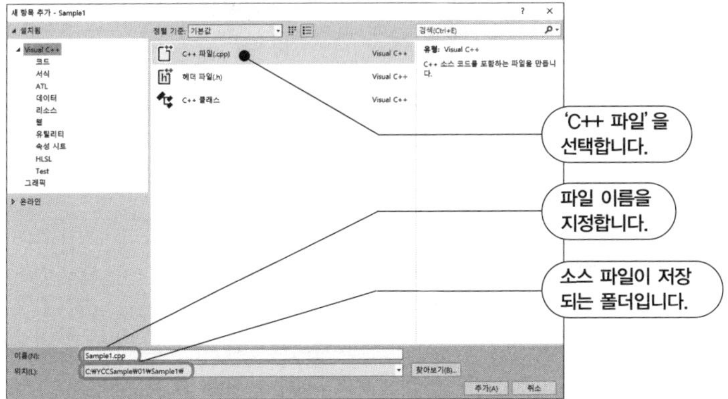

4. 코드 파일을 만든 후 비로소 소스 코드를 입력할 수 있습니다. 이 책을 참고하여 소스 코드를 입력하십시오(... ① 소스 코드 작성).

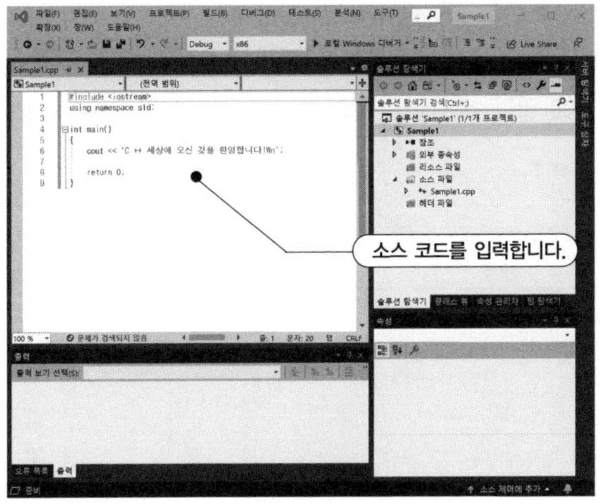

5. 소스 코드를 입력한 후 메뉴에서 '빌드'→'솔루션 다시 빌드'를 선택하십시오. 소스 파일이 저장되고 컴파일 및 링크 작업이 이루어집니다(... ② 컴파일 실행 + ③ 링크의 실행). 메뉴 항목에 '빌드'가 존재하지 않는 경우, 2단계의 설정을 확인하십시오.

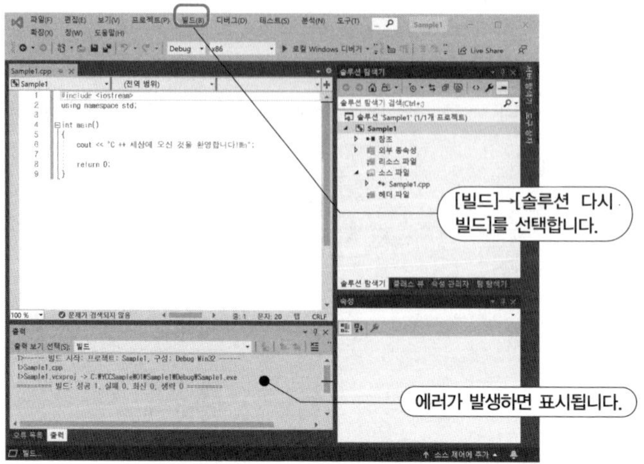

코드의 문법이 잘못되었으면 에러가 표시되니, 입력한 코드를 다시 한번 확인합니다. 또한 Visual Studio에서는 9장과 15장에서 사용하는 표준 문자열 처리 함수인(strcpy () 함수, strcat () 함수) 등을 컴파일할 때 보안 에러가 표시되며 컴파일을 할 수 없습니다.

■ 메뉴에서 [프로젝트] → [속성]을 선택합니다.

속성 페이지 화면이 열리면 화면 왼쪽의 목록에서 [구성 속성] → [C/C++] → [고급]을 선택하고, 화면 오른쪽에 열린 패널에서 [특정 경고 사용 안 함] 항목에 '4996'을 입력합니다.

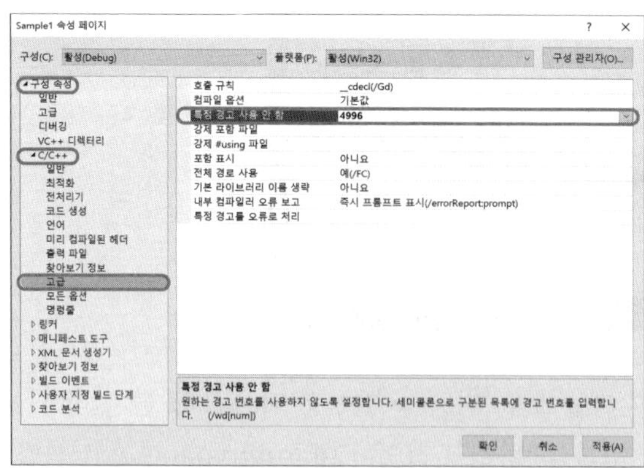

아니면 표준 함수를 사용하는 대신에 보안 함수를 사용하는 방법이 있습니다.
이때는 코드를 작성하는 방법이 바뀌니 주의하십시오.
영진닷컴의 홈페이지(www.youngjin.com)에 이 책에 실린 코드와 보안 함수를 사용한 코드를 모두 올려 두었으니 참고하시기 바랍니다. 자세한 사항은 본문을 참조하십시오.

6. 메뉴에서 [디버그] → [디버깅하지 않고 시작]을 선택합니다. 명령 프롬프트가 자동으로 시작되면서 프로그램이 실행됩니다. 프로그램의 실행을 종료시키려면 아무 키나 누르십시오(…④ 프로그램의 실행). 만약 메뉴 항목에 '디버깅 하지 않고 시작'이 보이지 않으면, 2단계 설정을 확인하십시오.

다른 샘플 프로그램을 작성할 때에는 1단계로 돌아가서 새 프로젝트를 처음부터 다시 생성하십시오. 또한 4단계로 돌아가서 편집기로 새로운 코드를 입력할 수 있습니다. 단, 4단계로 돌아가게 되면 이미 작성한 코드를 덮어 쓰게 됩니다.

- 제 10장에서의 주의사항: 제 10장의 경우처럼 파일을 분할하여 컴파일해야 하는 경우, 3단계로 돌아가서 새 항목(C++ 파일과 헤더 파일)을 추가하십시오.
- 제 16장에서의 주의사항: 제 16장 파일 입출력에서 5단계까지 수행하십시오. 그 다음 Windows 명령 프롬프트에서 프로그램을 실행시키십시오.

① Windows 7에서는 시작 버튼을 누른 후, [모든 프로그램 → 보조 프로그램 → 명령 프롬프트]를 선택합니다.
Windows 8.1에서는 시작 화면에서 모든 응용 프로그램을 표시하고 응용 프로그램 목록에서 [Windows 시스템]에 있는 [명령 프롬프트]를 선택합니다.
Windows 10에서는 시작 버튼을 마우스 오른쪽 단추로 클릭하면 표시되는 메뉴에서 [명령 프롬프트] 또는 [Windows PowerShell]을 실행합니다.

② 'cd 프로그램이 생성된 폴더 이름 Enter' 라고 입력하면 프로그램이 생성된 폴더로 이동합니다. 프로그램은 '솔루션 폴더 이름 + 구성 폴더 이름' 에 '프로젝트 이름(.exe)' 라는 이름으로 저장되는 것이 일반적입니다.
만약 1~5 순서에 따라서 프로그램을 작성했다면 'C:\YCCSample\01\Sample1\Debug' 폴더에 'Sample1(.exe)' 라는 이름으로 프로그램이 저장되어 있을 것입니다. 이러한 경우 'cd C:\YCCSample\01\Sample1\Debug Enter' 라고 입력합니다.

③ '프로그램 이름 Enter' 를 입력하고 프로그램을 실행합니다. 1~5 단계를 따랐다면 'Sample1 Enter' 를 입력합니다. 만약 Windows PowerShell을 열었다면, 앞에 './'를 붙인 './Sample1 Enter'를 입력하십시오.

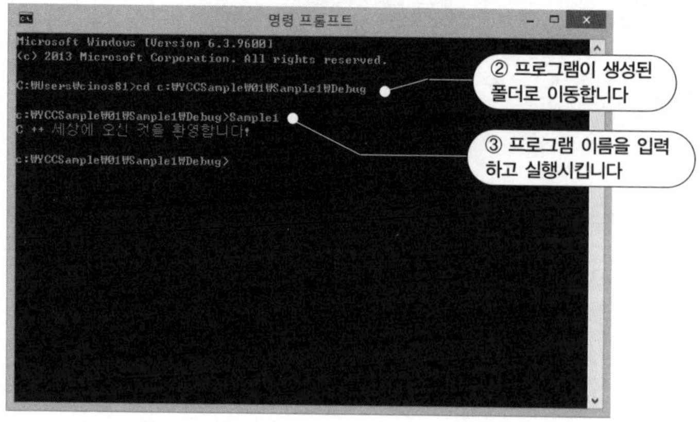

이 책의 16장에서 다루는 파일은 프로그램이 생성된 폴더 안에 저장됩니다. 예제 프로그램에서 입력파일을 사용하는 경우에도 이 폴더에 저장하십시오. 만약 예제 프로그램에서 명령줄 인수가 필요하다면 ③의 형식을 따르십시오.

Microsoft Visual Studio 및 명령 프롬프트의 사용법은 도움말 파일 혹은 설명서를 참고하시기 바랍니다.

Contents

Column

Lesson 1

시작하기

이 장에서는 C++ 언어를 사용하여 프로그램을 작성하는 방법을 학습합니다. C++ 언어 학습 초기에는 생소한 프로그래밍 용어에 고생하시리라 생각합니다. 그러나 이 장에서 다루는 키워드를 이해하게 되면, C++ 언어를 쉽게 이해할 수 있을 것입니다. 하나씩 차근차근 나의 것으로 만들어 보도록 합시다.

Check Point

- 프로그램
- C++ 언어
- 기계어
- 소스 파일
- 컴파일
- 객체 파일
- 링크
- 프로그램 실행

1.1 C++로 만드는 프로그램

프로그램의 원리

이 책을 읽기 시작한 여러분들은 앞으로 C++ 언어를 사용하여 '프로그램' 을 작성하려고 생각하고 있을 것입니다. 우리들은 매일 컴퓨터에 설치된 워드프로세서와 스프레드시트 등 다양한 '프로그램' 을 사용하고 있습니다. 워드프로세서와 같은 '프로그램' 을 사용한다는 것은

문자를 표시하고, 문서를 꾸민 후, 인쇄하는 것

과 같은 특정한 '작업' 을 컴퓨터에 지시하여 처리하고 있다고 생각할 수도 있습니다.

컴퓨터란 다양한 '작업' 을 정확하고 빠르게 처리할 수 있는 기계입니다. '프로그램' 이란 컴퓨터에게 그 어떤 '작업' 을 지시하기 위한 수단입니다.

이제부터 우리들은 C++ 언어를 사용하여 컴퓨터에 처리를 지시하기 위한 프로그램을 만들어 보도록 하겠습니다.

그림 1-1 **프로그램**

우리들은 컴퓨터에게 일을 지시하기 위해 '프로그램' 을 작성합니다.

 프로그래밍 언어 C++

컴퓨터가 그 어떤 '작업'을 처리하기 위해서는 사용자의 컴퓨터가 그 일의 '내용'을 이해할 수 있어야 합니다. 이를 위해서, 원래는 **기계어**(machine code)라 불리는 언어로 프로그램을 만들어야 합니다.

그러나 곤란하게도 기계어라는 언어는 '0'과 '1'이라는 숫자의 나열로 구성되어 있습니다. 컴퓨터라면 이 숫자의 나열(=기계어)을 이해할 수 있습니다만, 인간은 도저히 이해할 수 없습니다.

그리하여 기계어보다 '인간의 언어에 가까운 수준의 프로그래밍 언어'라고 불리는 것들이 지금까지 여럿 고안되었습니다. 이 책에서 배우는 C++ 언어도 이와 같은 프로그래밍 언어 중 하나입니다.

C++ 언어는 **컴파일러**(compiler)라고 불리는 소프트웨어를 통해 기계어로 번역됩니다. 이 기계어 프로그램을 통해서 컴퓨터가 실질적인 처리를 수행합니다.

그러면 이제부터 본격적으로 C++ 언어를 배워 보도록 합시다.

1.2 코드 입력

'코드'란

C++ 언어로 프로그램을 작성하기 위해서는 어떤 작업이 필요할까요? 여기에서는 가장 기본적인 프로그램을 만드는 방법을 살펴보기로 합시다.

프로그램 작성시, 가장 먼저 해야 할 작업은

텍스트 편집기로 C++ 언어의 문법에 따라 프로그램을 입력하기

입니다. 간단한 C++ 프로그램은,

- Windows 운영체제의 '메모장'
- UNIX 운영체제의 'vi'

와 같은 '텍스트 편집기'를 사용하여 만들 수 있습니다. 그림 1-2는 C++ 프로그램을 텍스트 편집기에 입력하는 화면입니다. 이 책에서는 앞으로 이런 식으로 텍스트 편집기에 프로그램을 입력할 것입니다.

이 텍스트 형식의 프로그램은 소스 코드(source code)라고 합니다. 이 책에서는 앞으로 이 프로그램을 코드라고 부르도록 하겠습니다.

Sample1 - 메모장

파일(F) 편집(E) 서식(O) 보기(V) 도움말(H)

```
#include <iostream>
using namespace std;

int main()
{
    cout << "C ++ 세상에 오신 것을 환영합니다!\n";

    return 0;
}
```

프로그램을 작성합니다

그림 1-2 **C++로 작성된 코드(Windows 운영체제에 탑재된 메모장의 경우)**

C++ 프로그램을 작성하기 위해 가장 먼저 해야 할 일은, 텍스트 에디터로 코드를 입력하는 작업입니다.

통합 개발 환경 사용해 보기

소스 코드를 작성할 때 통합 개발 환경(Microsoft Visual Studio 등)을 사용하는 것 또한 가능합니다. 이들 제품에는 고유의 텍스트 편집기가 포함되어 있습니다. 책 첫머리의 Microsoft Visual Studio에 대한 설명을 참고하시기 바랍니다.

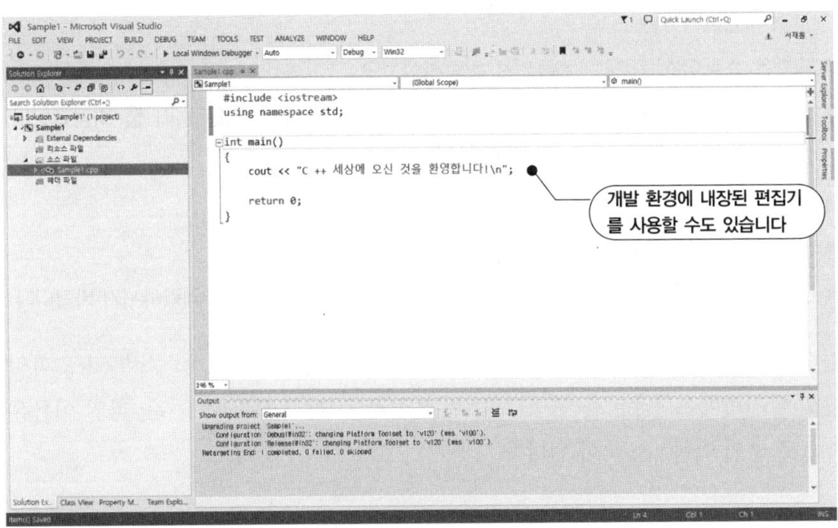

그림 1-3 **C++로 작성된 코드(Microsoft Visual Studio의 경우)**

통합 개발 환경 고유의 편집기가 내장되어 있는 경우가 있습니다.

워드프로세서를 사용하지 마세요

텍스트 편집기와 비슷한 프로그램 중에 문자의 크기와 두께를 설정할 수 있는 '워드프로세서'가 있습니다. 그러나 문자의 크기와 같은 서식 정보를 저장하는 워드프로세서는 C++ 코드를 저장하는 용도로 사용하기에 적합하지 않습니다. 워드프로세서는 프로그램 작성 시에 사용하지 않도록 합니다.

텍스트 편집기에 코드 입력하기

그러면 텍스트 편집기로 C++의 '코드'를 입력해 봅시다. 다음 사항에 주의하면서 입력하시기 바랍니다.

- 영어와 숫자는 전각 문자로 입력하지 않습니다. 반각 문자로 입력합시다.
  (역주 : 한국어 입력 체계와는 관계 없습니다.)
- 알파벳 대문자와 소문자는 다른 문자로 구별됩니다. 대문자 및 소문자를 잘못 입력하는 일이 없도록 하십시오. 예를 들어, 'main'을 'MAIN'으로 입력하지 않도록 주의하시기 바랍니다.
- 공백은 스페이스 키 또는 Tab 키로 입력하십시오.
- 행의 마지막, 또는 아무것도 적혀 있지 않은 행에서는 Enter 키를 눌러 줄 바꿈합니다. 이 키는 '실행 키' 혹은 'Enter 키'라고 부릅니다.
- 세미콜론(;)과 콜론(:)의 입력에 주의하십시오.
- { }, [ ], ( ) 의 입력에 주의하십시오.
- 0(숫자 영)과 o(알파벳 오), 1(숫자 일)과 l(알파벳 엘) 또한 주의해서 입력하시기 바랍니다.

입력이 끝나면 파일에 이름을 붙여 저장합시다. 일반적으로, C++ 소스 코드 파일 이름의 마지막에는 '.cpp'을 붙입니다. 이것을 확장자라고 부릅니다. 즉, 파일 이름은 '〈스스로 붙인 이름〉.cpp'이 됩니다.

이 예제 파일은 'Sample1.cpp' 라는 이름으로 저장해 봅시다.

Sample.cpp ▶ 처음으로 작성하는 코드

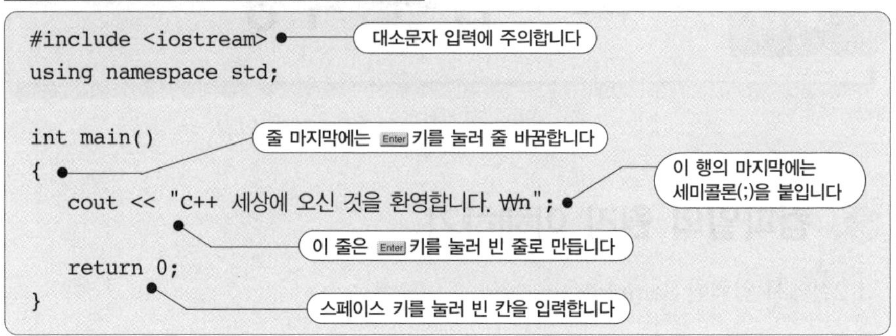

이렇게 완성된 'Sample1.cpp' 가 우리들이 처음으로 만든 C++ '코드' 입니다. 이 코드를 저장한 파일을 소스 파일(source file)이라고 부릅니다.

1.3 프로그램의 작성

컴파일의 원리 이해하기

1.2절에서 입력한 Sample1은

컴퓨터 화면에 'C++ 세상에 오신 것을 환영합니다!" 라는 문자를 표시

하는 작업을 하는 프로그램입니다. 애써 입력한 코드이니만큼 독자 여러분은 마음속으로 '빨리 동작시켜보고 싶다!' 라고 생각하시고 있을 것입니다. 그러나 조바심은 금물입니다. 소스 파일을 작성하는 것만으로는 곧바로 프로그램을 실행하여 문자를 표시할 수 없습니다. C++로 작성된 코드는 컴퓨터가 직접 내용을 이해하고 처리할 수 있도록

기계어 코드로 변환

하는 작업을 반드시 통과해야 합니다.

C++를 기계어로 만드는 작업을 **컴파일(compile)**이라고 부릅니다. 이 작업에는 **컴파일러(Compiler)**라는 소프트웨어를 사용합니다.

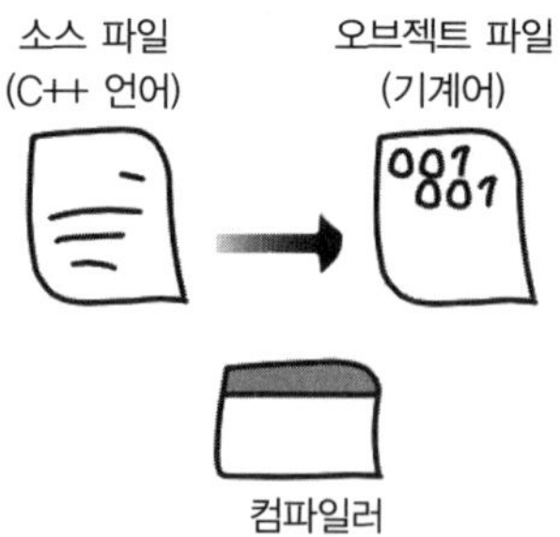

그림 1-4 **컴파일**

소스 코드를 기계어 코드로 번역하는 작업을 일컬어 컴파일이라고 부릅니다.

컴파일러 실행하기

컴파일 방법은 사용하시는 C++ 개발 환경에 따라 달라집니다. 컴파일 방법은 여러분의 개발 환경에 첨부된 설명서를 참조하시기 바랍니다. 이 책의 앞머리에는 Microsoft Visual Studio에서 실행하는 방법을 수록해 두었습니다. 참고하시기 바랍니다.

컴파일이 완료되면 소스 코드가 저장된 폴더(디렉토리)에, 기계어로 번역된 파일이 새로이 생성되는 것이 일반적입니다. 이 파일을 가리켜 **오브젝트 파일**(object file)이라고 부릅니다.

오류가 표시될 경우에는 어떻게 해야 하나요?

컴파일을 하려고 했는데, 화면에 오류만 표시되고 오브젝트 파일이 생성되지 않을 수 있습니다. 이럴 때에는 입력한 코드에 실수가 없는지 다시 검토해 보시기 바랍니다. 실수를 발견하면 그 부분을 정정한 후, 소스 파일을 저장하고 다시 컴파일하십시오. 이번에는 제대로 컴파일되었나요?

C++ 언어는 영어나 한국어처럼 '문법' 규칙을 가지고 있습니다. 우리들이 만약 C++ 문법을 따르지 않는 코드를 입력했다면, 컴파일러가 코드를 제대로 이해할 수 없습니다. 결과적으로, 컴파일러의 입장에서는 코드를 기계어로 올바르게 번역할 수 없게 됩니다. 이때, 컴파일러는 오류를 표시하고, 문법 오류 등을 정정할 수 있도록 지시합니다.

오브젝트 파일 링크하기

그리고 C++는 컴파일 완료 후, 이어서

다수의 오브젝트 파일을 상호 연결하여 하나의 프로그램으로 만들기

라는 작업을 수행합니다. C++는 생성된 오브젝트 파일에 다른 프로그램과 함께 사용하는 오브젝트 파일을 상호 연결하여, 실제로 실행 가능한 형식을 갖춘 프로그램을 하나 완성하도록 되어 있습니다. 이 작업을 일컬어 **링크**(link)라고 부릅니다. 링크 작업을 수행하는 소프트웨어를 가리켜 **링커**(linker)라고 부릅니다. 이 책의 첫머리에

서 소개한 개발 환경은 컴파일 후 자동으로 필요한 파일을 링크하도록 만들어져 있습니다. 링크에 대한 내용은 10장에서 보다 자세히 살펴보겠습니다.

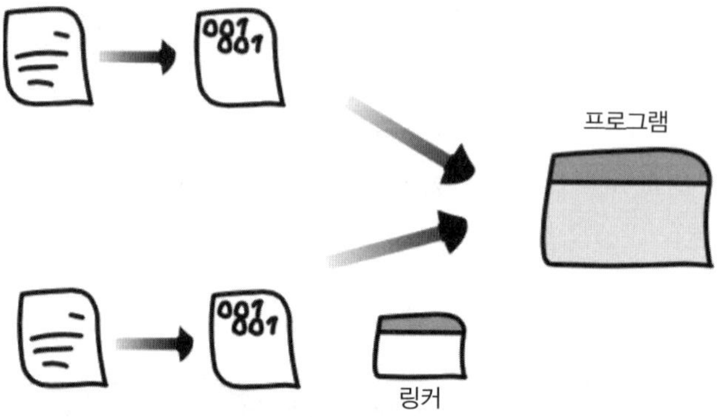

그림 1-5 **링크**

다수의 오브젝트 파일을 상호 연결하여 하나의 프로그램으로 만드는 작업을 가리켜 링크라고 합니다.

1.4 프로그램의 실행

프로그램 실행하기

이번에는 완성된 프로그램을 실행시켜 볼까요.

Windows 운영체제에서 작성된 프로그램은 'Sample1.exe'와 같은 이름이 붙여지게 됩니다.

Windows 운영체제에서 프로그램 실행 시, 프로그램을 나타내는 아이콘을 마우스로 더블 클릭하는 방법이 친숙하실 것입니다. 그러나 C++ 언어로 작성된 간단한 프로그램은 '명령 프롬프트'라고 하는 환경에서 작동합니다. 이 환경은 Windows에 기본적으로 포함되어 있습니다. 명령 프롬프트에는 화면에 문자를 표시하거나 키보드로 문자를 입력하기 위한 기능이 마련되어 있습니다.

명령 프롬프트에서 프로그램을 실행시키려면 프로그램이 생성된 폴더에서 프로그램 이름을 입력해야 합니다.

Sample1의 실행 예

```
C:\YCCSample\01> Sample1↵
```

명령 프롬프트에서 프로그램 이름을 입력하여 프로그램을 실행시킵니다.

단, 프로그램을 실행하는 방법은 사용자의 개발 환경별로 차이가 있습니다. 개발 환경 지침에 따라 프로그램을 실행하시기 바랍니다. 이 책의 앞머리에 Microsoft Visual Studio에서 실행시키는 방법을 수록해 두었으므로 참고하시기 바랍니다. 프로그램이 실행되어 화면에 문자가 표시됩니다.

Sample1의 실행화면

```
C++ 세상에 오신 것을 환영합니다!
```

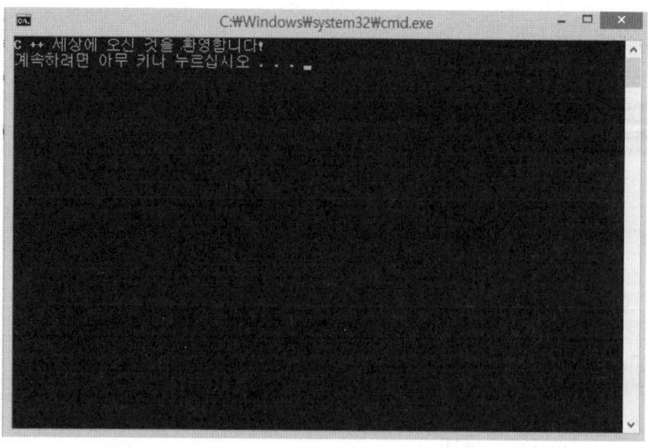

그림 1-5 **프로그램의 실행**

프로그램을 실행시키면 "C++ 세상에 오신 것을 환영합니다!"라는 문자열이 화면에 표시됩니다.

그러면 프로그램의 작성법과 실행 방법을 정리하는 것으로 이 장을 마무리하도록 하겠습니다. 이 책의 제 2장 이후의 샘플 코드도 이러한 절차에 따라 입력하고 실행하게 됩니다. 절차를 숙지하시기 바랍니다.

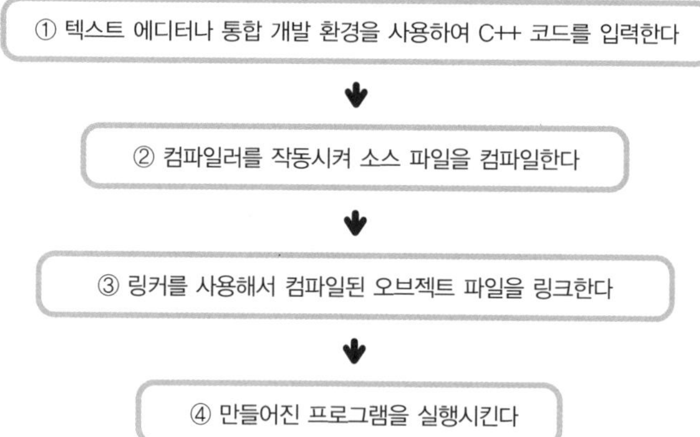

1.5 강의 요약

이 장에서 배운 내용을 정리하며 이 강의를 마무리하겠습니다. 이 장에서는 다음과 같은 내용을 배웠습니다.

- 프로그램은 컴퓨터에 특정한 '작업'을 부여합니다.
- C++ 코드는 텍스트 편집기를 비롯한 편집기를 사용해서 입력합니다.
- C++ 코드는 대소문자를 구별하여 입력해야 합니다.
- 소스파일을 컴파일하면 오브젝트 파일이 만들어집니다.
- 오브젝트 파일을 링크하면 실행 가능한 프로그램이 만들어집니다.
- 프로그램을 실행시키면 지시된 '작업'이 수행됩니다.

이 장에서는 C++ 코드를 입력하여 프로그램을 작성하는 방법을 배우고, 마지막으로 실행시켜 보았습니다. 그러나 이 장에서는 입력한 C++ 코드의 내용에 대해서는 언급하지 않았습니다. 다음 장부터 본격적으로 C++ 코드의 내용을 학습하도록 하겠습니다.

연습

1. 다음 항목에 대해 ○ 또는 ×로 답하십시오.

① C++ 소스 코드는 그대로 실행시킬 수 있다.

② C++ 에서는 알파벳 대소 문자를 구별해서 입력한다.

③ C++에서는 양각문자와 전각문자를 구별하지 않고 입력할 수 있다(역주 : 한국어 입력체계와는 관계 없습니다).

④ 코드의 공백 문자는 반드시 스페이스 키로 입력한다.

⑤ C++ 소스 코드는 문법 규칙을 어기더라도 항상 컴파일할 수 있다.

Lesson 2

C++의 기본

우리들은 제 1장에서 C++ 코드를 입력 후, 컴파일러와 인터프리터를 사용하여 프로그램을 실행시키는 방법을 배웠습니다. 우리들은 이제부터 어떠한 코드를 입력해야 할까요? 코드를 작성하여 프로그램을 만들기 위해서는 C++ 문법 규칙을 알아야 합니다. 이 장에서는 기본적인 C++ 문법을 배워보도록 하겠습니다.

- 화면에 출력하기
- main( ) 함수
- 블록
- 주석
- 전처리기
- 인클루드
- 리터럴
- 이스케이프 시퀀스

2.1 화면에 출력하기

새로운 코드를 입력하기

1장에서 우리들은 화면에 한 줄의 문자열을 표시하는 프로그램을 작성했습니다. 컴퓨터에 '작업'을 성공적으로 지시하셨나요? 이 장에서는 화면에 보다 많은 줄의 문자열을 표시하는 프로그램을 만들어 보도록 합시다.

아래의 코드를 편집기에 입력한 후, 저장하십시오.

Sample1.cpp ▶ 화면에 문자열 출력하기

```
//화면에 문자를 출력하는 코드
#include <iostream>
using namespace std;

int main()
{
   cout << "C++ 세상에 오신 것을 환영합니다! ₩n";
   cout << "C++를 시작합시다! ₩n";

   return 0;
}
```

;(세미콜론)과 { }(중괄호)를 올바르게 입력하셨습니까? 입력이 끝났다면 1장에서 설명한 절차에 따라 컴파일하고 실행하십시오. 화면에는 다음과 같은 두 줄이 나타날 것입니다.

Sample1의 실행 화면

```
C++ 세상에 오신 것을 환영합니다!
C++를 시작합시다!
```

 화면에 출력하기

Sample1.cpp은 제 1장의 예제와 마찬가지로 화면에 문자열을 표시하는 C++ 코드입니다. 화면에 문자 등을 표시하는 행위를 프로그래밍의 세계에서는,

화면에 출력한다

라고 부릅니다. 그래서 이 책에서는 먼저 문자열을 화면에 '출력하는' 방법부터 배워보도록 하겠습니다. 다음 코드를 보실까요.

화면에 출력하기

```
#include <iostream>
using namespace std;

int main()
{
    cout << "출력하고자 하는 문자열, 혹은 숫자";

    return 0;
}
```

<< 뒤에 출력하고자 하는 문자열을 입력합니다

이 코드가 화면에 문자열을 출력하는 코드의 기본적인 형태입니다. 지시선을 붙인 행이 컴퓨터에게 화면 출력 처리를 지시하고 있는 부분입니다. 즉, 밑줄 친 부분에 문자열을 쓰면, 그것이 화면에 출력됩니다.

"까다로운 코드구나..."라고 생각하는 사람도 있을지 모릅니다. 그러나 지금 단계에서는 먼저 C++ 코드에 익숙해지는 것이 중요합니다. 여기에서는,

화면 출력 코드는 이렇게 쓰는 것이다

라고 외워 주십시오. 이 코드는 앞으로 만들 샘플 코드에서도 사용합니다. 문자열이나 문자, 숫자 등을 쓰는 자세한 방법은 2.3절에서 공부하도록 하겠습니다. 여기에서는 대략적인 이미지만 파악하도록 합시다.

 여러 가지 출력 방법 이해하기

본래의 주제에서 조금 벗어납니다만, 화면에 문자열을 출력하는 스타일의 코드에 좀 더 익숙해져 봅시다.

아까의 코드에서 출력하고자하는 문자열의 앞에 적은 'cout' 라는 문자열에 주목해 주십시오. 이 'cout' 는,

표준 출력(standard output)

이라고 불리는 컴퓨터 장치와 연결된 단어입니다. 왠지 생소한 단어입니다. 그러나 결코 어렵지 않습니다. '표준 출력' 이란 '지금 사용하고 있는 컴퓨터 화면' 을 뜻합니다. 그리고 '<<' 은 그 화면에 문자열을 출력(표시)하라는 의미입니다. 즉, cout << ... 행은 시스템에게,

문자열을 '화면' 에 출력하라

고 지시하고 있는 셈입니다.

문자열 혹은 숫자 앞에 <<라는 기호를 사용하면 화면에 출력할 수 있습니다.

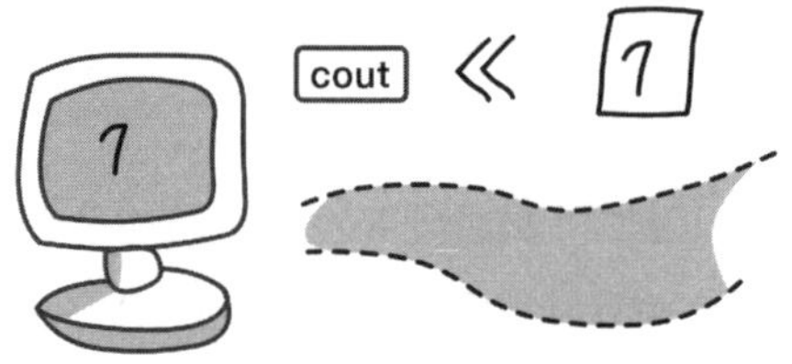

시험삼아 다음의 코드를 입력해 보십시오.

Sample2.cpp ▸ print를 사용

```
#include <iostream>
using namespace std;

int main()
{
   cout << 1 << 2 << 3 << '₩n' << 4 << 5 << '₩n';

   return 0;
}
```

한 줄로 출력되는 것이 일반적입니다

'₩n' 부분은 줄바꿈됩니다

Sample2의 실행 화면

```
123
45
```


Sample2 프로그램을 실행시켜 봅시다. 위와 같은 두 줄이 출력되었나요?

우리들은 << 기호를 사용하여 숫자를 연속해서 출력하는 코드를 작성했습니다. 단, '₩n' 라고 적은 부분이 화면상에서 줄 바꿈이 되어 있음을 알 수 있습니다. 이 '₩n' 라는 기호는 줄 바꿈을 한다는 뜻입니다.

cout와 << 에 관한 내용은 16장에서 보다 자세히 살펴보겠습니다.

줄 바꿈을 할 때에는 ₩n을 사용한다.

표준 출력과 화면

일반적으로 '표준 출력' 이란 '디스플레이 화면' 을 뜻합니다. OS에 따라, 이 표준 출력을 다른 장비로 바꿀 수도 있습니다. 즉, 표준 출력을 디스플레이 화면에서 프린터로 전환할 수 있는 셈입니다.

이러한 OS의 기능을 일컬어 **리다이렉트**라고 부릅니다.

2.2 코드의 내용

코드의 흐름을 따라가 보기

그러면 이 장 첫머리에서 함께 입력한 Sample1.cpp의 내용을 자세히 살펴보도록 합시다. Sample1.cpp 코드를 차분히 바라보십시오. 이 코드는 어떤 처리를 컴퓨터에 지시하고 있나요?

Sample1.cpp 내용

```
//화면에 출력하는 코드
#include <iostream>
using namespace std;

int main()
{
    cout << "C++ 세상에 오신 것을 환영합니다! ₩n";
    cout << "C++를 시작합시다! ₩n";

    return 0;
}
```

- //화면에 출력하는 코드 → 주석문입니다
- #include <iostream> / using namespace std; → cout를 사용하기 위해 작성합니다
- int main() → main( ) 함수의 시작 부분입니다
- cout << "C++ 세상에 오신 것을 환영합니다! ₩n"; → 가장 먼저 실행됩니다
- cout << "C++를 시작합시다! ₩n"; → 다음에 실행됩니다
- return 0; → main( ) 함수의 종료부분입니다

main( ) 함수

우리들은 무엇보다도, 이 코드의 명령이 어디에서 시작하여 어디에서 끝나는지 파악해야 합니다. 먼저

```
int main()
```

라고 쓰여있는 줄을 확인해 주십시오. C ++ 프로그램은 원칙적으로 이 main( ) 이라고 적힌 부분부터 처리가 시작됩니다. 그 다음 순서로, Sample1의 아래에서 두 번째 줄에 있는

```
return 0;
```

을 보십시오. 이 부분까지 처리되면 프로그램은 종료됩니다. 중괄호({ })로 둘러싸인 부분은 블록(block)이라고 부릅니다. 이 블록은, 프로그램의 본체가 되는 중요한 부분입니다. main( ) 함수(main function)라는 이름이 붙어 있습니다. '함수' 라는 단어의 뜻은 7장에서 자세히 설명합니다. 이 장에서는 그러한 것이 있다는 사실만 인지하시기 바랍니다.

```
int main()
{
    ...
    return 0;
}
```

main( ) 함수(프로그램의 본체)입니다

main( ) 함수는 프로그램의 본체가 된다.

1문장씩 처리하기

이제는, main( ) 메소드 안을 함께 들여다 보시죠. C++에서 하나의 작은 처리('작업') 단위를 문장(statement)이라고 부르며, 마지막에는 ;(세미콜론)이라는 기호를 붙입니다. 그리고 이 '문장' 은

처음부터 순서대로 1문장씩 처리되는 것.

이 원칙입니다.

즉, 프로그램이 실행되면 main( ) 함수의 2개의 '문장' 이 다음 순서에 따라 처리됩니다.

```
cout << "C++ 세상에 오신 것을 환영합니다! ₩n";  ← 가장 먼저 실행됩니다
        ↓
cout << "C++를 시작합시다! ₩n";  ← 다음에 실행됩니다
```

cout 〈〈 ...라는 문장은 '화면에 문자를 출력하기 위한' 코드였지요. 따라서, 이 문장이 실행되면 화면에 두 줄의 문자열이 출력되는 것입니다.

문장의 마지막에는 세미콜론을 붙인다. 문장은 원칙적으로 처음부터 순서대로 1문장씩 처리된다.

```
...
int main()
{
    cout << "C++ 세상에 오신 것을 환영합니다!" ₩n;
    cout << "C++를 시작합시다! ₩n;"

    return 0;
}
```

그림 2-1 **프로그램의 처리**

프로그램이 실행되면 main() 메소드의 첫 문장부터 1문장씩 순서대로 처리되는 것이 원칙입니다.

코드를 읽기 쉽게 만들기

자세히 살펴보면, Sample1의 main( ) 메소드는 여러 줄에 나뉘어 적혀 있습니다. 왜냐하면, C++ 코드는

문장 중간이나 블록에서 줄 바꿈 될 수 있다

고 규정되어 있기 때문입니다. 따라서, Sample1 코드는 main( ) 메소드를 몇 줄에 나누어 작성하여, 읽기 쉽게 만들었습니다.

또한, C++에서는 의미가 이어진 문장이 아니라면, 자유롭게 공백 문자나 개행문자를 넣을 수 있습니다. 즉,

```
int m ain()
```

과 같은 표기는 잘못된 것입니다만

```
int    main(){
          cout <<
```

와 같이 공백을 넣거나 줄을 바꾸어도 괜찮습니다.

Sample1에서는 블록 부분의 가독성을 높이기 위해 '{' 부분에서 줄 바꿈하고, 줄 시작 부분을 뒤로 미루었습니다. 또한, 출력할 문자열 안에서 줄 바꿈하는 것은 허용되지 않습니다.

코드의 시작 부분에 공백 문자를 넣는 행위를 가리켜 **들여쓰기**(indent)라고 부릅니다. 들여쓰기를 할 때에는, 코드 시작 부분에서 스페이스 키 혹은 Tab 키를 눌러 주십시오. 우리는 앞으로 점차 복잡한 코드를 써 나갈 것입니다. 들여쓰기를 잘 사용하여 읽기 쉬운 코드를 쓰도록 합시다.

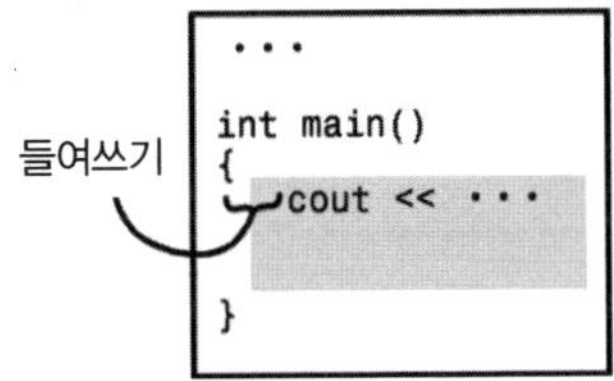

그림 2-2 **들여쓰기**
블록 안을 들여쓰기하면 코드의 가독성을 높일 수 있습니다.

코드의 가독성을 높이기 위해 들여쓰기나 줄 바꿈을 하자.

 주석 작성하기

main( ) 함수, 즉 프로그램의 본체에 대해 이해하셨나요? 이어서, 프로그램 본체 이외의 코드를 살펴봅시다. 먼저, 우리들이 main( ) 함수 이전에 입력한 줄을 보십시오. // 기호가 앞에 붙어 있는 부분입니다.

사실, C++ 컴파일러는

//라는 기호를 만나면 그 줄은 무시하라

는 규칙에 따라 움직입니다. 따라서 // 기호 뒤에는, C++ 문법과 관계 없이 프로그래머가 자유로이 메모할 수 있습니다. 이것을 주석(comment)이라고 합니다. 편의에 따라 그 코드의 내용을 메모하는 용도로 사용하는 것이 일반적입니다.

Sample1의 코드의 시작 부분은 다음과 같이 주석 처리가 되어 있음을 알 수 있습니다.

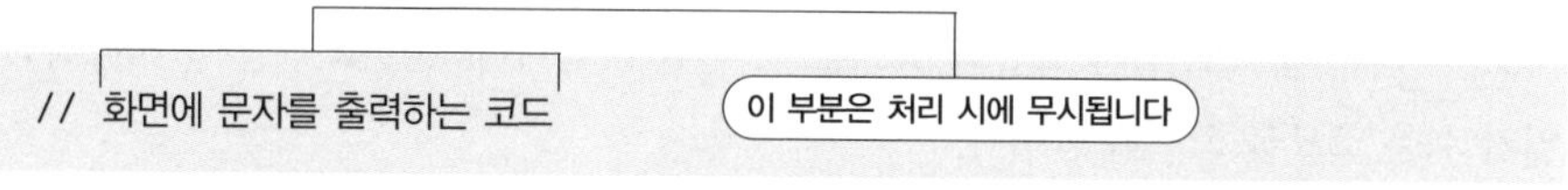

C++를 포함한 대다수의 프로그래밍 언어는 인간이 읽기에 결코 쉬운 언어가 아닙니다. 이러한 주석문은 코드를 읽기 쉽게 만들어 줍니다.

주석을 사용하여 코드를 이해하기 쉽게 만들자.

 주석을 입력하는 또 다른 방법

또한, 주석을 작성하는 방법에는 //이라는 기호를 사용하는 방법 이외에도 /* */이라는 기호를 사용하는 방법이 있습니다.

```
/* 화면에 문자를
   출력하는 코드 */
```

주석을 여러 줄에 나누어 작성할 수 있습니다.

/* */ 기호를 사용할 경우,

/* */로 둘러 싼 부분은 모두 주석이다

라고 정해져 있습니다. 따라서, /* */ 기호를 사용하면 주석을 여러 줄에 나누어 작성할 수 있습니다.

Sample1처럼 //를 사용하는 스타일은 주석 기호가 등장한 줄만 무시합니다. 따라서 여러 줄에 나누어 주석을 입력할 수 없습니다. C++에서는 두 가지 형식의 주석을 모두 사용할 수 있습니다.

파일 인클루드

이제 마지막으로 코드 첫머리를 보겠습니다.

```
#include <iostream>
```

이 #으로 시작하는 줄은

화면에 표시하는 기능을 기록한 'iostream'을 컴파일 전에 읽어 두어라

는 처리를 표현한 것입니다. iostream은 화면에 출력하는 기능을 정의한 파일을 가리킵니다. 이 파일을 읽는 작업을 일컬어, 인클루드(include)라고 부릅니다.

화면에 표시하는 프로그램을 만들 때에는, 반드시 iostream을 인클루드 하시기 바랍니다. iostream을 미리 읽어 두지 않으면, 화면 표시를 수행하기 위한 'cout'라는 기능을 제대로 사용할 수 없기 때문입니다.

iostream이 가리키는 파일은 C++ 개발 환경에 표준으로 포함되어 있습니다. 따라서 개발자 스스로 준비할 필요는 없습니다. iostream처럼 미리 읽어 두는 파일을 가리켜 헤더 파일(header file)이라고 부릅니다. 또한, #이 붙은 행은 컴파일러에 포함된 전처리기(preprocessor)라는 특별한 부분에 의해 다른 코드로 번역되기 전에 읽

어 들여집니다. #이 붙은 줄은 마지막에 세미콜론 (;)을 붙이지 않으며, 한 줄로 작성합니다.

이어서, 코드의 두번째 줄을 보시기 바랍니다.

```
using namespace std;
```

본래 'cout'는 std.cout로 쓰는 것이 올바른 사용법입니다. 그러나 이를 반복해서 쓰는 것 또한 번거로운 작업입니다. 그럴 때, 코드의 첫머리에 'using namespace std;' 라는 문장을 적어 줍니다. 그러면 'cout'와 같이 줄인 표현을 쓸 수 있게 됩니다.

다른 파일을 읽어 들이는 작업을 인클루드라고 부른다. 화면을 표시하기 위해 iostream을 인클루드한다.

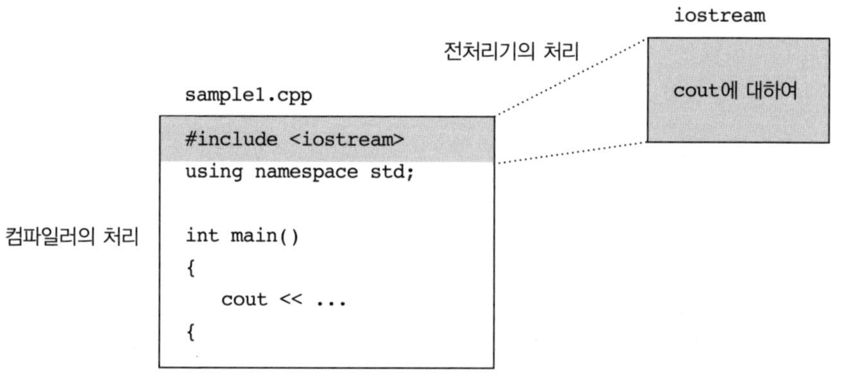

그림 2-3 **인클루드**

다른 파일을 읽어 들이는 작업을 인클루드라고 부릅니다.

2.3 문자와 숫자

리터럴이란

우리들은 2.2절에서 화면에 문자열을 출력하는 간단한 코드를 배웠습니다. 이 절에서는 2.2절의 코드를 응용하여 C++의 문자 · 숫자 · 문자열 작성법을 배워보도록 하겠습니다.

우선, 다음 코드를 작성해 보십시오.

Sample3.cpp ▶ 다양한 값 출력하기

```
#include <iostream>
using namespace std;

int main()
{
   cout << 'A' << '₩n';
   cout << "C++ 세상에 오신 것을 환영합니다! ₩n";
   cout << 123 << '₩n';

   return 0;
}
```


Sample3의 실행 화면

```
A
C++ 세상에 오신 것을 환영합니다!
123
```

Sample3에서는 다양한 문자와 숫자가 출력되었습니다. 이 코드에서 볼 수 있는 'A', "C++ 세상에 오신 것을 환영합니다!", 123과 같은 특정 문자나 숫자 표기를 C++에서는 리터럴(literal)이라고 부릅니다.

리터럴을,

일정한 '값'을 표현할 때 이용되는 C++의 단어 같은 것들

이라고 생각하셔도 무방합니다.

리터럴은 다음과 같이 4가지로 분류됩니다. 이제부터 리터럴을 하나씩 살펴보도록 하겠습니다.

- 문자 리터럴
- 문자열 리터럴
- 숫자 리터럴
- 논리 리터럴(제 6장에서 설명합니다)

다양한 토큰

'한국어', '영어'를 비롯한 인간의 다양한 언어들이 단어를 조합하여 만들어집니다. 마찬가지로 C++ 언어 또한 단어의 조합으로 만들어집니다. 리터럴 또한 C++에서 사용되는 수많은 단어 중 하나입니다.

'단어', 즉 '특정 의미를 가진 문자(또는 조합)'을 C++에서는 **토큰**(token)이라고 부릅니다.

토큰은 그 기능에 따라 다음과 같은 종류로 분류할 수 있습니다.

- 리터럴
- 키워드
- 식별자
- 연산자
- 구분자(쉼표 등)

문자 리터럴

C++에서는,

- 하나의 문자
- 연속된 문자(문자열)

이 두 종류의 리터럴을 구분해서 취급합니다. 우선, 문자 하나를 표현하는 방법부터 배워 보겠습니다.

문자 하나는 문자 리터럴(character literal)이라고 부릅니다. 이는,

```
'H'
'e'
```

처럼 ' ' 으로 묶어 코드 안에 적습니다. Sample3 코드 안에서는 'A' 가 '문자' 에 해당하는 셈입니다. 또한, 한국어나 일본어 문자는 이 경우에 해당하지 않는 경우가 있습니다. 따라서 이 시점에는 영문자와 숫자만 문자라고 생각하면 되겠습니다. Sample2의 실행결과를 통해 확인할 수 있듯이, 화면에는 ' ' 이 출력되지 않음에 주의하십시오.

문자 하나는 ' '로 묶어서 표기한다.

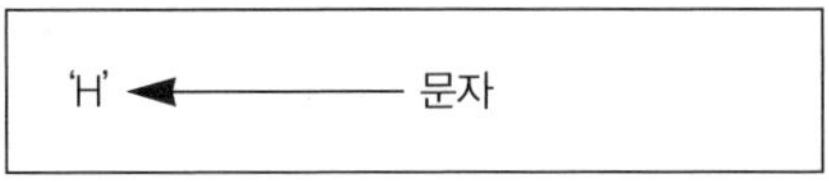

'H' ◀——— 문자

그림 2-4 **문자**

문자를 할 때는 ' ' 로 묶어서 표기합니다.

이스케이프 시퀀스

때로는 키보드로 입력할 수 없는 특수 문자를 표현해야 합니다. 특수문자를 표현할 때에는 그 문자 앞에 ₩를 붙여서 '하나의 문자' 로 만듭니다. 이를 이스케이프 시퀀스(escape sequence)라고 합니다. 이스케이프 시퀀스의 종류는 표 2-1과 같습니다.

표 2-1 : 이스케이프 시퀀스

이스케이프 시퀀스	의미하는 문자
₩a	경고음
₩b	백스페이스
₩f	페이지 나누기
₩n	줄바꿈
₩r	복귀
₩t	수평 탭
₩v	수직 탭
₩₩	₩
₩'	'
₩"	"
₩?	?
₩ooo	8진수 ooo 문자 코드로 표기할 수 있는 문자(o는 0~7까지의 숫자)
₩xhh	16진수 hh 문자 코드로 표기할 수 있는 문자(h는 0~9까지의 숫자와 A~F까지의 영문자)

개발 환경에 따라 ₩가 \(백슬래시)로 표시되는 경우가 있습니다. 주의하시기 바랍니다. 이스케이프 시퀀스를 사용하여 화면에 출력하는 테스트 코드를 작성해 보겠습니다 다음 코드를 입력하십시오.

Sample4.cpp ▸ 특수 문자 출력하기

```
#include <iostream>
using namespace std;

int main()
{
   cout << "원화 기호를 표시합니다. :" << '₩₩' <<'₩n';
   cout << "작은 따옴표를 표시합니다 :" << '₩'' <<'₩n';

   return 0;
}
```

이스케이프 시퀀스를 사용합니다

Sample4의 실행 화면

```
원화 기호를 표시합니다. : ₩
작은 따옴표를 표시합니다. : '
```

₩₩, ₩라고 적힌 부분이 각각 \, '로 출력됨을 알 수 있습니다.

이스케이프 시퀀스를 사용하면 특수 문자를 표현할 수 있다.

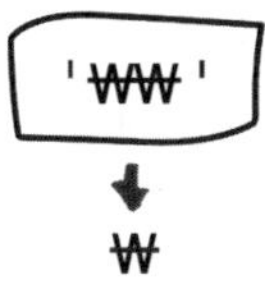

그림 2-5 **이스케이프 시퀀스**
특수 문자를 표현할 때에는 이스케이프 시퀀스를 사용합니다.

 문자 코드

문자에 대해 좀 더 자세히 알아보겠습니다. 컴퓨터 내부에서 문자는 사실 숫자로 취급됩니다. 각 문자를 가리키는 숫자를 일컬어 **문자 코드**(character code)라고 부릅니다. 이러한 문자 코드는 여러 종류가 있습니다. 대표적으로 Shift-JIS 코드, Unicode가 있습니다. 사용 환경에 따라 사용되는 문자 코드는 다릅니다.

이스케이프 시퀀스를 사용해서 [₩ooo] 나 [₩uhhhh] (표 2-1)를 출력해 보면, 지정한 문자코드와 일치하는 문자가 출력됩니다. 다음 코드를 통해 확인해 보겠습니다.

Sample5.cpp ▶ 문자 코드 사용하기

```
#include <iostream>
using namespace std;

int main()
{
    cout << "8진수 문자 코드 101이 가리키는 문자는" << '₩101' << "입니다. ₩n";
    cout << "16진수 문자 코드 61이 가리키는 문자는" << '₩x61' << "입니다. ₩n";

    return 0;
}
```

문자 코드를 지정합니다

예를 들어 Shift JIS 코드로 문자가 처리될 경우, 다음과 같이 출력됩니다.

Sample5의 실행 화면(Shift-JIS 코드)

```
8진수 문자 코드 101이 가리키는 문자는 A입니다.
16진수 문자 코드 61이 가리키는 문자는 a입니다.
```

Shift JIS 코드에서는 8진수 '101'이 A, 16진수 '61'이 a로 지정되어 있습니다. 때문에 위와 같이 "A"나 "a"가 출력되었습니다. 이 프로그램은 다른 문자 코드를 사용하는 사용자 환경에서 테스트할 경우 다르게 출력될 수 있으므로 염두에 두시기 바랍니다. 8진수와 16진수에 대해서는 이 장의 마지막 컬럼에서 추가로 설명합니다. 참고하시기 바랍니다.

문자 코드를 지정해서 문자를 출력할 수 있다.

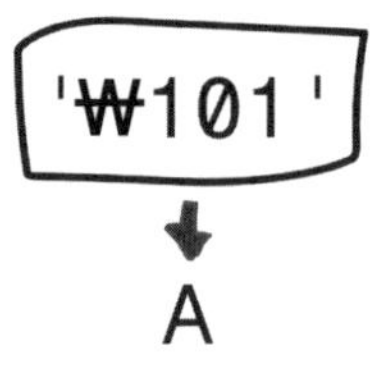

그림 2-6 **문자 코드**

문자의 표현 방법 중에는 문자 코드를 지정하는 방법이 있습니다.

문자열 리터럴

문자가 1개일 때에는 문자 리터럴, 1개 이상일 경우에는 **문자열 리터럴**(string literal)이라고 부릅니다. C++에서 문자는 ' '로 묶어서 적고, 문자열은 " "로 묶어서 적습니다. 예를 들어, 아래와 같이 적으면 문자열이 됩니다.

```
"Hello"
"Goodbye"
```

문자열이 화면에 출력될 때에는 " "이 붙지 않습니다. 문자열에 대한 내용은 9장에서 보다 자세히 살펴보겠습니다.

그림 2-7 **문자열**
문자를 표현할 때에는 " "로 묶어서 표기합니다.

중요

문자열은 " "로 묶어 표기한다.
문자 처리와 문자열 처리는 다르다.

숫자 리터럴

C++ 코드에서 숫자를 표현할 수 있습니다. 숫자 리터럴은 다음과 같은 종류가 있습니다.

- 정수 리터럴 (integer literal) ...... 1, 3, 100 등
- 부동 소수점 리터럴 (floating-point literal) ...... 2.1, 3.14, 5.0 등

숫자 리터럴은 ' '나 " "로 감싸지 않습니다. 유의하시기 바랍니다.

정수 리터럴의 표기법에는 일상생활에서 사용하는 숫자 표기법 이외에도 다양한 표기법이 있습니다. 예를 들어, 8진수, 16진수로 숫자를 표기할 수 있습니다.

- 8진수 ...... 숫자 앞에 0을 붙인다
- 16진수 ...... 숫자 앞에 0x를 붙인다

즉, C++에서는 다음과 같은 방법으로 숫자를 표기할 수 있습니다.

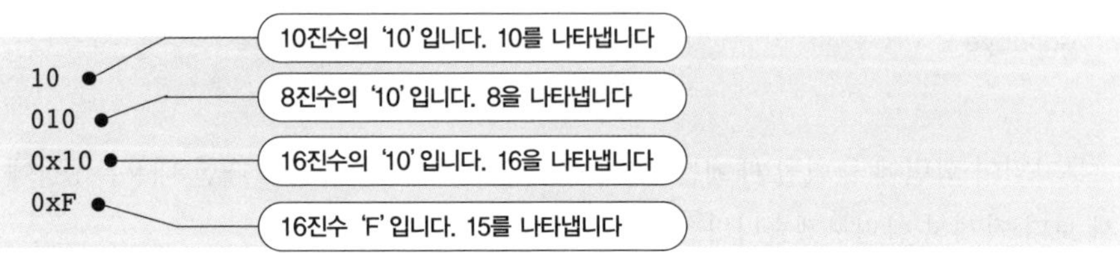

그러면 다양한 표기 방법을 사용하여 값을 출력해 보도록 하겠습니다.

Sample6.cpp ▶ 10진수 이외의 표기법으로 표기하기

```
#include <iostream>
using namespace std;

int main()
{
   cout << "10진수 10은" << 10 << "입니다. ₩n";
   cout << "8진수 10은" << 010 << "입니다. ₩n";
   cout << "16진수 10은" << 0x10 << "입니다. ₩n";
   cout << "16진수 F는" << 0xF << "입니다. ₩n";

   return 0;
}
```

10진수 이외의 표기법을 사용하고 있습니다

Sample6의 실행 화면

```
10진수 10은 10입니다.
8진수 10은 8입니다.
16진수 10은 16입니다.
16진수 F는 15입니다.
```

10진수, 8진수, 16진수로 표기된 '10'을 출력해 보았습니다. 8진수와 16진수를 10진수로 표현하면 8진수 '10'은 8, 16진수 '10'은 16이 됩니다. 숫자는 " "로 감싸지 않습니다. 다양한 숫자 표기법을 동원했지만, 화면에는 여전히 10진수가 출력되는군요.

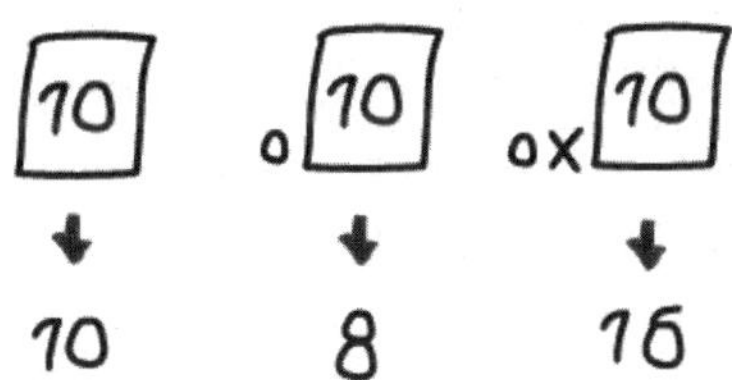

그림 2-8 **10진수 이외의 표기법**
10진수 정수는 8진수 혹은 16진수로 표현할 수도 있습니다.

2진수, 8진수, 16진수

우리들은 평소 0에서 9까지의 숫자로 수를 표현합니다. 이러한 숫자 표기 방법을 '10진수'라고 합니다. 한편, 컴퓨터 내부에서는 0과 1만을 사용하는 '2진수' 표기법으로 수를 표현합니다.

10진수 표기법에서는

0, 1, 2, 3 ...

와 같은 방식으로 숫자를 표현합니다. 그러나, 2진수 표기법으로는 같은 숫자를

0, 1, 10, 11 ...

와 같은 방식으로 숫자를 표현합니다. 10진수는 0부터 9까지의 숫자를 사용하기 때문에 9 다음의 자릿수가 올라갑니다만, 2진수는 0과 1 밖에 사용하지 않기 때문에 1 다음의 자릿수가 올라가게 됩니다.

따라서, 2진수로 표기한 숫자는 자릿수가 커지는 경향이 있습니다.

예를 들어, 10진수 20을 2진수로 표현하면,

10100

이라는 큰 자릿수가 되어 버립니다.

따라서, C++ 에서는 2진수로 변환이 용이한 8진수, 16진수가 10진수와 함께 사용됩니다. 8진수는 0에서 7까지의 숫자, 16진수는 0부터 9까지와 A에서 F까지의 문자로 표기합니다. 다음 표는 10진수 숫자를 각각 2진수, 8진수, 16진수로 표기할 경우를 표시한 대조표입니다. 각각 어떤 부분의 자릿수가 올라가는지 주의깊게 살펴보십시오.

10진수	2진수	8진수	16진수
0	0	0	0
1	1	1	1
2	10	2	2
3	11	3	3
4	100	4	4
5	101	5	5
6	110	6	6
7	111	7	7
8	1000	10	8
9	1001	11	9
10	1010	12	A
11	1011	13	B
12	1100	14	C
13	1101	15	D
14	1110	16	E
15	1111	17	F
16	10000	20	10
17	10001	21	11
18	10010	22	12
19	10011	23	13
20	10100	24	14

Lesson 2

2.4 강의 요약

이 장에서는 다음과 같은 내용을 배웠습니다.

- main( ) 함수는 C++ 프로그램의 본체가 됩니다.
- 문장(statement)은 처리의 작은 단위입니다.
- 블록은 처리의 큰 단위입니다.
- 주석으로 코드 안에 메모를 작성할 수 있습니다.
- 전처리기는, 컴파일러가 코드를 처리하기 이전에 준비 작업을 수행합니다.
- 리터럴에는 문자 · 문자열 · 숫자 등이 있습니다.
- 문자 리터럴은 ' '으로 묶어줍니다.
- 특수 문자는 이스케이프 시퀀스로 표현합니다.
- 문자열 리터럴은 " "으로 묶어줍니다.
- 정수 리터럴은 10진수 이외에도 8진수나 16진수로 표현할 수 있습니다.

지금까지 배운 지식을 활용하면, 특정한 문자나 숫자를 화면에 표시하는 코드를 작성할 수 있습니다. 그러나 이만큼의 지식으로는 다양하게 변화 가능한 프로그램을 만들 수 없습니다. 다음 장에서 '변수'라는 기능을 사용하여 보다 유연한 프로그램을 만드는 방법을 배워보도록 하겠습니다.

연습

1. 다음 코드는 어디가 잘못되었습니까? 틀린 곳이 있으면 고치십시오.

```
#include <iostream>
using namespace std; int main() {cout << "안녕하세요₩n";
cout << "안녕₩n"; return 0;}
```

2. 다음 코드의 적절한 위치에 '123과 45를 줄을 바꾸어 출력한다' 라는 주석을 넣어주세요.

```
#include <iostream>
using namespace std;

int main()
{
    cout << 1 << 2 << 3 << '₩n' << 4 << 5 << '₩n';

    return 0;
}
```

3. 문자와 숫자 등을 사용하여 다음과 같이 화면에 출력하는 코드를 작성하십시오.

```
123
₩100 받았다
내일 또 만나요
```

4. 다음과 같이 화면에 출력하는 코드를 작성하십시오. 8진수와 16진수를 사용하여 두 가지 코드를 작성하십시오.

```
6
20
13
```

Lesson 3

변수

제 2장에서 우리들은 글자 혹은 숫자를 화면에 출력하는 방법을 배웠습니다. 문자와 숫자는 프로그래밍을 시작한 지 얼마 되지 않은 분들에게도 그다지 위화감 없는 주제였으리라 생각됩니다. 드디어 이 장에서부터 C++가 프로그래밍 언어로서 가지고 있는 기능을 배우게 됩니다. 먼저, 가장 기본적인 '변수'에 대해 살펴봅시다.

Check Point

- 변수
- 식별자
- 형
- 선언
- 대입
- 초기화
- const
- 상수

3.1 변수

 변수의 원리 이해하기

프로그램을 실행시킬 때, 프로그램은 컴퓨터에 여러 값을 기억시키면서 처리합니다. 예를 들어,

사용자가 입력한 숫자를 화면에 출력한다

는 간단한 프로그램을 작성한다고 가정해 봅시다. 우리들 인간이라면 서점 등의 상점에서 상품의 가격(=숫자)을 기억하고 나중에 그 값을 종이에 적을 수 있습니다.

이와 마찬가지로 컴퓨터도 숫자를 어딘가에 '기억' 해 두고 화면에 출력할 수 있습니다. 이처럼 값을 기억시켜 두는 기능을 가리켜 **변수**(variable)라고 부릅니다.

컴퓨터는 여러 값을 기억하고 유지하기 위하여 내부에 **메모리**(memory)라 불리는 장치를 가지고 있습니다. 메모리를 이용하여 값을 기억시키는 메커니즘을 가리켜 '변수' 라고 부릅니다.

아래 그림을 통해 변수에 대한 이미지를 머릿속에 그려보시기 바랍니다. 변수는 상자같은 것으로 가정할 수 있습니다. 변수를 사용하면 마치

변수라고 하는 상자 안에 값을 넣는

행위와 마찬가지로, 특정 값을 메모리에 기억시킬 수 있습니다.

그러면, 변수의 기능을 보다 자세히 살펴보도록 하겠습니다.

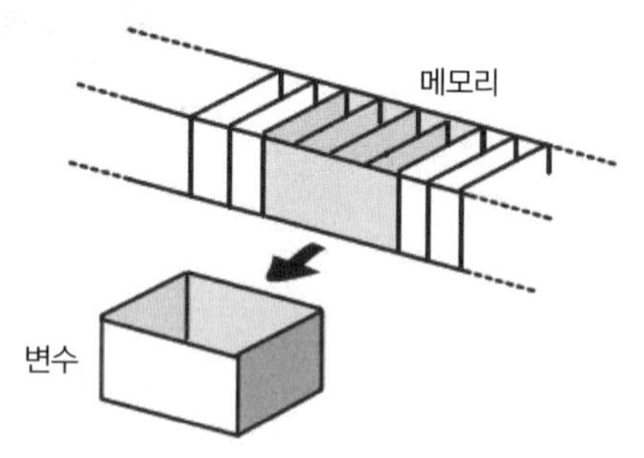

그림 3-1 **변수**
변수에는 다양한 값을 기억시킬 수 있습니다.

Lesson 3

3.2 식별자

 변수의 '이름'이 되는 식별자

코드 안에서 변수를 처리하려면 먼저 다음 2가지 사항을 결정해야 합니다.

1. 변수에 '이름(name)'을 붙인다
2. 변수의 '형(type)'을 지정한다

먼저 1번 항목에 대해 설명하도록 하겠습니다. 변수를 사용하려면 변수에 붙일 '이름'부터 생각할 필요가 있습니다.

변수의 이름은 우리의 필요에 따라서 선택하고 결정할 수 있습니다. 예를 들어, 여러분이 'num'이라는 이름을 떠올린 상태라고 가정해 보겠습니다. 이러한 문자의 조합은 변수의 이름이 될 수 있습니다. 변수의 이름으로 사용할 수 있는 문자와 숫자의 조합(토큰, 제 2장 참조)을 식별자(identifier)라고 부릅니다. num은 그러한 식별자가 될 수 있는 이름 중 하나입니다.

단, 식별자가 되기 위해서는 다음과 같은 규칙을 따라야 합니다.

- 일반적으로 영문자, 숫자와 밑줄(_), $ 등을 사용합니다. 특수문자는 포함할 수 없습니다.
- 길이에는 제한이 없습니다. 단, 개발 환경에 따라서 식별자의 길이가 31자로 제한되는 경우도 있습니다.
- 미리 C++가 예약한 토큰, '키워드'를 사용할 수 없습니다. 주요 키워드로 return이나 class가 있습니다.
- 숫자로 시작할 수 없습니다.
- 알파벳 대문자와 소문자는 다른 문자로 구별됩니다.

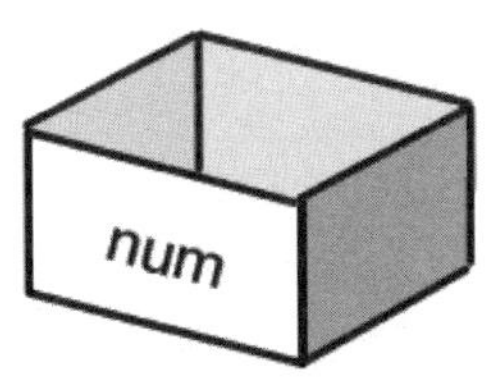

그림 3-2 **변수에 이름 붙이기**
변수의 이름으로 식별자를 사용합니다.

위 규칙에 해당되는 식별자의 예를 몇 개 들어보겠습니다. 다음과 같은 이름은 변수의 이름으로 사용할 수 있습니다.

```
a
abc
ab_c
F1
```

한편, 다음과 같은 단어는 식별자로 사용할 수 없습니다. 이들은 변수 이름으로 사용할 수 없습니다. 어디가 잘못되었는지 확인해 보십시오.

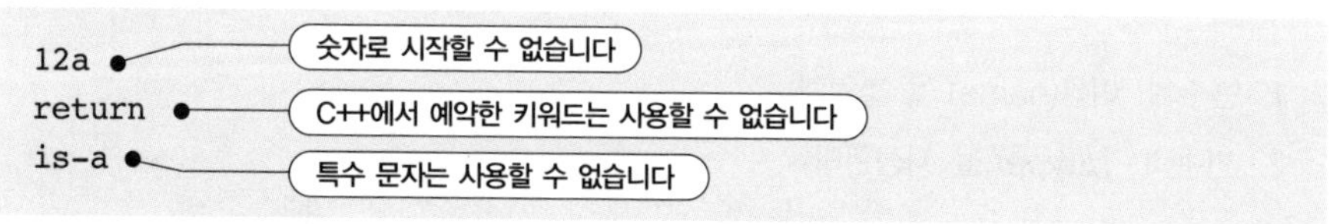

식별자 규칙에 어긋나지 않는다면 변수의 이름은 자유롭게 붙일 수 있습니다. 단, 그 변수가 어떠한 값을 저장하는지 명확하게 파악하는 데 도움되는 이름을 붙이도록 합시다.

변수 이름으로 식별자를 사용합니다. 의미있는 이름을 붙입시다.

3.3 형

형의 원리 이해하기

다음에는 변수의 '형'에 대해 배워봅시다. 변수에는 값을 기억시킬 수 있습니다. 이 값에는 몇 가지 '종류'가 있습니다. 값의 유형을 데이터 형(data type), 혹은 형(type)이라고 부릅니다. 다음 표를 통해 확인해 주십시오. C++에는 이러한 기본적인 형(기본형)이 있습니다.

표 3-1 : C++의 주요 기본형 예시

종류	이름	사이즈	기억할 수 있는 값의 범위
논리형	bool	1바이트	true 또는 false
문자형	char	1바이트	영숫자 1문자 –128 ~ 127
	unsigned char	1바이트	1문자(부호없음) 0 ~ 255
정수형	short int	2바이트	정수 –32768 ~ 32767
	unsigned short int	2바이트	정수(부호없음) 0 ~ 65535
	int	4바이트	정수 –2147483648 ~ 2147483647
	unsigned int	4바이트	정수(부호없음) 0 ~ 4294967295
	long int	4바이트	긴 정수 –2147483648 ~ 2147483647
	unsigned logn int	4바이트	긴 정수(부호없음) 0 ~ 4294967295
부동 소수점	float	4바이트	단정도 부동 소수점 3.4E–38 ~ 3.4E+38
	double	8바이트	배정도 부동 소수점 1.7E–308 ~ 1.7E+308
	long double	8바이트	확장 배정도 부동 소수점 1.7E–308 ~ 1.7E+308

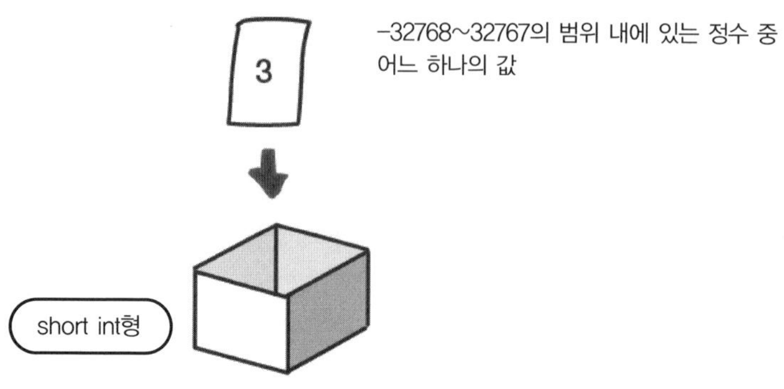

그림 3-3 **형**
변수를 사용하려면 형을 지정해야 합니다.

변수를 사용하려면 그 변수가 어떤 형의 값을 저장하기 위한 변수인지를 미리 결정해야 합니다.

예를 들겠습니다. 위 그림 3-3을 보십시오. 이 그림은

short int형 값을 저장할 수 있는 변수

를 표현한 것입니다. 이러한 변수를 사용하면,

-32768~32767까지의 범위 내에 있는 정수 중 하나

를 기억시킬 수 있습니다.

그 예로, short int형 변수에는 3.14처럼 소수점 이하 자릿수를 가지는 값을 기억시킬 수 없습니다. 이런 값을 저장하려면 소수점 이하의 수치를 표현할 수 있는 변수를 사용해야 합니다. 그러한 형에는 double형이 있습니다.

그 다음, 표 3-1에 등장한 '사이즈' 줄을 보시기 바랍니다. 이 줄에는 '이 값을 기억시키려면 어느 정도의 메모리가 필요한가'가 적혀 있습니다. 일반적으로 형의 크기가 크면 클수록 표현할 수 있는 값의 범위 또한 넓어집니다. 예를 들어, double형 값은 int형 값보다 많은 메모리를 필요로 하지만 나타낼 수 있는 범위 또한 넓습니다.

또한, C++ 기본형의 사이즈는 컴퓨터 환경에 따라 달라질 수 있습니다. 따라서 표 3-1에 적힌 '사이즈'와 '기억할 수 있는 값의 범위' 부분은 어디까지나 예시에 불과함을 염두에 두기 바랍니다. 자세한 내용은 사용하시는 개발 환경에 첨부된 매뉴얼을 참조하시기 바랍니다.

Lesson 3

비트와 바이트

형의 크기와 값의 범위에는 밀접한 관계가 있습니다. 컴퓨터는 0과 1을 사용한 2진수로 숫자를 인식하고 있음을 2장에서 설명해 드렸지요? 2진수의 '1자릿수'를 비트(bit)라고 부릅니다. 즉, 다음과 같은 숫자 값의 1자리가 1비트에 해당합니다.

1비트로는 2진수의 1자릿수에 해당하는 '0' 혹은 '1' 중 하나를 표현할 수 있습니다.

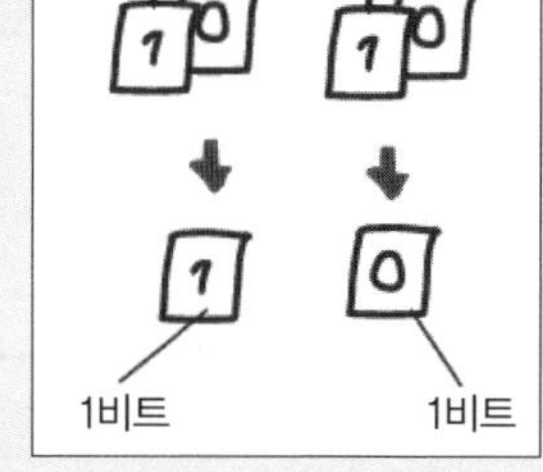

또한, 2진수 8자리 숫자는 바이트(byte)라고 부릅니다. 즉, 1바이트는 8비트입니다. 1바이트로는 2^8 = 256가지의 값을 표현할 수 있습니다.

00101110 ● 1바이트(8비트)

표 3-1을 다시 한번 봐 주시기 바랍니다. '2바이트 short int형 값'이 컴퓨터 내부적으로는 다음처럼 2진수 16자리 숫자가 됨을 알 수 있습니다.

이를 세어보면 이 2진수 16자릿수로 2^{16}=65536가지의 값을 표현할 수 있음을 알 수 있습니다. short int형은 이 65536 종류의 값에 우리들이 평소 사용하는 10진수 −32768부터 32767까지의 값을 짝지어서 다음과 같이 표현합니다.

표 : short int 형 값의 예

컴퓨터의 내부(2진수)	표현하는 숫자(10진수)	
0000000000000000	0	양수를 표현합니다
0000000000000001	1	
0000000000000010	2	
⋮	⋮	
0111111111111111 →	32767	
1000000000000000	−32768	음수를 표현합니다
1000000000000001	−32767	
⋮	⋮	
1111111111111111	−1	

처음 한 비트는 숫자 값 플러스, 마이너스 표기에 사용됨에 주의하시기 바랍니다. 양수는 0으로 시작하며, 음수는 1로 시작합니다.

같은 2바이트 형이라도 짝지어진 실제 값에 따라, 다른 값을 표현하게 만들 수 있습니다. 그 예로 unsigned short int형이라는 2바이트 형이 있습니다. 이는 65536가지의 정수(0–65535)를 표현하는 형입니다. 예를 들어, 다음과 같은 정수를 표현합니다.

표 : unsigned short int형 예시

컴퓨터의 내부(2진수)	표현하는 숫자(10진수)
0000000000000000	0
0000000000000001	1
0000000000000010	2
⋮	⋮
1111111111111111 ──▶	65536

양수를 표현합니다

이번에는 첫 번째 비트가 0과 1, 어느 쪽이라도 양수를 표현함을 알 수 있습니다.

3.4 변수 선언

변수 선언하기

변수의 이름과 형을 결정했다면, 이제는 코드에서 변수를 사용해 볼 차례입니다. 먼저, '변수를 준비' 하는 작업이 필요합니다. 이 작업을 일컬어,

변수 선언하기(declaration)

라고 부릅니다. 변수는 다음과 같이 선언합니다.

변수를 선언하기

```
형명 식별자;
```

이 시점에, 3.2절과 3.3절에서 설명한 '형'과 '식별자(이 구문에서는 변수 이름)'를 지정하게 됩니다. 변수의 선언 또한 하나의 문장입니다. 마지막에 세미콜론(;)을 붙이십시오. 변수를 선언하는 실제 코드는 다음과 같습니다.

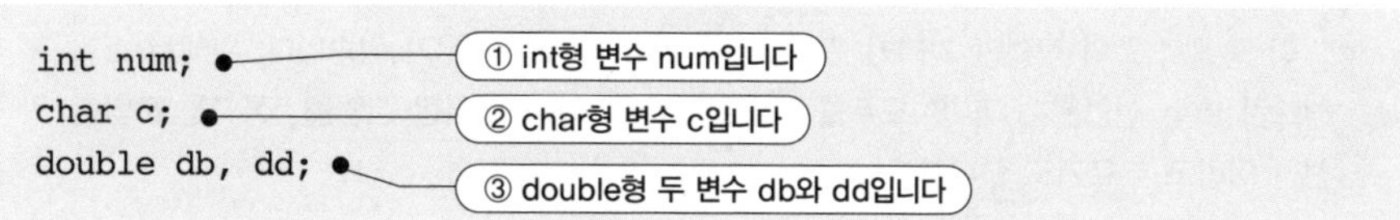

```
int num;
char c;
double db, dd;
```


①은 int형 변수 num을 선언한 문장입니다. ②는 char형 변수 c를 선언한 문장입니다. ③은 double형 변수 db와 dd 두 개를 한 번에 선언한 것입니다. 이처럼, 변수는 쉼표(,)로 구분하면 한 문장으로 선언할 수 있습니다.

선언한 변수는 코드 안에서 계속 그 이름으로 사용할 수 있게 됩니다.

변수는 형과 이름을 지정해서 선언한다.

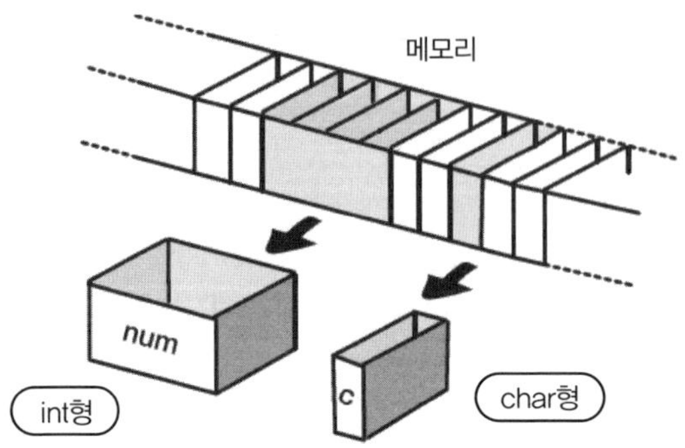

그림 3-4 **변수 선언**
변수를 선언하면 변수가 준비됩니다.

변수 선언 자세히 살펴보기

변수를 준비하는 작업인 '선언'이란, 엄밀하게 따져볼 때 다음 두 가지 처리를 동시에 수행함을 뜻합니다.

① 변수의 이름과 형을 컴파일러에 알린다.
② 변수를 저장하기 위한 메모리를 준비한다.

이 중에서 ②의 작업만 가리켜 '변수 정의'라고 부르는 경우가 있습니다. 위에서 소개해드린 변수 선언은 ①과 ② 모두를 포함합니다. 따라서 이러한 선언을 '정의를 포함한 선언'이라고 부르기도 합니다.

Lesson 3

3.5 변수의 이용

변수에 값 대입하기

변수를 선언하면, 변수에 값을 기억시킬 수 있습니다. 이러한 작업을 가리켜,

값을 대입(assignment)

한다고 합니다. 그림 3-5를 함께 보실까요. '값의 대입' 이란, 준비한 변수 상자에 특정 값을 넣는(저장하는, 기억시키는) 그림으로 설명할 수 있습니다.

값을 대입하려면, 다음과 같이 '='라는 기호를 사용하여 표현합니다.

```
num = 3;
```

조금은 특이한 작성법입니다. 그러나 이렇게 작성함으로 인해 변수 num에 값 3을 기억시킬 수 있습니다. 이 = 기호가 값을 기억시키는 기능을 가지고 있습니다.

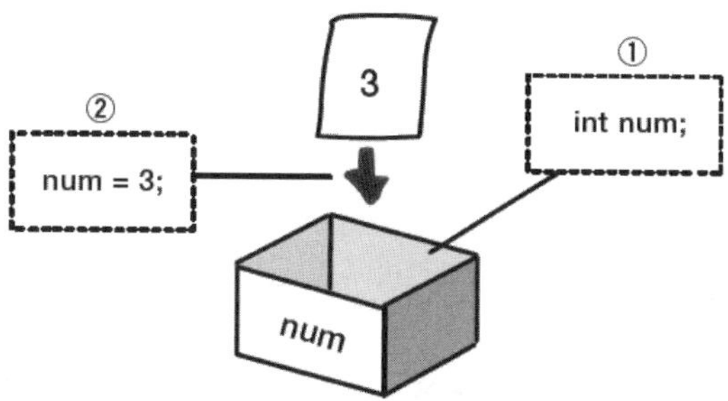

그림 3-5 **변수에 대입**

① 변수 num을 선언합니다.
② 변수 num에 3이라는 값을 대입합니다.

변수에 값을 대입하는 코드의 스타일은 다음과 같습니다.

변수에 대입하기

```
변수 이름 = 식(expression);
```

'식'에 대해서는 다음 장에서 자세히 설명합니다. 아직까지는 3 혹은 5와 같은 하나의 '값'으로 간주하셔도 무방합니다.

그러면 실제로 변수를 사용하는 프로그램을 작성해 보도록 합시다.

Sample1.cpp ▸ 변수 사용하기

```
#include <iostream>
using namespace std;

int main()
{
    int num;          // ① 변수 num을 선언합니다

    num = 3;          // ② 변수 num에 3을 대입합니다

    cout << "변수 num의 값은" << num << "입니다. ₩n";
                      // ③ 변수 num의 값을 출력합니다
    return 0;
}
```

Sample의 실행 화면

```
변수 num의 값은 3입니다.   ← 변수 num의 값이 출력됩니다
```

이 코드는 먼저 ①의 시점에서 int 변수 num을 선언하고 있습니다. 그리고 ②의 시점에서 변수 num에 3이라는 값을 대입합니다.

이처럼 '='라는 기호는 수학 식에서 통용되는 '●와 ○이 동일하다'라는 의미가 아닙니다. '값을 대입한다'라는 기능을 표현합니다. 명심하시기 바랍니다.

변수에는 =을 사용하여 값을 대입한다.

변수의 값 출력하기

마지막으로 ③ 부분을 보십시오. 여기에서 변수 num의 값을 출력하고 있습니다. 변수의 값을 출력하기 위해서 ' ' 혹은 " "같은 인용 부호를 붙이지 마십시오. 변수 이름을 적으십시오. 그러면 프로그램이 실행될 때 실제로 출력되는 것은,

```
num
```

이라는 변수 이름이 아닙니다. 변수 num 안에 저장된

```
3
```

이라는 값입니다. 이로써 변수의 값을 화면에 출력하는 코드가 만들어졌습니다.

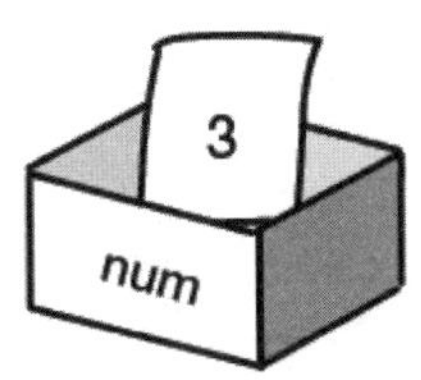

그림 3-6 **변수 출력**
변수를 출력하면 변수에 저장되어 있는 값이 표시됩니다.

변수 초기화하기

그런데 Sample1에서는

처럼 변수를 선언했습니다. 그 다음 문장을 작성해서 변수에 값을 대입했습니다. 그러나 C++에서는,

변수를 선언했을 때, 동시에 변수에 값을 저장

시킬 수 있습니다. 이러한 처리를

변수를 초기화시킨다(initialization)

고 합니다. 변수를 초기화하는 코드는 다음과 같이 작성합니다.

```
int num = 3;
```

변수를 3으로 초기화하고 있습니다

이 문장은 Sample1에서 2문장에 걸쳐 나타낸 처리를 한 문장으로 요약한 것입니다. 변수의 초기화 방법을 숙지하시기 바랍니다.

변수의 초기화

```
형명 식별자 = 식(expression);
```

실제로 코드를 작성할 때에는, 변수 초기화 코드를 가능한 이렇게 유지하는 것이 편리할 것입니다. 변수의 선언 및 대입 과정을 두 문장으로 나누어 버릴 경우, 값을 대입하는 문장을 작성하는 것을 잊어 버리는 경우가 종종 있기 때문입니다.

변수를 초기화하면 선언과 값의 저장을 동시에 할 수 있다.

대입과 초기화는 다른 것

C++에서는 대입과 초기화 모두 = 라는 기호를 사용합니다. 두 방법 중 어떠한 방법으로도 변수에 값을 저장할 수 있습니다. 그러나 엄밀히 말해서, C++에서의 대입과 초기화는 구별되는 개념입니다. 이 책의 14장에서도 대입과 초기화를 엄밀하게 구분하고 있습니다.

변수의 값 바꾸기

제 2장에서 살펴본 바와 같이, 코드 안에서 문장들은 하나하나 순서대로 처리되었습니다. 이 성질을 활용하면 일단 대입한 변수의 값을 새로운 값으로 변경시킬 수 있습니다. 다음 코드를 보십시오.

Sample2.cpp ▶ 변수의 값 바꾸기

```
#include <iostream>
using namespace std;

int main()
{
    int num = 3;

    cout << "변수 num의 값은" << num << "입니다. \n";   // ① 변수의 값을 출력합니다

    num = 5;   // ② 변수에 새로운 값을 대입합니다

    cout << "변수 num의 값이 바뀌었습니다. \n";
    cout << "변수 num의 새로운 값은" << num << "입니다. \n";   // ③ 변수의 새로운 값을 출력합니다

    return 0;
}
```

Sample2의 실행 화면

```
변수 num의 값은 3입니다.
변수 num의 값이 바뀌었습니다.
변수 num의 새로운 값은 5입니다.
```

변수의 새로운 값이 출력됩니다

Sample2의 시작 부분에서 변수 num에 3을 대입했습니다. 그리고 ①에서 출력하고 있습니다. 그리고 다음에는 ②에서 변수에 새로운 값으로 5를 대입하고 있습니다. 이처럼 변수에 다시 값을 대입하면

값을 덮어 씌워서 변수의 값을 변경시키기

가 가능해지는 셈입니다.

②에서 변수의 값이 변경되었기 때문에, ③에서 변수 num을 출력할 때에는 새 값인 '5' 가 출력되었습니다. ①과 ③은 동일한 작업입니다. 그러나 변수의 값이 다르기 때문에 화면에 출력되는 값이 다릅니다. 주의하시기 바랍니다.

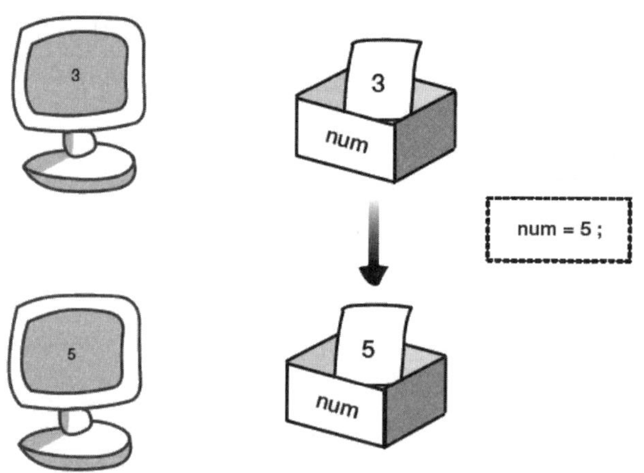

그림 3-7 **변수의 값 바꾸기**

변수 num에 다시 한번 값을 대입하면, 그 변수의 값이 바뀝니다.

Lesson 3

다른 변수에 값을 대입하기

변수에 값을 대입할 때 =의 오른쪽에 적을 수 있는 것은 3, 5와 같은 숫자뿐만이 아닙니다. 다음 코드를 입력하십시오.

Sample3.cpp ▶ 다른 변수에 값 대입하기

```
#include <iostream>
using namespace std;

int main()
{
   int num1, num2;

   num1 = 3;

   cout << "변수 num1의 값은" << num1 << "입니다. ₩n";

   num2 = num1; ● 변수 num1의 값을 num2에 대입합니다

   cout << "변수 num1의 값을 num2에 대입했습니다. ₩n";
   cout << "변수 num2의 값은" << num2 << "입니다. ₩n";

   return 0;
}
```

Sample3의 실행 화면

```
변수 num1의 값은 3입니다.
변수 num1의 값을 num2에 대입했습니다.
변수 num2의 값은 3입니다.
```

변수 num2의 값이 변수 num1의 값과 동일해졌습니다

이 코드에서는 = 기호의 오른쪽에 숫자가 아닌 변수 num1을 적었습니다. 그 결과, 변수 num2에 '변수 num1의 값'이 대입됩니다. 화면을 통하여 분명히 변수 num2에 변수 num1의 값인 3이 저장되어 있음을 확인할 수 있군요. 이와 같이,

변수의 값을 다른 변수에 대입할 수 있다.

라고 할 수 있습니다.

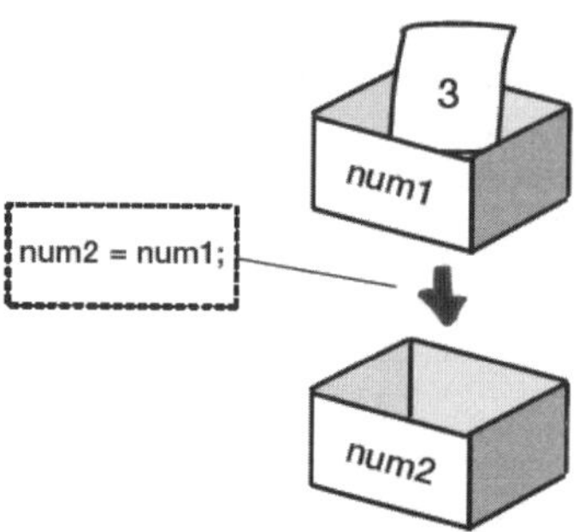

그림 3-8 다른 변수의 값 대입하기
변수 num1의 값을 변수 num2에 대입할 수 있습니다.

변수에 값을 대입할 때 주의해야 할 점

변수에 값을 대입할 때, 주의해야 할 점이 있습니다. 다음 코드를 보십시오.

Sample4.cpp ▶ 값 대입하기

```
#include <stdio.h>
using namespace std;

int main()
{
   int num1;
   double num2;

   num1 = 3.14;   ● int형 변수에 값을 대입합니다
   num2 = 3.14;   ● double형 변수에 값을 대입합니다

   cout << "변수 num1의 값은" << num1 << "입니다. ₩n";
   cout << "변수 num2의 값은" << num2 << "입니다. ₩n";

   return 0;
}
```

Sample4의 실행 화면

```
변수 num1의 값은 3입니다.
변수 num2의 값은 3.14입니다.
```

int형 변수에는 3.14를 저장할 수 없습니다

double형 변수에는 3.14를 저장할 수 있습니다

이 코드에서는 분명 변수 num1과 num2에 동일한 '3.14'를 대입하고 있음에도 불구하고, 첫 번째 줄에서 전혀 다른 값, '3'이 출력되어 버린 것을 알 수 있습니다. 이는, int 형 변수인 num1에는 정수값만 저장할 수 있도록 정해져 있기 때문입니다.

3.3절에서 설명해 드렸듯, 변수는 선언된 형에 따라 저장할 수 있는 값의 종류가 결정됩니다. 정수형 변수에 소수값을 대입하면, 자동으로 형 변환이 이루어지게 되고, 그 결과 소수점 뒷자리가 버려지게 됩니다.

변수의 형을 반드시 확인하시기 바랍니다. 형 변환에 대해서는 제 4장에서 다시 설명하도록 하겠습니다.

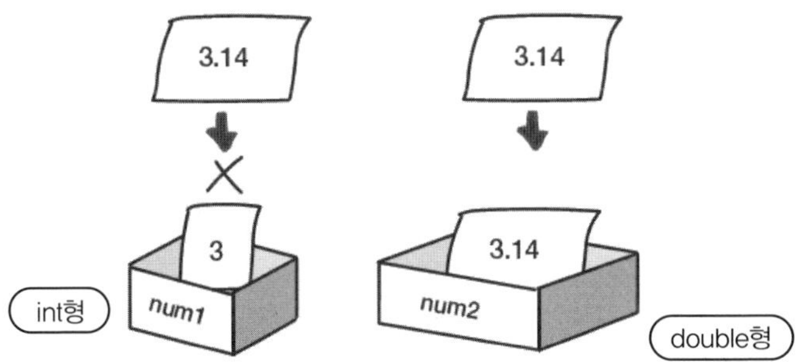

그림 3-9 **값의 대입에 주의하세요.**
정수형 변수에는 소수 값을 그대로 저장할 수 없습니다.

변수 선언 위치에 주의하세요

당분간 이 책에서는 변수 선언 위치를

main( ) 함수 블록 안

으로 하겠습니다.

```
int main( )
{
    …          ── 이 부분에 변수를 선언합니다
}
```

사실 main( ) 함수 블록의 바깥에 변수를 선언하는 것 또한 가능합니다만, 이 방법은 제 10장에서 배우도록 하겠습니다. 또한, 블록 안에서 변수를 같은 이름으로 여러 번 선언할 수 없습니다. 주의하시기 바랍니다.

3.6 키보드 입력

키보드로 입력하기

이 장의 내용을 바탕으로, 사용자로부터 키보드를 통해 다양한 문자를 입력받은 후, 그 값을 출력하는 코드를 작성해 봅시다. 키보드 입력을 받는 방법을 배우면, 보다 유연한 프로그램을 작성할 수 있습니다.

키보드 입력을 받는 코드는 다음과 같은 스타일로 작성합니다.

구문 **키보드 입력**

```
#include <iostream>
using namespace std;

int main()
{
    변수 선언;
    cin >> 변수;
    ...
}
```

키보드 입력을 변수에 저장합니다

키보드에서 입력을 받을 때에는 cin >>라는 단어를 사용합니다. 이러한 스타일의 프로그램에 등장하는 cin >> … 부분의 문장 처리 시, 프로그램 실행 화면은 사용자의 입력을 기다리는 상태에서 멈춥니다. 이 때, 사용자는 숫자 등을 키보드로 입력하고 Enter 키를 누릅니다. 그러면 입력값이 변수에 저장됩니다. 그러나 공백과 같은 입력은 무시됩니다.

그러면 실제로 프로그램을 작성해 보기로 합시다.

Sample5.cpp ▶ 변수의 값 바꾸기

```
#include <iostream>
using namespace std;

int main()
{
    int num = 0;

    cout << "숫자를 입력하십시오. \n";   // 키보드 입력을 요구하는 메시지를 출력합니다

    cin >> num;   // 키보드 입력을 변수 num에 저장합니다

    cout << num << "(이)가 입력되었습니다. \n";   // 입력한 문자열이 출력됩니다

    return 0;
}
```

Sample5의 실행 화면

```
정수를 입력하십시오.
10 ↵        ← 키보드를 입력하면…
10(이)가 입력되었습니다.   ← 입력한 숫자 값이 출력됩니다
```

프로그램을 실행시키면, '문자열을 입력하십시오.' 라는 메세지가 화면에 출력됩니다. 그리고 컴퓨터는 사용자의 입력을 기다리는 상태가 됩니다.

이 시점에 '10' 이라고 입력하십시오. 그리고 Enter 키를 눌러 봅시다. 그러면 화면에 '10(이)가 입력되었습니다.' 라고 출력될 것입니다.

몇 번이고 프로그램을 실행시켜 봅시다. 그리고 다양한 숫자를 입력해 봅시다. 이 코드를 사용하면 다양한 숫자가 출력될 것입니다.

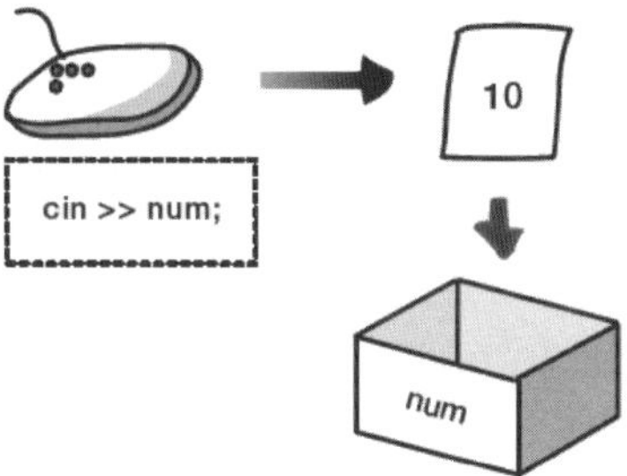

그림 3-10 **키보드 입력 절차**
키보드 입력을 변수에 저장합니다.

 2개 이상의 숫자 입력하기

》 기호를 연속해서 사용하면 두 개 이상의 숫자를 계속 입력할 수 있습니다. 다음 코드를 통해 확인해 보겠습니다.

Sample6.cpp ▶ 2개 이상의 숫자를 연속해서 입력받기

```
#include <iostream>
using namespace std;

int main()
{
   int num1, num2;

   cout << "정수를 2개 입력하십시오. ₩n";

   cin >> num1 >> num2;

   cout << "먼저" << num1 << "(이)가 입력되었습니다. ₩n";
   cout << "그 다음으로" << num2 << "(이)가 입력되었습니다. ₩n";

   return 0;
}
```

두 번 연속으로 숫자를 입력합니다

Sample6의 실행 화면

```
정수를 2개 입력하십시오.
5 ↵  ┐
10 ↵ ┘── 두 번 연속으로 숫자를 입력합니다
먼저 5(이)가 입력되었습니다.
그 다음으로 10(이)가 입력되었습니다.
```

이 프로그램을 실행시키면 키보드를 통해 '5'와 '10'이라는 숫자 두 개를 계속 입력받을 수 있습니다.

처음에 입력한 '5'는 변수 num1, 그 다음에 입력한 '10'은 변수 num2에 각각 숫자로 변환되어 저장됩니다. 그리고, 코드 마지막에 num1과 num2를 출력하라는 코드의 지시에 따라, 우리들이 입력한 숫자 두 개가 출력되었습니다.

표준 입력의 원리 이해하기

우리들이 지금까지 살펴본 cout가 '표준 출력'인 것과 마찬가지로, cin은 **표준 입력**(standard input)의 개념을 언어로 표현한 것입니다. 일반적으로 '표준 입력'은 컴퓨터의 '키보드'가 됩니다.

지금 우리들이 사용하고 있는 >> 기호에는 **키보드 입력을 지정한 변수로 보내는** 기능이 있습니다. 키보드로 입력하는 경우에도 화면에 출력할 때와 마찬가지로, 코드 앞머리에 먼저 iostream을 미리 인클루드 하십시오(제 2장).

잘못된 입력

그런데 만약, 사용자가 잘못된 값을 입력하면 어떠한 결과가 나오게 될까요? 예를 들어 정수를 입력해야 하는 프로그램에 사용자가 소수를 입력해 버렸다면 어떻게 될까요?

사용자가 잘못된 입력을 한 경우, 올바르게 표시되지 않거나 예상치 못한 오류가 발생할 수 있습니다.

따라서, 실제 프로그램을 만들 때에는 사용자의 잘못된 입력을 처리하는 방법 또한 고려해야 할 것입니다. 이 책의 5장에서 다양한 상황에 맞추어 처리하는 방법을 배우게 될 것입니다. 실제 프로그램을 작성할 때에는, 반드시 사용자의 입력 실수를 염두에 두고 코드를 작성해야 한다는 점을 잊지 마시기 바랍니다.

3.7 상수

const 지정하기

3.5절에서 우리들은 변수의 값을 바꾸는 방법을 배웠습니다. 그러나 변수를 초기화할 때, 특별한 지정을 하면 값을 바꿀 수 없는 변수를 만들 수 있습니다. 다음 코드를 통해 확인해 보겠습니다.

Sample7.cpp ▶ 상수 이용하기

```
#include <iostream>
using namespace std;

int main()
{
    const double pi = 3.1415;   // ① const를 사용하여 pi를 초기화합니다

    cout << "원주율의 값은" << pi << "입니다. \n";
    cout << "원주율의 값은 바뀌지 않습니다. \n";

    //대입을 통해서 변수의 값을 바꿀 수 없습니다.
    //pi = 1.44;   // ② 변수 pi의 값을 변경할 수 없게 됩니다

    return 0;
}
```

Sample7의 실행 화면

```
원주율의 값은 3.1415입니다.
원주율의 값은 바뀌지 않습니다.
```

이 코드에서 ② 부분의 주석을 제거할 경우, 이 프로그램은 컴파일이 불가능하게 됩니다. 왜냐하면, ① 부분에서 const라는 지정을 하고 있기 때문입니다.

```
const double pi = 3.1415;
```

const를 사용하여 초기화합니다

이처럼 const를 사용하여 변수를 초기화하면, 이보다 뒤에 등장한 코드에서는 변수 pi에 값을 대입할 수 없게 됩니다.

const의 원리 이해하기

왜 이러한 지정이 필요한 것일까요? 원주율은 '3.1415' 이라는 숫자로 코드에 적어둘 수 있습니다.

그러나 그 숫자가 원주율임이 확실한 이상, 'pi' 라는 이름을 붙여준다면 코드가 보다 이해하기 쉬워질 것입니다. 그러므로 코드 안의 'pi' 라는 변수에 3.1415을 대입하여 사용하면 좋을 것 같습니다.

그러나 변수에 저장된 값은 언제든지 바꿀 수 있습니다. 코드 안 어디에선가 실수로 변수 pi에 '1.44' 와 같은 값을 대입해 버릴 가능성이 충분합니다. 그러나, const를 지정한 변수에는 값을 대입할 수 없습니다. 따라서, 그러한 오류는 발생하지 않게 될 것입니다.

즉, const를 지정하면,

"pi"라는 단어가 "3.1415"라는 '변하지 않는' 값을 가리키는 상태

가 됩니다.

const로 지정한 변수는 그 값을 변경할 수 없기 때문에, 상수(constant)라고 부르기도 합니다. 상수는 다음과 같은 초기화 과정을 거칩니다.

const 키워드

```
const 형명 식별자 = 식(expression);
```

변수 초기화 문장과 동일합니다.

앞에 const가 덧붙여져 있다는 점만 다릅니다. 프로그램을 만든 후, 보다 정밀하게 계산하는 프로그램을 만들도록 요구사항이 바뀌었다고 가정해 봅시다. 예를 들어, 원주율 값으로 '3.1415' 대신 '3.141592'라는 숫자를 사용해야 한다고 해 봅시다.

이러한 경우, 다음과 같이 초기화하는 첫 문장만 수정하고 다시 컴파일합니다. 그러면, 코드에서 사용된 모든 pi가 새로운 값을 가리키게 됩니다.

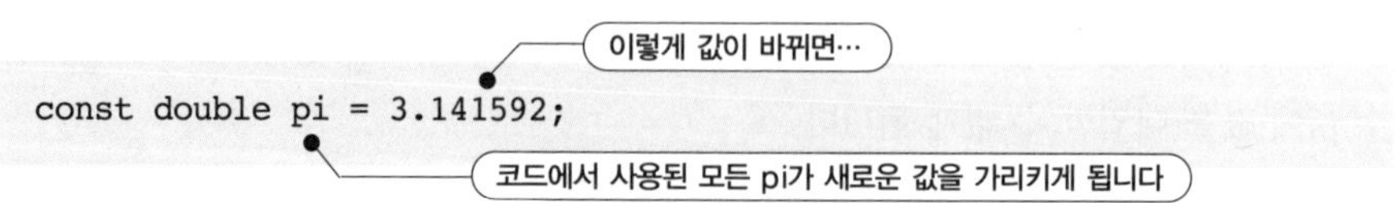

상수를 사용할 경우, 프로그램 변경이 매우 간편해진다는 장점이 있습니다.

const 키워드 사용 시 주의해야 할 점

이미 설명했듯이, const 키워드를 지정한 상수 pi는 나중에 그 값을 바꿀 수 없습니다. 다음과 같이 값을 대입하려고 하면, 컴파일 시에 오류가 표시되므로 주의하시기 바랍니다.

상수에는…

```
const double pi = 3.1415;
pi = 1.44;
```

값을 대입할 수 없습니다

또한 const가 지정된 변수는 반드시 초기화 작업이 필요합니다. 초기화하지 않은 상수에 값을 대입하려 할 경우 또한 컴파일할 수 없습니다.

초기화하지 않은 상수는…

```
const double pi;
pi = 3.1415;
```

값을 변경할 수 없습니다

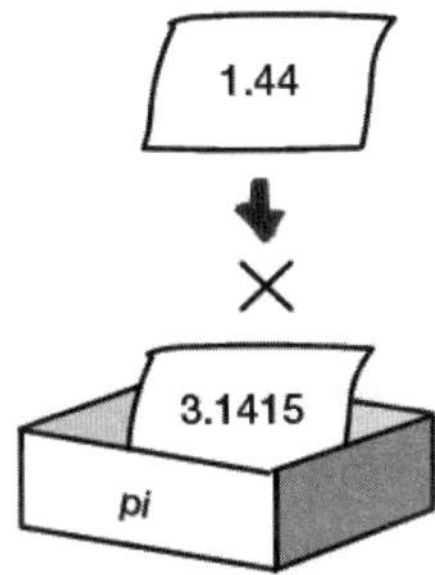

그림 3-11 const
const 지정한 변수가 초기화되어 있지 않을 경우, 이후에 그 값은 변경할 수 없습니다.

3.8 강의 요약

이 장에서는 다음과 같은 내용을 배웠습니다.

- 변수에는 값을 저장할 수 있습니다.
- 변수는 형과 이름을 지정해서 선언합니다.
- 변수 '이름'을 붙일 때에는 식별자를 사용합니다.
- 변수에 값을 대입할 때에는 = 기호를 사용합니다.
- 변수를 초기화하면, 선언과 동시에 값을 저장할 수 있습니다.
- 변수에 값을 대입하면 저장되어 있던 값이 바뀝니다.
- 키보드로 입력을 받을 수 있습니다.
- 변수에 const가 지정되면, 그 변수의 값은 더 이상 바꿀 수 없게 됩니다.

변수는 C++의 가장 기본적인 기능입니다. 그럼에도 이 장에 등장한 샘플만으로는 변수의 고마움을 느끼기에 무리일 수 있겠습니다. 그러나 많은 양의 코드를 작성하고, 이 책을 다 읽고 난 후, 여러분은 변수가 C++에서 빼놓을 수 없는 기능이라는 사실을 이해하게 될 것입니다. 다양한 변수에 익숙해졌을 때, 이 장으로 돌아와 다시 한번 복습해 보시기 바랍니다.

연습

1. 다음과 같이 화면에 출력하는 코드를 작성하십시오.

```
원주율의 값은 얼마입니까?
3.14 ↵
원주율의 값은 3.14입니다.
```

2. 다음과 같이 화면에 출력하는 코드를 작성하십시오.

```
알파벳 첫 글자는 무엇입니까?
a ↵
알파벳 첫 글자는 a입니다.
```

3. 다음과 같이 화면에 출력하는 코드를 작성하십시오.

```
키와 몸무게를 입력하십시오.
165.2 ↵
52.5 ↵
키는 165.2 센티미터입니다.
몸무게는 52.5 킬로그램입니다.
```

Lesson 4

식과 연산자

컴퓨터는 다양한 일을 할 수 있습니다. 그리고 컴퓨터가 일을 할 때에는 '연산' 기능이 반드시 필요합니다. C++ 프로그램을 만들 때에도 연산은 빼놓을 수 없는 기능 중 하나입니다. C++ 언어는 사용자가 간결하게 연산을 수행할 수 있도록, '연산자'라는 기능을 제공합니다. 이 장에서는 다양한 연산자의 사용 방법을 학습하겠습니다.

Check Point

- 식
- 연산자
- 피연산자
- 증가 연산자
- 감소 연산자
- 대입 연산자
- 연산자 우선 순위
- 형 변환
- 캐스트 연산자

4.1 식과 연산자

식의 원리 이해하기

컴퓨터는 다양한 일을 '계산' 해서 처리합니다. 이 장에서는 먼저 '계산' 에서 빼놓을 수 없는 요소중 하나인 식(expression)에 대해 배워보겠습니다.

'식' 을 이해하시려면,

1+2

같은 '수식' 을 머릿속에 떠올려 보십시오. 보다 이해하기 쉬울 것입니다. C++에서는 이러한 식을 코드 안에서 사용합니다.

C++의 '식(expression)' 대부분은

연산자(연산하는 것 : operator)
피연산자(연산 대상 : operand)

를 조합해서 만듭니다. 예를 들어 '1+2' 의 경우 '+' 가 연산자, '1' 과 '2' 가 피연산자가 됩니다. 또한 식의 '평가(evaluation)' 라는 요소 또한 중요한 개념입니다. '평가' 를 이해하시려면 먼저 식의 '계산' 을 머릿속으로 떠올려 보세요. 이 계산을 하는 것 자체가 식을 평가하는 것입니다. 예를 들어, 1+2가 평가되면 3이 됩니다. 평가된 후의 결과값 3을 가리켜 '식의 값' 이라고 부릅니다.

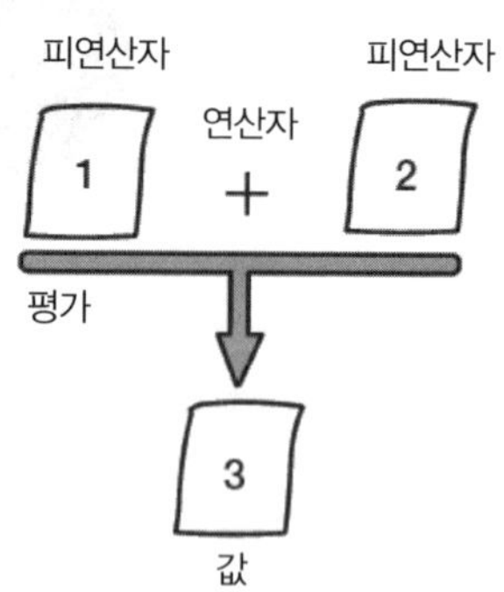

그림 4-1 식

1+2이라는 식(expression)은 평가(evaluation)되어 3이라는 값을 가지게 됩니다.

식의 값 출력하기

지금까지 우리들이 배운 화면에 출력하는 코드를 활용하면 식의 값을 출력할 수 있습니다. 다음 코드를 입력해 봅시다.

Sample1.cpp ▶ 식의 값 출력하기

```
#include <iostream>
using namespace std;

int main()
{
    cout << "1+2는 " << 1+2 << "입니다. ₩n";
    cout << "3*4는 " << 3*4 << "입니다. ₩n";

    return 0;
}
```

1+2라는 식을 작성합니다

Sample1의 실행 화면

```
1+2는 3입니다.
3*4는 12입니다.
```

식이 평가되어 3이 출력되었습니다

이 코드에서는 '1+2' 라는 식을 작성했습니다. 실행 화면에는 '3' 이 출력되었군요.

다음 문장처럼, '3*4' 라는 식을 작성합니다 이는 '3×4' 라는 계산을 컴퓨터에 명령합니다. C++에서는 곱셈을 하기 위해 *라는 기호를 사용합니다.

이처럼, 식의 평가 과정을 거친 다음에 비로소 값이 화면에 출력됨을 알 수 있습니다.

다양한 연산하기

식 안에서 연산의 대상(피연산자)이 될 수 있는 것은 1, 2와 같은 숫자뿐만이 아닙니다. 다음의 코드로 연습해 봅시다.

Sample2.cpp ▸ 변수 값 사용하기

```
#include <iostream>
using namespace std;

int main()
{
    int num1 = 2;
    int num2 = 3;
    int sum = num1 + num2;

    cout << "변수 num1의 값은" << num1 << "입니다. ₩n";
    cout << "변수 num2의 값은" << num2 << "입니다. ₩n";
    cout << "num1+num2의 값은" << sum << "입니다. ₩n";

    num1 = num1+1;

    cout << "변수 num1의 값에 1을 더하면" << num1 << "입니다. ₩n";

    return 0;
}
```

① num1+num2의 값을 sum에 대입합니다

② num1+1의 값을 num에 대입합니다

Sample2의 실행 화면

```
변수 num1의 값은 2입니다.
변수 num2의 값은 3입니다.
num1+num2의 값은 5입니다.
변수 num1의 값에 1을 더하면 3입니다.
```

결과를 더한 값을 출력합니다

이 코드에서는 ①과 ②의 부분에서 변수를 피연산자로 사용한 식을 사용하고 있습니다. 이처럼 값은 물론이거니와, 변수 또한 피연산자로 사용할 수 있습니다. 하나씩 차근차근 나의 것으로 만들어 보도록 합시다.

먼저, ①의 sum = num1 + num2는

변수 num1에 변수 num2에 저장된 '값'을 더한 다음, 그 값을 다시 변수 sum에 대입

하는 연산을 수행하는 식(expression) 입니다. 다음으로, ②의 num1 = num1 + 1은,

변수 num1의 값에 1을 더한 값을 다시 num1에 대입

하는 식(expression)입니다. 우변과 좌변이 다른 이상한 등식으로 보일 수도 있을 것입니다. 그러나, C++에서 = 기호는 '동일하다' 라는 의미가 아닙니다. '값을 할당한다' 는 의미임을 떠올려 주십시오. 그래서 이러한 작성법이 가능한 것입니다.

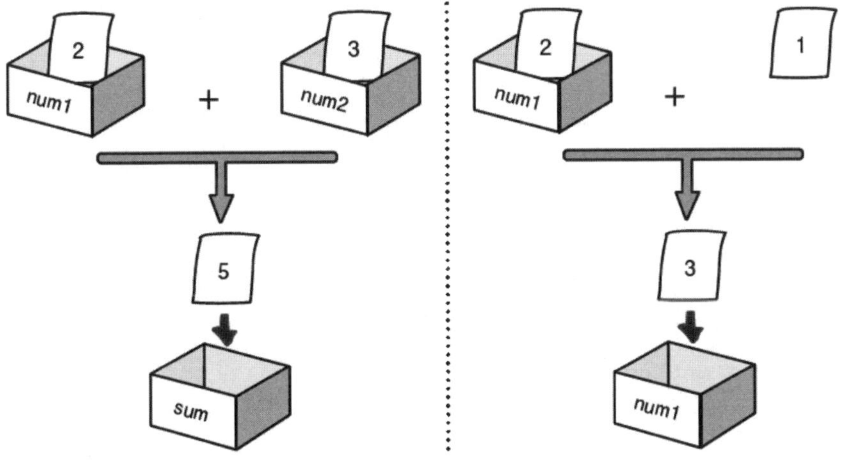

그림 4-2 sum=num1+num2(왼쪽)num1=num+1(오른쪽)
변수에 저장된 값을 더할 수 있습니다.

키보드로 입력한 값을 더하기

이번엔, '변수를 사용한 식' 에 대해 잠시 생각해 보도록 합시다. 제 3장에서 우리들은 변수에 다양한 값을 저장할 수 있음을 알았습니다. 즉, 변수를 사용할 경우 식(expression)의 값은

코드가 처리될 때의 변수 값에 따라 달라진다

는 사실을 확인할 수 있었습니다. 이 성질을 이용하면 다양하게 변화하는 프로그램을 만들 수 있게 됩니다. 다음 코드를 입력해 봅시다.

Sample3.cpp ▶ 덧셈 프로그램

```
#include <stdio.h>
using namespace std;

int main()
{
    int num1, num2;

    cout << "첫 번째 정수를 입력하십시오. ₩n";
    cin >> num1;

    cout << "두 번째 정수를 입력하십시오. ₩n";
    cin >> num2;

    cout << "덧셈의 결과는 " << num1+num2 << "입니다. ₩n";

    return 0;
}
```

입력받은 숫자들을 각각 변수 num1과 num2에 기억시킵니다

num1에 num2를 더한 결과를 출력합니다

Sample3 실행 화면

```
첫 번째 정수를 입력하십시오.
5 ↵
두 번째 정수를 입력하십시오.
10 ↵
덧셈의 결과는 15입니다.
```

입력한 수를 더한 결과가 출력됩니다

Sample3는 키보드로 입력한 값을 변수에 저장한 후, 더하는 코드입니다. 우리들이 제 3장에서 학습한 키보드로 입력받는 코드를 사용하고 있습니다. 프로그램을 실행시킨 후, 여러가지 정수를 입력하면 입력된 숫자가 더해진 후 출력될 것입니다.

이처럼, 변수와 연산자를 사용하여 코드를 작성하면 프로그램 실행시의 상황에 대응하는 프로그램을 만들 수 있습니다. 지금까지는 항상 같은 문자나 숫자만 출력할 수 있었습니다. 그러나 이제부터는 입력한 값에 따라 다른 결과를 출력할 수 있게 되었습니다. 변화가 풍부한 프로그램을 만들 수 있게 된 셈입니다.

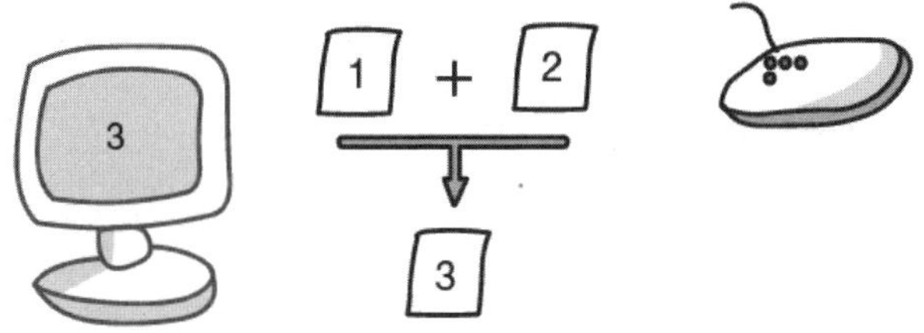

그림 4-3 **키보드로 입력받은 값을 더하기**
여러가지 숫자를 입력받은 후, 덧셈을 할 수 있습니다.

Lesson 4

다양한 식

식(expression)은,

1+2
3 * 4

와 같은 수식에 한정되지 않습니다.

num1 … 변수
5 … 정수

또한, 그 자체로 '식'으로 성립합니다.

즉, 5라는 식의 판별값은 5입니다. 또한, 'num1'이라는 식의 판별값은 변수 num1에 5가 저장되어 있을 경우 5, 10이 저장되어 있다면 10이 됩니다.

이러한, 작은 식들은 다른 식과 합쳐져 큰 식을 이룰 수 있습니다. 예를 들어, 'num1 + 5'라는 식의 값은 식 num1의 값과 식 5의 값을 +로 연산한 결과인 것입니다.

```
num1   +   5
 식        식
 └────┬────┘
      식
```

4.2 연산자의 종류

다양한 연산자

C++에는 + 연산자 이외에도 다양한 연산자가 있습니다. 주요 연산자를 다음 표에 간추려 보았습니다.

표 4-1 : 연산자의 종류

기호	이름	피연산자의 수	기호	이름	피연산자의 수
+	더하기(문자열 연결)	2	<=	이하	2
−	빼기	2	==	같음	2
*	곱셈	2	!=	같지 않음	2
/	나누기	2	!	논리 부정	1
%	나머지	2	&&	논리곱	2
+	단항 +	1	||	논리합	2
−	단항 −	1	*	간접 참조	1
~	보수	1	,	순차	2
&	비트 논리곱	2	( )	함수 호출	2
|	비트 논리합	2	[ ]	배열 첨자	2
^	비트 배타적 논리합	2	::	스코프 해결	2
<<	왼쪽 시프트 연산	2	.	멤버 참조(도트)	2
>>	오른쪽 시프트 연산	2	->	멤버 간접 참조(화살표)	2
++	증가 연산자	1	? :	조건	3
—	감소 연산자	1	new	메모리 동적 할당	1
>	~보다 크다	2	delete	메모리 동적 해제	1
>=	이상	2	sizeof	사이즈	1
<	미만	2			

연산자 중에는 하나의 피연산자를 받는 연산자와 2개를 받는 연산자가 있습니다. 피연산자를 1개 받는 연산자는 **단항 연산자**(unary operator)라고 부릅니다. 또한, 피연산자를 2개 받는 연산자는 **이항 연산자**, 피연산자를 3개 받는 연산자는 **3항 연산자**라고 부릅니다.

예를 들어, 뺄셈을 수행하는 - 연산자는 피연산자를 2개 필요로 하는 연산자입니다.

```
10-2
```

반면, 음수를 표현하기 위해 사용하는 - 연산자는 피연산자를 1개 받는 연산자입니다.

```
-10
```

그러면 이 표 안의 다양한 연산자를 사용한 코드를 작성해 보도록 하겠습니다.

Sample4.cpp ▸ 다양한 연산자 이용하기

```
#include <iostream>
using namespace std;

int main()
{
   int num1 = 10;
   int num2 = 5;

   cout << "num1과 num2로 다양한 연산을 수행합니다. ₩n";
   cout << "num1 + num2는 " << num1+num2 << "입니다. ₩n";
   cout << "num1 - num2는 " << num1-num2 << "입니다. ₩n";
   cout << "num1 * num2는 " << num1*num2 << "입니다. ₩n";
   cout << "num1 / num2는 " << num1/num2 << "입니다. ₩n";
   cout << "num1 % num2는 " << num1%num2 << "입니다. ₩n";

   return 0;
}
```

다양한 연산을 수행합니다

Sample4의 실행 화면

```
num1과 num2로 다양한 연산을 수행합니다.
num1 + num2는 15입니다.
num1 - num2는 5입니다.
num1 * num2는 50입니다.
num1 / num2는 2입니다.
num1 % num2는 0입니다.
```

Sample4는 덧셈 · 뺄셈 · 곱셈 · 나눗셈을 수행합니다. 그렇게 어려운 코드는 아닙니다. 다만, 마지막의 '% 연산자'(승제 연산자)만큼은 생소했을지도 모르겠습니다. 이 연산자는,

num1 ÷ num2 = ● ... 나머지 ×

라는 계산을 통해 도출되는 '×'를 식의 판별값으로 반환하는 연산자입니다. 즉, % 연산자는 '나머지 값을 구하는' 연산자인 셈입니다. 이 코드에서는 '10 ÷ 5 = 2 나머지 값 0' 입니다. 따라서 0이 출력되었습니다.
나머지 연산자 %는 데이터를 분류할 때 자주 사용합니다. 예를 들어, 어떤 정수를 5로 나누고 나머지를 구하면 0에서 4 사이의 값 하나가 나옵니다. 그러면 데이터를 나머지가 0, 1, 2, 3, 4인 그룹으로 분류할 수 있게 됩니다.

num1과 num2의 값을 바꾸어 가며 다양한 연산 작업을 해보시기 바랍니다. 단, / 연산자를 사용하여 정수값을 0으로 나눌 수 없습니다.

피연산자의 형

연산자가 수행하는 연산은 연산 대상(피연산자)의 '형'과 밀접하게 관련되어 있습니다. 따라서, 피연산자의 형에 따라 사용할 수 없는 연산자가 있으므로 주의하시기 바랍니다. 그러한 연산자에 대해서는 4.4절에서 보다 자세히 살펴보겠습니다.

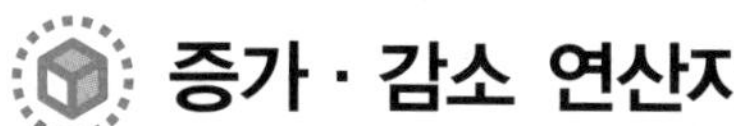

증가 · 감소 연산자

그러면, 표 4-1에 등장한 연산자 중에서 프로그램 작성 시에 자주 사용되는 연산자를 확인해 봅시다. 먼저, 표에 나와있는 '++' 라는 연산자부터 시작하겠습니다. 이 연산자는 다음과 같이 사용합니다.


```
a++;   // 변수 a의 값을 1 증가시킵니다
```

++ 연산자는 증가 연산자(increment operator)라고 합니다.

이 '증가 연산자' 는 (변수)값을 1 증가시키는 연산을 수행합니다. 즉, 다음 코드는 변수 a의 값을 1 증가시키기 때문에, 결과적으로 이전에 등장한 코드와 동일한 처리를 하게 됩니다.

```
a = a+1;   // 값을 1 증가시키는 연산은 이렇게도 쓸 수 있습니다
```

반면, –를 2개 이어붙인 '--' 은 감소 연산자(decrement operator) 라고 부릅니다. '감소 연산자' 는 변수값을 1 감소시키는 연산자입니다.

```
b--;   // 변수 b의 값을 1 감소시킵니다
```

이 감소 연산자의 처리 결과는 다음 코드와 동일합니다.

```
b = b-1;   // 값을 1 감소시키는 연산은 이렇게도 쓸 수 있습니다
```

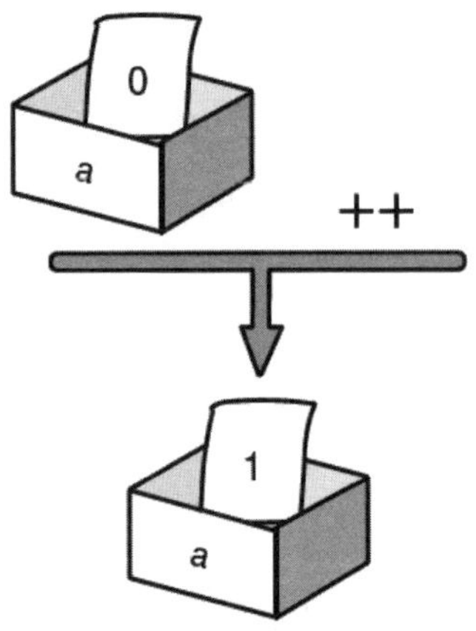

그림 4-4 증가 · 감소 연산자
변수 값에 1을 더하거나 뺄 경우, 증가 연산자 또는 감소 연산자를 사용합니다.

증가(감소) 연산자는 변수의 값을 1씩 더하거나 뺀다.

 증가 · 감소 연산자의 전위와 후위

증가 · 감소 연산자는 피연산자의 앞 혹은 뒷 부분에 위치시킬 수 있습니다. 즉, 변수 a의 값을 증가시키는 연산의 경우,

```
a++
++a
```

두 가지 방법으로 쓸 수 있습니다. 위와 같이 피연산자 뒤에 증가 연산자를 두는 경우를 '후위 증가 연산자' 라고 부르며, 앞에 두는 경우를 '전위 증가 연산자' 라고 부릅니다. 변수를 1 증가시키는 것이 목적이라면 연산자를 앞, 뒤 어느 쪽에 쓰더라도 그 결과가 같습니다.

그러나 이 표현의 차이에 따라서 프로그램의 실행 결과가 달라질 수 있습니다. 다음 코드를 통해 확인해 보겠습니다.

Sample5.cpp ▶ 전위 · 후위 증가 연산자 사용하기

```
#include <iostream>
using namespace std;

int main()
{
    int a = 0;
    int b = 0;

    b = a++; ●———— 후위 증가 연산자를 사용합니다

    cout << "대입 후에 증가 연산자를 사용했으므로 b의 값은 " << b << "입니다. ₩n";

    return 0;
}
```

Lesson 4

Sample5의 실행 화면

```
대입 후에 증가 연산자를 사용했으므로 b의 값은 0입니다.
```

이 코드에서는 후위 증가 연산자를 사용했습니다. 그러나 이 코드에서 전위 증가 연산자를 사용하게 되면, 전혀 다른 결과가 나오게 됩니다. 코드에 등장한 후위 증가 연산자 부분을 다음과 같이 전위 증가 연산자로 변경한 프로그램을 만들어 보십시오.

```
...
b = ++a; ●———— 전위 증가 연산자를 사용합니다
cout << "대입 후에 증가 연산자를 사용했으므로 b의 값은 " << b << "입니다. ₩n";
...
```

프로그램을 실행시켜 봅시다. 화면에는

변경 후, Sample5의 실행 화면

```
대입 후에 증가 연산자를 사용했으므로 b의 값은 1입니다.
```

가 표시됩니다. 먼저 보여드렸던 후위 증가 연산자를 사용한 예제에서는

변수 b에 a의 값을 대입한 후 → a의 값을 1 증가

시켰습니다만, 전위 증가 연산자를 사용한 이 예제에서는

변수 a의 값을 1 증가시킨 후 → 변수 b에 a의 값을 대입

시키는 반대의 처리가 이루어지고 있음을 확인할 수 있습니다. 따라서 출력되는 변수 b의 값이 이전 예제와 다릅니다. 여기에서는 코드를 생략합니다만, 감소 연산자 또한 같은 성질을 가지고 있음을 알아 두시기 바랍니다. Sample5를 보면서, 전위 · 후위 감소 연산자를 사용한 코드를 작성하고 동작시켜 보십시오.

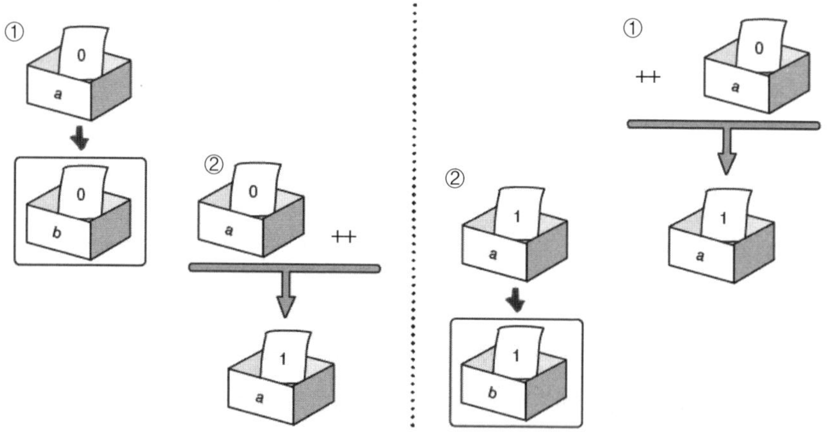

그림 4-5 **증가 연산자의 후위와 전위**

연산자를 뒤에 두면, 값이 대입된 다음, 변수의 값이 증가합니다(왼쪽). 증가 연산자를 앞에 두면, 값의 대입 전에 변수의 값이 증가합니다(오른쪽).

증가 연산자와 감소 연산자의 사용법

증가 · 감소 연산자는 변수의 값을 1씩 늘리거나 줄일 수 있습니다. 따라서 특정 처리의 처리 횟수를 1회씩 셈해야 할 경우에 자주 사용됩니다. 제 6장에서 소개하는 for문에서도 이 연산자가 자주 사용됩니다.

대입 연산자

그 다음 순서로, **대입 연산자**(assignment operator)에 대해 배워 봅시다. 대입 연산자란, 지금까지 우리들이 변수에 값을 할당할 때 사용했었던 '=' 기호를 뜻합니다. 이 연산자의 의미가 등식에서 말하는 = 부호. 즉 '같음'(equal)이라는 의미를 가지지 않음은 이미 설명해 드렸습니다. 대입 연산자는,

좌변의 변수에 우변의 값을 대입

시키는 연산자입니다. 대입 연산자의 사용법은 =뿐만이 아닙니다. 다른 연산 기호와 결합시켜 다양하게 사용할 수 있습니다. 다음 표를 통해 확인해 보십시오.

표 4-2 : 복합 대입 연산자

기호	이름	기호	이름
+=	더한 후, 대입	&=	논리곱을 구한 후, 대입
-=	뺀 후, 대입	^=	배타적 논리합을 구한 후, 대입
*=	곱한 후, 대입	|=	논리합을 구한 후, 대입
/=	나눈 후, 대입	<<=	왼쪽 시프트 연산 후, 대입
%=	나눈 후, 나머지를 대입	>>=	오른쪽 시프트 연산 후, 대입

이러한 대입 연산자는 연산과 대입을 동시에 할 수 있기 때문에 복합 연산자라고 부릅니다. 예를 들어 += 연산자를 살펴보겠습니다.

```
a += b;  ●──── a+b의 값을 a에 대입합니다
```

+= 연산자는,

변수 a의 값에 변수 b의 값을 더한 후, 그 값을 변수 a에 대입

하는 연산을 수행합니다. + 연산자와 = 연산자의 기능이 합쳐진 셈입니다.

이처럼, 사칙 연산 등의 연산자(이하 ●로 표기하겠습니다)와 함께 복합 연산자를 사용하는 문장들

```
a ●= b;
```

은 일반적으로 대입 연산자 =를 사용하여

```
a = a ● b;
```

로 표현할 수 있습니다.

즉, 다음 두 문장 모두 '변수 a의 값과 변수 b의 값을 더해 변수 a에 대입하라'는 처리를 표현한 것입니다.

```
a += b;
a = a+b;
```

모두 a+b의 값을 a에 대입하는 문장(statement)입니다

또한 복합 연산자 사용 시

```
a + = b;
```

여기에 빈 칸을 넣을 수 없습니다

와 같이 +와 = 부호 사이에 빈 칸을 넣을 수 없습니다.

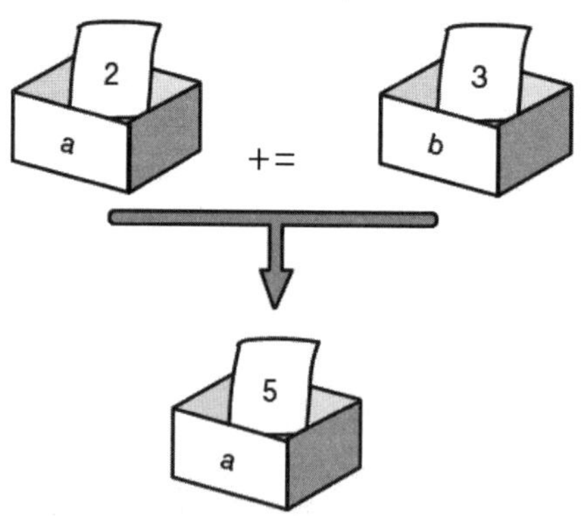

그림 4-6 **복합 대입 연산자**

복합 대입 연산자를 사용하여 사칙 연산과 대입을 간단하게 표현할 수 있습니다.

시험 삼아 += 연산자를 사용한 코드를 작성해 봅시다.

Sample6.cpp ▶ 복합 대입 연산자 사용하기

```
#include <iostream>
using namespace std;

int main()
{
    int sum = 0;
    int num = 0;

    cout << "첫 번째 숫자를 입력하십시오. ₩n";
    cin >> num;
    sum += num;
    cout << "두 번째 숫자를 입력하십시오. ₩n";
    cin >> num;
    sum += num;
    cout<< "세 번째 숫자를 입력하십시오. ₩n";
    cin >> num;
    sum += num;

    cout << "3개 정수의 합은 " << sum << "입니다. ₩n";

    return 0;
}
```

복합 대입 연산자를 사용하고 있습니다

Sample6 실행 화면

```
첫 번째 숫자를 입력하십시오.
1 ↵
두 번째 숫자를 입력하십시오.
3 ↵
세 번째 숫자를 입력하십시오.
4 ↵
3개 정수의 합은 8입니다.
```

이 예제는 입력받은 숫자들의 덧셈 결과를 += 연산자를 사용하여 순서대로 변수 sum에 저장하고 있습니다. += 연산자를 사용하여 보다 간결한 코드를 작성했음을 알 수 있습니다. 이 코드를 + 연산자와 = 연산자를 사용해서 고치려면 어떻게 해야 할까요? 생각해 보시기 바랍니다.

sizeof 연산자

이번에는 sizeof 연산자(sizeof operator)라는 연산자를 사용해 보겠습니다. 다음 코드를 입력해 보시기 바랍니다.

Sample7.cpp ▸ sizeof 연산자 사용하기

```
#include <iostream>
using namespace std;

int main()
{
    int a = 1;
    int b = 0;

    cout << "short int 형의 크기는 " << sizeof(short int) <<
        "바이트입니다. ₩n";
    cout << "int 형의 크기는 " << sizeof(int) << "바이트입니다. ₩n";
    cout << "long int 형의 크기는 " << sizeof(long int) <<
        "바이트입니다. ₩n";
    cout << "float 형의 크기는 " << sizeof(float) << "바이트입니다. ₩n";
    cout << "double 형의 크기는 " << sizeof(double) << "바이트입니다. ₩n";
    cout << "long double 형의 크기는 " << sizeof(long double) <<
        "바이트 입니다. ₩n";
    cout << "변수 a의 크기는 " << sizeof(a) << "바이트입니다. ₩n";
    cout << "식 a+b의 크기는 " << sizeof(a+b) << "바이트입니다. ₩n";

    return 0;
}
```

형의 사이즈를 확인합니다

식의 크기를 확인합니다

Sample7의 실행 화면

```
short int형의 크기는 2바이트입니다.
int형의 크기는 4바이트입니다.
long int형의 크기는 4바이트입니다.
float형의 크기는 4바이트입니다.
double형의 크기는 8바이트입니다.
long double형의 크기는 8바이트입니다.
변수 a의 크기는 4바이트입니다.
식 a+b의 크기는 4바이트입니다.
```

sizeof 연산자를 사용하면 다양한 형의 크기와 식의 판별값 크기를 알 수 있습니다. 실행 결과를 통해, sizeof(●)는 ●부분에 들어가는 형 또는 식의 판별값의 크기(표 3-1)를 바이트 단위로 출력함을 알 수 있었습니다. 또한, C++ 형과 식의 크기는 실행 환경에 따라 다를 수 있으므로 표시되는 크기가 지금 출력된 결과와 다를 수 있습니다.

C++로 코드를 작성하다 보면, 형과 식의 크기를 모르면 풀 수 없는 문제에 부딪히는 경우가 있습니다. 그럴 때, sizeof 연산자를 사용하여 프로그램이 실행되는 환경에서 형과 식의 판별값의 크기를 확인하면 됩니다.

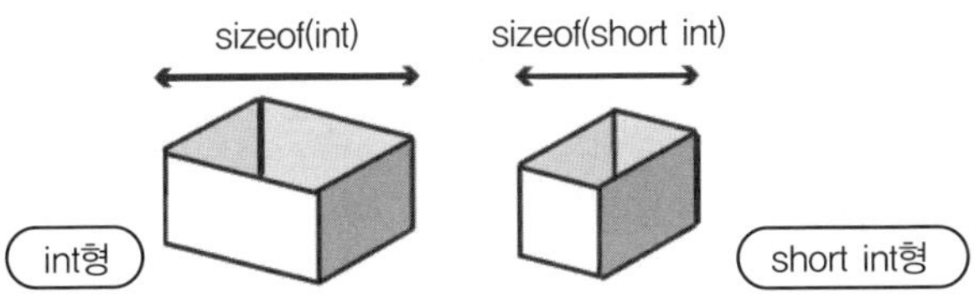

그림 4-7 **sizeof 연산자**
형과 식의 사이즈를 확인하려면 sizeof 연산자를 사용합니다.

sizeof 연산자를 통해 형과 식의 크기를 알아낼 수 있다.

시프트 연산자

마지막으로 좀 더 복잡한 연산자를 설명하려 합니다. 그것은 표 4-1에 ‘<<, >>’라는 기호로 표현된 시프트 연산자(shift operator)입니다. ‘시프트 연산자’란

정수를 2진수로 표기했을 경우의 자릿수를 왼쪽 또는
오른쪽으로 지정한 수만큼 이동(shift)

시키는 연산자입니다.

예를 들어, << 연산자는 왼쪽 시프트 연산자라고 하며,

좌변을 2진수로 표기했을 때의 값을, 우변에서 지정한 자릿수만큼 왼쪽으로 밀어낸 다음, 밀어낸 자릿수 만큼의 오른쪽을 모두 0으로 채움하는 연산을 수행합니다.

설명이 조금 길어졌습니다. 실제 사용 예를 보겠습니다.

먼저, short형(제 3장 참조)의 값을 대상으로 '5 〈〈 2' 라는 왼쪽 시프트 연산을 할 경우를 가정해 보겠습니다.

5 〈〈 2의 연산은 다음처럼 이루어집니다.

```
  5   0000000000000101
〈〈 2
---------------------------
 20   0000000000010100
```

왼쪽으로 두 자릿수만큼 밉니다. 그리고 그만큼 오른쪽을 모두 0으로 채웁니다.

2 진수 10100은 10진수로 20입니다. 즉, 5 〈〈 2는 20이 됩니다. 한편, 〉〉 연산자는 오른쪽 시프트 연산이라 불리는 연산을 수행합니다. 이 연산자는

> 좌변을 2진수로 표기했을 때의 값을 우변에서 지정한 자릿수만큼 오른쪽으로 밀어냄. 그리고 그만큼 왼쪽을 모두 0으로 채움

하는 연산을 수행합니다. 5 〉〉 2의 연산은 다음처럼 이루어집니다.

```
  5   0000000000000101
〉〉 2
---------------------------
  1   0000000000000001
```

오른쪽으로 두 자릿수만큼 밉니다. 그리고 그만큼 왼쪽을 모두 0으로 채웁니다.

그러나 오른쪽 시프트 연산의 경우, 5와 같은 피연산자가 음수일 때 왼쪽 자리에 1을 넣는 경우도 있습니다. 자세한 사항은 사용하시는 개발 환경에 첨부된 설명서를 참조하시기 바랍니다.

그런데 ,〈〈 과 〉〉라는 기호를 지금까지 계속 사용하고 있었음을 눈치채셨나요?

이 코드 안에서 사용하고 있는,

```
cout << … ;
cin >> …;
```

을 말씀드리는 것입니다. 입출력에 사용되는 〈〈 연산자와 〉〉 연산자는 지금 설명드린 시프트 연산자와는 사용법이 다릅니다. 이와 관련된 내용을 제 13장에서 학습합니다. 연산자에 다른 사용법을 할당하는 방법을 설명드리겠습니다.

4.3 연산자 우선 순위

연산자 우선 순위란

다음 식을 보십시오.

```
a+2*5
```

2*5가 먼저 평가(evaluation)됩니다

이 식에서는 + 연산자와 * 연산자, 두 가지가 사용되고 있군요. 하나의 식 안에서 여러가지 연산자를 조합해서 사용할 수 있습니다. 이 때, 식은 어떤 순서로 평가(연산)될까요?

일반적인 사칙 연산에서는 덧셈보다 곱셈을 먼저 계산하지요? 이것은 우리들이 일반적으로 사용하는 중위 표기법에서 덧셈보다 곱셈 연산 쪽이

우선 순위가 높기

때문입니다. C++의 연산자 또한 마찬가지입니다. 위의 코드에서는 '2*5' 가 먼저 평가됩니다. 그 다음, 'a + 10' 이 평가됩니다.

연산자의 우선 순위는 바꿀 수도 있습니다. 독자 여러분이 평상시에 사용하는 수식처럼 괄호로 감싸면, 괄호 안의 식이 먼저 평가됩니다. 다음 식에서는 'a+2' 가 먼저 평가됩니다. 그 후, 그 값이 5배 곱해집니다.

```
(a+2)*5
```

괄호 안의 a+2가 먼저 평가됩니다

그러면 다른 연산자는 어떻게 될까요? 다음 식을 보십시오.

```
a = b+2;
```

대입 연산자와 같은 연산자는 사칙 연산보다 우선 순위가 낮습니다. 따라서, 위의 식은 다음 순서대로 연산됩니다.

C++에서 사용되는 연산자 우선 순위는 표 4-3과 같습니다.

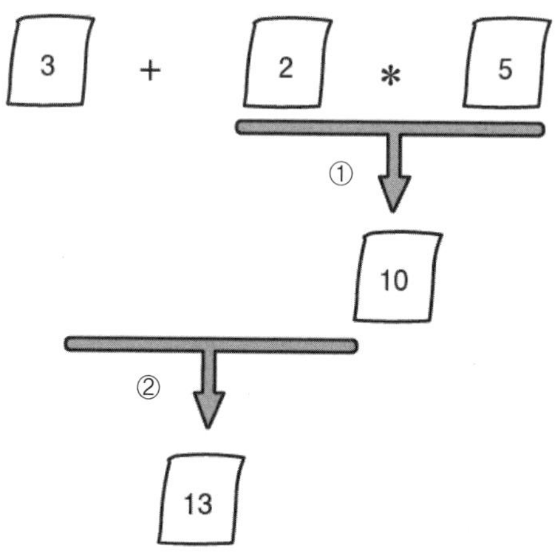

그림 4-8 **연산자 우선 순위**

연산자는 우선 순위가 있습니다. 우선 순위를 변경하려면 ()를 사용합니다.

표 4-3 : 연산자 우선 순위(앞에 올수록 우선순위가 높음. 실선 안의 연산자들은 우선순위가 같음)

기호	이름	결합규칙
::	스코프 해결	–
::	전역 명칭 충돌 해결	–
()	함수 호출	왼쪽
[]	배열 첨자	왼쪽
.	멤버 참조	왼쪽
->	멤버 간접 참조	왼쪽
++	후위 증가 연산자	왼쪽
--	후위 감소 연산자	왼쪽
!	논리 부정	오른쪽
~	보수	오른쪽

기호	이름	결합규칙
+	단항 +	오른쪽
–	단항 –	오른쪽
sizeof	사이즈	오른쪽
++	후위 증가 연산자	오른쪽
--	후위 감소 연산자	오른쪽
&	주소	오른쪽
*	간접 참조	오른쪽
new	메모리 동적 할당	오른쪽
delete	메모리 동적 해제	오른쪽
()	형 변환(cast)	오른쪽
%	나머지	왼쪽
*	곱셈	왼쪽
/	나누기	왼쪽
+	더하기	왼쪽
–	빼기	왼쪽
<<	왼쪽 시프트 연산	왼쪽
>>	오른쪽 시프트 연산	왼쪽
>	~보다 크다	왼쪽
>=	이상	왼쪽
<	미만	왼쪽
<=	이하	왼쪽
==	같음	왼쪽
!=	같지 않음	왼쪽
&	비트 논리곱	왼쪽
^	비트 배타적 논리합	왼쪽
|	비트 논리합	왼쪽
&&	논리곱	왼쪽
||	논리합	왼쪽
? :	조건	오른쪽
=	대입	오른쪽
,	순차	왼쪽

 같은 우선 순위를 가지는 연산자 사용하기

만약, 우선 순위가 같은 연산자들이 동시에 사용되면 연산자들 간의 우선순위는 어떻게 정해지게 될까요? 사칙 연산에서는 우선 순위가 동일할 경우, 반드시 '왼쪽에서 오른쪽으로' 계산하도록 되어 있지요? 이러한 연산 순서를 가리켜 **왼쪽 결합**(left associative)이라고 부릅니다.

C++의 + 연산자 또한 왼쪽 결합성이 있는 연산자입니다. 즉,

```
a+b+1
```

라고 작성했을 경우,

```
(a+b)+1
```

왼쪽부터 평가됩니다

과 같은 순서로 평가되는 셈입니다. 그와 반대로 오른쪽부터 평가되는 연산자가 있습니다. 이를 **오른쪽 결합**(right associative)이라 부릅니다. 예를 들어, 대입 연산자는 오른쪽 결합성이 있는 연산자입니다. 즉, a=b=1라고 작성했을 경우,

```
a = b = 1
```

```
a = (b = 1)
```

오른쪽부터 먼저 평가됩니다

이러한 순서대로 오른쪽부터 평가되기 때문에 먼저 변수 b에 1이 들어갑니다. 그리고, 변수 a에 1이라는 값이 들어가게 됩니다. 일반적으로 단항 연산자와 대입 연산자는 오른쪽 결합성이 있는 연산자입니다.

4.4 형 변환

사이즈가 큰 형에 대입하기

우리들이 지금까지 살펴본 연산자와 피연산자의 형 사이에는 실로 밀접한 관계가 있습니다. 이 절에서는 먼저, 대입 연산자와 형의 관계에 대해 살펴보도록 하겠습니다. 다음의 코드를 보십시오. 이 코드는 변수에 값을 대입합니다.

Sample8.cpp ▶ 큰 사이즈의 형에 대입하기

```
#include <iostream>
using namespace std;

int main()
{
   int inum = 160;
   double dnum;

   cout << "키는 " << inum << "센티미터입니다. ₩n";
   cout << "double형 변수에 대입합니다. ₩n";

   dnum = inum;  // 큰 사이즈의 형에 대입합니다

   cout << "키는 " << dnum << "센티미터입니다. ₩n";

   return 0;
}
```

Sample8의 실행 결과

```
키는 160센티미터입니다.
double형 변수에 대입합니다.
키는 160센티미터입니다.
```

이 코드는 int형 변수의 값을 double형 변수에 대입하고 있습니다. 이렇게 하면, int형의 값은 double형으로 변환되어 대입되는 과정을 거치게 됩니다.

제 3장에서 형의 사이즈에 대해 배웠던 사실을 상기하시기 바랍니다. 일반적으로 C++에서는

작은 데이터형 변수를 큰 데이터형 변수에 대입

할 수 있습니다. 이처럼 형이 바뀌는 현상을 가리켜 형 변환이라고 부릅니다.

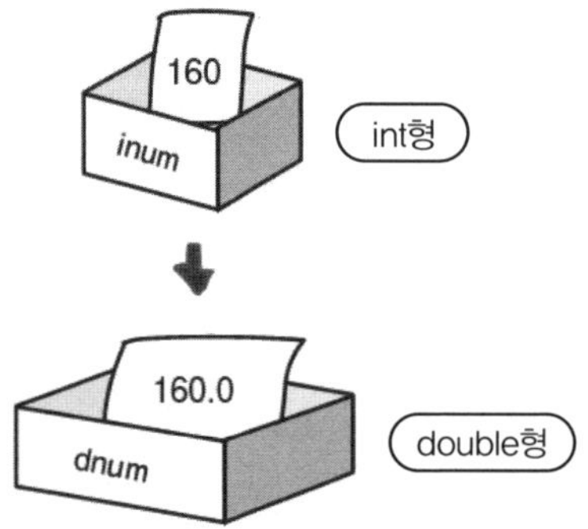

그림 4-9 **큰 사이즈의 변수에 대입**
큰 사이즈의 변수에 작은 사이즈의 변수 값을 대입할 수 있습니다.

 작은 사이즈의 형에 대입하기

그렇다면 반대로 작은 사이즈의 변수에 큰 사이즈의 변수를 대입할 수 있을까요? 다음 코드를 보십시오.

Sample9.cpp ▶ 작은 사이즈의 변수에 대입하기

```
#include <iostream>
using namespace std;

int main()
{
   double dnum = 160.5;
   int inum;

   cout << "키는" << dnum << "센티미터입니다. ₩n";
```

```
    cout << "int형 변수에 대입합니다. ₩n";

    inum = dnum;  ● ── 작은 사이즈의 변수에 대입하면…

    cout << "키는" << inum << "센티미터입니다. ₩n";

    return 0;
}
```


Sample9의 실행 화면

```
키는 160.5센티미터 입니다.
int형 변수에 대입합니다.
키는 160센티미터 입니다.  ● ── 값의 일부분이 손실될 수 있습니다
```

이번에는 이전 예제와 반대로, double형 변수의 값을 int형 변수에 대입해 보았습니다. double형 값이 int형으로 변환되어 대입된 것입니다.

그러나 만약, 작은 사이즈의 변수로 변환했을 때, 그 형에서 표현할 수 없는 부분이 있다면 그 부분은 잘려지게 됩니다. 예를 들어, '160.5' 라는 값은 int형 변수에 그대로 저장할 수 없습니다. 소수점 이하는 버려지고 '160' 이라는 정수가 저장되게 됩니다.

캐스트 연산자 사용하기

C++는, 형을 변환시킬 때,

명시적으로 형을 변화시키기

기능을 지원합니다. 이제부터 소개해 드리는 **캐스트 연산자**(cast operator)라는 연산자를 유심히 보시기 바랍니다.

캐스트 연산자

```
(형명) 식
```

캐스트 연산자는,

지정한 식의 형을 ( ) 안에서 지정한 형으로 변환시키는

연산을 수행합니다.

예제 Sample9를 캐스트 연산자를 사용하여 고쳐 보시기 바랍니다. Sample9의 대입부를 다음처럼 고쳐 보세요.

```
…
inum = (int)dnum;   ● 변환할 형을 지정합니다
…
```

실행 결과는 고치기 이전과 동일합니다. 그러나,이번에는 작은 사이즈 형으로 변환됨을 명확하게 코드에 써서 표현할 수 있었습니다. 캐스트 연산자를 사용하면 형 변환을 명시적으로 표현할 수 있는 것입니다.

캐스트 연산자로 형을 변환할 수 있다.

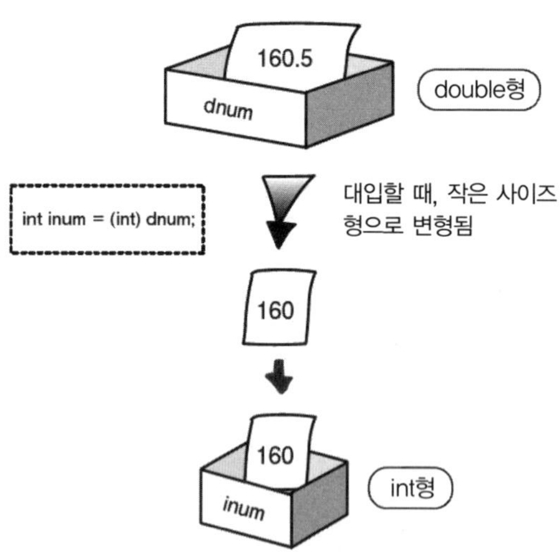

그림 4-10 **작은 사이즈 형에 대입하기**

큰 사이즈의 값을 작은 사이즈 형에 대입할 경우, 값 일부가 손실될 수 있습니다.

캐스트 연산자 사용하기

캐스트 연산자는, Sample8에서 사용했던 것처럼 큰 데이터 형 변수로 변환시킬 경우에도 사용할 수 있습니다.

```
dnum = (double)inum;
```

double형으로 변환합니다

그러나 Sample8을 캐스트 연산자를 사용하도록 고쳐도, 그 결과는 고치기 이전과 동일합니다.

다른 형끼리 연산하기

대입할 경우의 형 변환에 대해 이해하셨나요? 이번에는 덧셈 · 뺄셈 · 곱셈 · 나눗셈과 같은 사칙 연산을 수행하는 연산자와 피연산자 형과의 관계를 살펴보도록 하겠습니다. 다음 예제를 보십시오.

Sample10.cpp ▸ 다른 형의 변수와 연산하기

```
#include <iostream>
using namespace std;

int main()
{
   int d = 2;
   const double pi = 3.14;

   cout << "지름이 " << d << "센티미터인 원의₩n";
   cout << "둘레는 " << d*pi << "센티미터입니다. ₩n";

   return 0;
}
```

int형 변수 d가 double형으로 변환되어 연산됩니다

Sample10의 실행 화면

```
지름이 2센티미터인 원의
둘레는 6.28센티미터입니다.
```

이 예제에서는, int형 변수 d의 값과 double형 변수 pi를 곱하고 있습니다. C++는 데이터형이 다른 두 피연산자의 연산이 필요한 경우, 일반적으로,

두 피연산자의 사이즈를 비교하여 그 중에서 큰 데이터형으로 형 변환시킨 후, 연산을 수행

하도록 만들어져 있습니다. 즉, 이 예제에서는 int형의 d값 '2'가 double형의 숫자값 (2.0)로 변환된 후 곱해지게 되는 것입니다. 그 판별값 또한 double형이 됩니다.

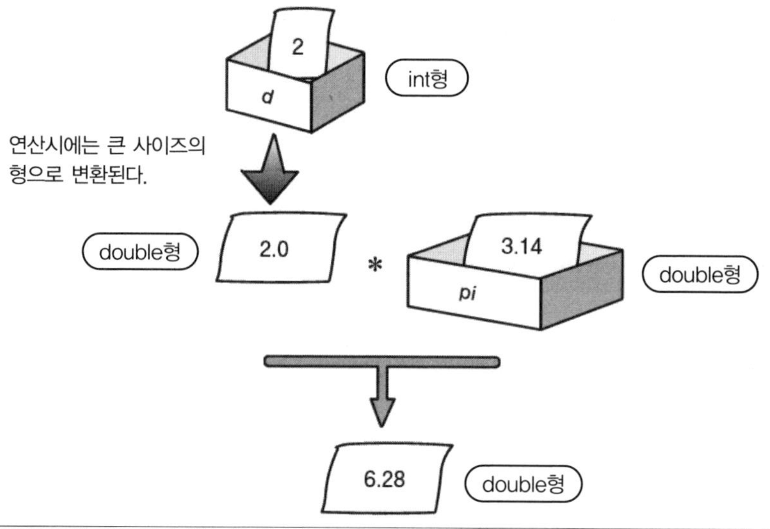

그림 4-11 **다른 형의 변수와 연산하기**

피연산자의 형이 다른 경우 피연산자의 데이터 형 중에서 큰 데이터 형으로 변환된 다음, 연산이 이루어집니다. 판별값의 데이터 형 또한, 피연산자의 데이터 형 중에서 큰 데이터 형이 됩니다.

같은 형끼리 연산하기

그렇다면, 같은 형끼리 연산할 경우에는 어떻게 될까요? 이 경우 같은 형으로 연산이 수행됩니다. 판별값의 형 또한 같습니다. 그러나 이 연산이 의외의 결과를 출력하는 경우가 있습니다. 다음 예제를 통해 확인해 보시죠.

Lesson 4

Sample11.cpp ▶ 같은 형의 변수와 연산하기

```
#include <iostream>
using namespace std;

int main()
{
   int num1 = 5;
   int num2 = 4;
   double div;

   div = num1/num2;    ●── 5÷4가 계산되어야 합니다만…

   cout << "5/4는 " << div << "입니다. ₩n";

   return 0;
}
```

Sample11의 실행 결과

```
5/4는 1입니다.   ●── 우리들이 기대했던 결과가 아닙니다
```

이 코드에서는 int형 변수 num1과 num2에 각각 정수 5와 4를 저장했습니다. 그리고 5÷4의 결과를 double형 변수 div에 대입했습니다. 우리들은 분명 이 코드를 작성할 때, '1.25' 라는 double형의 값이 출력되리라 예상했습니다.

그러나 이 num1과 num2는 int형입니다. 따라서 '5/4' 라는 식은 '1' 이라는 int형의 값으로 판별됩니다. 그 결과, 출력값이 '1' 이 되어 버렸습니다.

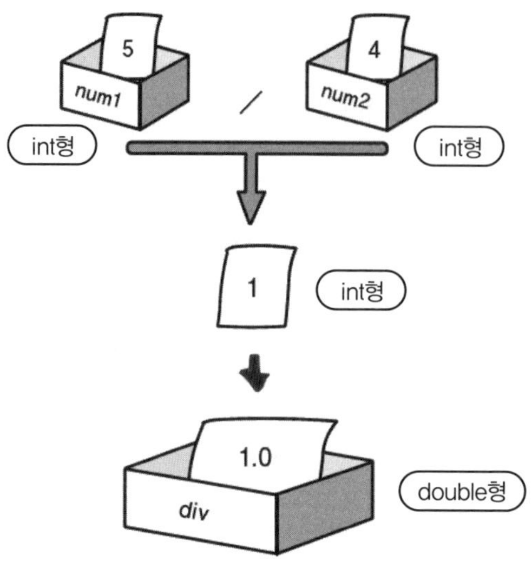

그림 4-12 **같은 형끼리 연산하기**
두 개의 피연산자가 모두 int형이라면 그 결과 또한 int형이 됩니다.

이 코드를 통해 '1.25' 라는 값을 얻기 위해서는, 변수 num1 또는 num2가 반드시 double형이어야 합니다. 나눗셈 부분의 코드를 캐스트 연산자를 사용하여 다음과 같이 변경하십시오.

```
...
div = (double)num1 / (double)num2;
...
```

캐스트 연산자를 사용합니다

코드를 변경한 경우의 실행 화면은 다음과 같습니다.

변경 후의 Sample11의 실행 화면

```
5/4는 1.25입니다.
```

이제 의도한 바대로 출력되었습니다

이렇게 코드를 고치면 판별값이 double형인 연산을 수행할 수 있게 됩니다. 결과 또한 double형이 되며, 1.25라는 답을 출력할 수 있게 됩니다. 연산을 할 경우엔, 피연산자의 형에 주의하시기 바랍니다.

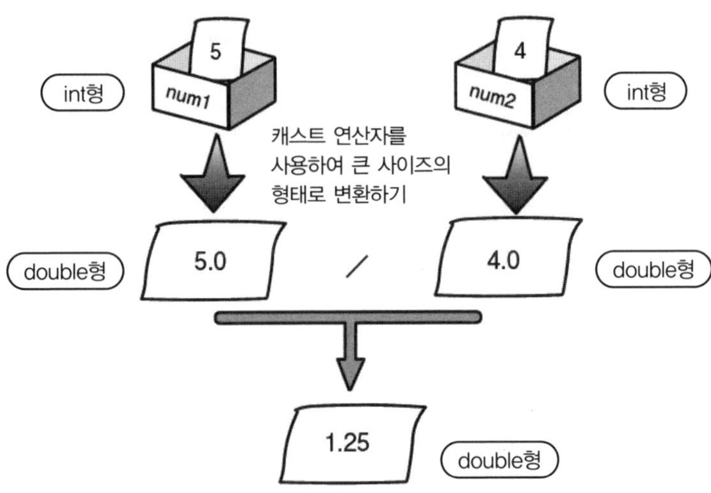

그림 4-13 double형의 연산

Sample11에서 double형으로 된 결과값을 얻으려면, 두 개의 피연산자 중에서 적어도 1개의 피연산자를 캐스팅 연산자로 형 변환해야 합니다.

4.5 강의 요약

이 장에서는 다음과 같은 내용을 배웠습니다.

- 연산자는 피연산자와 합쳐져 식을 이룹니다.
- 증가 연산자 · 감소 연산자를 사용하면, 변수 값에 1을 더하거나 뺄 수 있습니다.
- 복합 대입 연산자를 사용하여 사칙 연산과 대입 연산을 묶어서 표현할 수 있습니다.
- sizeof 연산자를 통해, 형과 식의 사이즈를 알아낼 수 있습니다.
- 서로 다른 기본형들을 서로의 피연산자로 삼을 경우, 형 변환이 일어나는 경우가 있습니다.
- 큰 사이즈 형에 저장되었던 값이 작은 사이즈로 변환될 경우, 값 일부가 손실될 수 있습니다.
- 캐스트 연산자를 사용하면 형을 변환할 수 있습니다.
- 대입 시, 형 변환이 일어나는 경우가 있습니다.
- 사칙연산 시, 형 변환이 일어나는 경우가 있습니다.

연산자를 사용하면, 사칙 연산을 비롯한 다양한 처리를 간결하게 표현할 수 있습니다. 그러나, 지면을 통해 모든 연산자의 사용법을 다룰 수는 없는 노릇입니다. 그럼에도, 앞으로 우리들이 공부할 코드에는 다양한 연산자가 등장하게 될 것입니다. 모르는 연산자가 학습 도중에 등장했다면, 이 장을 다시 복습해 보시기 바랍니다.

연습

1. 다음과 같이 화면에 출력하는 코드를 작성하십시오.

0 − 4

3.14 × 2

5 ÷ 3

30 ÷ 7의 나머지 값

(7 + 32) ÷ 5

2. 다음과 같이 높이와 밑변을 입력한 다음, 삼각형의 넓이를 화면에 출력하는 코드를 작성하십시오(힌트 : 삼각형의 넓이 = (높이 × 밑변) ÷ 2).

```
삼각형의 높이를 입력하십시오.
3 ↵
삼각형의 밑변을 입력하십시오.
5 ↵
삼각형의 넓이는 7.5입니다.
```

3. 키보드로 다섯 과목의 시험 점수를 입력받은 후, 다음과 같이 합계와 평균을 출력하는 코드를 작성하십시오.

```
과목 1의 점수를 입력하십시오.
52 ↵
과목 2의 점수를 입력하십시오.
68 ↵
과목 3의 점수를 입력하십시오.
75 ↵
과목 4의 점수를 입력하십시오.
83 ↵
과목 5의 점수를 입력하십시오.
36 ↵
5과목의 합계는 314 점입니다.
5과목의 평균은 62.8 점입니다.
```

Lesson 5

경우에 따른 처리

지금까지 작성했던 코드에서 각 문장들은 한번에 하나씩 순서대로 처리되고 있었습니다. 그러나 더 복잡한 처리를 하고 싶은 경우, 순차적으로 문장을 처리하는 것만으로는 부족할 수 있습니다. C++에는 여러 문장을 모아서 코드의 흐름을 제어하는 방법이 있습니다. 이 장에서는 특정 상황에 맞추어 코드의 흐름을 제어하는 문장을 배웁니다.

Check Point

- 조건
- 관계 연산자
- 조건 판단문
- if문
- if~else문
- if~else if~else문
- 논리 연산자
- switch문

5.1 관계 연산자와 조건식

조건의 원리 이해하기

우리는 일상생활에서 다음과 같은 상황을 만나곤 합니다.

학업 성적이 좋을 경우 ...

→ 친구와 함께 여행을 떠난다.

만약 학업 성적이 나쁘다면 ...

→ 다시 공부한다

C++에도 이와 같은, '경우에 따른 분기 처리'를 할 수 있습니다. 이 장에서는 다양한 상황에 맞추어 복잡한 처리를 하는 방법을 배웁니다.

C++에서는 다양한 상황을 표현하기 위해, 조건(condition)이라는 개념을 사용합니다.

예를 들어, 위의 예에서는

성적이 좋다

라는 사실이 '조건'에 해당합니다.

물론, 실제 C++ 코드에서 이렇게 한국어로 조건을 표현할 수는 없습니다. 먼저, 제 4장에서 배웠던 식(expression)에 대해 다시 말씀드리겠습니다. 제 4장에서는 식(expression)이 평가(evaluation)되어 값을 가지게 된다는 사실을 배웠습니다. 이런 식 중에서,

참(true)

거짓(false)

두 개의 값 중 하나를 표현하는 식을, C++에서는 '조건' 혹은 '조건식'이라고 합니다. true 또는 false란, 그 조건이 '참이다' 혹은 '거짓이다'라는 사실을 표현합니다.

예를 들어, '성적이 좋다' 라는 조건을 생각해 봅시다. 조건이 true 또는 false가 되는 경우는 다음과 같은 경우일 것입니다.

성적이 80점 이상인 경우 → 좋은 성적이기 때문에 조건은 참(true)

성적이 80점 미만인 경우 → 나쁜 성적이기 때문에 조건은 거짓(false)

 조건식 작성하기

조건식이라는 것을 어렴풋하게나마 알게 되었습니다. 조건식을 C++의 식으로 나타내 봅시다. 우리는 1보다 3이 크다는 사실을,

3 〉1

이라는 부등식으로 표현할 수 있습니다. 분명히, 3은 1보다 큰 숫자이므로 이 부등식은 '참' 이 됩니다. 그렇다면, 이 부등식의 결과는 무엇인가요?

3 〈 1

이 부등식은 '거짓' 입니다. C++에서도 〉 와 같은 기호를 사용할 수 있습니다. 위의 식은 true, 아래의 식은 false로 평가됩니다. 결과적으로, 3〉1과 3〈1이라는 표현은 C++의 조건식이 될 수 있습니다.

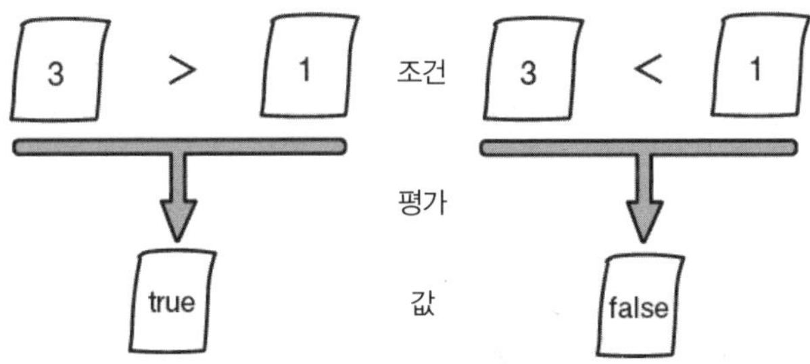

그림 5-1 **조건**

관계 연산자를 사용해 '조건' 을 표현할 수 있습니다. 조건은 참(true) 혹은 거짓(false)이라는 값을 가집니다.

조건을 만들기 위해 사용하는 〉을 비롯한 기호들을 **관계 연산자**(relational operator)라고 합니다. 표 5-1에 다양한 관계 연산자와 조건이 참(true)이 되는 경

우들을 모아 보았습니다.

표 5-1를 통해 알 수 있듯, 〉와 같은 경우는 '오른쪽보다 왼쪽이 큰 경우에 true'가 됩니다. 즉 3 〉 1은 참(true)입니다. 그렇지 않은 경우는 거짓(false)입니다. 예를 들어 1 〉 3과 같은 경우입니다.

표 5-1 : 관계 연산자

연산자	식이 참(true)이 되는 경우
==	우변과 좌변이 같음
!=	우변과 좌변이 다름
〉	우변보다 좌변이 큼
〉=	우변보다 좌변이 크거나 같음
〈	우변보다 좌변이 작음
〈=	우변보다 좌변이 작거나 같음

관계 연산자를 사용해 조건을 표현할 수 있습니다.

true와 false

true와 false는 bool형(표 3-1)의 값으로, 논리 리터럴이라고 합니다. bool형 값은 비교적 최근 C++에 도입되었습니다. 이 true와 false는 정수형 값으로 변환되기도 합니다. 이 경우에는,

true → 1

false → 0

이 됩니다.

반대로 정수형 값이 bool형 값으로 변환되기도 합니다. 이 경우에는,

0이 아닌 정수 → true

0 → false

로 변환됩니다.

정수형 값으로 변환될 때 true는 1, false는 0으로 간주된다.

 관계 연산자 사용하기

그러면 관계 연산자를 사용한 코드를 몇 개 작성해 봅시다.

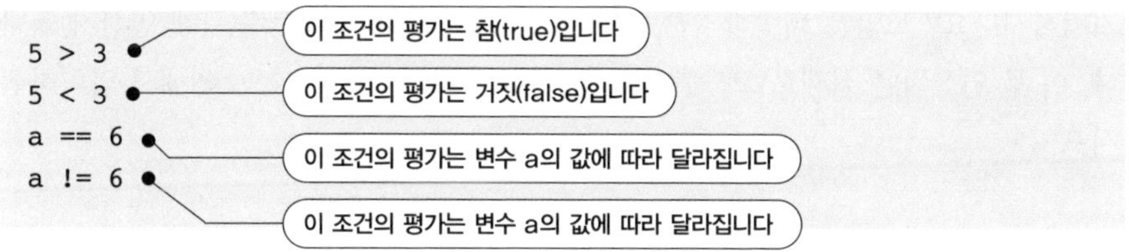

'5 〉 3' 이라는 조건식에서는 3보다 5가 큽니다. 따라서 식의 값은 참(true)이 되는 것을 확인할 수 있습니다.

'5 〈 3' 이라는 조건식에서는 3보다 5가 크기 때문에, 식의 값은 거짓(false)이 되는 것을 확인할 수 있습니다.

조건식 안에 변수를 사용할 수 있습니다. 예를 들어, 'a == 6' 이라는 조건식은 변수 a의 값이 6인 경우에 참(true)이 됩니다. 만약, 변수 a의 값이 3이나 10인 경우는 거짓(false)이 됩니다. 이처럼, 변수값의 변화에 따라 조건식의 값이 달라집니다.

마찬가지로, 'a != 6' 는 a의 값이 6이 아닌 경우에 참(true)이 되는 조건식입니다. 또한 ! = 와 == 는 2개의 문자로 하나의 연산자를 만듭니다. 그렇기 때문에 ! 부호와 = 부호 사이에 공백을 입력하면 안 됩니다.

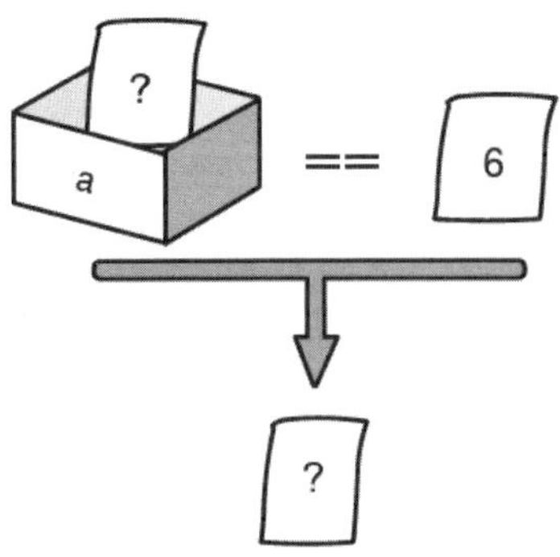

그림 5-2 **변수와 조건**
변수를 조건으로 사용하면 변수의 값에 따라 평가(evaluation)가 달라집니다.

그런데 = 연산자를 대입 연산자라 부른다는 사실을 제 4장에서 말씀드렸던 것을 기억하시나요? 모양은 비슷하지만, =와 ==는 다른 종류의 연산자(관계 연산자)입니다. 이 두 연산자는 실제로 코드를 작성할 때 착각하기 쉽습니다. 주의해서 입력하십시오.

=(대입 연산자)와 ==(관계 연산자)를 착각하지 말 것

5.2 if문

if문의 원리 이해하기

그러면 이 장의 목적이기도 한, 다양한 상황에 따른 처리를 배워 봅시다.
C++에서는 상황에 따른 처리를 할 경우,

'조건' 의 값(true 또는 false)에 따라 작업을 수행

하는 문장을 작성합니다. 이런 문장을 조건 판단문(conditional statement)이라고 합니다. 그러면 먼저, 조건 판단문 중 하나인 if문(if statement)을 배워 봅시다. if문은 조건이 참(true)인 경우 지정된 문장들을 실행시키는 구문입니다.

구문 if문

```
if(조건)
    문장;
```

조건이 참(true)일 때 실행됩니다

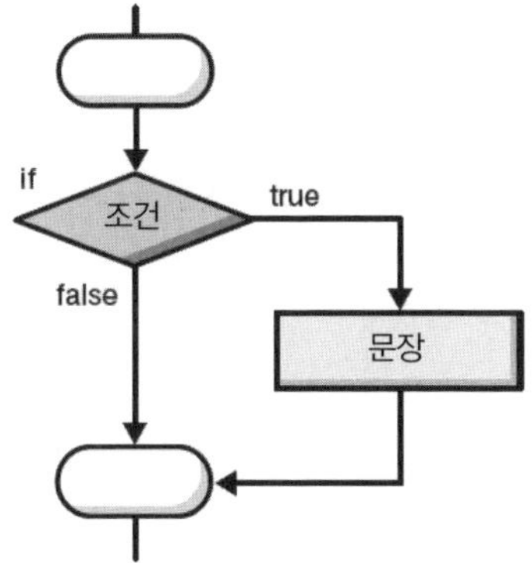

그림 5-3 if문

if문 조건의 true인 경우 지정된 문장을 실행시키는 구문입니다. false의 경우에는 지정된 문을 처리하지 않습니다. 다음 처리로 이동합니다.

예를 들어, 처음에 올린 예를 if문에 적용시켰을 경우, 다음과 같은 코드로 표현할 수 있습니다.

if (좋은 성적을 거두면)

여행을 떠난다

if문을 사용하면, 조건('보다 좋은 성적을 거두었다')이 참(true)인 경우에만 '여행을 떠난다'라는 작업을 수행할 수 있는 것입니다. 성적이 나쁜 경우, '여행을 떠난다'라는 문장은 실행되지 않습니다.

그렇다면 실제 코드로 if문을 실행시켜 봅시다.

Sample1.cpp ▸ if문 사용하기

```
#include <iostream>
using namespace std;

int main()
{
    int res;

    cout << "정수를 입력하십시오. \n";

    cin >> res;    ① 변수 res에 키보드 입력을 저장합니다

    if(res == 1)    ② 1이 입력된 경우, 이 조건이 참이 되어…
        cout << "1이 입력되었습니다. \n";    ③ 이 문장이 실행됩니다

    cout << "처리를 종료합니다. \n";

    return 0;
}
```

Sample1의 첫 번째 실행 화면

```
정수를 입력하십시오.
1 ↵    1이 입력되면…
1이 입력되었습니다.    ③ 부분의 문장이 실행됩니다
처리를 종료합니다.
```

Sample1에서는 조건 res == 1이 참(true)일 경우, ③ 부분이 실행됩니다. 거짓(false)인 경우, ③ 부분은 실행되지 않습니다.

따라서 사용자가 프로그램을 실행시키고 1을 입력한 경우, 조건 res == 1이 true가 되므로, ③ 부분이 실행됩니다. 때문에 위와 같은 결과가 출력된 것입니다.

그렇다면, 사용자가 1 이외의 문자를 입력한 경우는 어떻게 될까요?

Sample1의 두 번째 실행 화면

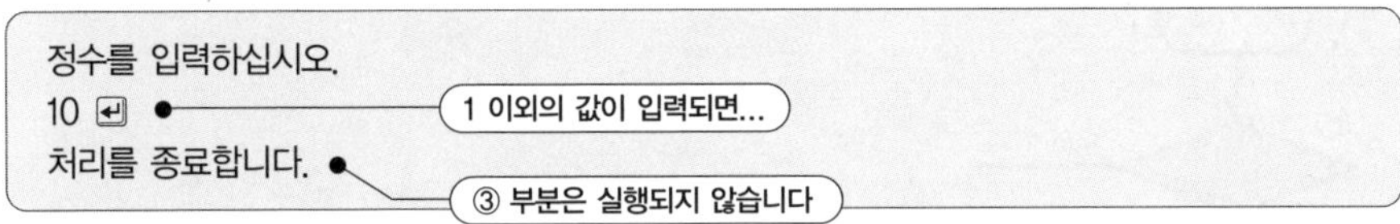

이번에는 res == 1이라는 조건이 거짓(false)이 되었기 때문에 ③ 부분이 실행되지 않았습니다. 그 결과 실행화면은 위와 같습니다. 이처럼 if문을 사용하면 조건이 참(true)일 때만 작업을 시킬 수 있습니다.

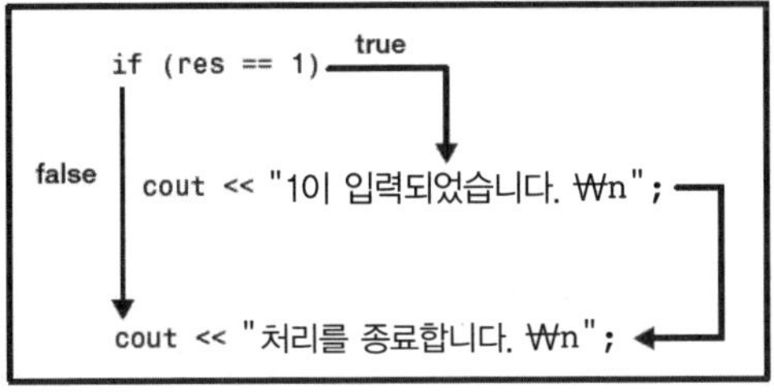

그림 5-4 if문의 흐름

if문으로 여러 개의 문장 실행시키기

Sample1에서는 조건이 참(true)인 경우 하나의 문장으로 이루어진 간단한 작업을 실행했습니다. if문은 조건이 참(true)일 때, 여러 문장을 실행시킬 수 있습니다. 이럴 때에는, {} 블록 안에 여러 문장을 적습니다. 그러면 블록 안의 문장들은 원칙대로 1문장씩 순서대로 처리됩니다.

구문 **if문으로 여러 개의 문장 처리하기**

```
if(조건){
    문장 1;
    문장 2;
    ...
}
```

조건이 참(true)이면 순서대로 실행됩니다

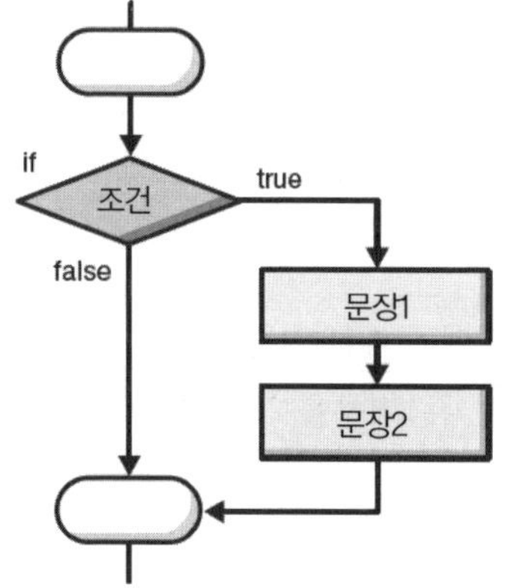

그림 5-5 **if문으로 여러 문장 처리하기**

if문을 사용하면 조건이 참(true)일 때, {} 블록 안의 여러 문장을 실행시킬 수 있습니다.

구체적인 예를 들어보겠습니다.

Sample2.cpp ▶ 여러 개의 문장을 if문 안에서 실행시키기

```
#include <iostream>
using namespace std;

int main()
{
    int res;

    cout << "정수를 입력하십시오. ₩n";

    cin >> res;

    if(res == 1){
```

1이 입력된 경우(조건이 true가 되는 경우)...

```
        cout << "1이 입력되었습니다. \n";
        cout << "1을 선택했습니다. \n";
    }

    cout << "처리를 종료합니다. \n";

    return 0;
}
```

{} 블록 안의 문장들이 순서대로 실행됩니다

Sample2의 첫 번째 실행 화면

```
정수를 입력하십시오.
1 ↵
1이 입력되었습니다.
1을 선택했습니다.
처리를 종료합니다.
```

블록 안의 문장들이 순서대로 실행됩니다

사용자가 1을 입력하면, 조건이 참(true)이 됩니다. 따라서 블록 안의 문장이 차례대로 실행됩니다. 따라서 두 줄의 문자열이 출력됩니다. 만약, 1 이외의 숫자를 입력하면 {} 블록 안의 문장들은 실행되지 않습니다. 다음과 같은 실행 결과가 나옵니다.

Sample2의 두 번째 실행 화면

```
정수를 입력하십시오.
10 ↵
처리를 종료합니다.
```

블록 안의 코드는 실행되지 않습니다

조금 전의 결과와 비교해 봅시다. 실행되지 않은 문장이 있습니다.

```
     if (res == 1){      true
false
         cout <<"1이 입력되었습니다. ₩n";
         cout <<"1을 선택했습니다. ₩n";
     }
     cout << "처리를 종료합니다. ₩n";
```

그림 5-6 여러 개의 문장을 if문 안에서 실행시키기

블록으로 감싸지 않으면 어떻게 되나요?

다음 코드는 Sample2와 비슷합니다. 하지만, 실행시키면 어떤 결과가 나올까요?

```
#include <iostream>
using namespace std;

int main()
{
   int res;

   cout << "정수를 입력하십시오. ₩n";

   cin >> res;

   if(res == 1)
      cout << "1이 입력되었습니다. ₩n";
      cout << "1을 선택했습니다. ₩n";

   cout << "처리를 종료합니다. ₩n";

   return 0;
}
```

이 문장의 (①) 문장만 if문의 제어를 받습니다

이 문장 (②)는 if문 밖에서 실행됩니다

```
정수를 입력하십시오.
2 ↵
1을 선택했습니다.  ● ── 이상하게 출력됩니다
처리를 종료합니다.
```

화면을 봅시다. 의도하지 않은 작업이 이루어지고 있는 것을 알 수 있습니다. 이것은 여러 문장을 if문으로 제어하려고 했지만, {}로 둘러싸지 않았기 때문입니다. {} 블록이 없기 때문에 컴파일러는 if문의 제어를 받는 문장은 ① 뿐이라고 해석해 버렸습니다.

이런 일을 방지하기 위해서는 어디부터 if문의 구문인지 알기 쉽도록 들여쓰기를 하거나, if문의 제어를 받는 문장이 한 문장에 불과하더라도 블록으로 둘러싸서, 읽기 쉬운 코드를 작성해야 합니다.

블록은 들여써서 가독성을 높인다.

세미콜론 사용에 주의

if문 사용 시, 세미콜론의 위치에 주의하십시오. if문의 첫 번째 줄에 조건문을 작성하고 줄 바꿈하는 것이 일반적입니다만, 이 줄에는 세미콜론이 필요없습니다.

```
if(res == 1)  ● ── 이 줄의 마지막에는 세미콜론(;)을 붙이지 않습니다
    cout << "1이 입력되었습니다. ₩n";  ● ── 이 줄의 마지막에는 세미콜론(;)을 붙입니다
```

또한, 실수로 첫 번째 줄에 세미콜론을 붙이더라도 컴파일러는 오류로 표시하지 않습니다. 그럴 경우, 잘못된 동작을 합니다. 주의하십시오.

5.3 if~else문

if~else문의 원리 이해하기

5.2절의 if문은 조건이 true인 경우에만 특정 코드를 실행시켰었지요? 조건이 false인 경우에도 특정 코드를 실행시키는 if문이 있습니다. 이것이 if~else문입니다.

if~else문

```
if(조건)
    문장 1;
else
    문장 2;
```

이 구문은, 조건이 참(true)인 경우 문장 1을 실행시킵니다. 조건이 거짓(false)인 경우 문장 2를 처리합니다.

이 장의 도입부에서 들었던 예에 비유해 보겠습니다.

if(좋은 성적을 거두면)
    여행을 떠난다
else
    다시 공부한다

처럼 표현할 수 있습니다. 이제는 '좋은 성적을 거두었다' 라는 조건이 거짓(false)인 경우에도 특정 처리('다시 공부한다')를 할 수 있게 되었습니다.

if~else문 또한, 여러 개의 문장을 {}로 묶어서 함께 제어할 수 있습니다. 이 구문은 다음과 같습니다.

구문 **if~else문으로 여러 개의 문장 처리하기**

```
if(조건){
    문장 1;
    문장 2;      ← 조건이 참(true)이면 순서대로 실행됩니다
    ...
}
else
    문장 3;
    문장 4;      ← 조건이 거짓(false)이면 순서대로 실행됩니다
    ...
}
```


이 구문에서는 조건이 참(true)인 경우 문장 1, 문장 2 ...을 실행시킵니다. 조건이 거짓(false)인 경우 문장 3, 문장 4 ...를 실행시킵니다.

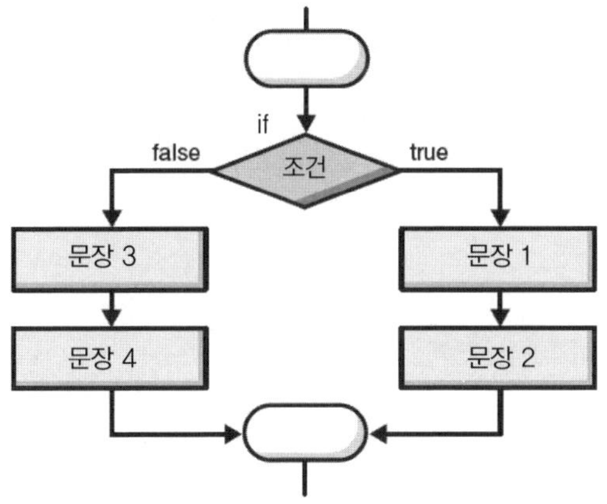

그림 5-7 **if~else문**

if~else문은 조건이 true의 경우와 false의 경우, 각각 다른 작업을 수행할 수 있습니다. {} 블록 안의 여러 문장을 실행시킬 수 있습니다.

그러면 if~else문을 실습해 봅시다. 다음 코드를 입력해 주세요.

Sample3.cpp ▶ if~else문 사용하기

```
#include <iostream>
using namespace std;

int main()
{
    int res;

    cout << "정수를 입력하십시오. ₩n";

    cin >> res;

    if(res == 1){
        cout << "1이 입력되었습니다. ₩n";
    }
    else {
        cout << "1 이외의 값이 입력되었습니다. ₩n";
    }

    return 0;
}
```

① 1이 입력된 경우(조건이 참인 경우) 실행됩니다

② 1이외의 값이 입력된 경우(조건이 거짓인 경우) 실행됩니다

Sample3의 첫 번째 실행 화면

```
정수를 입력하십시오.
1 ↵
1이 입력되었습니다.
```

Sample3의 두 번째 실행 화면

```
정수를 입력하십시오.
10 ↵
1 이외의 값이 입력되었습니다.
```

사용자가 1을 입력한 경우와 10를 입력한 경우의 두 화면을 보여드렸습니다. 1을 입력한 경우, 지금까지 나온 if문과 마찬가지로 ①이 실행되지만, 그 이외의 경우는 ②가 실행됩니다. if~else문을 사용하면, 이처럼 복잡한 처리도 할 수 있습니다.

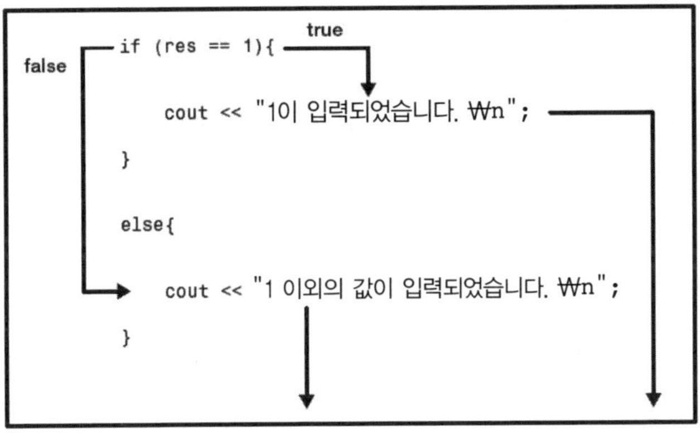

```
         if (res == 1){  ── true
false        cout << "1이 입력되었습니다. ₩n";
         }

         else{
             cout << "1 이외의 값이 입력되었습니다. ₩n";
         }
```

그림 5-8 if~else문의 흐름

복문

하나의 문장을 단문, 여러개의 문장을 포함한 블록을 **복문**이라고 부릅니다. if문에서는 단문 대신에 복문을 작성할 수 있습니다. C++에서는 단문을 작성할 수 있는 곳이라면 복문도 작성할 수 있도록 허용합니다.

5.4 여러 조건을 판단하기

if~else if~else문의 원리 이해하기

if문은 두 개 이상의 조건을 판단하고 실행시킬 수도 있습니다. 이것이 if~else if~else문입니다. 이 구문을 사용하면 두 개 이상의 조건에 부합하는 처리를 할 수 있게 됩니다.

구문 if~else if~else문

```
if(조건1){
    문장1;
    문장2;      ── 조건1이 참(true)일 때 실행됩니다
    ...
}
else if(조건2){
    문장3;
    문장4;      ── 조건1이 거짓(false)이며 조건2가 참(true)일 때 실행됩니다
    ...
}
else if(조건3){ ── 마찬가지로 여러 개의 조건식을 확인할 수 있습니다
    ...
}
else {      ── 모든 조건이 거짓(false)일 때 실행됩니다
    ...
}
```

이 구문에서는 조건 1의 판단(evaluation) 결과, 참(true)인 경우, 문장 1 문장 2 ...을 실행시킵니다. 만약 거짓(false)인 경우라면 조건 2를 판단(evaluation)하여 문장 3, 문장 4 ...를 실행시킵니다. 그 어떤 조건도 거짓(false)인 경우, 마지막 else 다음에 있는 문장이 실행됩니다.

예를 들어,

if(성적이 '우수' 했다)
    해외여행을 떠난다
else if(성적이 '평범' 했다)
    국내여행을 떠난다
else if(성적이 '불량' 했다)
    다시 공부한다

처럼 표현할 수 있습니다. 꽤 복잡한 표현이 가능하다는 것을 알 수 있습니다.

else if 조건문은 얼마든지 추가할 수 있습니다. 마지막 else문은 생략할 수 있습니다. 마지막 else문을 생략했을 경우, 만약 입력값이 모든 조건과 맞지 않는다면, 그 무엇도 실행되지 않습니다.

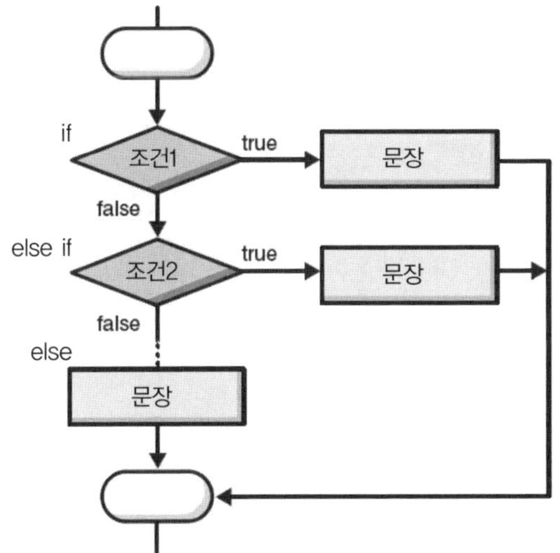

그림 5-9 if~else if~else

if~else if~else는 여러 조건에 맞추어 코드를 실행시킬 수 있습니다.

이 원리를 사용하면 여러 조건에 따른 처리를 할 수 있습니다. 그러면 코드를 작성해 봅시다.

Sample4.cpp ▶ if~else if~else문 사용하기

```
#include <iostream>
using namespace std;

int main()
{
   int res;

   cout << "정수를 입력하십시오. ₩n";

   cin >> res;

   if(res == 1){
      cout << "1이 입력되었습니다. ₩n";
   }
   else if(res == 2){
      cout << "2가 입력되었습니다. ₩n";
   }
   else{
      cout << "1 또는 2를 입력하십시오. ₩n";
   }

   return 0;
}
```

① 1이 입력된 경우 실행됩니다

② 2가 입력된 경우 실행됩니다

③ 1과 2 이외의 수가 입력되면 실행됩니다

Sample4의 첫 번째 실행 화면

```
정수를 입력하십시오.
1 ↵
1이 입력되었습니다.
```

Sample4의 두 번째 실행 화면

```
정수를 입력하십시오.
2 ↵
2가 입력되었습니다.
```

Sample4의 세 번째 실행 화면

```
정수를 입력하십시오.
3 ↵
1 또는 2를 입력하십시오.
```

1을 입력하면 첫 번째 조건이 참(true)이 됩니다. 따라서, ①이 실행됩니다. 다른 코드는 실행되지 않습니다.

2를 입력하면 첫 번째 조건이 거짓(false)입니다. 따라서 다른 조건을 판단합니다. 두 번째 조건이 참(true)입니다. 따라서 이번에는 ②이 실행됩니다.

그 이외의 경우(두 조건이 모두 거짓(false)인 경우), 반드시 ③이 실행됩니다. 이처럼 if~else if~else의 구조를 사용하면 여러 조건을 판단할 수 있으므로 복잡한 처리가 가능해집니다.

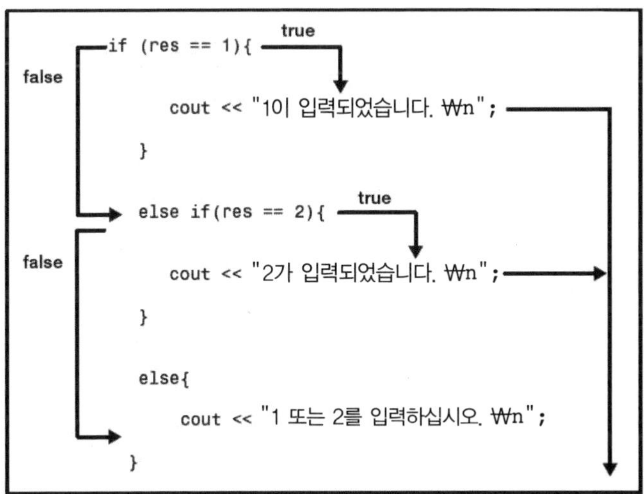

그림 5-10 if~else if~else문의 흐름

5.5 switch문

 switch문의 원리 이해하기

C++에는 if문처럼 조건에 따라 처리를 제어할 수 있는 switch문(switch statement)이라는 문법이 있습니다. switch문의 문법은 다음과 같습니다.

구문 switch문

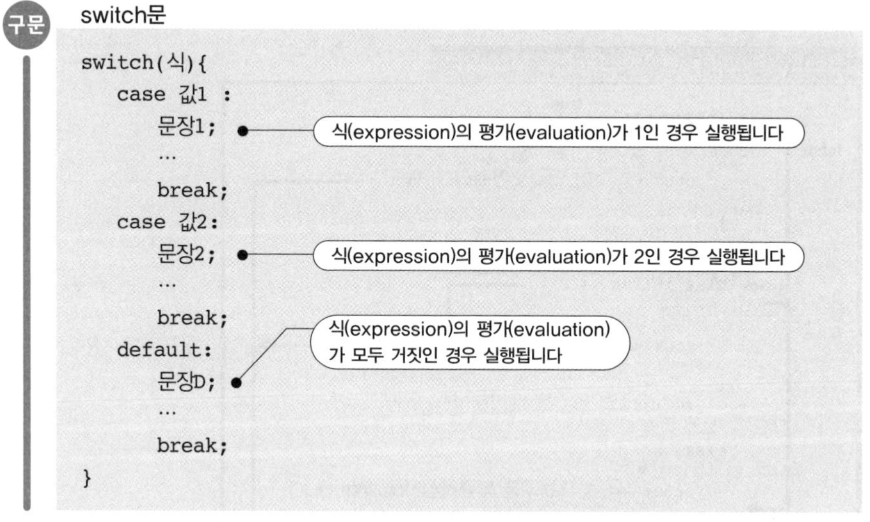

```
switch(식){
    case 값1 :
        문장1;
        ...
        break;
    case 값2:
        문장2;
        ...
        break;
    default:
        문장D;
        ...
        break;
}
```


switch문은, switch문 안의 식(expression)을 판단(evaluation)합니다. 만약, case 뒤의 값과 일치하면 그 뒤의 문장에서부터 'break' 사이의 모든 문장을 실행합니다. 만약, case 뒤의 값 중 일치하는 것이 없는 경우에는 'default'와 'break' 사이의 모든 문장을 실행합니다. 'default :'는 생략할 수 있습니다.

이 장의 도입부에서 들었던 예를 switch문에 대입시켜 보겠습니다. 이런 문장이 됩니다.

```
switch (성적){
    case 우수 :
        해외여행을 떠난다
        break;
    case 평범 :
        국내여행을 떠난다
        break;
    case 불량 :
        다시 공부한다
        break;
}
```

이 switch문은 성적에 따라 다양한 처리를 합니다. if~else if~else와 같은 처리를 하는 것을 알 수 있습니다. switch문이 if~else if~else로 작성된 코드를 보다 간결하게 만드는 경우가 있습니다.

switch문이 if~else if~else로 작성된 코드를 보다 간결하게 만드는 경우가 있다.

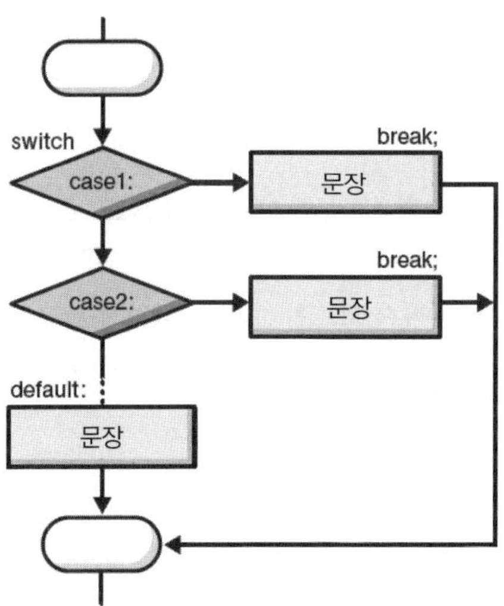

그림 5-11 switch문

switch문을 사용하면 여러 조건에 맞추어 코드를 실행시킬 수 있습니다.

switch문을 사용한 예를 들어보겠습니다.

Sample5.cpp ▸ switch문 사용하기

```
#include <iostream>
using namespace std;

int main()
{
    int res;

    cout << "정수를 입력하십시오. ₩n";

    cin >> res;

    switch(res){
       case 1:
          cout << "1이 입력되었습니다. ₩n";
          break;
       case 2:
          cout << "2가 입력되었습니다. ₩n";
          break;
       default:
          cout << "1 또는 2를 입력하십시오. ₩n";
          break;
    }

    return 0;
}
```


이 코드는 변수 res의 값을 판단해서 동작합니다. Sample4의 if~else if~else와 똑같은 처리를 합니다. 실행 결과도 똑같습니다.

switch문이 여러 개의 if~else if~else로 이루어진 코드를 보다 간결하게 만드는 경우가 있습니다. 그러나 switch문은 식의 평가 결과(이 예제의 변수 res)가 반드시 정수형이어야 한다는 차이점이 있습니다.

break문이 빠지면 어떻게 되나요?

switch문을 사용할 때는 몇 가지 주의할 점이 있습니다. 다음 코드를 통해 확인하시기 바랍니다. 이 코드는 Sample5 코드에서 break문을 삭제한 것입니다.

```
#include <iostream>
using namespace std;

int main()
{
    int res;

    cout << "정수를 입력하십시오. ₩n";

    cin >> res;

    switch(res){
        case 1:
            cout << "1이 입력되었습니다. ₩n";
        case 2:
            cout << "2가 입력되었습니다. ₩n";
        default:
            cout << "1 또는 2를 입력하십시오. ₩n";
    }

    return 0;
}
```

break문이 빠진 switch문입니다

이 코드를 실행시키면 화면에 다음처럼 표시되어 버립니다.

```
정수를 입력하십시오.
1 ↵
1이 입력되었습니다.
2가 입력되었습니다.
1 또는 2를 입력하십시오.
```

이상하게 출력되었습니다

이 코드로 1을 입력받았을 때, case 1: 다음의 문장이 모두 실행되어 버리는 오작동이 발생합니다.

원래 break라는 문장은

문장의 흐름을 강제 종료

시키는 역할을 맡고 있습니다. switch문은 break문이 나오거나 블록이 종료될 때까지 {} 블록 안의 문장을 순서대로 실행시킵니다. 올바른 위치에 break문을 넣지 않으면 이상한 결과가 나옵니다.

break문을 쓰지 않거나 잘못된 위치에 쓰더라도 컴파일러는 에러를 표시하지 않으므로 주의하시기 바랍니다. break문은 다음 장에서 다시 한번 학습하도록 하겠습니다.

switch문 사용 시, break문을 쓰는 위치에 주의한다.

5.6 논리 연산자

논리 연산자의 원리 이해하기

지금까지 여러가지 조건을 사용한 조건 판단문을 사용해 보았습니다. 이런 문장 안에서 더 복잡한 조건을 표현할 수 있으면 편리한 경우가 있습니다. 다음과 같은 경우를 상상해 보십시오.

성적이 '우수' 하다면, 그리고 돈까지 있다면...
→ 해외여행을 떠난다

이 조건문은 5.1절에서 다루었던 예제보다 조금 더 복잡한 경우입니다. 이러한 복잡한 조건을 C++로 작성할 때에는 논리 연산자(logical operator)를 사용합니다. 논리 연산자는,

조건을 보다 상세히 평가(evaluation)하여 true 또는 false 값을 출력한다

라는 역할을 맡고 있습니다. 예를 들어, 위의 조건을 논리 연산자를 사용하여 식(expression)으로 표현하면 다음처럼 됩니다.

(성적이 '우수' 하다) && (돈이 있다)

&& 연산자는 스스로의 왼쪽과 오른쪽이 모두 참(true)인 경우, 전체 값을 참(true)으로 평가하는 논리 연산자입니다. 이 식은 '성적이 우수' 하고 '돈이 있는' 경우 참(true)이 됩니다. 두 조건 중, 어느 한쪽이라도 거짓(false)이면 전체가 거짓(false)이 됩니다.

논리 연산자가 평가되는 경우의 수는 다음의 표와 같습니다.

표 5-2 : 논리 연산자

연산자	참(true)이 되는 경우	평가		
&&	좌변 · 우변 양쪽이 모두 참(true)인 경우 (왼쪽 : 참 / 오른쪽 : 참)	왼쪽	오른쪽	전체
		false	false	false
		false	true	false
		true	false	false
		true	true	true
||	좌변 · 우변 중 하나라도 참(true)인 경우 (왼쪽 : 참 / 오른쪽 : 참)	왼쪽	오른쪽	전체
		false	false	false
		false	true	true
		true	false	true
		true	true	true
!	우변이 false인 경우 (오른쪽 : 참)		오른쪽	전체
			false	true
			true	false

그러면, 논리 연산자를 사용한 코드를 구체적으로 살펴봅시다.

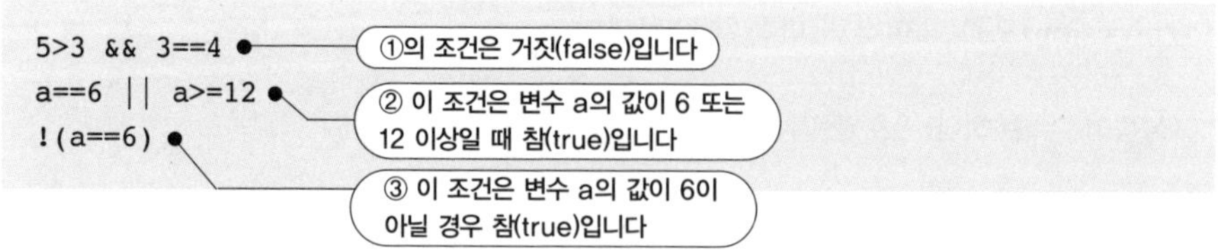

&& 연산자를 사용하는 식은 좌변 · 우변이 모두 참(true)인 경우에만 전체가 참(true)이 된다고 배웠습니다. 따라서, 조건 ①의 값은 거짓(false)입니다.

|| 연산자를 사용한 식은 좌변 · 우변 중 하나가 참(true)이면 전체 식이 참(true)이 됩니다. 따라서, 조건 ②는 변수 a의 값이 6이거나 13일 경우에 참(true)이 됩니다. 또한, a의 값이 5인 경우는 거짓(false)이 됩니다.

! 연산자는 피연산자를 하나 가지는 단항 연산자입니다. 피연산자가 거짓(false)인 경우 참(true)입니다. 조건 ③에서는 변수 a가 6이 아닌 경우, 참(true)이 됩니다.

논리 연산자를 사용하면 조건을 조합해서 복잡한 조건을 만들 수 있다.

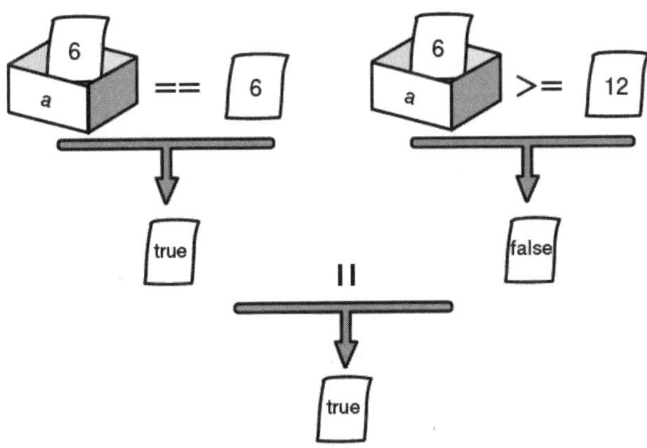

그림 5-12 **논리 연산자**

논리 연산자는 참(true) 또는 거짓(false) 값을 연산합니다.

복잡한 조건 판단하기

그런데 지금까지 배운 if문 등에서 논리 연산자를 사용할 경우, 좀 더 복잡한 조건을 판단할 수 있게 됩니다.

그러면 if문 등에서 논리 연산자를 사용해 봅시다.

Sample6.cpp ▸ 논리 연산자로 조건 작성하기

```
#include <iostream>
using namesapce std;

int main()
{
   char res;
```

```
    cout << "당신은 남성입니까? ₩n";
    cout << "Y 또는 N을 입력하십시오. ₩n";

    cin >> res;

    if(res == 'Y' || res =='y'){
        cout << "당신은 남성이군요. ₩n";
    }
    else if(res == 'N' || res =='n'){
        cout << "당신은 여성이군요. ₩n";
    }
    else{
        cout << "Y 또는 N을 입력하십시오. ₩n";
    }

    return 0;
}
```

Y 또는 y가 입력된 경우 실행됩니다

N 또는 n이 입력된 경우 실행됩니다

Y, y, N, n 이외의 문자가 입력되면 실행됩니다

Sample6의 첫 번째 실행 화면

```
당신은 남성입니까?
Y 또는 N을 입력하십시오.
Y ↵
당신은 남성이군요.
```

Sample6의 두 번째 실행 화면

```
당신은 남성입니까?
Y 또는 N을 입력하십시오.
n ↵
당신은 여성이군요.
```

Sample6은 키보드로 입력한 문자에 따라 분기 처리하고 있습니다. 영문자에는 Y와 y와 같은 대문자와 소문자가 존재하지만, 이 예제는 대문자와 소문자를 구별하지 않고 처리하도록 구현했습니다. 그래서 Sample6에는 if문 조건에 논리 연산자 ||를 사용해 보았습니다. 또한 문자는 ' '로 묶는 것을 잊지 마십시오.

||를 사용해서 if문을 작성하면, Y 또는 y 입력에도 동일한 분기처리가 가능합니다.

Lesson 5

비트 논리 연산자

C++에는 2진수로 숫자를 표현했을 경우, 비트끼리의 연산을 수행하기 위해 '비트 논리 연산자' 라는 연산자가 마련되어 있습니다.

비트 논리 연산자란,

2진수로 표현된 하나 혹은 두 개의 숫자의 각 자릿수에 0 혹은 1을 반환하는

연산자입니다. 예를 들어, 비트 논리 곱 연산자 '&'는 두 숫자의 자릿수가 모두 1 인 경우 1, 아닌 경우 0을 반환합니다. 다음 예제를 보십시오.

```
  5   0000000000000101
&12   0000000000001100
----------------------
  4   0000000000000100
```

1 & 0 → 0으로 평가됩니다

short int형 값을 사용하여 '5 & 12' 라는 연산을 할 경우, 그 과정은 위 그림과 같습니다. 계산 결과값은 4가 됩니다.

이러한 종류의 연산자의 사용법을 아래 표에 정리하겠습니다. 비트 논리 연산자는 정수형 값을 연산합니다. 참(true) 또는 거짓(false)에 대한 연산을 수행하는 논리 연산자와는 다르므로 주의하시기 바랍니다.

표:비트 논리 연산자

연산자	1이 될 경우	평가		
		왼쪽	오른쪽	전체
&	왼쪽 · 오른쪽 비트가 모두 1일 경우 왼쪽 : 1 오른쪽 : 1	0	0	0
		0	1	0
		1	0	0
		1	1	1

<table>
<tr><th>연산자</th><th>1이 될 경우</th><th colspan="3">평가</th></tr>
<tr><td rowspan="5">|</td><td rowspan="5">왼쪽 · 오른쪽 비트 중 하나라도 1일 경우
왼쪽 : 1 오른쪽 : 1</td><td>왼쪽</td><td>오른쪽</td><td>전체</td></tr>
<tr><td>0</td><td>0</td><td>0</td></tr>
<tr><td>0</td><td>1</td><td>1</td></tr>
<tr><td>1</td><td>0</td><td>1</td></tr>
<tr><td>1</td><td>1</td><td>1</td></tr>
<tr><td rowspan="5">^</td><td rowspan="5">왼쪽 · 오른쪽 비트가 모두 다를 경우
왼쪽 : 1 오른쪽 : 1</td><td>왼쪽</td><td>오른쪽</td><td>전체</td></tr>
<tr><td>0</td><td>0</td><td>0</td></tr>
<tr><td>0</td><td>1</td><td>1</td></tr>
<tr><td>1</td><td>0</td><td>1</td></tr>
<tr><td>1</td><td>1</td><td>0</td></tr>
<tr><td rowspan="5">~</td><td rowspan="5">오른쪽 비트가 0일 경우
오른쪽 : 1</td><td></td><td>오른쪽</td><td>전체</td></tr>
<tr><td></td><td>0</td><td>1</td></tr>
<tr><td></td><td>1</td><td>0</td></tr>
<tr><td></td><td></td><td></td></tr>
<tr><td></td><td></td><td></td></tr>
</table>

조건 연산자의 원리 이해하기

지금까지 복잡한 조건을 판단하는 방법을 살펴보았습니다. 만약 간단한 조건 판단이 필요하다면, if문을 사용하지 않아도 조건 연산자(conditional operator) '? :'을 사용해서 표현할 수 있습니다. 다음 코드를 보십시오.

```
#include <iostream>
using namespace std;

int main()
{
   int res;
   char ans;
```

```
    cout << "몇 번째 코스를 선택 하시겠습니까? ₩n";
    cout << "정수를 입력하십시오. ₩n";

    cin >> res;

    if(res == 1)
        ans = 'A';          if문을 사용한 조건 판단입니다
    else
        ans = 'B';

    cout << ans << "코스를 선택했습니다. ₩n";

    return 0;
}
```


이 코드는 res == 1이라는 식의 결과가 true일 경우, 변수 ans에 문자 A를 대입하고, 그렇지 않은 경우 B를 대입하는 코드를 if문을 사용해서 작성한 것입니다. 이러한 간단한 조건 판단은 조건 연산자 ?:를 사용해서 다음처럼 고쳐 쓸 수 있습니다.

Sample7.cpp ▶ 조건 연산자 사용하기

```
#include <iostream>
using namespace std;

int main()
{
    int res;
    char ans;

    cout << "몇 번째 코스를 선택 하시겠습니까? ₩n";
    cout << "정수를 입력하십시오. ₩n";

    cin >> res;

    ans = (res==1) ? 'A' : 'B';     if문을 조건 연산자로 바꾸었습니다

    cout << ans << "코스를 선택했습니다. ₩n";

    return 0;
}
```

Sample7의 실행 화면

```
몇 번째 코스를 선택 하시겠습니까?
정수를 입력하십시오.
1 ↵
A 코스를 선택했습니다.
```

if문을 사용했을 때보다 간단해진 것을 알 수 있네요. 조건 연산자 ? : 의 사용 방법을 정리해 둡시다.

조건연산자

```
조건 ? 참(true)인 경우 식 1 : 거짓(false)인 경우 식 2
```

조건 연산자는 세 개의 피연산자를 취하는 연산자입니다. 전체 식의 값은 조건이 참(true)일 때 식 1의 값이 되고, 거짓(false)일 때 식 2의 값이 됩니다.

Sample7 식의 값은 res == 1가 참(true)일 때 A, 그 이외의 경우는 B가 됩니다. 즉, 두 값 중 하나가 변수 ans에 대입되는 것입니다.

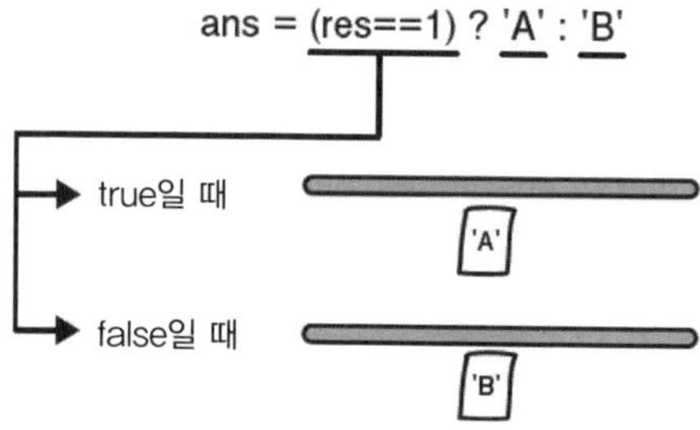

그림 5-13 **조건 연산자**

조건 연산자는 먼저 작성한 조건의 값에 따라 식의 값이 결정됩니다.

조건 연산자를 사용하면 간단한 조건에 따른 처리를 표현할 수 있습니다.

5.7 강의 요약

이 장에서는 다음과 같은 내용을 배웠습니다.

- 관계 연산자를 사용해서 조건을 표현할 수 있습니다.
- if문을 사용해서 조건에 부합하는 코드를 실행시킬 수 있습니다.
- if문의 다양한 변종을 사용해서 다양한 조건에 부합하는 처리를 할 수 있습니다.
- switch문을 사용해서 판별식의 값에 따라 각기 다른 코드를 실행시킬 수 있습니다.
- 관계 연산자를 사용해서 복잡한 조건을 표현할 수 있습니다.
- 조건 연산자 ?: 를 사용하면 간단한 조건에 따른 처리를 표현할 수 있습니다.

if문이나 switch문을 사용하면 조건에 따라 처리하는, 유연한 코드를 작성할 수 있습니다. 다양한 상황에 맞는 코드를 작성할 수 있게 되었을 것입니다. 다음 장에서 반복문을 배우면 보다 강력한 코드를 작성할 수 있습니다.

연습

1. 키보드로 정수값을 입력받은 후, 다음과 같은 메세지를 출력하는 코드를 작성하십시오.

값이 짝수인 경우 ——— '○(은)는 짝수입니다.'

값이 홀수인 경우 ——— '○(은)는 홀수입니다.'

(단, ○은 입력한 정수)

```
정수를 입력하십시오.
1 ↵
1(은)는 홀수입니다.
```

2. 키보드로 2개의 정수값을 입력받은 후, 경우에 따라 다음과 같은 메세지를 출력하는 코드를 작성하십시오.

값이 같은 경우 ——— '두 숫자는 같습니다.'

그렇지 않은 경우 —— '○보다 X가 큽니다.' (단, ○, X는 입력한 정수. ○ < X)

```
2개의 정수를 입력하십시오.
1 ↵
3 ↵
1보다 3이 큽니다.
```

3. 키보드로 1에서 5까지, 5단계 성적을 입력받은 후, 경우에 따라 다음과 같은 메세지를 출력하는 코드를 작성하십시오.

성적	메시지
1	성적은 1입니다. 노력합시다.
2	성적은 2입니다. 조금 더 노력합시다.
3	성적은 3입니다. 더 높은 점수를 목표로 합시다.
4	성적은 4입니다. 매우 잘했습니다.
5	성적은 5입니다. 매우 우수합니다.

Lesson 6

여러 번 반복하기

제 5장에서는 특정 상황에 맞추어 코드의 흐름을 제어하는 문장을 배웠습니다. C++에는 그 외에도 문장을 제어하는 기능이 포함되어 있습니다. 이 기능은 '반복문(루프문)'이라고 합니다. 반복문을 사용하면 동일한 작업을 여러 번 반복할 수 있습니다. 이 장에서는 반복문에 대해 학습해 보겠습니다.

Check Point

- 반복문
- for문
- while문
- do~while문
- 문장의 중첩
- break문
- continue문

6.1 for문

for문의 원리 이해하기

제 5장에서는 조건 값에 따라 코드의 흐름을 제어하는 방법을 배웠습니다. C++에서는 이 외에도 복잡한 처리를 할 수 있습니다. 예를 들어, 다음과 같은 경우를 상상해 보십시오.

시험에 합격할 때까지 ...
→ 시험에 계속 응시한다

우리들은 일상생활 속에서 일종의 '반복 작업'을 할 때가 있습니다. 아침에 일어나면 양치질, 아침을 먹고 학교에 가서 ... 우리의 생활은 이러한 패턴의 반복입니다.

C++로는 이러한 과정을 **반복문**(루프문 : loop statement)이라고 하는 구문으로 표현할 수 있습니다. C++의 반복문에는 for문 · while문 · do~while문. 3종류가 있습니다.

이 장에서는 우선 **for문**(for statement)부터 차례대로 배워 보겠습니다. for문의 스타일을 먼저 확인해 볼까요.

for문

```
for(초기화 식 1; 다시 반복할지 확인하는 식 2; 변화를 주기 위한 식 3)
    문장; ●—— 이 문장을 반복해서 실행시킵니다
```

for문의 자세한 처리 순서는 예제를 입력하면서 학습합니다. 여기에서는 형태만 확인합시다.

또한 for문은 if문과 마찬가지로 여러 문장을 제어할 수 있습니다. 여러 문장을 반복하고 싶다면, if문을 사용할 때와 마찬가지로 {} 블록으로 감쌉니다.

구문 for문

```
for(초기화 식 1; 다시 반복할지 확인하는 식 2; 변화를 주기 위한 식 3)
{   문장 1:
    문장 2;
    ...
}
```

블록 안의 문장을 순서대로 실행합니다

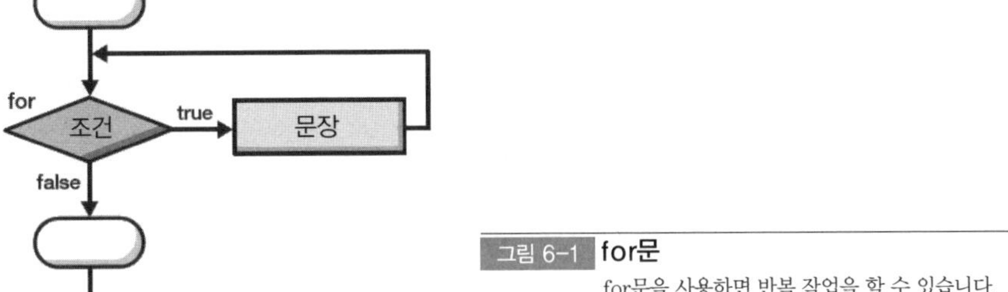

그림 6-1 **for문**
for문을 사용하면 반복 작업을 할 수 있습니다.

for문에서 블록을 사용하면, 블록 안의 문장 1 문장 2 ...의 실행을 반복할 수 있는 것입니다.

그러면 실제로 for문을 사용해 보기로 하겠습니다.

Sample1.cpp ▸ for문 사용하기

```
#include <stdio.h>
using namespace std;

int main()
{
    for(int i=1; i<=5; i++){
        cout << "반복하고 있습니다. ₩n";
    }

    cout << "반복이 끝났습니다. ₩n";

    return 0;
}
```

변수 i의 값을 1개씩 증가시키면서, i<=5가 거짓(false)이 될 때까지…

이 문장이 반복됩니다

Sample1의 실행 화면

```
반복하고 있습니다.
반복하고 있습니다.
반복하고 있습니다.
반복하고 있습니다.
반복하고 있습니다.
반복이 끝났습니다.
```

for문은 반복 횟수를 세기 위해서 변수를 사용합니다. 예를 들어, 이 코드는 변수 i를 사용합니다. 그리고 다음과 같은 순서로 코드가 실행됩니다.

① 식 1에 따라 변수 i를 초기화한다

② 식 2의 조건이 참(true)이면 { } 블록 안의 코드를 실행시킨 후 식 3을 실행한다

③ 식 2의 조건이 거짓(false)이 될 때까지 ②를 반복한다

즉, 이 for문에서는 변수 i를 1로 초기화한 뒤, 조건 i <= 5가 거짓(false)이 될 때까지 i ++를 실행시켜서 '반복하고 있습니다.' 라는 문장을 출력합니다.

for문의 이해를 돕기 위해, 다음과 같은 상황을 예로 들어 보겠습니다.

```
for(int i=1; i<=5; i++){
    시험에 응시한다
}
```

for문을 실행시키면, 변수 i가 1부터 5까지 늘어나는 동안 시험을 보게 만듭니다. 이러한 경우, 결과적으로 시험에 총 5번 응시해야 할 것입니다.

for문을 사용하면 반복 실행을 표현할 수 있다.

변수를 반복문 내에서 사용하기

Sample1에서는 반복할 때마다 화면에 문자가 출력되도록 지시했습니다. 이럴 때, 반복한 횟수를 표시하면 편리합니다. 이 상황을 다음 코드로 연습해 봅시다.

Sample2.cpp ▶ 반복 횟수를 출력하기

```
#include <iostream>
using namespace std;

int main()
{
   for(int i=1; i<=5; i++){
      cout << i << "번째 반복입니다. ₩n";
   }

   cout << "반복이 끝났습니다. ₩n";

   return 0;
}
```

반복문 안에서 변수 i를 사용하고 있습니다

Sample2 실행 화면

```
1번째 반복입니다.
2번째 반복입니다.
3번째 반복입니다.
4번째 반복입니다.
5번째 반복입니다.
반복이 끝났습니다.
```

반복할 때마다 1씩 값이 증가합니다

반복문 안에서 횟수 계산에 사용하는 변수 i의 값을 출력할 수 있습니다. 이 코드를 실행시키면, 블록 안에서 변수 i의 값이 하나씩 증가하면서 반복된다는 사실을 확인할 수 있습니다. 반복문을 몇 번이나 처리했는지를 한눈에 알 수 있습니다.

다음 예제를 예로 들겠습니다.

```
for(int i=1; i<=5; i++){
    과목 i의 시험에 응시한다
}
```

이 문장은, 과목 1에서 5까지의 시험을 총 5회 응시하는 처리를 표현하고 있습니다. 복잡한 처리를 간단한 코드로 작성할 수 있습니다. 수험 과목이 늘어나더라도 즉시 대응할 수 있습니다. 이렇게 반복문에서 변수를 사용하면, 변화가 풍부한 프로그램을 만들 수 있게 됩니다.

또한, 이 for문에서 선언한 변수 i는 이 for문 안에서만 출력할 수 있습니다. 이 i는 for문 블록 밖에서 사용할 수 없습니다. 블록 밖에서 i를 사용하고 싶다면 for문을 시작하기 전에 i를 선언해 주세요.

for문 밖에 i를 선언하면…

```
int i;
for(i=1; i<=5; i++){
    cout << i << "번째 반복입니다. ₩n";
}
    cout << i << "번 반복했습니다. ₩n";
```

for문 밖에서도 i를 사용할 수 있습니다

변수를 for문의 반복문에서 사용하면 반복 횟수 등을 보여줄 수 있다.

for문 응용하기

그러면 for문을 응용한 프로그램을 몇 개 만들어 봅시다. 다음 코드를 입력하십시오.

Sample3.cpp ▶ 입력한 수만큼 *를 출력하기

```
#include <iostream>
using namespace std;

int main()
{
   int num;

   cout << "몇 개의 *를 출력하시겠습니까? ₩n";

   cin >> num;  // 숫자를 입력합니다

   for(int i=1; i<=num ; i++){
      cout << '*';  // 입력한 수만큼 *를 반복해서 출력합니다
   }
   cout << '₩n';

   return 0;
}
```

Sample3 실행 화면

```
몇 개의 *를 출력하시겠습니까?
10 ↵
**********   입력한 수만큼 *이 출력됩니다
```

Lesson 6

프로그램을 실행시키자 입력한 수만큼 *이 출력되었습니다. for문을 사용하여 입력한 숫자와 같은 개수의 *를 출력한 것입니다. * 부분을 다른 문자로 변경하면 다양한 기호나 문자를 출력할 수 있을 것입니다. 여러 가지 문자를 바꿔가며 프로그램을 실행시켜 보십시오.

이번에는 1부터 입력한 숫자까지 차례로 더하는 프로그램을 만들어 봅시다.

Sample4.cpp ▶ 1부터 입력한 숫자까지의 합을 구하기

```
#include <iostream>
using namespace std;
```

```
int main()
{
    int num;
    int sum = 0;

    cout << "숫자 몇까지의 합을 구하시겠습니까? ₩n";

    cin >> num; ●───(숫자를 입력합니다)

    for(int i=1; i<=num; i++){
        sum += i; ●───(i가 입력한 숫자와 같아질 때까지 더합니다)
    }

    cout << "1부터 " << num << "까지의 합은 " << sum << "입니다. ₩n";

    return 0;
}
```

Sample4의 실행 화면

```
숫자 몇까지의 합을 구하시겠습니까?
10 ↵
1부터 10까지의 합은 55입니다.
```

1부터 입력한 숫자 사이의 자연수를 모두 더했습니다

여기도 마찬가지로 입력한 숫자까지 코드가 실행되었군요.

for문 안에서 변수 sum에 변수 i의 값을 더하는 부분에 주목하십시오. 변수 i의 값은 1부터 1 씩 증가합니다. 이러한 처리가 반복되면, 1부터 입력한 숫자 사이에 있는 자연수가 모두 더해지게 됩니다.

sum		i		새로운 sum 값	
0	+	1	=	1	1 번째 반복
1	+	2	=	3	2 번째 반복
3	+	3	=	6	3 번째 반복
6	+	4	=	10	4 번째 반복
		…			
45	+	10	=	55	10 번째 반복

6.2 while문

while문의 원리 이해하기

C++에는 for문처럼 지정된 문장을 반복할 수있는 구문이 있습니다. 그 중 하나가 while문(while statement)입니다.

구문 while문

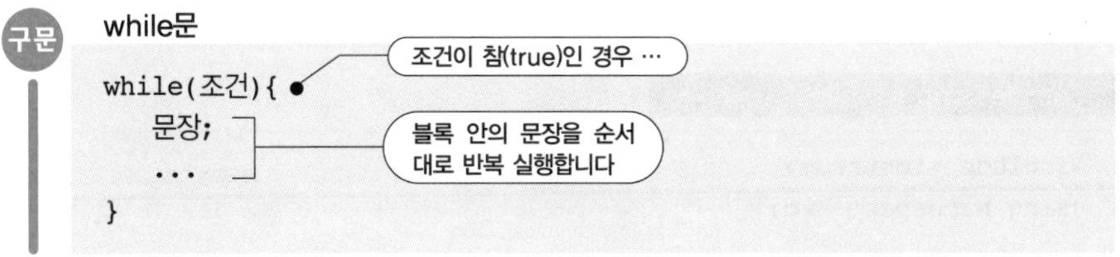

while문은 조건이 참(true)일 경우에만 지정한 문장을 여러 번 반복 실행시킬 수 있습니다.

이 장의 도입부에서 들었던 예를 while문을 사용한 코드로 표현한다면 다음과 같을 것입니다.

```
while(시험에 합격하지 못했음){
    시험에 응시한다
}
```

while문을 사용하면 '시험에 합격하지 못했음' 이라는 조건이 거짓(false)이 될 때까지 시험을 치루게 됩니다. 이 while문의 표현에 따르자면, 시험에 이미 합격했을 경우, 시험에 응시하지 않습니다. 다음 페이지의 그림을 보면서 반복 처리의 흐름을 짚어 보세요.

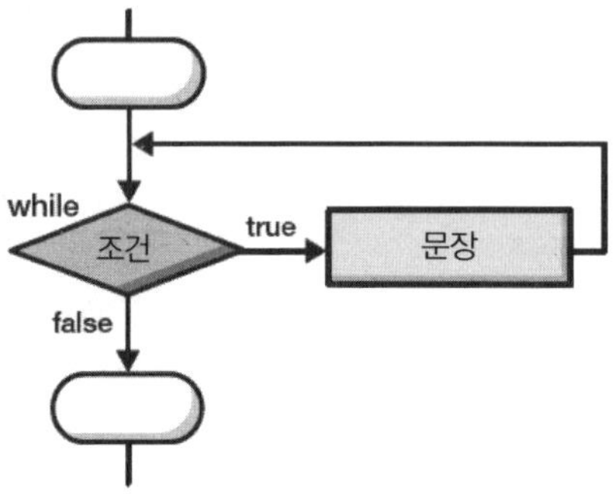

그림 6-2 **while문**

while문을 사용하면 조건이 false가 될 때까지 반복해서 코드를 실행시킬 수 있습니다.

그러면 이제 while문을 사용한 코드를 작성해 봅시다.

Sample5.cpp ▸ while문 사용하기

```
#include <iostream>
using namespace std;

int main()
{
   int i = 1;
   while(i <= 5){
      cout << i << "번째 반복입니다. ₩n";
      i++;
   }
   cout << "반복이 끝났습니다. ₩n";

   return 0;
}
```

조건이 참(true)인 경우…

블록 안의 문장을 순서대로 실행합니다

조건이 거짓(false)에 가까워지도록 증가 연산자를 사용해서 1씩 더하고 있습니다

Sample5의 실행 화면

```
1번째 반복입니다.
2번째 반복입니다.
3번째 반복입니다.
```

```
4번째 반복입니다.
5번째 반복입니다.
반복이 끝났습니다.
```

사실 이 while문 코드가 하는 일은, Sample2의 for문 코드가 하는 일과 같습니다. 이 while문은 조건 i <= 5가 거짓(false)이 될 때까지 반복해서 코드를 실행시키기 때문입니다.

이 블록 안에서는 조건이 거짓(false)에 가까워지도록 변수 i의 값을 증가시키고 있습니다. 일반적으로 반복문은 반복 여부를 판단하기 위한 조건의 결과가 변화하도록 작성해야 합니다. 그렇지 않을 경우, 영원히 반복문이 실행되어 버리기 때문입니다. 다음 예제를 예로 들어 보겠습니다.


```
int i = 1;
while(i <= 5){
   cout << i << "번째 반복입니다. ₩n";
}
```

조건은 결코 거짓(false)이 되지 않습니다
따라서 블록 안의 코드가 영원히 반복 실행됩니다

이 코드는 while문의 조건문에 'i++' 처럼 변수 i의 값을 증가시키는 부분이 없습니다. 따라서 while문의 조건은 몇 번을 반복하더도 false로 변하지 않습니다. 이 때문에, 이런 프로그램을 실행시키면, while문 처리가 영원히 반복됩니다. 그 결과, 프로그램이 종료되지 않습니다. 조건문을 작성할 때는 주의하시기 바랍니다.

while문을 사용할 때에는 무한히 반복되지 않도록 조건문 작성에 주의하자.

조건식 생략하기

그러면 이 시점에서 if문 및 while문 사용 시 관용적으로 사용되는 조건 작성법에 대해 짚고 넘어가도록 하겠습니다. 다음 코드를 보십시오. 이 프로그램의 정체는 무엇일까요?

Sample6.cpp ▶ 관용적인 조건 사용하기

```
#include <stdio.h>
using namespace std;

int main()
{
   int num = 1;

   while(num){ ● num이 0일 때(거짓일 때) 반복이 종료됩니다
      cout << "정수를 입력하십시오. (0을 입력하면 종료합니다)₩n";
      cin >> num;
      cout << num << "이(가) 입력되었습니다. ₩n";
   }

   cout << "반복이 끝났습니다. ₩n";

   return 0;
}
```

Sample6의 실행 화면

```
정수를 입력하십시오. (0을 입력하면 종료합니다)
1 ↵
1이(가) 입력되었습니다.
정수를 입력하십시오. (0을 입력하면 종료합니다)
10 ↵
10이(가) 입력되었습니다.
정수를 입력하십시오. (0을 입력하면 종료합니다)
5 ↵
5이(가) 입력되었습니다.
정수를 입력하십시오. (0을 입력하면 종료합니다)
0 ↵
0이(가) 입력되었습니다.
반복이 끝났습니다
```

이 코드는 입력된 정수를 반복 출력합니다. 이 반복은 사용자가 0을 입력하면 종료됩니다.

이 코드의 while문의 조건을 함께 보실까요. 이 while문은

```
while(num){ ●——— num이 0일 때 while문이 종료됩니다
...
```

라고 되어 있군요. 이것은 무슨 뜻일까요? 제 5장에서 설명했듯이, 정수형 값은 조건식에 사용될 경우 true 또는 false로 변환됩니다. 따라서 while의 조건식 안에서 int형 변수 num의 값이 0이 아니라면 true, 0이라면 false로 변환됩니다.

즉, 이 while문은 'num이 0일 때', 즉 사용자가 0을 입력한 경우에는 false가 되어 종료된다는 뜻입니다. 반대로, 0 이외의 값이 num에 들어오게 되면 while문의 처리를 반복하게 될 것입니다.

이 조건식을 관계 연산자를 사용하여 올바르게 고쳐 쓰면 다음과 같은 코드가 됩니다.


```
while(num != 0){ ●——— num이 0일 때 while문이 종료됩니다
...
```

이 코드는 num이 0인지의 여부를 관계 연산자를 사용하여 올바르게 판단하고 있군요.

이 방법은 반대로 조건식의 판별값이 0이 아닌 값의 경우 반복을 종료시키는 방법으로도 자주 사용됩니다. 이 조건은 다음과 같이 작성합니다.

```
while(!num){ ●——— num이 0이 아닐 때 while문을 종료시킵니다
...
```

!는 부정을 뜻하는 논리 연산자입니다. 이 조건은 아래의 조건과 그 뜻이 동일합니다.

```
while(num == 0){ ●——— num이 0이 아닐 때 while문을 종료시킵니다
...
```

6.3 do~while문

do~while문의 원리 이해하기

또 다른 반복문을 살펴보겠습니다. 이 장에서는 do~while문(do-while statement)를 다루어 보겠습니다. 이 구문은 마지막에 지정된 조건이 참(true)일 경우, 블록 내의 코드를 반복해서 실행합니다.

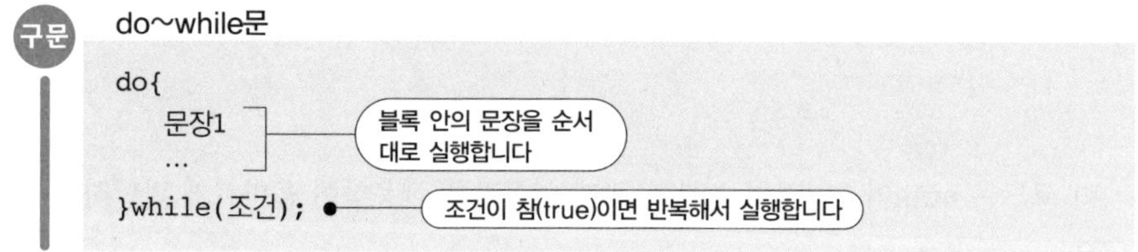

do~while문이 while문과 다른 점은

조건을 판단하기 전에 블록 안의 코드를 실행시킨다

는 점입니다. while문에서는 블록 안의 코드를 실행하기에 앞서서 조건문을 먼저 판별합니다. 그 결과가 거짓(false)일 경우 블록 안의 코드를 실행시키지 않습니다. 그러한 반면, do~while문에서는 적어도 한 번, 반드시 블록 안의 코드가 실행됩니다.

예를 들어, while문으로 작성했던 예제를 do~while문을 사용하도록 고쳐봅시다.

```
do{
    시험에 응시한다
} while(시험에 합격하지 못했음);
```

이는 while문과 마찬가지로 시험에 계속 응시하도록 지시하는 반복문입니다. 그러나 이 반복문의 표현을 따르면, 시험에 이미 합격했을 경우에도 최소 1번은 시험에 응시해야 합니다. while문과 비교해 보십시오.

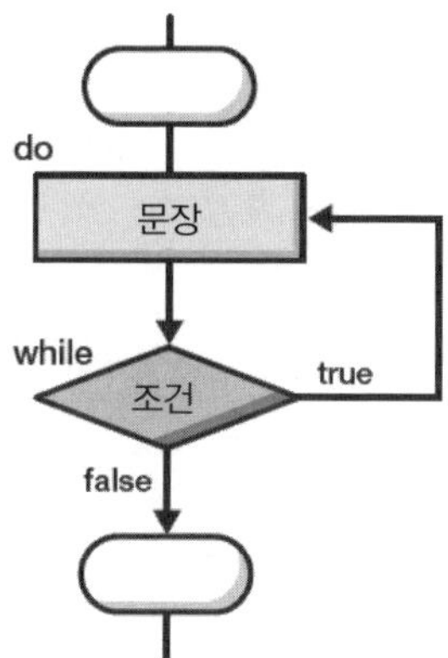

그림 6-3 do~while문

while문은 블록 안의 코드를 실행시키기 전에 조건을 판단하지만, do~while문은 블록 안의 코드가 실행된 다음에 조건을 판단합니다.

다음 코드는 Sample5.cpp를 do~while문을 사용하여 다시 작성한 것입니다.

Sample7.cpp ▸ do~while문 사용하기

```
#include <iostream>
using namespace std;

int main()
{
   int i = 1;

   do{
      cout << i << "번째 반복입니다. ₩n";
      i++;
   }while(i <= 5);

   cout << "반복이 끝났습니다. ₩n";

   return 0;
}
```

이 문장이 반복됩니다

i<=5가 거짓(false)이면 반복 작업을 종료합니다

Sample5의 실행 화면

```
1번째 반복입니다.
2번째 반복입니다.
3번째 반복입니다.
4번째 반복입니다.
5번째 반복입니다.
반복이 끝났습니다.
```

이 예제에서는 do~while문을 사용하고 있습니다만, Sample5와 같은 결과가 나왔습니다. 이와 같이 동일한 작업을 다양한 구문을 사용하여 표현할 수 있습니다. 코드를 다양한 스타일로 작성하는 연습을 해보시길 바랍니다.

do~while문을 사용하면 코드의 반복 실행을 표현할 수 있다.
do~while문은 블록 안의 코드를 적어도 1번 실행시킨다.

프로그램의 제어구조

1장에서부터 계속 봐 왔듯이 프로그램의 기본적인 흐름은 순차적인 처리입니다. 이런 제어구조를 순차(sequence)라고 합니다. 그리고 if문 · switch문처럼 조건을 판단하는 제어구조는 선택(selection)이라고 합니다. while문 · do~while 문처럼 몇 번이고 반복해서 실행하는 제어구조는 반복(repetition)이라고 합니다. 프로그램을 작성할 때는 처리가 이러한 제어구조의 조합으로 구현된다는 것을 염두에 둬야 합니다.

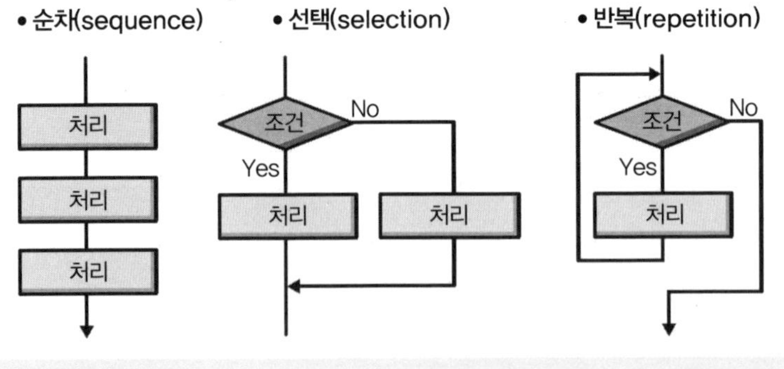

6.4 문장의 중첩

for문 중첩하기

지금까지 우리들은 여러 가지 구문을 배웠습니다. 이러한 조건 판단문, 반복문 안에는 여러 문장을 중첩시킬 수 있습니다. 그 예로, 다음과 같이 for문 안에 for문을 사용하는 복잡한 코드도 작성할 수 있습니다.

for문의 중첩

```
for(식 1-1; 식 2-1; 식 3-1){
    …
    for(식 1-2; 식 2-2; 식 3-2){
        …
    }
}
```

for문을 중첩할 수 있습니다

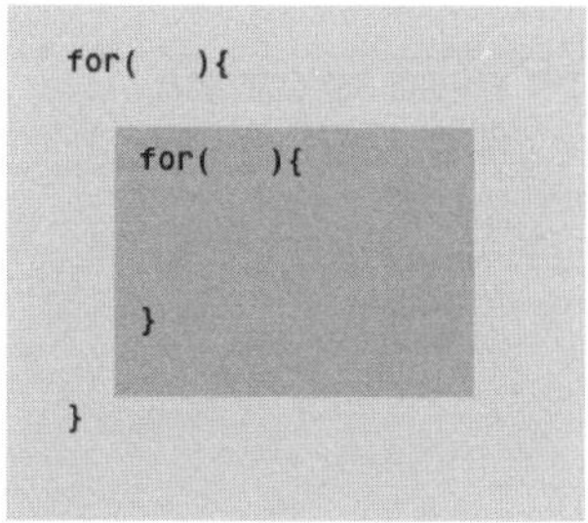

그림 6-4 **문장의 중첩**

for문 등의 구문을 중첩할 수 있습니다.

그러면 for문을 중첩한 예제 코드를 살펴봅시다.

Sample8.cpp ▸ for문 중첩하기

```
#include <iostream>
using namespace std;

int main()
{
   for(int i=0; i<5; i++){
      for(int j=0; j<3; j++){
         cout << "i는 " << i << ":j는 " << j << '\n';
      }
   }

   return 0;
}
```

for문이 중첩 되었습니다

Sample8의 실행 화면

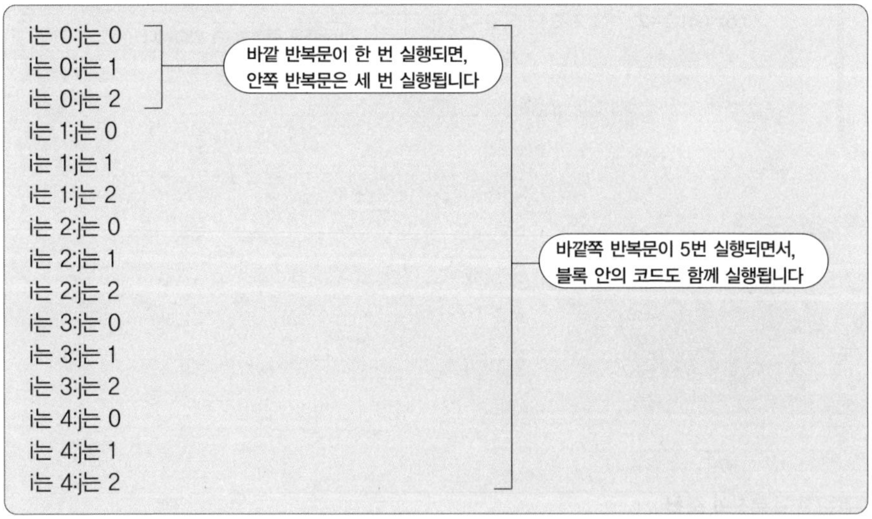

이 코드는 변수 i를 1씩 증가시키는 for문 안에서 변수 j를 1씩 증가시키는 for문을 중첩해서 실행시킵니다. 결과적으로 반복문 안쪽의 코드가 다음과 같이 실행됩니다.

```
┌ 변수 i의 값을 1 증가시킴
│            ↓        변수 j의 값을 1 증가시킴 ┐
│            ↓        변수 j의 값을 1 증가시킴 │
└            ↓        변수 j의 값을 1 증가시킴 ┘
┌ 변수 i의 값을 1 증가시킴
│            ↓        변수 j의 값을 1 증가시킴 ┐
│            ↓        변수 j의 값을 1 증가시킴 │
└            ↓        변수 j의 값을 1 증가시킴 ┘
            ...
```


결과적으로, 변수 i의 값을 1 증가시키는 반복문이 한 번 실행되면 변수 j의 값을 1 증가시키는 반복문은 세 번 실행됩니다. 이처럼 문장을 중첩하면 복잡한 처리도 표현할 수 있습니다.

for문을 중첩해서 사용하면 계속 실행되는 반복 처리를 표현할 수 있다.

for문과 if문 중첩하기

위 예에서는 for문 안에 for문을 포함시켰지만, 다른 종류의 문장을 조합할 수도 있습니다. 예를 들어, for문과 if문을 조합할 수도 있습니다.

다음 프로그램을 작성하십시오.

Sample9.cpp ▶ if문 등과 조합하기

```
#include <iostream>
using namespace std;

int main()
{
   int ch = 0;
```

```
  for(int i=0; i<5; i++){
     for(int j=0; j<5; j++){
        if(ch == 0){
           cout << '*';
           ch = 1;
        }
        else{
           cout << '-';
           ch = 0;
        }
     }
     cout << '₩n'
  }

  return 0;
}
```

for문이 중첩되었습니다

*을 출력한 다음, –를 출력하도록 ch를 1로 만듭니다

–을 출력한 다음, *를 출력하도록 ch를 1로 만듭니다

안쪽 반복문이 종료되면 줄을 바꿉니다

Sample9의 실행 화면

```
*-*-*
-*-*-
*-*-*
-*-*-
*-*-*
```

이 코드는 2개의 for문과 1개의 if~else문을 사용하고 있습니다. * 또는 –를 출력할 때마다 변수 ch에 번갈아 가며 0과 1을 대입합니다. 이렇게 코드를 작성하면 다음에 출력할 문자를 if문 안의 'ch == 0' 라는 조건식의 평가 결과를 통해 결정할 수 있게 됩니다.

안쪽 반복문이 끝나면 ₩n이라는 이스케이프 시퀀스를 출력합니다. 따라서 5문자가 끝날 때마다 줄이 바뀌어 있습니다. 출력하는 문자의 종류를 바꾸어 보거나 출력 개수를 늘려 보시기 바랍니다.

6.5 프로세스 흐름의 변경

break문의 원리 이해하기

지금까지 학습한 내용을 통해서, 우리들은 반복문에 일정한 처리의 흐름이 있음을 알 수 있었습니다. 그러나 때로는 이러한 처리의 흐름을 강제로 변경해야 할 때가 있을 것입니다.

그를 위해 C++에는 반복 처리의 흐름을 변경시킬 수 있는 break문과 continue문이 마련되어 있습니다. 이 절에서는 그 중에서 break문을 먼저 학습합니다.

break문(break statement)은,

처리의 흐름을 강제로 종료시키고, 그 블록에서 탈출

하도록 지시하는 문장(statement) 입니다. break문은 코드 안에 다음처럼 적습니다.

구문 **break문**

```
break;
```

다음 코드에서 키보드로 입력한 횟수 처리를 반복시키고 break문을 사용하여 강제로 종료시켜 보겠습니다.

Sample10.cpp ▶ break문으로 블록에서 빠져나오기

```
#include <stdio.h>
using namespace std;

int main()
{
   int res;
```

```
    cout << "몇 번째에서 루프를 빠져 나가시겠습니까? (1~10) ₩n";

    cin >> res;

    for(int i=1; i<=10; i++){
        cout << i << "번째 처리입니다. ₩n";
        if(i == res)
            break;
    }

    return 0;
}
```

이 for문은 원래 열 번 반복되어야 하지만…

키보드로 입력받은 횟수만큼 처리합니다

Sample10의 실행 화면

```
몇 번째에서 루프를 빠져 나가시겠습니까? (1~10)
5 ↵
1번째 처리입니다.
2번째 처리입니다.
3번째 처리입니다.
4번째 처리입니다.
5번째 처리입니다.
```

지정한 횟수만큼 처리합니다

Sample10은 원래 열번 반복하는 for문을 사용합니다. 그러나 여기에서는 사용자가 입력한 숫자에 맞추어 break문을 실행시켰고, 반복문을 강제로 종료시켰습니다. 6번째 이후 처리는 실행되지 않았음을 알 수 있습니다.

또한 반복문이 중첩된 경우, 안쪽 문장에서 break문을 사용하면 안쪽 문장을 벗어나 그를 감싸고 있는 바깥 문장이 실행됩니다.

break문을 사용하면 블록에서 빠져나갈 수 있다.

```
for(int i=1; i<=10; i++){
   cout << i << "번째 처리입니다. ₩n";
   if(i == res)
      break;
}
```

그림 6-5 break문

break문을 사용하면 반복문을 강제 종료시키고, 그 블록에서 빠져나갈 수 있습니다.

switch문 안에서 break문 사용하기

그런데 switch문 안에서도 break문이 사용되고 있었던 사실이 기억나실지 모르겠습니다. swtich문 안에서 사용된 break문은 이 절에서 설명하는 break문과 동일합니다. 따라서 switch문에서 break문을 응용하면 다음과 같은 작업이 가능합니다.

Sample11.cpp ▶ switch문 안에서 break문 사용하기

```
#include <iostream>
using namespace std;

int main()
{
   int res;

   cout << "정수를 입력하십시오. (1~5)₩n";

   cin >> res;

   switch(res){
      case 1:
      case 2:
         cout << "조금 더 노력합시다. ₩n";
         break;
      case 3:
      case 4:
         cout << "이 페이스로 더 노력합시다. ₩n";
         break;
```

변수 res의 값이 1 또는 2일 때 이 문장이 실행됩니다

break문의 작성 위치 선정에 주의하십시오

변수 res의 값이 3 또는 4일 때 이 문장이 실행됩니다

```
        case 5:
            cout << "매우 우수합니다. ₩n";
            break;
        default :
            cout << "1~5까지의 성적을 입력하십시오. ₩n";
            break;
    }

    return 0;
}
```

Sample11의 첫 번째 실행 화면

```
정수를 입력하십시오. (1~5)
1 ↵
조금 더 노력합시다.
```

Sample11의 두 번째 실행 화면

```
정수를 입력하십시오. (1~5)
2 ↵
조금 더 노력합시다.
```

Sample11의 세 번째 실행 화면

```
정수를 입력하십시오. (1~5)
3 ↵
이 페이스로 더 노력합시다.
```

Sample11은 정수로 입력한 성적에 따라 다양한 메시지를 표시하는 프로그램입니다. 코드 안의 break문의 작성 위치 선정에 주의하십시오. case 1과 case 3에는 break문이 없습니다. 그러므로 각각 case 2, case 4와 동일한 처리를 합니다. 이처럼, break문을 넣는 위치를 바꾸어 프로그램의 흐름을 제어할 수 있습니다.

continue문의 원리 이해하기

문장의 흐름을 강제로 변경하는 문장이 또 하나 있습니다. continue문(continue statement)입니다. continue문은,

반복처리를 건너뛴 다음, 블록의 시작 위치로 돌아가서 다음 작업을 진행하라

는 문장입니다.

continue문

```
continue;
```

Lesson 6

continue문을 사용한 코드를 살펴봅시다.

Sample12.cpp ▸ continue문을 사용하여 블록 시작 부분으로 돌아가기

```
#include <iostream>
using namespace std;

int main()
{
    int res;

    cout << "몇 번째 처리를 건너뛰시겠습니까? (1~10)₩n";

    cin >> res;

    for(int i=1; i<=10; i++){
        if(i == res)
            continue;
        cout << i << "번째 처리입니다. ₩n";
    }

    return 0;
}
```

입력한 n번째가 되면 더 이상 진행되지 않습니다. 처음으로 돌아갑니다

입력한 n번째에 이 문장은 실행되지 않습니다

Sample12의 실행 화면

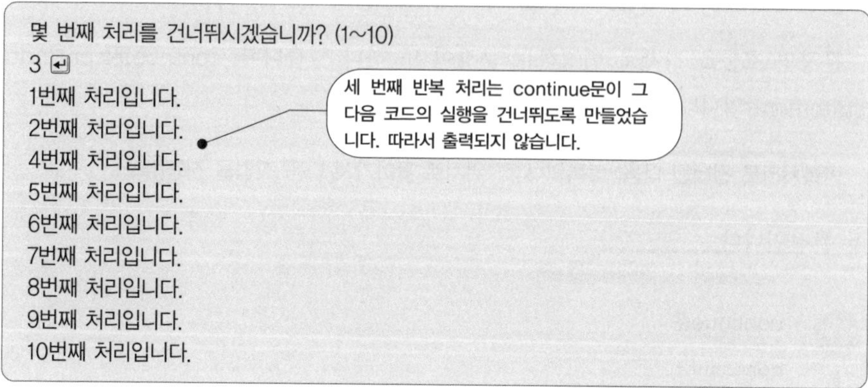

Sample12를 실행시키고, 처리를 건너뛸 횟수로 '3'을 입력해 보았습니다. 그러자 3번째 반복 처리는 continue문이 수행됨으로써 강제 종료되었습니다. 그리고 블록의 시작, 즉 다음 반복 처리로 이동했습니다. 그 결과, 위에 등장한 실행 결과에는 '3번째 처리입니다.'라는 메세지가 출력되지 않았습니다.

continue문을 사용해서 코드 실행을 건너뛸 수 있다.

```
for(int i=1; i<=10; i++){

   if(i == res)
         continue;
      cout << i << "번째 처리입니다. ₩n";

   }
```

그림 6-5 continue문

반복문 안에서 코드의 실행을 건너뛰고, 다음 반복 코드로 이동할 때에는 continue문을 사용합니다.

6.6 강의 요약

이 장에서는 다음과 같은 내용을 배웠습니다.

- for문을 사용하면 반복 실행을 표현할 수 있습니다.
- while문을 사용하면 반복 실행을 표현할 수 있습니다.
- do~while문을 사용하면 반복 실행을 표현할 수 있습니다.
- 문장을 중첩할 수 있습니다
- break문을 사용하면 반복문 또는 switch문 블록을 벗어납니다.
- continue문을 사용하면 반복문의 시작 부분으로 돌아가서 다음 처리를 합니다.

이 장에서는 반복과 처리의 흐름을 변경하는 구문을 배웠습니다. 제 5장에서 배운 구문과 함께 사용하면 다양한 작업을 수행하는 복잡한 프로그램을 만들 수 있습니다. 다음 연습 문제를 반복과 처리를 담당하는 구문을 통해 자유자재로 쓸 수 있도록 연습해 보십시오.

연습

1. 다음과 같이 화면에 출력하는 코드를 작성하십시오.

```
1 ~ 10까지의 짝수를 출력합니다.
2
4
6
8
10
```

2. 키보드로 시험 점수를 입력받은 후, 그 합계를 출력하는 코드를 작성하십시오. 0을 입력받으면 결과를 출력하도록 합니다.

```
시험 점수를 입력하십시오. (0으로 종료)
52 ↵
68 ↵
75 ↵
83 ↵
36 ↵
0 ↵
시험 점수의 합계는 314점 입니다.
```

3. 다음과 같이 화면에 출력되는 코드를 작성하십시오.

```
*
**
***
****
*****
```

Lesson 7

함수

지금까지 우리들은 C++의 다양한 기능을 학습하였고, 그에 따라서 복잡한 코드도 작성할 수 있게 되었습니다. 그러나 프로그램이 커지면 커질수록 코드 안의 여러 부분에서 같은 처리를 해야 하는 상황이 자주 발생하게 됩니다. 따라서 대규모 프로그램을 작성할 때에는 자주 사용되는 코드를 한곳에 모아 두었다가 필요할 때마다 호출하는 기능이 중요해집니다. 이 장에서는 하나 이상의 작업을 한곳에 정리하는 기능, '함수'에 대해 알아보도록 하겠습니다.

Check Point

- 함수의 정의
- 함수 호출
- 인수
- 리턴 값
- 인라인 함수
- 함수의 선언
- 디폴트 인수
- 함수 오버로드
- 함수 템플릿

7.1 함수의 원리 이해하기

배열의 원리 이해하기

우리들은 일상생활 속에서 그 방법과 절차가 똑같은 작업을 몇 번이고 반복할 때가 있습니다. 그 예로, 자신의 예금을 매달 인출하는 상황을 들 수 있습니다. 예금을 인출할 때마다 다음과 같은 작업을 반복해서 수행할 것입니다.

카드를 현금 지급기에 넣는다
비밀번호를 입력한다
찾을 금액을 입력한다
돈을 받는다
돈과 통장을 확인한다

C++로 프로그램을 작성할 때에도 마찬가지입니다. 복잡한 코드를 작성하다 보면, 종종 그 방법과 절차가 동일한 작업이 도출되곤 합니다. 이러한 처리를 해야 할 때마다 몇 번이고 같은 코드를 다시 작성하는 것은 매우 귀찮은 일임에 틀림없습니다.

C++은 이러한 수고를 덜기 위하여,

규격화된 작업을 한곳에 모을 수 있는 함수(function)

라는 기능을 제공합니다.

함수를 사용하면 규격화된 작업을 한 덩어리로 만든 후, 언제든지 부를 수 있게 됩니다. 지금 예로 든 '예금 인출하기' 처럼 절차가 일정한 작업을 '함수' 기능을 사용하여 한 덩어리로 만드는 것입니다. 이 함수에는

예금 인출하기

라는 이름을 붙이겠습니다. 우리들이 만들 '예금 인출하기' 함수는 처리를 한곳에 모아 둔 덩어리가 될 것이고, 프로그램 작성 중에 쉽게 호출할 수 있게 될 것입니다.

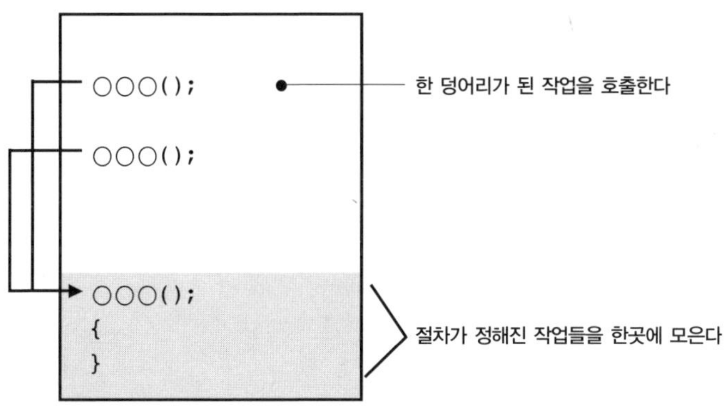

그림 7-1 **함수 만들기**

절차가 정해진 작업을 함수(검은색으로 칠해진 부분)로 만들면 필요할 때 간단하게 호출할 수 있습니다.

C++의 함수를 사용하려면 다음과 같은 두 단계의 작업을 거쳐야 합니다.

1. 함수를 작성한다(함수를 정의)
2. 함수를 이용한다(함수를 호출)

이 장에서는 먼저 '함수를 정의' 하는 작업부터 살펴보도록 하겠습니다.

main( ) 함수

좀 더 폭넓은 관점에서 본다면 전체 프로그램 또한 '한 묶음의 처리' 에 불과할 것입니다. C++로 프로그램을 작성하면 실제로 그 전체가 하나의 함수가 됩니다. 그 함수는 이미 우리들에게 친숙한 main( )이라는 이름의 함수입니다.

7.2 함수

함수 정의하기

함수를 사용하기 위해서는 무엇보다 먼저, 코드에서 일정한 처리를 추출해야 합니다. 이 작업이 곧 함수를 만드는 작업이 됩니다. 이 작업을 다르게 표현하면

함수의 정의(function definition)

가 됩니다. 함수를 정의할 때는 그 내용을 블록 안에 적습니다. 다음 코드가 함수의 일반적인 스타일입니다.

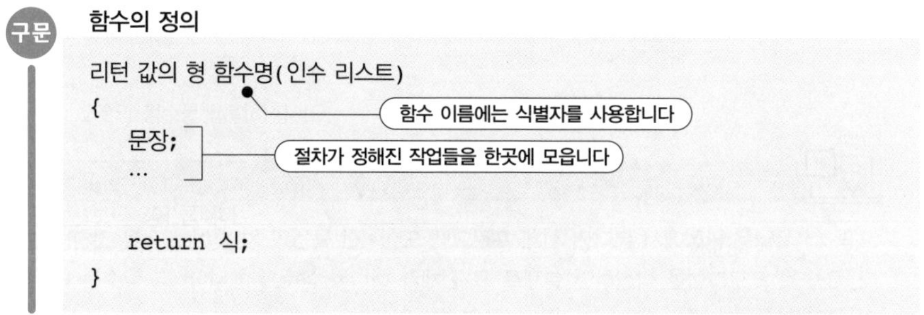

'리턴 값'이나 '인수' 같은 생소한 용어가 사용되고 있습니다만, 이들 용어의 자세한 설명은 잠시 뒤로 미뤄두겠습니다. 이 장에서는 함수의 큰 이미지를 집중적으로 설명하겠습니다.

'함수명'이란 이름 그대로 함수의 이름을 뜻합니다만, 변수명과 마찬가지로 식별자(제 3장 참조)를 사용해야 합니다.

예를 들어 다음과 같은 코드가 함수를 정의한다고 할 수 있습니다. 이 코드는 화면에 '차를 구입했습니다.'라는 문자열을 출력하는 'buy'라는 이름의 함수입니다.

```
//buy 함수의 정의
void buy()
{
    cout << "차를 구입했습니다. ₩n";
}
```

함수의 이름입니다

처리를 블록 안에 적었습니다

함수에 buy라는 이름을 붙인 후, 블록 안에 1개의 문장으로 이루어진 처리를 적었군요. 참고로 블록의 마지막 } 뒤에 세미콜론(;)을 붙이지 않으므로 주의하시기 바랍니다.

함수를 정의하면 특정 처리를 한곳에 모을 수 있다.

Lesson 7

```
void buy()
{
    cout << "차를 구입했습니다. ₩n";
}
```

함수의 정의

그림 7-2 **함수의 정의**
특정 처리를 한곳에 모아서 함수로 정의할 수 있습니다.

함수 호출하기

함수를 정의하면, 이렇게 한 덩어리가 된 작업들을 다른 코드에서 활용할 수 있게 됩니다. 함수를 이용하는 행위를

함수 호출 (function call)

이라고 부르기도 합니다. 이제는 함수를 호출하는 방법을 배워 보겠습니다. 함수를 호출하기 위해서는 코드 안에서 그 함수의 이름을 다음처럼 적어주면 됩니다.

함수 호출

```
함수명(인수 리스트);
```

만약, 이 책의 이전 페이지에 정의된 함수를 호출하려 한다면

```
buy();
```

라고 적으면 됩니다. 이번에는 블록을 적지 않았습니다. 마지막에는 반드시 세미콜론을 붙여주세요. 코드 안에서 이 함수가 호출되면 방금 전 우리들이 정의한 함수 안의 코드가 한번에 실행됩니다.

그러면 다음 코드를 통해서 함수의 정의와 호출 방법을 복습해 보도록 하겠습니다.

Sample1.cpp ▶ 기본적인 함수 만들기

```
#include <iostream>
using namespace std;

//buy 함수의 정의
void buy()
{
    cout << "차를 구입했습니다. \n";
}

//buy 함수의 이용
int main()
{
    buy();

    return 0;
}
```

buy( ) 함수의 처리 내용입니다

buy( ) 함수의 처리가 시작됩니다

Sample1의 실행 화면

```
차를 구입했습니다.
```

buy( ) 함수의 처리 내용입니다

Sample1 코드가 다음과 같이 두 부분으로 나누어져 있는 점에 주목하시기 바랍니다.

- main( ) 함수 부분
- buy( ) 함수 부분

분명 C++에서의 프로그램 시작점은 main( ) 함수였습니다. 이 예제 프로그램 또한 마찬가지로, 프로그램은 main( ) 함수의 첫 번째 줄부터 시작됩니다.

main( ) 함수의 첫 번째 문장에서 buy( ) 함수를 호출하고 있습니다(①). 그러면 처리의 흐름이 buy( ) 함수로 옮겨지게 되고, buy 함수의 첫 번째 문장부터 순차적으로 처리됩니다(②). 그 결과, 화면에는 '차를 구입했습니다.' 라는 문자열이 출력됩니다.

buy( ) 함수의 실행은 }을 만날 때까지 계속됩니다. buy( ) 함수가 끝나면, 이 함수를 호출한 main( ) 함수에 흐름이 되돌아갑니다(③). 이 부분이 main( ) 함수의 마지막 부분이기에 전체 프로그램이 종료됩니다.

즉, 함수를 이용하는 코드에서는

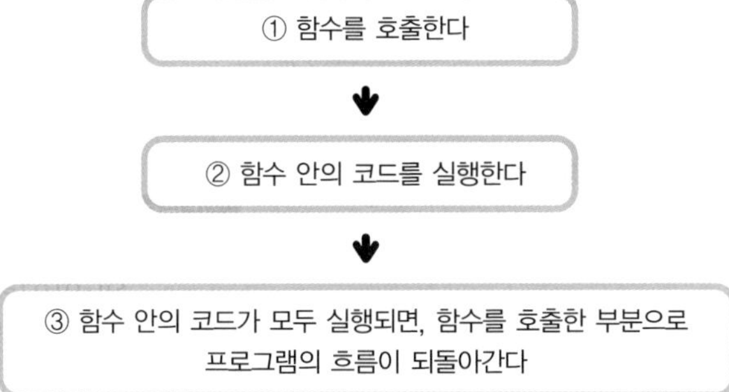

와 같은 순서로 처리가 이루어집니다. 그림 7-3은 Sample1의 처리 흐름을 그림으로 정리한 것입니다.

함수를 호출하면 그 안에 모아 둔 코드가 모두 실행된다.

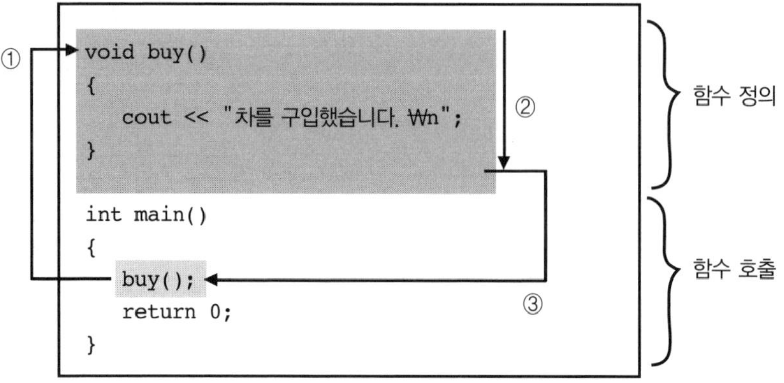

그림 7-3 **함수 호출**

① 함수를 호출하면, ② 함수 안의 코드가 실행됩니다. ③ 함수 안의 코드가 모두 실행되면, 함수를 호출했던 부분의 바로 다음 코드가 실행됩니다.

반복해서 함수 호출하기

함수의 흐름을 보다 확실히 이해하기 위해, 또 하나의 예제를 작성해 보도록 하겠습니다. 이번에는 함수를 두 번 호출해 보겠습니다.

Sample2.cpp ▶ 몇 번이고 함수 호출하기

```
#include <iostream>
using namespace std;

//buy 함수의 정의
void buy()
{
   cout << "차를 구입했습니다. ₩n";
}

//buy 함수의 이용
int main()
{
   buy();          buy( ) 함수를 호출합니다

   cout << "차량을 또 1대 구입합니다. ₩n";

   buy();          buy( ) 함수를 다시 한번 호출하고 있습니다
```

```
    return 0;
}
```

Sample2의 실행 화면

```
차를 구입했습니다.
차량을 또 1대 구입합니다.
차를 구입했습니다.
```

함수가 두 번 호출되었습니다

이 코드에서 가장 먼저 실행되는 것은 main( ) 함수 첫 번째 줄 buy( ) 함수입니다(①). 이 함수의 실행이 끝나면 처리의 흐름이 main( ) 함수로 되돌아가게 되고, "차량을 또 1대 구입합니다."라는 문자열이 출력됩니다(②~④).

그리고 buy( ) 함수가 다시 한번 실행됩니다(⑤). 같은 함수를 호출했으므로 동일한 작업이 반복됩니다 (⑥~⑦).

실행 결과를 통해 함수가 두 번 호출되었음을 알 수 있습니다. 함수 처리 흐름을 직접 추적해 보시길 권합니다.

함수는 몇 번이고 다시 호출할 수 있습니다.

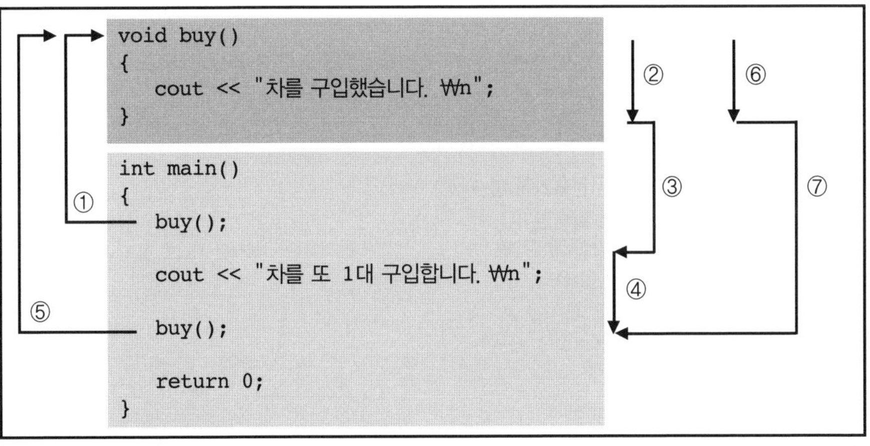

그림 7-4 **여러 번 호출하기**

함수는 몇 번이고 다시 호출할 수 있습니다.

함수 안에 처리를 모으기

그러나 지금의 함수 운용이 조금 번거롭지 않은지 의문을 제기하시는 분이 분명 계실 것입니다. 지금까지 예로 든 buy( ) 함수는 단 1줄의 문장만 처리하므로 번거롭게 함수까지 정의할 필요성이 적은 것이 사실입니다. 사실 이러한 경우는 함수를 만들기보다 main( ) 함수 안에서 직접 화면에 출력해 버리는 편이 간단합니다. 따라서, 다음과 같은 코드를 작성하더라도 결과는 Sample2와 같습니다.

```
#include <iostream>
using namespace std;

int main()
{
   cout << "차를 구입했습니다. ₩n";
   cout << "차를 또 1대 구입했습니다. ₩n";
   cout << "차를 구입했습니다. ₩n";

   return 0;
}
```

sample2와 실행 결과가 같습니다.

그러나 만약, 코드가 지금보다 복잡해지면 어떻게 될까요? 함수에는 다양하고 복잡한 처리를 정의할 수 있음을 기억하십시오. 예를 들어, buy( ) 함수 내부가 다음과 같이 되어 있다고 가정해 보겠습니다.

```
//buy 함수의 정의
void buy()
{
   cout << "카드를 현금인출기에 넣습니다. ₩n";
   cout << "비밀번호를 입력합니다. ₩n";
   cout << "금액을 입력합니다. ₩n";
   cout << "돈을 받습니다. ₩n";
   cout << "돈과 통장을 확인합니다. ₩n";
   cout << "차를 구입했습니다. ₩n";
}
```

복잡한 처리도 한 덩어리로 만들 수 있습니다

이 buy( ) 함수는 6개의 문장을 한 덩어리로 만든 것입니다. 이처럼 복잡한 처리도, 한 덩어리로 만들어 두면 호출이 용이해집니다. 코드 안에서 자동차를 구입해야 할 때, 다음과 같이 짧은 함수 이름으로 모든 코드를 간단하게 호출할 수 있기 때문입니다.

```
buy();
```

이 짧은 호출로 복잡한 처리가 가능해집니다

자동차를 구입할 때마다 6개의 문장을 매번 작성할 필요가 없어지는 것입니다. 함수를 사용하면 단 하나의 문장만 작성하면 됩니다.

또한 규모가 큰 프로그램을 작성하면서 main( ) 함수에 다양한 작업을 끝없이 작성하다 보면, 이 프로그램이 어떠한 작업을 수행하는지 매우 파악하기 어려워집니다.

함수를 사용하면 특정 처리에 이름을 붙일 수 있으므로 코드의 가독성이 높아집니다. 함수는 복잡한 프로그램을 설명하는 데 빼놓을 수 없는 기능입니다.

함수를 사용하여 복잡한 프로그램을 알기 쉽게 만들 수 있다.

7.3 인수

인수를 사용하여 정보 넘기기

이 절에서는 함수에 대해 보다 자세히 살펴보도록 하겠습니다. 함수는 특정 처리를 한 덩어리로 만들 뿐만 아니라, 유연한 처리를 할 수 있도록 기능을 제공합니다.

함수를 호출할 때마다

> 함수를 호출하는 부분은 함수 안에 특정한 정보를 넘기고,
> 함수는 그 정보를 바탕으로 코드를 실행시키기

가 가능한 메커니즘을 갖추고 있습니다. 메소드에 건네주는 정보를 인수(argument)라고 부릅니다. 인수를 사용하는 함수는 다음과 같이 작성합니다.

```
//buy 함수의 정의
void buy(int x)            ← int형 인수를 준비합니다
{
    cout << x << "만 원짜리 차량을 구입했습니다. ₩n";
}                          ← 인수를 함수 안에서 사용합니다
```

이 buy( ) 함수는 호출될 때 int형의 값을 1개 넘겨받도록 선언되었습니다. 함수의 ( ) 안에 있는 'int x'는 인수라고 합니다. 인수 x는 이 함수 안에서만 사용할 수 있는 int형 변수입니다.

변수 x(인수)에는 이 함수 호출 시에 함께 넘겨진 int형 값이 저장됩니다. 그 결과 변수 x를 함수 안의 처리에 사용할 수 있습니다. 그리고 buy( ) 함수는 넘겨받은 값을 출력하는 처리를 수행하게 되는 것입니다.

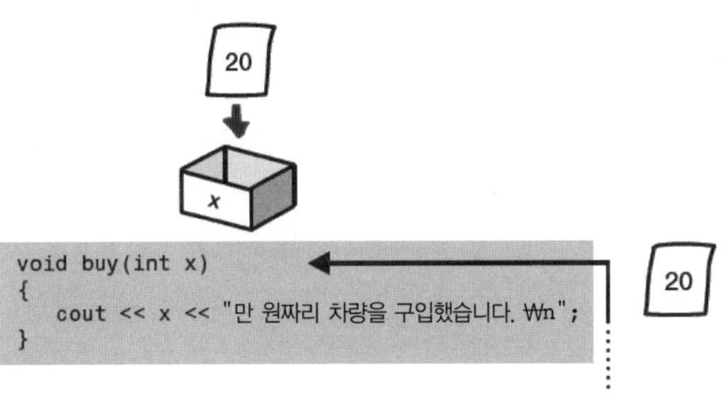

그림 7-5 **인수**

함수 본체에 넘긴 정보(인수)는 내부의 코드 실행에 활용할 수 있습니다.

그리고 ( ) 안의 변수 x는 buy( ) 함수 안에서만 사용할 수 있습니다. buy( ) 함수 바깥에서 x에 값을 대입하거나 출력할 수 없습니다. 바꾸어 말해서 이 변수 x는 main( ) 함수 안에서 사용할 수 없으므로 주의하시기 바랍니다.

인수를 사용하여 함수에 값을 넘길 수 있다.

인수를 넘겨서 함수 호출하기

그러면 실제로 인수를 받는 buy( ) 함수를 호출해 보도록 하겠습니다. 인수를 받는 메소드를 호출할 때에는 호출문의 ( ) 안에 지정된 형(type)에 알맞은 값을 넘겨야 합니다.

Sample3.cpp ▶ 인수를 받는 함수 사용하기

```
#include <iostream>
using namespace std;

//buy 함수의 정의
void buy(int x)
{
```

값을 받는 가인수(Parameter)입니다

```
    cout << x << "만 원짜리 차량을 구입했습니다. ₩n";
}

//buy 함수의 호출
int main()
{
    buy(20);
    buy(50);

    return 0;
}
```

넘겨받은 값을 출력합니다

함수를 호출할 때 실인수 값으로 20을 넘깁니다

함수를 호출할 때 실인수 값으로 50을 넘깁니다

Sample3의 실행 화면

```
20만 원짜리 차량을 구입했습니다.
50만 원짜리 차량을 구입했습니다.
```

넘겨받은 값이 출력되고 있습니다

이 main( ) 함수 안에서

먼저 buy( ) 함수를 호출할 때 '20'이라는 값을 전달
그 다음 buy( ) 함수를 호출할 때에는 '50'이라는 값을 전달

하는 코드를 실행시키고 있습니다. 값은 buy( ) 함수의 인수 x에 전달된 후 저장됩니다. 인수에 20을 전달했을 때에는 20이 출력되었고, 50을 전달했을 때에는 50이 출력되었습니다. 함수를 호출할 때 전달한 인수에 따라, 출력되는 금액이 달라짐을 알 수 있군요.

이처럼 같은 함수라도 전달한 인수에 따라 다른 일을 할 수 있습니다. 상황에 따라 유연하게 동작하는 함수를 작성하려면 인수를 사용하시기 바랍니다.

이때 함수 본체에 정의된 인수(변수)를 가인수(parameter)라고 부릅니다. 그리고 함수를 호출할 때 전달되는 인수(값)을 실인수(argument)라고 부릅니다. 이 예제의 경우 변수 x가 가인수, '20', '50'이 실인수인 셈입니다.

메소드 선언부의 ( ) 안의 변수를 가인수라고 부른다. 메소드 호출 시 넘겨지는 값은 실인수라고 부른다.

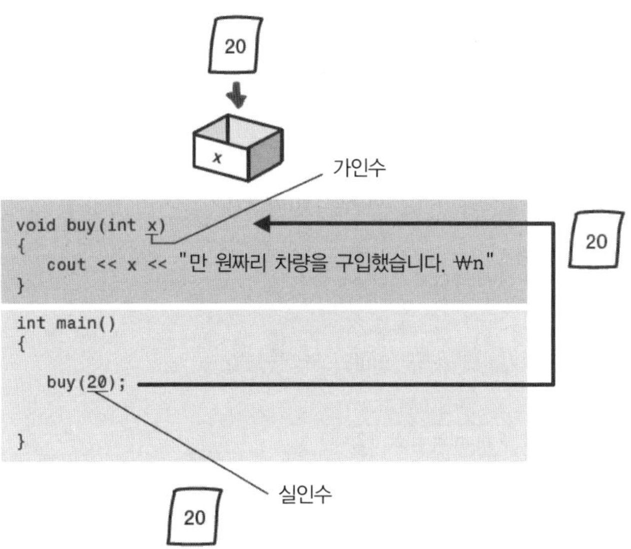

그림 7-6 가인수와 실인수

함수에는 가인수를 정의할 수 있습니다. 함수를 호출할 때 실인수를 같이 넘겨서 실행시킬 수 있습니다.

Lesson 7

키보드로 입력하기

인수에 대한 보다 심도깊은 이해를 위하여, 다음 코드로 키보드로 입력한 값을 함수 안에 전달해 보도록 하겠습니다. 다음 코드를 작성해 보시기 바랍니다.

Sample4.cpp ▶ 실인수를 변수값으로 만들기

```
#include <iostream>
using namespace std;

//buy 함수의 정의
void buy(int x)
{
   cout << x << "만 원짜리 차량을 구입했습니다. ₩n";
}
```

```
//buy 함수의 호출
int main()
{
    int num;

    cout << "첫 번째로 구입하는 차량의 가격은 얼마입니까? ₩n";
    cin >> num;
                        인수로 변수 num(의 값)을 넘깁니다
    buy(num); ●

    cout << "두 번째로 구입하는 차량의 가격은 얼마입니까? ₩n";
    cin >> num;
                        다시 한번 변수 num(의 값)을 넘깁니다
    buy(num); ●

    return 0;
}
```

Sample4의 실행 화면

```
첫 번째로 구입한 차량의 가격은 얼마입니까?
20 ↵
20만 원짜리 차량을 구입했습니다. ●
두 번째로 구입하는 차량의 가격은 얼마입니까?        넘긴 값이 출력되고 있습니다
50 ↵
50만 원짜리 차량을 구입했습니다. ●
```

이 예제에서는 main( ) 함수에서 준비한 변수 num(값)을 호출자 함수에 실인수로 전달했습니다. 키보드로 입력한 값을 num에 저장한 후, 변수에 전달한 것입니다.

이처럼 변수를 실인수로 사용할 때, 실인수와 가인수의 이름은 서로 달라도 됩니다. 이 예제에서는 이 사실을 확인하기 위해 실인수의 이름과 가인수의 이름을 다르게 만들었습니다.

또한 C++에서 함수에 넘기는 것은 실인수 그 자체가 아니라, 실인수에 담긴 '값'입니다. 이러한 인수 전달법을 **값 전달**(pass by value)이라고 부르기도 합니다.

함수가 호출되면 실인수의 '값'이 넘겨진다.

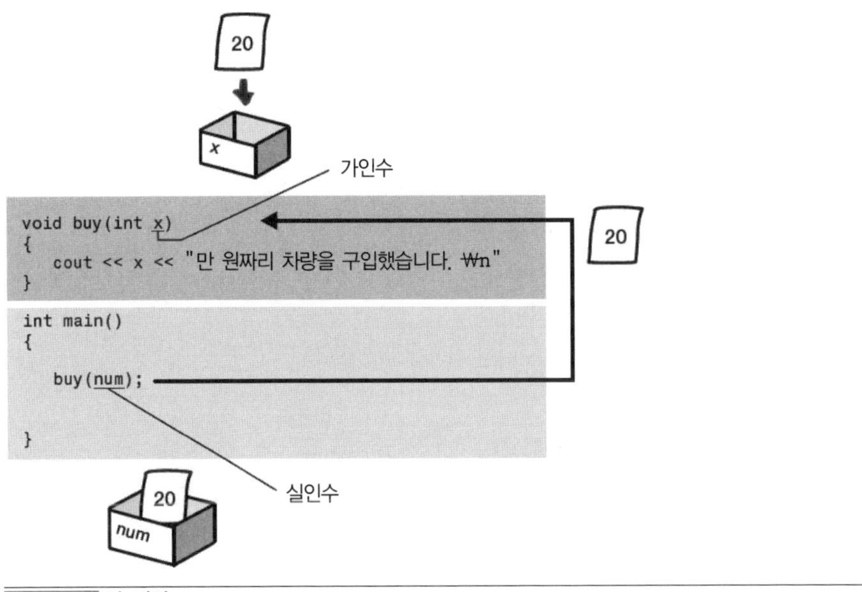

그림 7-7 **값 전달**
함수가 호출되면 실인수의 '값'이 넘겨지고, 그 값으로 가인수가 초기화됩니다.

인수를 여러 개 넘겨야 하는 함수 사용하기

지금까지 우리들이 정의한 함수들은 인수를 단 하나만 받았습니다. 그러나 함수는 여러 개의 인수를 받게 만들 수도 있습니다. 즉, 함수를 실행시킬 때 여러 개의 값을 넘겨서 실행시킬 수 있는 것입니다. 다음 코드를 통해 확인해 보겠습니다.

Sample5.cpp ▶ 둘 이상의 인수를 가지는 함수 사용하기

```
#include <iostream>
using namespace std;

//buy 함수의 정의
void buy(int x, int y)
{
   cout << x << "만 원짜리," << y << "만 원짜리 차량을 구입했습니다. ₩n";
}

//buy 함수의 호출
int main()
{
   int num1, num2;

   cout << "구입하시는 차량의 가격은 얼마입니까? ₩n";
   cin >> num1;

   cout << "구입하시는 차량의 가격은 얼마입니까? ₩n";
   cin >> num2;

   buy(num1, num2);

   return 0;
}
```

두 개의 인수를 받는 함수로 만듭니다

첫 번째 인수를 출력합니다

두 번째 인수를 출력합니다

다시 한번 변수 num(의 값)을 넘깁니다

Sample5의 실행 화면

```
구입하시는 차량의 가격은 얼마입니까?
20 ↵
구입하시는 차량의 가격은 얼마입니까?
50 ↵
20만 원짜리, 50만 원짜리 차량을 구입했습니다.
```

첫 번째 인수가 출력됩니다

두 번째 인수가 출력됩니다

2개 이상의 인수를 받는 함수도 지금까지 봐 온 함수와 크게 다르지 않습니다. 단, 함수를 호출할 때 각각의 인수 사이에 쉼표(,)를 넣는 것을 잊지 마십시오. 2개 이상의 인수들을 통칭하여 인수 목록이라고 부르기도 합니다. 인수 사이사이에 쉼표를 넣으면, 값이 왼쪽부터 순서대로 가인수에 넘겨집니다. 즉, Sample5의 buy( ) 함수 안에서는 다음과 같은 순서대로 값이 넘겨지는 것입니다.

가인수		실인수
x	←	num1의 값
y	←	num2의 값

함수 안에서는 넘겨받은 두 개의 값을 출력하고 있음을 알 수 있군요.

함수에는 2개 이상의 인수를 전달할 수 있다.

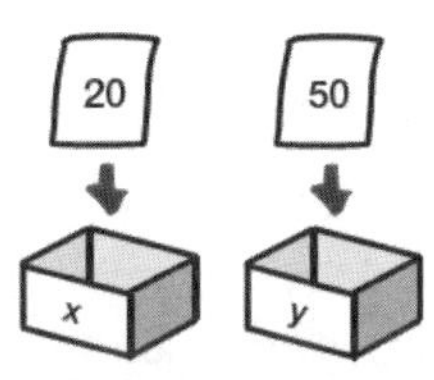

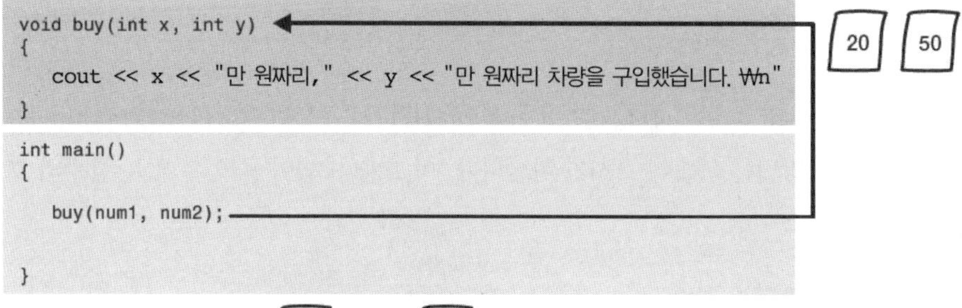

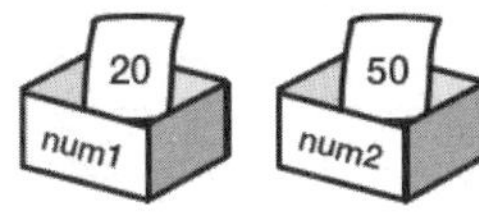

그림 7-8 **여러 개의 인수**
인수는 여러 개 지정할 수 있습니다. 쉼표로 구분된 인수 목록의 순서대로 값이 넘어갑니다.

또한, 가인수와 실인수의 개수가 서로 다르면 원하는 함수를 호출할 수 없습니다. 즉, 인수를 여러 개 받는 buy( ) 메소드를 호출해야 할 경우 인수를 1개만 넘겨서는 호출이 불가능하다는 뜻입니다. 함수를 호출하실 때 주의하시기 바랍니다.

```
//buy 함수 호출
...
buy(num1, num2);  ← 가인수의 개수와 실인수의 개수는 동일해야 합니다
buy(num1);        ← 이러한 호출은 불가능합니다
```

인수 없는 함수 사용하기

이러한 함수 중에는 이 장 첫머리에서 정의한 buy( ) 함수처럼 '인수 없는 함수'도 있습니다. 인수 없는 함수를 정의하는 방법에는 아예 인수를 지정하지 않는 방법과 void라고 하는 특수한 형을 인수의 형으로 지정하는 방법이 있습니다.

```
//buy 함수 정의
void buy()   ← 인수를 받지 않을 경우, 인수를 지정하지 않거나 인수의 형을 void로 지정해야 합니다.
{
   cout << "차를 구입했습니다. ₩n";
}
```

이러한 함수를 호출할 때에는 ( )의 안을 비워둡니다. 이 장 첫머리에 정의된 buy( ) 함수의 호출 방법을 복습해 보시기 바랍니다. 이 호출 방법이 곧 인수 없는 함수의 호출 방법입니다.

```
//buy 함수 호출
...
buy();  ← 호출할 때 인수를 넘기지 않습니다
```

인수 없는 함수를 선언할 때에는 인수를 지정하지 않거나 void형으로 만든다.

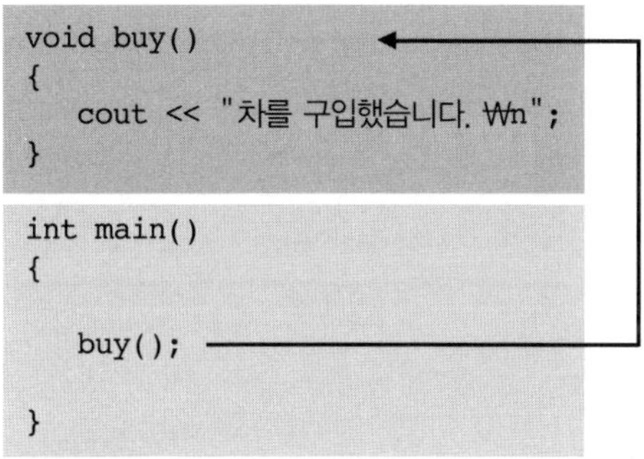

```
void buy()
{
   cout << "차를 구입했습니다. ₩n";
}

int main()
{

   buy();

}
```

그림 7-9 **인수 없는 함수**

인수 없는 함수를 만들 수 있습니다. 인수를 선언하지 않거나 void형으로 선언합니다.

Lesson 7

7.4 리턴 값

리턴 값의 원리 이해하기

인수의 사용 방법을 이해하셨나요? 함수에는 인수와는 반대로,

함수를 호출한 곳에 함수 내부의 정보를 전달하는

기능이 있습니다. 함수가 돌려주는 정보를 리턴 값(return value)이라고 부릅니다. 인수는 여러 개 넘길 수 있었지만, 함수는 단 하나의 값만 함수를 호출한 곳에 리턴할 수 있습니다.

8.2절에서 소개해 드린 함수 정의 스타일을 다시 한번 확인해 보시기 바랍니다. 값을 돌려주려면, 먼저 리턴 값의 '형(type)'을 함수 이름 앞에 적습니다(①). 그리고 함수 블록 안에서 return이라는 문장(statement)을 사용하면 실제로 값이 리턴됩니다(②).

구문 **함수의 정의**

```
리턴 값의 형 함수명(인수 목록)        ① 리턴 값의 형(type)을 지정합니다
{
    문장;
    ...

    return 식(expression);        ② 식의 값을 함수를 호출한 쪽에 돌려줍니다
}
```

이 구문에서는 블록 마지막 부분에 return문을 적었습니다. 그러나 이 문장은 블록 중간에 적을 수도 있습니다. 단 함수가 실행되고 있을 때, 블록 중간에 적은 return문이 실행되면 코드의 실행이 종료됩니다. {} 블록이 끝나는 지점까지 코드가 실행되지 않아도 말입니다. 그러므로 return문을 적을 위치는 신중하게 선택하시기 바랍니다.

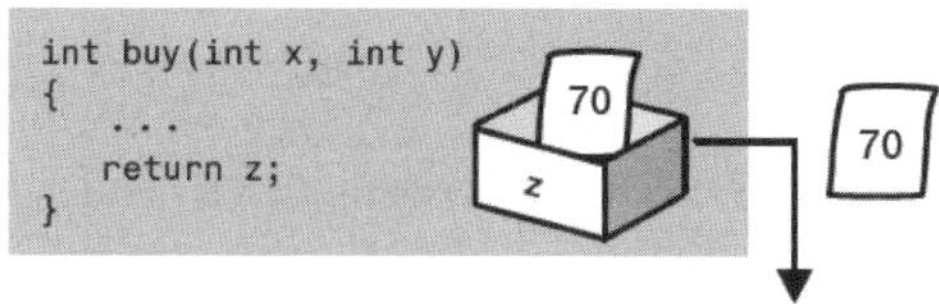

그림 7-10 **리턴 값**

함수 내부의 정보를 함수를 호출한 쪽에 돌려줄 수 있습니다.

이번에는 값을 리턴하는 함수를 살펴보도록 하겠습니다. 다음 코드가 값을 리턴하는 함수를 정의한 것입니다.

```
// buy()함수의 정의
int buy(int x, int y)
{                                    int형 값을 리턴하도록 만듭니다
   int z;

   cout << x << "만 원짜리," << y << "만 원짜리 차량을 구입했습니다. ₩n";

   z = x+y;

   return z;                         이 값을 함수를 호출한 곳에 돌려줍니다
}
```

이 함수는 건네받은 2개의 인수 x와 y를 더하는 일을 합니다. 덧셈 결과는 함수 안에서 선언한 변수 z에 저장합니다.

그리고 return문으로 변수 z의 값을 함수를 호출한 곳에 돌려 줍니다. z가 int형이므로 반환 형 또한 int형이 되어야 합니다.

실제 코드를 통해 이 함수를 사용해 보도록 하겠습니다.

Sample6.cpp ▶ 값을 리턴하는 함수

```
#include <iostream>
using namespace std;

//buy()함수의 정의
int buy(int x, int y)                값을 리턴하는 함수입니다
{
```

```
    int z;

    cout << x << "만 원짜리," << y << "만 원짜리 차량을 구입했습니다. ₩n";

    z = x+y;

    return z;
}

//buy()함수의 호출
int main()
{
    int num1, num2, sum;

    cout << "구입하시는 차량의 가격은 얼마입니까? ₩n";
    cin >> num1;

    cout << "구입하시는 차량의 가격은 얼마입니까? ₩n";
    cin >> num2;

    sum = buy(num1, num2);

    cout << "합계 금액은" << sum << "만 원입니다. ₩n";

    return 0;
}
```

값을 리턴합니다

함수를 호출하고 리턴 값을 변수 sum에 대입합니다

리턴 값을 출력합니다

Sample6의 실행 화면

```
구입하시는 차량의 가격은 얼마입니까?
20 ↵
구입하시는 차량의 가격은 얼마입니까?
50 ↵
20만 원짜리 50만 원짜리 차량을 구입했습니다.
합계 금액은 70만 원입니다.
```

리턴 값이 출력되고 있습니다

이 예제는 함수 안에서 계산된 결과의 리턴 값을 함수가 호출된 곳에 있는 sum이라는 변수에 저장하고 있습니다. 함수 호출문의 리턴 값을 이용하실 때에는, 그 값을 관계 연산자를 사용하여 변수에 대입하십시오.

```
//buy 함수 호출
...
sum = buy(num1, num2);
```

리턴 값이 출력되고 있습니다

함수를 호출한 곳에서 이 변수 sum의 값을 출력하고 있습니다. 이처럼 함수의 반환 값을 변수에 대입한 후, 호출한 곳에서 사용할 수 있습니다.

그러나 함수를 호출한 곳에서 리턴 값을 반드시 사용할 필요는 없습니다. 리턴 값을 사용하지 않는다면,

```
buy(num1, num2);
```

리턴받은 값은 버려도 됩니다

라고 작성하십시오.

리턴 값을 사용하면 함수 내부의 정보를 호출한 쪽에 전달할 수 있다.

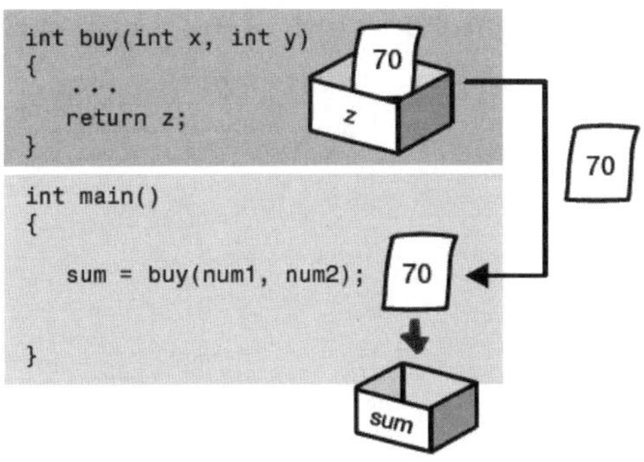

그림 7-11 **리턴 값 이용하기**

함수로부터 건네받은 리턴 값으로 작업을 진행할 수 있습니다.

리턴 값이 없는 함수

인수가 없는 함수를 정의할 수 있는 것처럼 리턴 값이 없는 함수도 정의할 수 있습니다. 그 예로 7.2절에서 정의한 buy( ) 함수에는 리턴 값이 없습니다.

```
//buy 함수의 정의
void buy()
{
    cout << "차를 구입했습니다. ₩n";
}
```

리턴 값이 없으면 void형으로 선언합니다

함수가 아무것도 리턴하지 않는다는 사실을 컴퓨터에게 알려주려면 리턴 값의 형을 void형으로 지정합니다. 리턴 값이 없는 함수가 호출되면 다음처럼 아무것도 붙이지 않은 return문을 만나거나 {} 블록의 끝을 만날 경우에 종료됩니다.

return문

```
return;
```

위 buy( ) 함수를 return문을 사용하여 작성했습니다. 그러나 이처럼 간단한 함수는 return문이 있고 없음에 크게 영향을 받지 않습니다.

```
//buy 함수의 정의
void buy()
{
    cout << "차를 구입했습니다. ₩n";

    return;
}
```

메소드를 실행시킨 곳으로 돌아갑니다

```
void buy()
{
   cout << "차를 구입했습니다. ₩n";
}
```

```
int main()
{

   buy();

}
```

그림 7-12 **리턴 값이 없는 함수**

리턴 값이 없는 함수를 정의할 때에는 리턴 값의 형을 void로 지정합니다.

Lesson 7

7.5 함수의 이용

합계를 구하는 함수

이제 함수를 정의하는 방법과 실행 흐름은 이해가 되셨나요? 이 절에서는 지금까지 배운 지식을 활용하여 다양한 작업을 수행하는 함수를 만들어 보려 합니다. 우선, 이전 절에서 우리들이 작성한 buy( ) 함수를 보다 범용적으로 사용할 수 있도록 두 수의 합을 구하는 함수로 고쳐 보겠습니다.

Sample7.cpp ▶ 합을 구하는 함수

```
#include <iostream>
using namespace std;

//sum 함수의 정의
int sum(int x, int y)        // 숫자 두 개를 받습니다
{
    return x+y;              // 합을 구합니다
}

int main()
{
    int num1, num2, ans;

    cout << "첫 번째 정수를 입력하십시오. \n";
    cin >> num1;

    cout << "두 번째 정수를 입력하십시오. \n";
    cin >> num2;

    ans = sum(num1, num2);   // 함수를 호출합니다

    cout << "두 수의 합은 " << ans << "입니다. \n";
                             // 리턴 값을 출력합니다
    return 0;
}
```

Sample7의 실행 화면

```
첫 번째 정수를 입력하십시오.
10 ↵
두 번째 정수를 입력하십시오.
5 ↵
두 수의 합은 15입니다.
```

리턴 값이 출력되었습니다

이 예제에서는 두 수의 합을 구하는 sum()을 정의했습니다. 사실 이 함수가 하는 일은 이전 절에서 설명된 buy( ) 함수와 동일합니다만, 약간의 차이가 있습니다. buy( ) 함수는 이해를 돕기 위해 합계를 일단 변수에 저장한 후 저장된 값을 리턴하지만, sum( ) 함수에서는 합을 구하는 식의 판별 결과를 그대로 리턴합니다. 결과적으로 코드가 보다 간결해졌음을 알 수 있습니다.

```
return x+y;
```

두 수의 합을 리턴합니다

Lesson 7

최댓값을 구하는 함수

이번에는 편리하게 활용할 수 있는 또 다른 함수 정의 방법을 연습해 보도록 하겠습니다. 다음 코드를 입력하십시오.

Sample8.cpp ▶ 최댓값을 구하는 함수

```
#include <iostream>
using namespace std;

//max 함수의 정의
int max(int x, int y)
{
   if(x > y)
      return x;
   else
      return y;
}

int main()
```

- 숫자 두 개를 받습니다
- x가 y보다 클 경우…
- x의 값을 리턴합니다
- 그렇지 않은 경우 y의 값을 리턴합니다

```
{
   int num1, num2, ans;

   cout << "첫 번째 정수를 입력하십시오. ₩n";
   cin >> num1;

   cout << "두 번째 정수를 입력하십시오. ₩n";
   cin >> num2;

   ans = max(num1, num2); ●———— 함수를 호출합니다

   cout << "최댓값은 " << ans << "입니다. ₩n";
                                 ●———— 리턴 값을 출력합니다

   return 0;
}
```

Sample8의 실행 화면

```
첫 번째 정수를 입력하십시오.
10 ↵
두 번째 정수를 입력하십시오.
5 ↵
최댓값은 10입니다.
          └———— 최댓값을 출력합니다
```

이번에는 두 개의 수 중 큰 값을 리턴하는 max( ) 함수를 정의해 보았습니다. 이 함수는 변수 x 또는 y의 값 중 하나를 호출자에게 리턴합니다. 두 개의 return문 중 어느 한 쪽이라도 실행되면 즉시 그 함수의 처리는 종료됩니다. 그 후, 호출자의 처리로 되돌아갑니다.

실행 결과를 통해 두 개의 값 중, 최댓값을 출력하는 코드가 실행되었음을 알 수 있군요. 이처럼 사용하기 쉬운 함수를 만들어 두면, 코드의 이곳저곳에서 그 함수를 활용할 수 있게 됩니다.

재귀

또한 C++의 함수는 실행 중에 자기 자신을 실행시키는 것이 가능합니다. 이러한 메커니즘을 **재귀**(recursion)라고 부릅니다.

```
void func()
{
    ...
    func();  // 최댓값을 출력합니다.
}
```

복잡한 처리를 재귀를 활용하여 보다 간결하게 표현하기도 합니다.

Lesson 7

인라인 함수의 원리 이해하기

그러나 함수를 사용한 코드는 함수를 사용하지 않는 코드에 비하여 그 실행시간이 긴 것이 사실입니다. 처리를 함수로 정리하게 되면, 인수와 리턴 값을 전달하는 일련의 과정을 수행하게 되므로 실행 시간이 보다 길어지게 될 것입니다. 여러 번 호출되는 작은 함수의 경우, 이 시간조차 무시할 수 없는 수준일 경우가 있습니다.

그러한 상황에서는 인라인 함수(inline function)라는 것을 이용하면 매우 편리합니다. 인라인 함수는 다음과 같은 형태를 가집니다.

인라인 함수의 정의

```
inline 리턴 값의 형 함수 이름(인수리스트) { … }
```

인라인 함수는 함수 선언부 앞에 inline이 붙여진 함수입니다. 실제로 인라인 함수를 사용한 코드를 입력해 보도록 합시다.

Sample9.cpp ▶ 인라인 함수 사용하기

```
#include <iostream>
using namespace std;

//max 함수의 정의
inline int max(int x, int y){if(x > y) return x; else return y;}

int main()
{
   int num1, num2, ans;

   cout << "첫 번째 정수를 입력하십시오. ₩n";
   cin >> num1;

   cout << "두 번째 정수를 입력하십시오. ₩n";
   cin >> num2;

   ans = max(num1, num2);

   cout << "최댓값은 " << ans << "입니다. ₩n";

   return 0;
}
```

인라인 함수를 정의합니다

인라인 함수가 호출되는 부분에 최댓값을 구하는 코드가 통째로 들어갑니

Sample9의 실행 화면

```
첫 번째 정수를 입력하십시오.
10 ↵
두 번째 정수를 입력하십시오.
5 ↵
최댓값은 10입니다.
```

이 코드의 실행 결과는 Sample8에 등장한 max( ) 함수의 실행 결과와 동일합니다. 그러나 Sample9는 그림 7-13과 같이 최댓값을 구하는 코드가 호출되어야 하는 지점에 컴파일러가 코드를 통째로 써넣는다는 점이 다릅니다. 인라인 함수의 몸체는 컴파일러에 의해 호출 부분에 직접 기록되므로 전체적인 속도 향상을 꾀할 수 있습니다.

그러나 너무 긴 코드는 컴파일러가 인라인 함수로 인정하지 않기도 합니다. 컴파일러는 간단한 처리만 인라인 함수로 인정하고, 호출 부분에 함수 전체를 기록해 줍니다.

간단한 함수는 인라인 함수로 만들 수 있다.

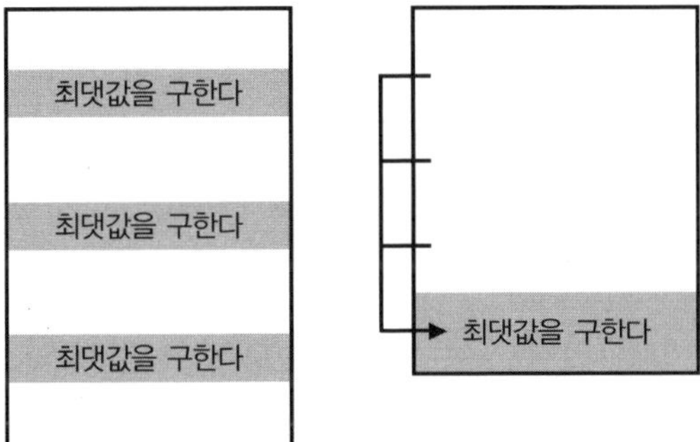

그림 7-13 **인라인 함수**

일반적인 함수(오른쪽)는 필요할 때마다 호출되지만, 인라인 함수(왼쪽)은 필요한 부분에 함수가 통째로 들어갑니다.

7.6 함수 선언

함수 선언하기

지금까지 정의한 모든 함수는 그 함수가 '호출되기 전'에 선언했습니다. 만약 함수의 정의가 호출보다 뒤에 오면 어떻게 될까요? 바꾸어 말해, main() 함수 뒤에 작성하면 어떻게 될까요?

결과적으로 이러한 코드를 작성하면,

함수가 정의되어 있지 않습니다

라는 에러 메세지가 출력되고, 코드는 컴파일되지 않습니다.

```
int max(int x, int y)
{
   ...
}
```
함수의 정의

○
```
int main()
{
   int ans = max(num1, num2);
}
```
함수 호출

×
```
int main()
{
   int ans = max(num1, num2);
}
```
함수 호출

```
int max(int x, int y)
{
   ...
}
```
함수의 정의

그림 7-14 **함수를 정의하는 위치**

함수는 호출하기 전에 정의하지 않으면 컴파일할 수 없습니다.

C++에서는 함수 선언 전에 함수를 호출해야 할 경우,

함수의 이름과 인수의 개수를 컴파일러에 알려 주기

를 해야 합니다. 이 작업을 함수 프로토타입 선언(함수 선언 : function declaration)이라고 합니다. 즉, 정의되지 않은 함수를 호출하려면 함수 프로토타입을 선언해야 합니다.

함수 프로토타입을 선언할 때에는 함수 호출 전에 호출하는 함수의 이름과 리턴 값의 형, 인수를 다음과 같은 형식에 맞추어 적습니다.

함수 프로토타입 선언

```
리턴 값의 형 함수명(인수 리스트);
```


그러면 함수 프로토타입 선언을 사용한 코드를 함께 보겠습니다. 함수 본체는 main() 함수 뒤에 정의하겠습니다.

Sample10.cpp ▶ 함수 프로토타입 선언 사용하기

```
#include <iostream>
using namespace std;

//max 함수의 선언
int max(int x, int y);   ● 함수 프로토타입 선언부입니다

//max 함수의 호출
int main()
{
    int num1, num2, ans;

    cout << "첫 번째 정수를 입력하십시오. ₩n";
    cin >> num1;

    cout << "두 번째 정수를 입력하십시오. ₩n";
    cin >> num2;

    ans = max(num1, num2);   ● 함수를 호출합니다

    cout << "최댓값은 " << ans << "입니다. ₩n";
```

```
    return 0;
}

//max 함수의 정의
int max(int x, int y)
{
    if(x > y)
        return x;
    else
        return y;
}
```

함수 정의를 뒤에 쓸 수 있습니다

Sample10의 실행 화면

```
첫 번째 정수를 입력하십시오.
5 ↵
두 번째 정수를 입력하십시오.
10 ↵
최댓값은 10입니다.
```

Sample10에서는 max( ) 함수가 2개의 인수를 받고, int형 값을 리턴하는 함수임을 함수 프로토타입 선언을 통해 컴파일러에 지시하고 있습니다. 만약, 나중에 작성한 max( ) 함수의 리턴 값 혹은 인수가 프로토타입 선언과 일치하지 않으면 컴파일시에 에러가 발생합니다. 함수 프로토타입 선언시 이러한 사실을 염두에 두시기 바랍니다.

○

```
int max(int x, int y)
```

함수 프로토타입 선언

```
int main()
{
    int ans = max(num1, num2);
}
```

함수를 이용한다(함수를 호출한다)

```
int max(int x, int y)
{
    ...
}
```

함수 본체의 정의

그림 7-15 **함수 프로토타입 선언**

함수를 호출하기 전에 함수의 구체적인 사양을 선언해야 합니다.

함수 선언 이전에 함수를 호출하려면 함수 프로토타입을 선언한다.

대규모 프로그램 작성하기

이 예제에서는 함수 본체를 나중에 선언할 수 있음을 보여드리기 위해 함수 프로토타입 선언을 사용했습니다. 그러나 함수 프로토타입 선언은 대규모 프로그램을 작성할 때 진정한 위력을 발휘합니다. 대규모 프로그램 작성 시 함수 프로토타입 선언의 활용은 10장에서 자세히 설명하겠습니다.

기본 인수 사용하기

함수 프로토타입 선언 시 기본 인수(default argument)를 지정하는 것이 일반적입니다. 기본 인수를 지정해 두면, 함수 호출 시 실인수를 생략할 수 있다는 장점이 있습니다. 실인수를 생략하면 미리 지정해둔 기본값이 함수에 넘겨집니다.

기본 인수를 지정한 함수 프로토타입 선언은 다음과 같습니다.

기본 인수 지정

```
리턴 값의 형(type) 함수명(형(type) 가인수명 = 기본값, ...);
```

기본 인수는 함수 선언 혹은 함수 프로토타입 선언 시 한 번만 지정합니다. 즉 함수 프로토타입 선언에서 기본 인수를 지정했다면, 함수 본체를 정의할 때에는 기본 인수를 지정할 수 없습니다.

다음 함수 프로토타입 선언은 인수에 10이라는 기본 인수를 지정합니다.

```
void buy(int x=10);
```
기본 인수를 지정합니다

그러면 다음 코드에서 기본 인수를 가지는 함수를 실제로 호출해 보겠습니다.

Sample11.cpp ▶ 기본 인수 사용하기

```
#include <iostream>
using namespace std;

//buy 함수 선언
void buy(int x=10);

//buy 함수 호출
int main()
{
   cout << "처음 구매가는 100만원입니다. ₩n";
   buy(100); ● 호출할 때 인수를 넘깁니다

   cout << "두 번째 구매가는 기본가입니다. ₩n";
   buy(); ● 호출할 때 인수를 넘기지 않습니다

   return 0;
}

//buy 함수 정의
void buy(int x)
{
    cout << x << "만 원짜리 차량을 구입했습니다. ₩n";
}
```

Sample11의 실행 화면

```
처음 구매가는 100만원입니다.
100만 원짜리 차량을 구입했습니다. ● 인수가 사용됩니다
두 번째 구매가는 기본가격입니다.
10만 원짜리 차량을 구입했습니다. ● 기본값이 사용됩니다
```

이 코드에서는 buy( ) 함수를 두 번 호출했습니다. 첫 번째 호출 시 인수로 100을 넘겼습니다만, 두 번째 호출 시에는 인수를 넘기지 않았습니다. 따라서 두 번째 호출에서는 기본값인 10이 사용되고 있음을 알 수 있습니다. 기본 인수를 지정하면 실인수를 건네지 않아도 호출할 수 있는 것입니다.

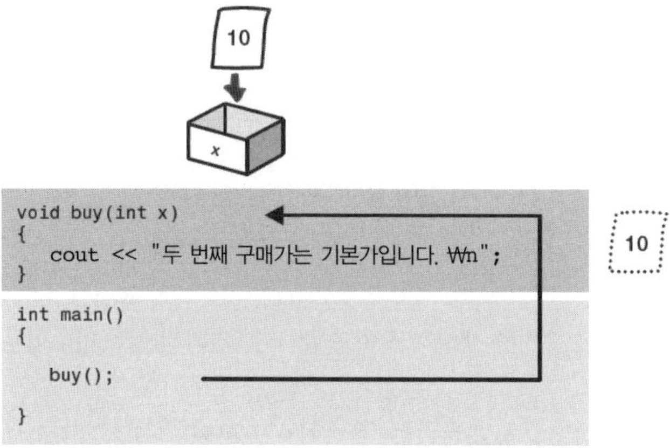

그림 7-16 **기본 인수**

함수에는 기본 인수를 지정할 수 있습니다. 실인수를 넘기지 않을 경우, 기본값이 사용됩니다.

단, 인수가 여러 개 있는 경우에는 주의가 필요합니다. 기본 인수에는

오른쪽부터 순서에 맞추어 설정해야 한다

는 룰이 있기 때문입니다. 즉, 인수의 기본값을 지정했다면 그 인수 뒤의 모든 인수에 기본 인수를 지정해야 합니다.

만약 5개의 인수를 받는 함수에 기본값을 지정한다면, func1( ) 함수처럼 오른쪽부터 기본 인수를 지정해야 합니다. func2( ) 함수처럼 두 번째 인수와 다섯 번째 인수에만 기본값을 지정할 수 없습니다.

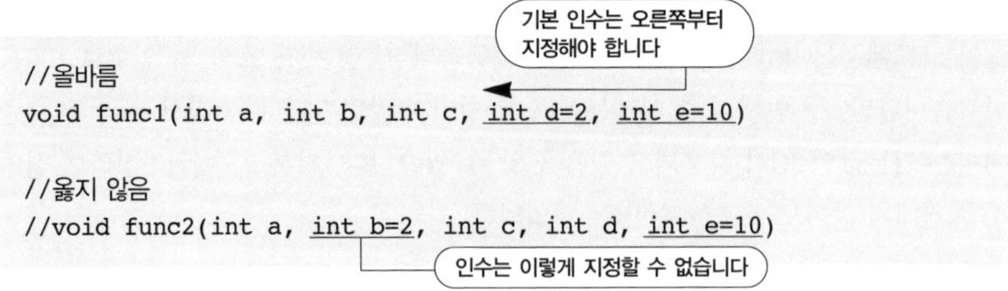


```
//올바름
void func1(int a, int b, int c, int d=2, int e=10)

//옳지 않음
//void func2(int a, int b=2, int c, int d, int e=10)
```

이 func1( ) 함수의 호출 방법은 다음과 같습니다.

```
funct1(10, 5, 20);
funct1(10, 5, 20, 30);
funct1(10, 5, 20, 30, 50);
```

① 인수 2개를 생략하고 호출합니다

② 인수 1개를 생략하고(마지막 인수) 호출합니다

③ 모든 인수를 지정하고 호출합니다

①은 기본 인수가 지정된 인수 2개를 생략하고 호출합니다. 결과적으로 인수 d는 2, e는 10으로 초기화됩니다.

②는 인수 마지막 인수를 생략하고 호출합니다. 결과적으로 마지막 인수 e가 10으로 초기화됩니다.

③은 모든 인수를 지정하고 호출합니다.

7.7 함수 오버로드

오버로드의 원리 이해하기

지금까지 우리들은 다양한 함수의 정의를 학습했습니다. 이러한 함수를 사용하다 보면, 동일한 작업을 하나의 함수로 해결하지 못하는 경우가 생길 수 있음을 알게 됩니다. Sample10의 max( ) 함수를 예를 들어 설명해 보겠습니다. 이 max( ) 함수는 '2개의 int형 값의 최댓값을 구하라' 는 처리를 합니다. 하지만, int형 값 대신, double형 값의 최댓값을 구하려면 어떻게 해야 할까요?

이럴 경우, double형 인수를 받는 함수를 새로 정의해야 합니다. 결과적으로 '최댓값을 구하라' 는 함수를 2개 준비해야 됩니다.

이처럼 동일한 처리를 위해 여러 개의 함수를 선언해야 하는 경우가 있습니다. 이럴 경우 편리하게 사용할 수 있는 규칙이 C++에 마련되어 있습니다.

인수의 형과 개수가 다르면 같은 이름을 가진 함수를 여러 개 정의할 수 있다.

라는 규칙입니다. 이 규칙에 따르면 '최댓값을 구하는 함수' 인 'max( ) 함수' 를 2개 만들 수 있습니다.

```
int max(int x, int y)                 // int형을 다루는 max( ) 함수입니다
double max(double x, double y)        // double형을 다루는 max( ) 함수입니다
```

이처럼 인수의 개수 및 형이 다르면서 이름만 같은 함수를 여러 개 정의하는 행위를 일컬어 함수의 **오버로드**(중복정의 : function overloading)라고 부릅니다.

그러면 실제로 함수 오버로드를 구현한 코드를 보겠습니다.

Lesson 7

Sample12.cpp ▶ 함수를 오버로드하기

```
#include <iostream>
using namespace std;

//max 함수의 선언
int max(int x, int y);
double max(double x, double y);      인수가 다른 max( ) 함수를 2개 선언합니다.

int main()
{
   int a, b;
   double da, db;

   cout << "정수 2개를 입력하십시오. ₩n";
   cin >> a >> b;

   cout << "소수 2개를 입력하십시오. ₩n";
   cin >> da >> db;

   int ans1 = max(a, b);          int형 인수를 받는 함수가 호출되었습니다
   double ans2 = max(da, db);     double형 인수를 받는 함수가 호출되었습니다

   cout << "입력받은 정수의 최댓값은 " << ans1 << "입니다. ₩n";
   cout << "입력받은 소수의 최댓값은 " << ans2 << "입니다. ₩n";

   return 0;
}

//max(int형) 함수의 정의
int max(int x, int y)
{
   if(x > y)                      int형 인수를 받는 max( ) 함수입니다
      return x;
   else
      return y;
}

//max(double형) 함수의 정의
double max(double x, double y)
{
   if(x > y)                      double형 인수를 받는 max( ) 함수입니다
      return x;
   else
      return y;
}
```

Sample12의 실행 화면

```
2개의 정수를 입력하십시오.
5 ↵
10 ↵
소수 2개를 입력하십시오.
3.14 ↵
45.192 ↵
입력받은 정수의 최댓값은 10입니다.
입력받은 소수의 최댓값은 45.192입니다.
```

int형 인수를 받는 함수의 출력 결과입니다

double형 인수를 받는 함수의 출력 결과입니다

이 코드에서는 두 종류의 buy( ) 함수가 호출되었습니다. 실행 결과를 통해,

> 첫 번째에는 int형 인수를 받는 max( ) 함수,
> 두 번째에는 double형 인수를 받는 min( ) 함수

가 각각 올바르게 호출되었음을 알 수 있습니다. 즉,

> 비슷한 함수 여러 개를 같은 이름으로 중복 정의(오버로드)해 두면, 그 이름과 일치하는 함수 중 인수의 형(type)과 개수가 일치하는 함수가 자동적으로 호출된다

는 사실을 알 수 있습니다.

함수의 개수가 증가해서 전체 코드가 복잡해지더라도, 오버로드 기능을 활용하면 가독성이 높은 코드를 작성할 수 있습니다.

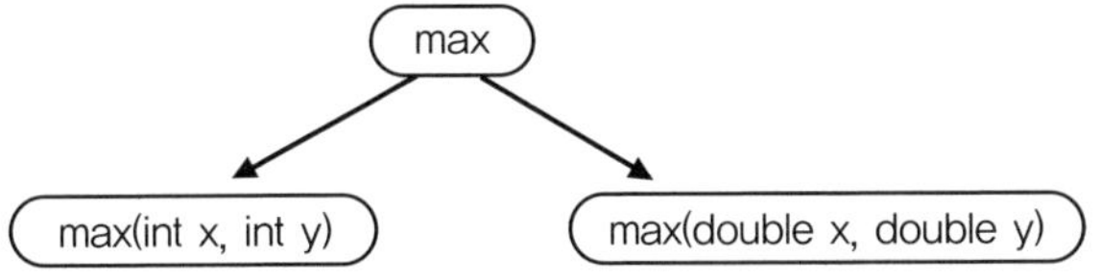

이름이 같고 인수의 형과 개수가 다른 함수를 정의할 수 있다.

```
int main()
{
      int ans1 = max(a, b);
      double ans2 = max(da, db)
}

int max(int x, int y)
{

}

double max(double x, double y)
{

}
```

인수가 int

인수가 double

그림 7-17 **함수의 오버로드**
함수를 오버로드하면, 호출 시 전달되는 인수의 형과 개수가 일치하는 함수가 호출됩니다.

오버로드 사용 시 주의점

그런데 처음에 설명했듯이 오버로드할 함수는 그 인수의 형태와 개수가 기존에 선언된 함수와 달라야 합니다.

만약, 인수의 유형과 개수가 동일하며 리턴 값만 다른 두 개의 함수가 오버로드되면 어떻게 될까요?

```
int func(int a);
void func(int a);
```

이 두 개의 함수는 리턴 값의 형(type)만 다릅니다.

만약 그러한 경우라면, 컴퓨터의 입장에서는 다음과 같은 호출 명령을 받더라도 두 함수 중 어느 것을 호출해야 할지 판단할 수 없을 것입니다.

```
func(10);
```

어느 함수를 호출해야 할지 판단할 수 없습니다

그러므로 함수를 오버로드할 때에는, 각각의 함수들의 인수의 형과 개수를 다르게 설정해야 합니다. 기본 인수를 사용하는 경우에도 마찬가지 이유로 함수의 오버로드가 불가능한 경우가 있습니다. 다음과 같은 경우를 예를 들어 보겠습니다.

```
int func(int a, int b=0);  ← 기본 인수를 사용합니다
int func(int a);
```

이럴 때, 컴퓨터는 어느 함수를 호출해야 할지 판단할 수 없습니다.

```
func(10);  ← 어느 함수를 호출해야 할지 판단할 수 없습니다.
```

오버로드를 활용하려면 인수 설정에 주의해야 합니다.

오버로드하는 함수는 이미 선언된 함수와 비교하여, 인수의 형(type) 또는 개수를 다르게 선언한다.

7.8 함수 템플릿

함수 템플릿의 원리 이해하기

우리들은 함수 오버로드를 통해 이름이 같은 함수를 여러 개 정의할 수 있다는 사실을 배웠습니다. 오버로드 기능을 통해 함수의 사용이 보다 용이하게 되었음을 이해하셨나요?

그러나, 7.7절에 등장하는 max( ) 함수를 다시 한번 보시기 바랍니다. 다루는 형(type)만 다름에도 불구하고 max 함수들을 여러 개 정의해야만 합니다. 함수를 보다 최적화할 수 있는 방법이 남아 있지 않을까요? 이 절에서는 이러한 의문이 생겼을 때 유용하게 사용할 수 있는 방법을 소개하려 합니다.

C++에서는,

함수의 "틀"을 만드는 기능

을 활용할 수 있습니다. 다루는 형만 다른 함수를 틀을 통해 찍어내듯 만들어낼 수 있습니다. 이 틀을 함수 템플릿(function template)이라고 합니다. 함수 템플릿을 사용하려면 다음 순서에 따라주십시오.

1. 함수 템플릿을 선언하고 정의한다.
2. 함수를 호출한다(함수가 자동으로 만들어진다).

그러면 먼저 함수 템플릿을 선언하고 정의하는 방법부터 살펴보겠습니다.

함수 템플릿 정의하기

함수 템플릿의 선언 및 정의는 다음과 같습니다. 조금 난이도가 있는 내용입니다만 그 형태만 머릿속에 넣어보시기 바랍니다.

함수 템플릿의 선언 및 정의

```
template <class 템플릿 인수 목록>
함수의 선언 혹은 정의
```

상황에 맞추어 변경시킬 형(type)의 이름을 지정합니다

함수 템플릿은 일반 함수 선언 또는 정의 윗부분에 template〈...〉라고 지정한 것입니다. 〈...〉 부분에는 템플릿 인수라는 것을 넣습니다.

템플릿 인수에는 T와 같은 임시 형(type) 이름을 넣습니다. 함수 템플릿의 가인수 형명은 템플릿 인수입니다. 가인수의 구체적인 형(type) 이름 대신 T와 같은 임시 형(type) 이름을 사용합니다.

다음 코드가 함수 템플릿의 정의입니다.

```
//함수 템플릿
template <class T>
T maxt(T x, T y)
{
   if(x > y)
      return x;
   else
      return y;
}
```

- template <class T> : T와 같은 임시 형(type) 이름을 넣습니다
- T maxt(T x, T y) : 구체적인 모델명 대신 T와 같은 임시 이름을 사용합니다

```
template <class T>
T maxt(T x, T y)
{
   if(x > y)
      return x;
   else
      return y;
}
```

함수 템플릿의 정의

함수 템플릿은 함수의 '틀' 이 됩니다.

함수 템플릿 이용하기

그러면 함수 템플릿을 이용해 봅시다. 함수 템플릿의 사용법은 일반적인 함수의 사용법과 동일합니다. 함수 템플릿을 호출하도록 코드를 작성하면, 코드를 컴파일할 때,

템플릿 인수 T를 지정된 형으로 바꾼 함수를 생성

하게 됩니다. 즉, 코드에서 함수 템플릿을 호출하면, 그로 인해 구체적인 형(type)을 다루는 함수가 호출되는 것입니다.

그러면, 7.6절과 동일한 처리를 수행하는 코드를 이번엔 함수 템플릿을 사용해서 작성해 볼까요.

Sample13.cpp ▶ 함수 템플릿 사용하기

```
#include <iostream>
using namespace std;

//함수 템플릿
template <class T>
T maxt(T x, T y)          // 템플릿 인수입니다
{
   if(x > y)
      return x;
   else
      return y;
}

int main()
{
   int a, b;
   double da, db;

   cout << "정수 2개를 입력하십시오. \n";
   cin >> a >> b;

   cout << "소수 2개를 입력하십시오. \n";
   cin >> da >> db;

   int ans1 = maxt(a, b);     // 템플릿 인수 T를 int형으로 바꾼 함수가 호출됩니다
```

```
    double ans2 = maxt(da, db); ●  템플릿 인수 T를 double형 으로 바꾼 함수가 호출됩니다

    cout << "입력받은 정수의 최댓값은" << ans1 << "입니다. \n";
    cout << "입력받은 소수의 최댓값은" << ans2 << "입니다. \n";

    return 0;
}
```

이 예제는 먼저 int형 값을 받아서 함수 템플릿을 호출합니다. 그 다음 순서로 double형 값을 받아서 함수 템플릿을 다시 한번 호출합니다. 이러한 호출 결과, 템플릿 인수 T를 int형, double형으로 대체한 함수가 만들어집니다. 그 결과, 프로그램이 실행될 때 지정한 형태의 함수가 호출되는 것입니다.

함수 템플릿은,

다루는 형을 제외한 다른 요소가 완전히 동일한 함수를 단 한번만 정의할 수 있다

는 편리한 기능을 제공합니다. 예로 든 maxt( ) 함수는 형을 제외한 다른 요소가 완전히 동일하므로 함수 템플릿을 사용할 수 있습니다.

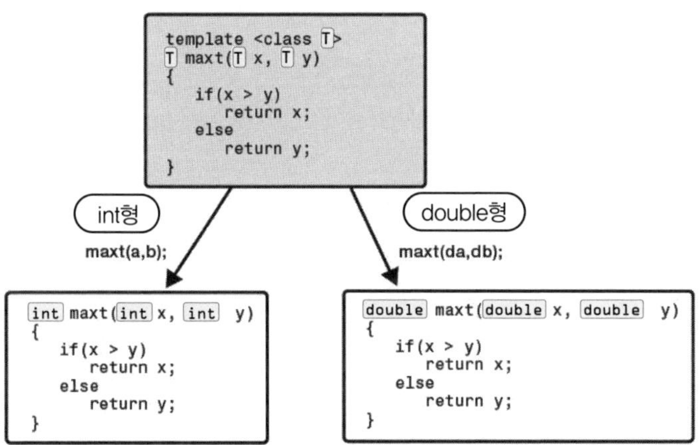

그림 7-19 **함수 템플릿의 이용**

함수 템플릿에 실인수를 넘기면 그 형을 다루는 함수가 만들어집니다.

함수를 편리하게 이용하기

이 장에서 소개한 '함수 오버로드'와 '함수 템플릿'은 다른 처리를 하는 함수들을 같은 이름으로 호출하기 위해 마련된 기능입니다. 이처럼, 하나의 이름이 상황에 맞추어 다른 기능을 가지는 것을 일컬어 **다형성**(polymorphism)이라고 부릅니다. 단, 함수 오버로드와 함수 템플릿 기능은 사용되어야 하는 상황이 서로 다릅니다. 각각의 특징에 유의하여 사용하시기 바랍니다.

함수 오버로드	함수 내부의 처리 방법이 달라도 관계없는 경우
함수 템플릿	함수 내부의 처리 방법이 같아야 하는 경우, 다루는 형이 다를 경우에만 사용할 수 있다.

7.9 강의 요약

이 장에서는 다음과 같은 내용을 배웠습니다.

- 일정한 처리를 함수로 만들어서 호출할 수 있습니다.
- 함수 본체에 인수를 넘겨서 실행시킬 수 있습니다.
- 함수 본체로부터 리턴 값을 받을 수 있습니다.
- 간단한 작업을 수행하는 함수는 인라인 함수로 만들 수 있습니다.
- 함수 프로토타입을 선언하면, 함수의 사양을 컴파일러에 알릴 수 있습니다.
- 함수 인수에 기본값을 지정할 수 있습니다.
- 이름이 같은 함수를 여러 개 정의(오버로드)할 수 있습니다.
- 함수 템플릿을 통해, 다루는 형(type)만 다른 함수를 작성할 수 있습니다.

C++로 프로그램을 작성할 때, 함수는 빼놓을 수 없는 요소입니다. 적절한 처리를 함수로 정리하고, 그런 함수들을 호출하는 일련의 과정을 거치게 되면 복잡한 코드도 쉽게 작성할 수 있게 됩니다. 그리고 이 다음 10장을 통해 함수를 다른 프로그램에서 재사용하는 방법을 학습합니다.

연습

1. int형 숫자를 제곱한 값을 반환하는 함수 int square(int x)를 작성하고 다음과 같이 키보드로 입력한 정수의 제곱을 출력하는 코드를 작성하십시오.

```
정수를 입력하십시오.
5 ↵
5의 제곱은 25입니다.
```

2. 1의 코드에 double형 값을 제곱하는 함수 double square(double x)를 추가하십시오. 다음과 같이 키보드로 입력한 정수값 및 소수값의 제곱을 출력하는 코드를 추가하십시오.

```
정수를 입력하십시오.
5 ↵
5의 제곱은 25입니다.
소수를 입력하십시오.
1.5 ↵
1.5의 제곱은 2.25입니다.
```

3. 2의 코드의 함수 두 개를 인라인 함수로 만드십시오.

4. 주어진 형의 숫자를 제곱하는 함수 템플릿 template <class T>T squaret(T x)를 작성하십시오. 입력받은 int형 숫자와 double형 숫자의 제곱을 출력하는 코드를 작성하십시오.

Lesson 8

포인터

앞서 3장에서는 변수를 사용하여 값을 저장하는 방법에 대해 배웠습니다. C++에는 변수가 메모리에서 점유하는 위치를 직접 가리키기 위해 '포인터'라는 기능이 탑재되어 있습니다. 포인터라는 기능을 이해하려면 먼저 컴퓨터의 메모리 개념부터 이해해야 합니다. 부분적으로 난이도가 높은 부분도 있지만 착실히 학습하시길 바랍니다. 이 장에서는 포인터의 의미와 그 사용 방법을 설명합니다.

Check Point

- ●메모리
- ●주소
- ●포인터
- ●주소 연산자 &
- ●간접 참조 연산자 *
- ●레퍼런스
- ●실인수의 변경

8.1 주소

주소의 원리 이해하기

제 3장에서는 변수 값이 컴퓨터의 '메모리'에 기억된다는 사실을 배웠습니다. C++에는 변수가 메모리에서 점유하는 위치를 직접 가리키기 위해 '포인터'라는 기능이 탑재되어 있습니다. 포인터는 좀처럼 이해하기 어려운 메커니즘이므로 단계적으로 하나씩 학습해 보도록 하겠습니다.

그러면 가장 먼저, 메모리의 위치를 직접 가리키는 주소(address)라는 단어부터 학습해 보겠습니다.

'주소'라는 단어를 앞에 두고, 여러분은 머릿속에 무엇을 떠올리셨나요? '집 주소' 혹은 '이메일 주소' 등을 떠올리셨을 수도 있습니다.

그와 비슷하게 C++에서 말하는 '주소'란 메모리 위치를 직접 가리킬 때 사용되는 메모리에서의 '주소'를 뜻합니다. 컴퓨터 안에서 사용하는 주소이다 보니 16진수를 사용하여 0x1000, 0x1004 ...라는 수치로 표현하는 경우가 많습니다.

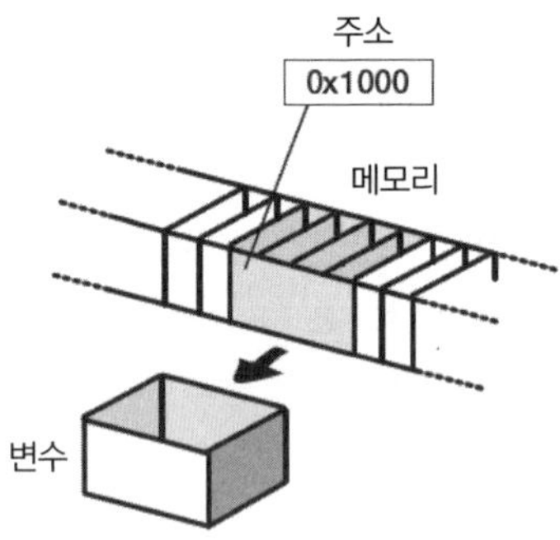

그림 8-1 **메모리 · 변수 · 주소**

주소는 메모리에서의 '위치'를 직접 가리키기 위해 사용됩니다.

변수의 주소 확인하기

그러나 '메모리' 또는 '주소' 라는 단어를 접하고도 감이 오지 않는 분들도 있을 것입니다. 그러한 분들을 위해 '주소값' 을 눈으로 확인해 보겠습니다.

변수값이 메모리의 어느 부분에 저장되어 있는지, 그 주소를 확인할 때에는 주소 연산자(address operator), &를 사용합니다.

주소 연산자

&변수명 — 변수의 주소값을 출력합니다

그러면 &연산자를 사용하여 실제 주소를 출력해 보겠습니다. 다음 코드를 입력하십시오.

Lesson 8

Sample1.cpp ▶ 주소 출력하기

```
#include <iostream>
using namespace std;

int main()
{
    int a;

    a = 5;

    cout << "변수 a의 값은 " << a << "입니다. ₩n";
    cout << "변수 a의 주소는 " << &a << "입니다. ₩n";

    return 0;
}
```

(&a: 변수 a의 주소를 출력합니다)

Sample1의 실행 화면

```
변수 a의 값은 5입니다.
변수 a의 주소는 0x00F4입니다.
```

(0x00F4: 변수 a의 주소를 출력합니다)

첫 번째 줄에는 지금까지 보았던 것처럼 변수a의 값 5가 출력되었습니다. 그 다음, 이 코드는 주소 연산자를 사용하여 '&a'를 출력합니다. 이로써 변수 a의 주소를 출력할 수 있습니다. '&a'라는 명령에 따라,

변수a의 값이 메모리의 '어느 위치'에 저장되어 있는가

를 파악할 수 있는 것입니다.

&a의 값을 보면 '0x00F4'(16진수)가 출력되었음을 알 수 있습니다. 이것이 변수 a의 값이 저장된 메모리 위치를 가리키는 '주소'입니다. 이 컴퓨터에서 변수 a의 값은 그림에서 볼 수 있듯 0x00F4라는 메모리 위치에 저장되어 있음을 알 수 있습니다.

그리고 이 예제에서는 0x00F4라는 값이 출력되었습니다. 하지만 주소값은 사용 환경이나 프로그램의 실행 상황에 따라 바뀌게 됩니다. 다른 컴퓨터에서는 0x00F4가 아닌 다른 값이 출력될 것입니다.

그러므로 실제로 변수의 주소값이 무엇인지는 크게 의미가 없습니다. 여기서 중요한 사실은,

주소를 사용하여 메모리에서의 '위치'를 알아낼 수 있다

는 점입니다. 이 사실을 확실히 기억하시기 바랍니다.

메모리에서의 위치를 가리키기 위해 주소가 사용된다.

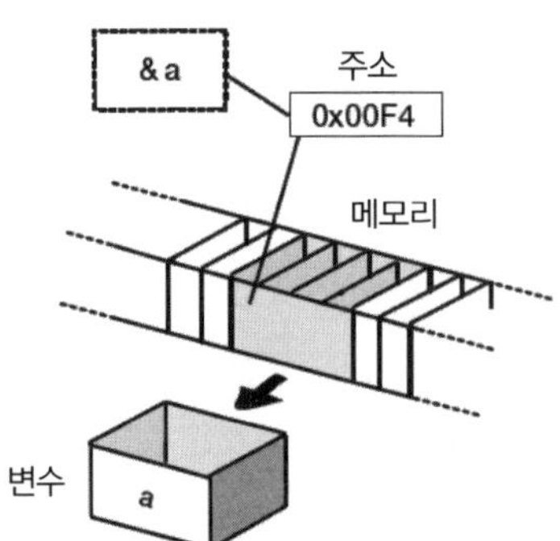

그림 8-2 **주소 연산자**

변수 이름 앞에 &연산자를 붙이면 그 변수의 주소를 알아낼 수 있습니다.

8.2 포인터

포인터의 원리 이해하기

이제 변수의 값이 저장되는 메모리 위치(주소)를 알아낼 수 있으므로 이를 이용해서 코드를 작성해 보도록 하겠습니다.

주소를 사용하는 코드를 작성하기 전에

주소를 저장하는 특수한 변수

에 대해 먼저 학습하겠습니다. 이 변수는 포인터(pointer)라고 부릅니다. 포인터의 기본적인 사용 방법은 일반적인 변수와 동일합니다. 제 3장에서 학습한 변수와 마찬가지로 포인터도 사용하기 전에 'pA' 처럼 이름을 정해서 선언합니다. 단, 포인터를 저장하는 변수에는 반드시 *라는 기호를 하나 붙여야 한다는 조건이 있습니다. 다음의 포인터 선언 방법을 보시기 바랍니다.

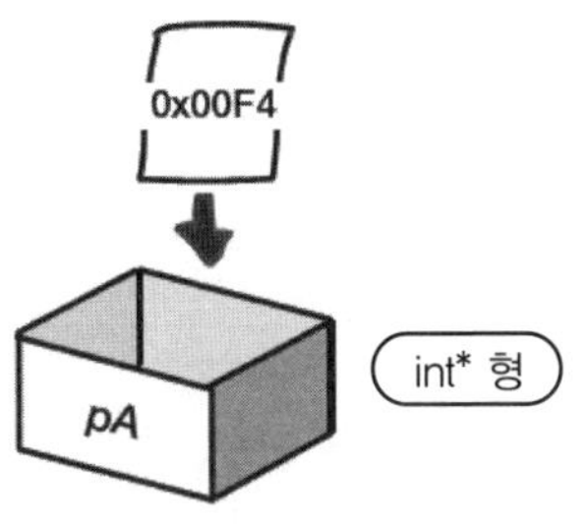

그림 8-2 **포인터**
포인터는 주소를 저장할 수 있는 변수입니다.

포인터 선언

```
형명* 포인터명;
```

포인터를 선언합니다

이 구문에 따른 포인터의 선언은 다음과 같습니다.

```
int* pA;
```

포인터 pA를 선언합니다

이 문장은

int형 변수의 주소를 저장할 수있는 포인터 pA

를 선언한 것입니다. 이를 int형 포인터 pA라고 부르기도 합니다. 부르는 방법이 조금 독특합니다만, 이런 것이 있다는 정도로만 기억해 주시기 바랍니다.

포인터에는 원칙적으로 지정된 형의 주소값만 저장할 수 있습니다. 즉, pA는 int형 변수의 주소만 저장할 수 있습니다. 그러므로 포인터의 형명을 주의해서 지정하시기 바랍니다.

이번에는 포인터 pA에 무언가 주소를 저장해 보겠습니다.

Sample2.cpp ▶ 포인터에 주소 저장하기

```
#include <iostream>
using namespace std;

int main()
{
   int a;
   int* pA;                 ① 포인터 pA를 선언합니다

   a = 5;
   pA = &a;                 ② 변수 a의 주소를 pA에 저장합니다

   cout << "변수 a의 값은 " << a <<"입니다. ₩n";
   cout << "변수 a의 주소(&a)는 " << &a << "입니다. ₩n";
   cout << "포인터 pA의 값은 " << pA << "입니다. ₩n";
                                   ③ pA의 값(변수 a의 주소)을 출력합니다
   return 0;
}
```

Sample2의 실행 화면

```
변수 a의 값은 5입니다.
변수 a의 주소(&a)는 0x00F4입니다.
포인터 pA의 값은 0x00F4입니다.      포인터에는 변수 a의 주소가 저장되어 있습니다
```

이 예제를 통해 &a가 int형 변수 a의 주소를 나타냄을 알 수 있습니다. 따라서 이 &a라는 값을 ②와 같이 포인터 pA에 대입할 수 있습니다.

```
pA = &a;  ● 변수 a의 주소를 pA에 저장합니다
```

즉,이 대입 작업을 통해

포인터 pA에 변수 a의 주소를 저장하기

에 성공했습니다. 그 결과, 포인터 pA의 값은 변수 a의 주소 &a와 같아집니다. 즉, ②와 같은 대입을 통해,

변수 a와 포인터 pA 사이에 무언가 '관계' 가 만들어졌다

고 볼 수도 있을 것입니다. 이러한 '관계' 를 일컬어,

pA가 변수 a를 가리킨다

라고 부르기도 합니다. 그닥 와닿지 않는 표현이지만, 포인터 pA에는 변수 a의 메모리상의 위치(주소)가 들어있다는 사실을 떠올려 보십시오.

pA(의 값)가 변수 a(의 위치)를 가리키게 되었다

라고 이해하면 좋을 것 같습니다.

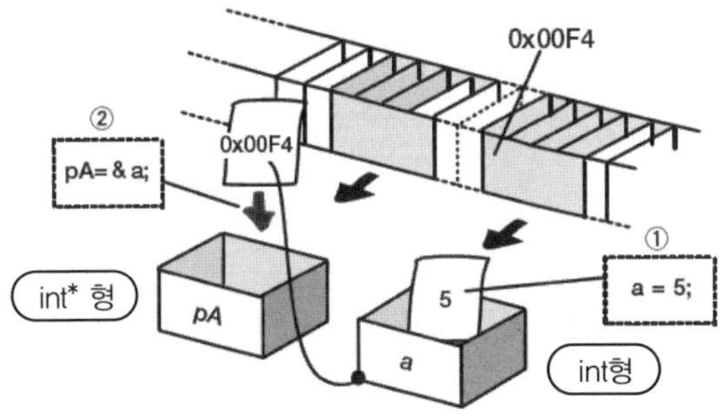

그림 8-4 **변수와 포인터**

① int형 변수 a에 5를 대입합니다.
② int형 포인터 pA에 변수 a의 주소를 대입합니다.

포인터에 주소를 저장할 수 있다.

포인터를 통해 변수의 값 확인하기

포인터 변수에 주소값이 저장되면

그 포인터를 통해 원래 변수의 값을 역추적하기

가 가능해집니다. 포인터를 통해 변수의 값을 추적할 때에는 포인터 앞에 *라는 연산자를 붙입니다. *연산자는 **간접참조연산자**(indirection operator)라고 부릅니다.

간접참조연산자

```
*포인터 명;
```

이 연산자를 사용하면 해당 포인터에 저장된 주소가 가리키는 변수값을 알아낼 수 있습니다.

예를 들어 포인터 pA에 변수 a의 주소가 들어가 있다고 가정했을 때,

```
*pA;
```

라고 작성하면, 변수 a의 값을 '간접적'으로 알 수 있는 것입니다. 그러면 다음 코드를 통해 확인해 보도록 하겠습니다.

Sample3.cpp ▶ 간접참조연산자

```
#include <iostream>
using namespace std;

int main()
{
   int a;
   int* pA;
```

```
    a = 5;
    pA = &a;          변수 a의 주소를 pA에 저장합니다

    cout << "변수 a의 값은 " << a << "입니다. \n";
    cout << "변수 a의 주소는 " << &a << "입니다. \n";
    cout << "포인터 pA의 값은 " << pA << "입니다. \n";
    cout << "*pA의 값은 " << *pA << "입니다. \n";
                             *를 사용하면 포인터가 가리키는
                             변수의 값을 알아낼 수 있습니다
    return 0;
}
```

Sample3의 실행 화면

```
변수 a의 값은 5입니다.
변수 a의 주소는 0x00F4입니다.
포인터 pA의 값은 0x00F4입니다.
*pA의 값은 5입니다.      포인터가 가리키는 변수의 값을 출력합니다
```


이 코드 역시 가장 먼저 포인터 pA에 주소를 대입합니다. 즉, 포인터 pA가 변수 a를 가리키도록 만든 셈입니다. 그 후에 pA에 *연산자를 사용하면 변수 a의 값을 알아낼 수 있습니다. pA에 *를 붙인 '*pA'가 변수 a와 같은 내용을 표시하고 있음에 주목하시기 바랍니다. 즉,

*pA ←→ a

같다

인 관계인 것입니다. 분명히 *pA의 출력 결과가 변수 a의 값인 '5'임을 확인했습니다.

간접참조연산자 *를 사용하면 포인터가 가리키는 변수의 값을 알아낼 수 있다.

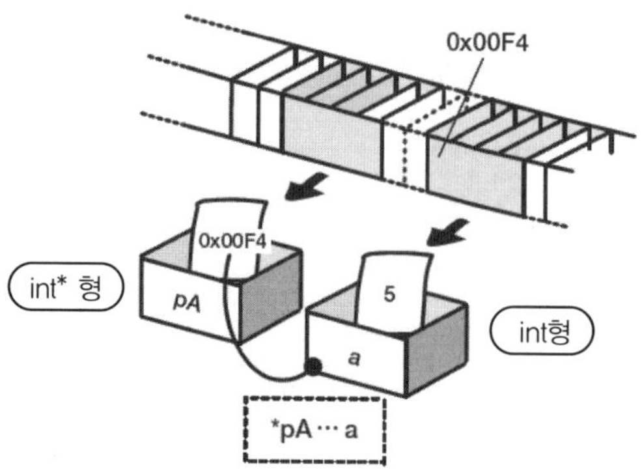

그림 8-5 **간접참조연산자**

포인터 앞에 *연산자를 붙이면 포인터가 가리키는 변수의 값을 알아낼 수 있습니다.

포인터에 대한 학습내용 정리하기

조금 난이도가 있는 내용이므로 지금까지의 학습내용을 순서에 따라 정리해 보겠습니다. 먼저 변수 a와 그 주소 &a의 상태가 다음과 같습니다.

a	변수 a
&a	변수 a의 주소

이 시점에 'pA = &a;' 와 같이 대입합니다. 즉, 포인터 pA가 변수 a를 가리키게 되는 셈입니다. 그러면 pA와 *pA가 다음과 같은 상태가 됩니다.

pA	변수 a의 주소를 저장한 포인터
*pA	변수 a의 주소를 저장한 포인터가 가리키는 변수 ──▶ 변수 a

뒷 단계로 갈수록 멀리 둘러가는 것 같습니다만, 이 부분이 가장 중요한 포인트입니다. 'pA = & a;' 라는 대입을 해야 마지막 두 단계까지 올 수 있음을 기억하시기 바랍니다.

포인터 선언 복습

이 장에서 학습한 포인터 선언을 다시 한번 상기해 주십시오.

```
int* pA;
```

라는 선언은, int형 변수의 주소를 저장하는 포인터 pA를 준비하는 과정이었습니다. 이 선언은

포인터 pA는 int* 형이다

라는 뜻이기도 합니다. 사실 포인터를 선언하는 방법은 한 가지가 더 있습니다.

```
int* pA;
int *pA;
```

이 문장들은 모두 같은 의미입니다. *연산자의 의미를 다시 한번 생각해 보면, int *pA는

***pA는 int형이다**

라는 뜻이 되므로 둘 다 같은 의미임을 알 수 있습니다. 그러나 이 책에서는 혼돈을 줄이기 위해 int*pA와 같이 표기하겠습니다.

또한, 포인터 여러 개를 콤마로 구분해서 선언할 때는 주의가 필요합니다.

```
int* pA, pB;
```

라는 선언은 흡사 pA와 pB 모두 int* 형으로 선언한 것처럼 보입니다만, 이는

```
int* pA;
int pB;
```

라는 변수들을 선언한 것이나 마찬가지입니다. 모두 int* 형으로 선언하고 싶다면, 콤마를 사용하는 대신에 여러 행에 나누어 선언하거나

```
int *pA, *pB;
```

라고 선언해야 합니다.

 포인터에 다른 주소 대입하기

지금까지 포인터는 주소를 저장하는 변수임을 설명해 드렸습니다. 그러면 이번에는 변수 a의 주소를 저장하는 포인터 pA가 다른 변수 b의 주소를 저장하도록 만들어 보겠습니다.

Sample4.cpp ▶ 포인터의 값 바꾸기

```
#include <iostream>
using namespace std;

int main()
{
    int a = 5;
    int b = 10;
    int* pA;

    pA = &a;    // 변수 a의 주소를 대입합니다

    cout << "변수 a의 값은 " << a << "입니다. ₩n";
    cout << "포인터 pA의 값은 " << pA << "입니다. ₩n";
    cout << "pA의 값은 " << *pA << "입니다. ₩n";

    pA = &b;    // 변수 b의 주소를 대입합니다

    cout << "변수 b의 값은 " << b << "입니다. ₩n";
    cout << "포인터 pA의 값이 " << pA << "로 바뀌었습니다. ₩n";
    cout << "pA의 값은 " << *pA << "입니다. ₩n";

    return 0;
}
```

Sample4의 실행 화면

```
변수 a의 값은 5입니다.
포인터 pA의 값은 0x00F4입니다.
*pA의 값은 5입니다.                    ← 변수 a를 가리킵니다
변수 b의 값은 10입니다.
포인터 pA의 값이 0x00F0로 바뀌었습니다.  ← 변수 b의 주소를 저장하도록 바뀌었습니다
*pA의 값은 10입니다.                   ← 변수 b를 가리키게 되었습니다
```

일단 포인터 pA에 변수a의 주소를 대입하고 있습니다. 포인터 *pA가 변수 a를 가리키는 것을 확인하기 위해서 *pA의 값을 출력하자, 변수 a의 값과 같은 '5'가 출력되었음을 알 수 있습니다. 여기까지는 지금까지 등장한 예제와 동일합니다.

그 다음에는 'pA = & b;' 문장을 사용하여 포인터의 값을 변경해 보았습니다. 이번에는 포인터 pA에 변수 b의 주소가 저장되었습니다.

Lesson 8

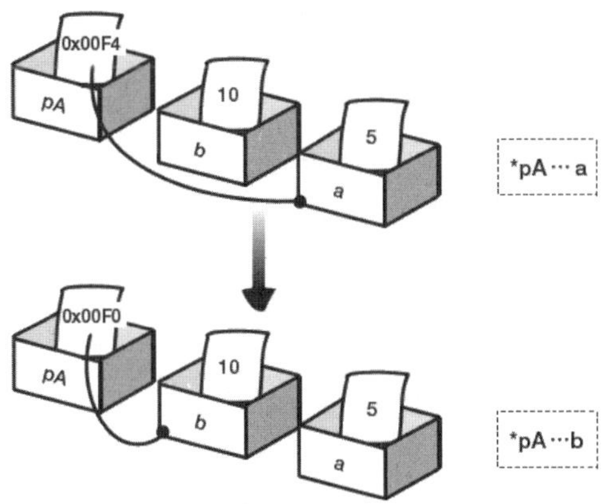

다시 한번 *pA를 출력시키면 변수 b의 값 '10'이 출력됨을 알 수 있습니다. 포인터 pA가 변수 b를 가리키고 있기 때문입니다. 이처럼 포인터의 값을 바꾸어서 다른 변수를 가리키도록 만들 수 있습니다.

포인터에 저장된 주소값은 바꿀 수 있다.

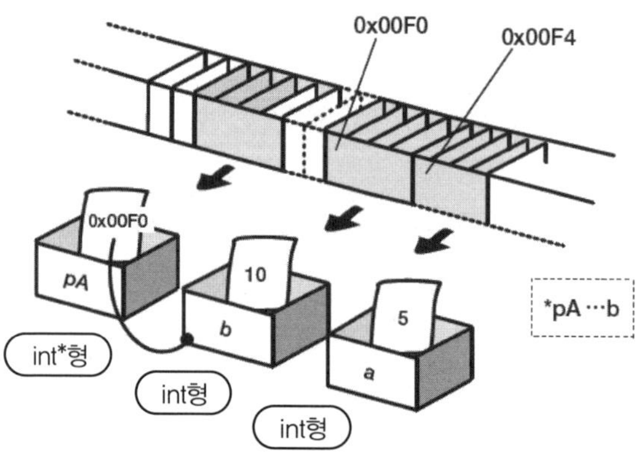

그림 8-6 **다른 변수의 주소 대입하기**
포인터에 다른 변수의 주소를 대입하면 저장된 주소값을 바꿀 수 있습니다.

또한, 포인터에는 원칙적으로 지정된 형의 주소값만 저장할 수 있습니다. 즉 pA의 경우, int형 변수의 주소만 저장할 수 있다는 뜻이므로 사용에 주의가 필요합니다.

포인터에 대입하지 않으면 어떻게 되나요?

포인터를 다룰 때에는 이 외에도 주의해야 할 점이 있습니다. *pA라고 출력 명령을 내렸지만, 정작 'pA = &a;' 와 같이 주소를 대입하지 않은 경우입니다.

```
//이 코드는 에러가 발생합니다.
int a = 5;
int* pA;   ← pA에 주소를 대입하지 않았습니다
```

```
cout << "포인터 pA의 값은" << pA << "입니다. ₩n";
cout << "*pA의 값은" << *pA << "입니다. ₩n";
…
```

무엇을 가리키는지 알 수 없습니다

이 코드에는 'pA = &a;' 문이 없습니다. 즉, 포인터 pA에는 어떤 주소도 저장되어 있지 않은 상태입니다. 포인터가 그 무엇도 가리키고 있지 않은 상태인 것입니다. 이래서는 *pA라고 작성해도 의미있는 값을 얻을 수 없습니다.

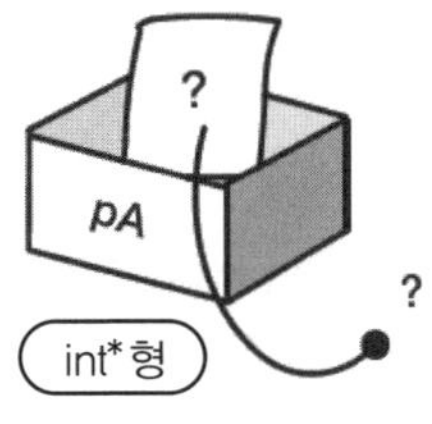

이처럼, 무엇을 가리키는지 알 수 없는 포인터를 사용할 경우, 프로그램 실행 시에 생각지도 못한 에러를 발생시킬 수 있습니다.

포인터는 가급적이면 다음과 같이 초기화를 수행하도록 작성하는 것이 좋습니다.


```
int a;
int* pA = &a;
```

포인터를 초기화합니다

포인터는 반드시 주소를 대입시킨 후에 사용한다.

이처럼 선언과 동시에 특정 변수의 주소값을 대입하면, 실수로 포인터에 주소값을 대입하는 것을 잊어서 포인터가 아무것도 가리키지 않게 되는 상황을 피할 수 있습니다.

포인터를 사용하여 변수의 값 변경시키기

이제 포인터를 조금 더 알아보도록 합시다. 포인터를 사용하면, 포인터가 가리키는 변수 자체의 값도 변경시킬 수 있습니다. 다음 코드를 보시기 바랍니다.

Sample5.cpp ▶ 포인터로 변수의 값 바꾸기

```
#include <iostream>
using namespace std;

int main()
{
    int a;
    int* pA;

    a = 5;
    pA = &a;

    cout << "변수 a의 값은 " << a << "입니다. \n";

    *pA = 50;   // *pA, 즉 변수 a에 값을 대입했습니다

    cout << "pA에 50을 대입했습니다. \n";
    cout << "변수 a의 값은 " << a << "입니다. \n";
                               // 변수 a의 값을 출력해보면…
    return 0;
}
```

Sample5의 실행 화면

```
변수 a의 값은 5입니다.
*pA에 50을 대입했습니다.
변수 a의 값은 50입니다.   ← 변수 a의 값이 변경되었습니다
```

이 코드는 변수 a의 값을 실행중에 바꾸고 있군요. 그러나 이 예제는 제 3장의 예제처럼 변수 a의 값을 'a = 50;' 와 같은 대입문을 사용하여 바꾸지 않았습니다. 그 대신 "*pA = 50;" 라는 코드를 작성했습니다. 이 코드는 포인터 pA가 a을 가리킬 때, *pA와 a가 같아진다는 성질을 활용한 것입니다. 즉,

*pA ◀──▶ a

동일함

따라서,

*pA=50; ⟷ a=50;
동일함

이 성립하는군요. 'a = 50;' 와 '*pA = 50;' 모두, 변수 a에 값을 저장하는 코드인 것입니다.

그러나 변수 a의 값을 변경하는 것이 목적이라면 *pA에 값을 대입하는 것보다 a에 직접 대입하는 쪽이 훨씬 쉬울 것 같습니다. 왜 이런 번거로운 방법을 제공하는 걸까요? 다음 절에서 이 메커니즘을 활용한 포인터의 100% 활용법을 소개해 드리겠습니다.

간접참조연산자 *를 사용하면 포인터가 가리키는 변수에 값을 대입할 수 있다.

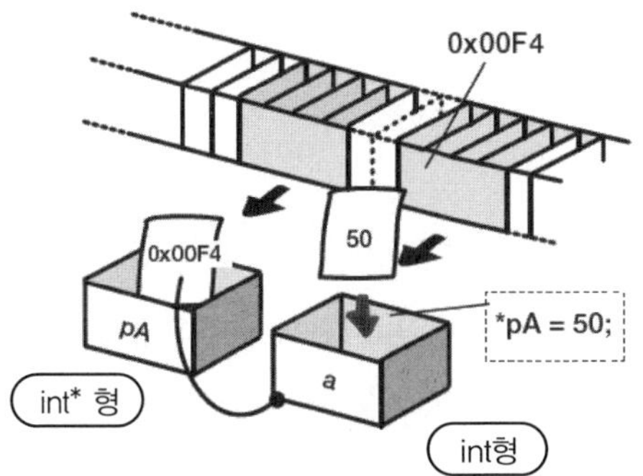

그림 8-7 *pA에 값 대입하기

'*pA에 값을 할당하기' 는 곧 '포인터 pA가 가리키는 변수 a에 값 대입하기' 라고 바꾸어 말할 수 있습니다.

8.3 인수와 포인터

작동하지 않는 함수

포인터의 편리한 사용법을 배우기 전에 먼저, 제 7장에서 배웠던 '함수'를 머릿속으로 떠올려 주시기 바랍니다. 이 장에서는 다음 swap( ) 함수를 정의해 보겠습니다.

```
//swap  함수의 잘못된 정의
void swap(int x, int y)
{
int tmp;

tmp = x;
x = y;
y = tmp;
}
```

x와 y를 교환할 목적으로 작성된 함수입니다. ①~③

swap( ) 함수는 인수 x와 y의 교환 작업을 수행하기 위해 만들어진 함수입니다. 이 함수는 내부적으로 다음과 같은 순서에 따라 변수 x와 y의 값을 교환합니다.

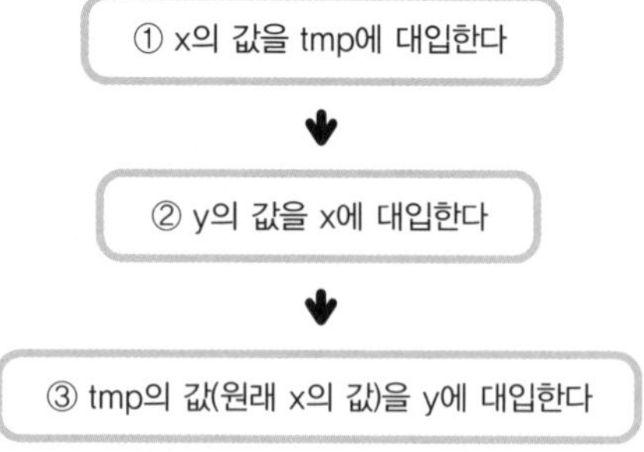

변수 tmp를 통해 x와 y의 값을 맞바꾸고 있는 것입니다. 이 과정을 통해 x의 값과

y의 값은 교환되어야 할 것입니다.

그러나 실제로 이 함수를 호출해 보면, 예상했던 결과가 나오지 않습니다. swap() 함수를 직접 사용해 보도록 하겠습니다.

Sample6.cpp ▶ 잘못된 함수 사용해 보기

```
#include <iostream>
using namespace std;

//잘못된 swap 함수의 선언
void swap(int x, int y);

int main()
{
    int num1 = 5;
    int num2 = 10;

    cout << "변수 num1의 값은 " << num1 << "입니다. ₩n";
    cout << "변수 num2의 값은 " << num2 << "입니다. ₩n";
    cout << "변수 num1과 num2의 값을 교환합니다. ₩n";

    swap(num1, num2);   // swap( ) 함수를 호출하지만…

    cout << "변수 num1의 값은 " << num1 << "입니다. ₩n";
    cout << "변수 num2의 값은 " << num2 << "입니다. ₩n";

    return 0;
}

//잘못된 swap 함수의 정의
void swap(int x, int y)
{
    int tmp;

    tmp = x;
    x = y;
    y = tmp;
}
```

Sample6의 실행 화면

```
변수 num1의 값은 5입니다.
변수 num2의 값은 10입니다.
변수 num1과 num2의 값을 교환합니다.
변수 num1의 값은 5입니다.   ┐
변수 num2의 값은 10입니다.  ┘── 값이 교환되지 않습니다
```

변수 num1과 num2의 값을 맞교환하기 위해 swap( ) 함수를 호출한 후, num1과 num2를 실인수로 넘겼습니다. 그러나 실행 화면을 통해 변수 num1과 변수 num2의 값이 교환되지 않았다는 것을 알 수 있습니다. 이유가 무엇일까요?

 값의 전달과 참조의 전달

이 비밀을 풀기 위해서는 함수에 인수를 넘기는 방법을 제 7장을 통해 복습해 둘 필요가 있습니다. 함수에 실인수를 넘기면,

실인수의 '값' 만 함수에 전달

됩니다. 이러한 인수 전달법은 값 전달(pass by value)이라고 부르기도 합니다. 지금 예로 든 swap( ) 함수에는 변수 num1의 값 '5' 와 num2의 값 '10' 만 함수에 전달됩니다.

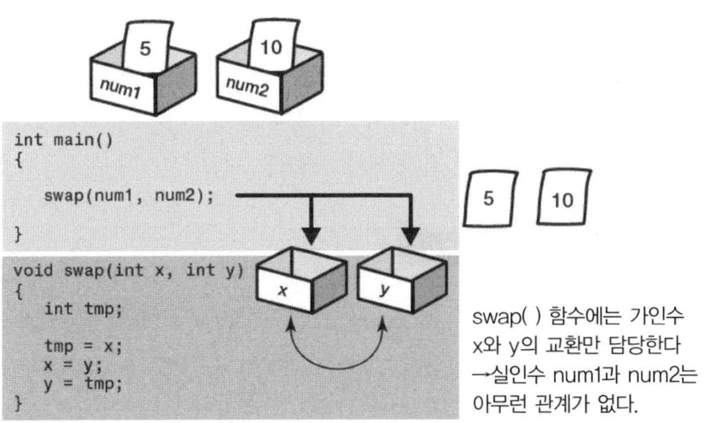

그림 8-8 **함수 호출(값 전달)**

일반적인 값 전달 방법으로는 호출자의 실인수를 변경할 수 없습니다.

Lesson 8

그림 8-8을 유심히 보시기 바랍니다. 함수 안에서 가인수 x와 y의 값을 교환하고 있지만, 이는 어디까지나 변수 num1과 num2의 값을 '복사'한 5와 10을 교환한 것에 불과합니다. 즉, swap( ) 함수 안에서 값을 교환하더라도 호출자의 변수인 num1과 num2에는 영향을 미칠 수 없는 것입니다.

그러나 포인터를 잘 활용하면, 함수 호출 시 지정된 인수 값을 변경할 수 있습니다. 이를 위해선, swap( ) 함수의 가인수를 포인터로 정의해야 합니다.

이번에는 다음과 같이 swap( ) 함수를 고쳐 보세요.

```
//swap 함수의 정의
void swap(int* pX, int* pY)     가인수를 포인터로 선언합니다
{
   int tmp;

   tmp = *pX;
   *pX = *pY;                   포인터를 이용해 값을 교환합니다
   *pY = tmp;
}
```

이번에는 가인수로 포인터를 사용했습니다. 그리고 *연산자를 사용하여 포인터가 가리키는 변수를 교환하기 때문에, 이 함수가 하는 일은 이전에 정의한 swap( ) 함수와 같습니다. 또한, 이 함수의 가인수는 포인터이므로 호출할 때 변수의 주소를 인수로 넘겨야 합니다. 그러면 이번에는 어떤 결과가 나올까요?

Sample7.cpp ▶ 함수와 인수로 포인터 사용하기

```
#include <iostream>
using namespace std;

//swap 함수 선언
void swap(int* pX, int* pY);

int main()
{
   int num1 = 5;
   int num2 = 10;

   cout << "변수 num1의 값은 " << num1 << "입니다. ₩n";
   cout << "변수 num2의 값은 " << num2 << "입니다. ₩n";
   cout << "변수 num1과 num2의 값을 교환합니다. ₩n";

   swap(&num1, &num2);   // 주소를 넘겨서 새로운 swap( ) 함수를 호출합니다

   cout << "변수 num1의 값은 " << num1 << "입니다. ₩n";
   cout << "변수 num2의 값은 " << num2 << "입니다. ₩n";

   return 0;
}

//swap 함수의 정의
void swap(int* pX, int* pY)
{
   int tmp;

   tmp = *pX;
   *pX = *pY;
   *pY = tmp;
}
```

인수를 포인터로 받는 함수의 정의입니다

Sample7의 실행 화면

```
변수 num1의 값은 5입니다.
변수 num2의 값은 10입니다.
변수 num1과 num2의 값을 교환합니다.
변수 num1의 값은 10입니다.
변수 num2의 값은 5입니다.
```

이번에는 올바르게 동작했습니다

호출할 때, 변수 num1과 num2의 주소(&num1, &num2)을 넘겼습니다. 그 결과 에러 없이 num1과 num2가 교환되었음을 알 수 있습니다.

이 함수처럼 호출 변수의 값을 함수 안에서 변경하고 싶다면 가인수를 포인터로 선언합니다. 그리고 함수를 호출할 때 주소값을 넘깁니다. 그러면 가인수는 넘겨받은 주소로 초기화됩니다. 그 결과, num1과 num2의 주소가 포인터 pX, pY에 저장됩니다.

가인수		실인수
pX	←	num1의 주소
pY	←	num2의 주소

8.2절에서 설명한 바와 같이 포인터에 *를 붙이면, 그 포인터는 가리키는 변수와 동일해집니다. 즉,

*pX와 *pY는 num1, num2과 같은 것을 가리킨다

라고 생각할 수 있습니다. 이전 8.2절의 표기법에 따라 다시 그림을 그려보면,

*pX(가인수 쪽) ⟷ num1(실인수 쪽)
같다

*pY(가인수 쪽) ⟷ num2(실인수 쪽)
같다

라는 관계가 생겼음을 알 수 있습니다. 따라서, 이 함수 안에서는

가인수 쪽 *pX와 *pY를 교환한다 ⟷ 실인수 쪽 num1과 num2를 교환한다
같다

는 결과가 나옵니다.

그림 8-9를 보십시오. 이 그림을 통해 가인수 쪽과 실인수 쪽에 특정한 관계가 있음을 알 수 있습니다. 이제 이 함수를 호출하면 호출자의 변수 값을 교환할 수 있습니다. 고치기 이전 swap 함수의 가인수는 실인수의 복사본이었기 때문에 둘 사이에 아무런 관계가 없었습니다.

이처럼 함수의 가인수로 포인터를 사용하면 실인수의 값을 바꿀 수 있습니다. 이와 같이 함수가 호출될 때 실인수의 주소가 함수에 전달되는 것을 **참조 전달**(pass by reference)이라고 부릅니다. 이 절에서 소개한 포인터를 받는 swap( ) 함수는 호출할 때 주소를 전달해야 하므로 참조 전달 함수가 됩니다.

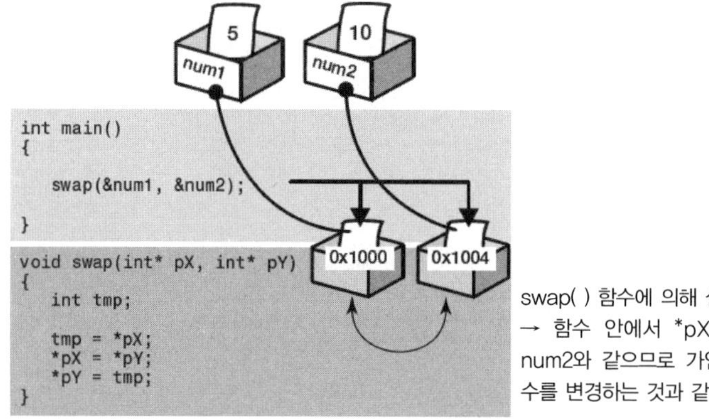

swap( ) 함수에 의해 실인수가 변경된다.
→ 함수 안에서 *pX는 num1과 같고, *pY는 num2와 같으므로 가인수를 변경하는 것은 실인수를 변경하는 것과 같다.

그림 8-9 **함수 호출(포인터)**
이처럼 함수의 가인수로 포인터를 사용하면 실인수의 값을 바꿀 수 있습니다.

원칙적으로 함수 안에서 실인수를 변경할 수 없다. 포인터를 사용하면 실인수의 값을 바꿀 수 있다.

8.4 인수와 레퍼런스

레퍼런스의 원리 이해하기

포인터를 함수의 인수로 사용하면 호출자의 변수를 변경할 수 있습니다. 하지만 포인터는 메모리 주소를 직접 다루기 때문에 어려운 것이 사실입니다.

그래서 이 절에서는 보다 새로운 기능인 **레퍼런스**(reference)라는 기능을 학습해 보겠습니다. 먼저 레퍼런스에 대한 기본적인 내용부터 학습해 보겠습니다. 레퍼런스는 변수등으로 초기화한 식별자입니다. 형명 앞에 &를 붙여서 선언합니다.

Lesson 8

레퍼런스

```
형명& 레퍼런스명 = 변수;
```
(레퍼런스명에는 식별자를 사용합니다)

구문만으로는 이해하기 어려우므로 실제 코드에서 사용해 보겠습니다.

```
int a;
int& rA = a;
```
(레퍼런스 rA를 변수 a로 초기화합니다)

이 코드에서 'rA'가 레퍼런스입니다. rA를 변수 a로 초기화한 것입니다. 그러면 레퍼런스를 사용한 간단한 예를 보시겠습니다.

Sample8.cpp ▶ 레퍼런스 사용하기

```
#include <iostream>
using namespace std;
```

```
int main()
{

   int a = 5;
   int& rA = a;

   cout << "변수 a의 값은 " << a << "입니다. ₩n";
   cout << "레퍼런스 rA의 값은 " << rA << "입니다. ₩n";

   rA = 50;

   cout << "rA에 50을 대입했습니다. ₩n";
   cout << "레퍼런스 rA의 값은 " << rA << "(으)로 변경되었습니다. ₩n";
   cout << "변수 a의 값도 " << a << "(으)로 변경되었습니다. ₩n";
   cout << "변수 a의 주소는 " << &a << "입니다. ₩n";
   cout << "레퍼런스 rA의 주소도 " << &rA << "입니다. ₩n";

   return 0;
}
```

레퍼런스 rA를 변수 a로 초기화했습니다

레퍼런스 rA에 값을 대입했습니다

Sample8의 실행 화면

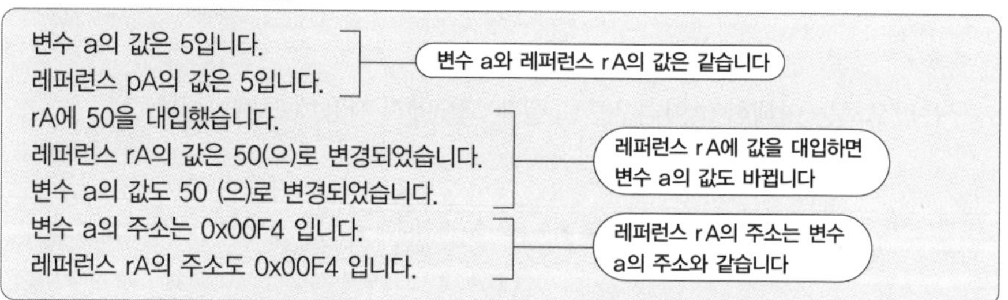

위 출력 결과를 통해 레퍼런스 rA의 값과 주소는 변수 a와 완전히 같다는 사실을 알 수 있습니다. 레퍼런스 rA를 변수 a로 초기화함으로써 rA는 a와 완전히 같아진 것입니다. 즉,

rA ←→ a
동일함

이 되는 것입니다. 이 상황을 포인터로 비유해 보겠습니다. 이 사실을 통해서

rA = 50; ←→ a = 50;

동일함

이라고 할 수 있습니다. 즉, Sample8처럼 레퍼런스 rA를 사용해서 변수 a의 값을 변경할 수 있는 것입니다. 레퍼런스 rA를 사용하여 변수 a를 다룰 수 있게 되었습니다.

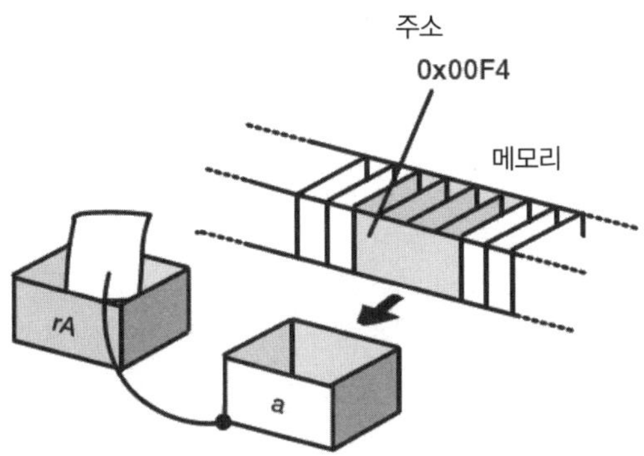

그림 8-10 **레퍼런스**
레퍼런스 rA를 사용하여, 이것을 초기화시킨 변수 a를 다룰 수 있습니다.

그러나 레퍼런스는 반드시 레퍼런스 대상이 되는 변수로 초기화해 두어야 합니다. 즉,

```
int& rA;
rA = a;    // 레퍼런스에 대입할 수 없습니다
```

처럼 선언과 대입을 분리할 수 없습니다.

인수에 레퍼런스 사용하기

이제는 8.3절의 swap( ) 함수를 포인터 대신 레퍼런스를 사용해서 다시 구현할 수 있을것 같군요. 레퍼런스를 사용하여 새로운 swap( ) 함수를 작성해 보겠습니다.

Sample9.cpp ▶ 레퍼런스를 함수의 인수로 사용하기

```
#include <iostream>
using namespace std;

//swap 함수 선언
void swap(int& x, int& y);

int main()
{
   int num1 = 5;
   int num2 = 10;

   cout << "변수 num1의 값은 " << num1 << "입니다. ₩n";
   cout << "변수 num2의 값은 " << num2 << "입니다. ₩n";
   cout << "변수 num1과 num2의 값을 교환합니다. ₩n";

   swap(num1, num2);

   cout << "변수 num1의 값은 " << num1 << "입니다. ₩n";
   cout << "변수 num2의 값은 " << num2 << "입니다. ₩n";

   return 0;
}

//swap 함수의 정의
void swap(int& x, int& y)
{
   int tmp;

   tmp = x;
   x = y;
   y = tmp;
}
```

Sample9의 실행 화면

```
변수 num1의 값은 5입니다.
변수 num2의 값은 10입니다.
변수 num1과 num2의 값을 교환합니다.
변수 num1의 값은 10입니다.
변수 num2의 값은 5입니다.
```

올바르게 동작하고 있습니다

레퍼런스를 인수로 받는 swap( ) 함수를 사용하면 변수 num1과 변수 num2를 그대로 실인수로 넘길 수 있습니다. 결과적으로, 레퍼런스형 변수인 가인수(x, y)가 실인수(num1, num2)로 초기화됩니다. 이 초기화 과정은

x(가인수 쪽) ⟷ num1(실인수 쪽)

같다

y(가인수 쪽) ⟷ num2(실인수 쪽)

같다

라는 뜻이 되는 것입니다. 그림 8-11을 보십시오. 이 그림을 통해, 가인수를 교환하면 실인수도 교환됨을 알 수 있습니다. 따라서 레퍼런스를 사용하면 포인터를 인수로 받을 때처럼 가인수로 실인수를 변경시킬 수 있습니다.

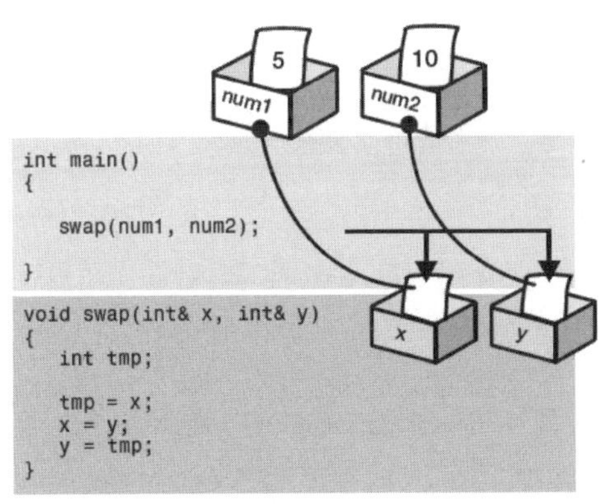

swap( ) 함수에 의해 실인수가 변경된다.
→함수 안에서 x는 num1과 같고, y는 num2와 같으므로 가인수를 변경하는 것은 실인수를 변경하는 것과 같다.

그림 8-11 함수 호출(레퍼런스)

함수의 가인수로 레퍼런스를 사용하면 실인수의 값을 바꿀 수 있습니다.

이처럼, 레퍼런스는 포인터와 유사한 기능을 가지고 있습니다. 그러나 레퍼런스는 포인터와 엄연히 다른 개념이므로 포인터에 레퍼런스를 대입할 수는 없습니다.

함수 안에서 실인수를 변경하는 경우 레퍼런스를 사용한다.

실인수의 값을 바꾸고 싶지 않을 경우, 어떻게 해야 하나요?

포인터 혹은 레퍼런스를 사용한다고 해서 반드시 실인수를 변경시키야 하는 것은 아닙니다. 함수가 하는 일의 성격에 따라서, 포인터나 레퍼런스를 사용하지만 실인수를 변경할 필요가 없을 수 있습니다.

이러한 경우, 함수 안에서 실인수의 값을 변경하지 않을 것이라는 사실을 명확하게 알리기 위해 가인수에 const라는 제한자를 사용할 수도 있습니다.

```
void func1(const int* pX)
void func2(const int& X);
```

const를 붙이면 함수 안에서 실인수를 변경시킬 수 없습니다

위 코드는 실인수를 변경시키지 않겠다는 것을 명시한 함수 프로토타입 선언입니다. const를 사용하면 함수 안에서 인수를 변경하는 코드가 에러가 됩니다.

```
//func1 함수의 정의
void func1(const int* pX)
{
   cout << *pX << "를 출력합니다. ₩n";

   //*pX = 10;
}
void func2(const int& x)
{
   cout << x << "를 출력합니다. ₩n";

   //x = 10;
}
```

const를 붙이면…

실인수의 값을 변경할 수 없게 됩니다

이 func1( ) 함수와 func2( ) 함수 안에서는 인수를 변경시킬 수 없습니다. const는 붙여도, 붙이지 않더라도 프로그램 실행에 영향을 미치지 않습니다. 그러나 const 제한자를 붙이면 실인수를 변경시키지 않겠다는 사실을 알리게 되고 의도하지 않은 에러가 발생될 가능성이 줄어들게 됩니다.

const 지정자가 붙은 인수는 함수 안에서 그 값을 변경시킬 수 없다.

8.5 강의 요약

이 장에서는 다음과 같은 내용을 배웠습니다.

- 주소는 메모리에서의 위치를 직접 가리킵니다.
- 포인터는 주소를 저장하는 변수입니다.
- 주소 연산자(&)를 사용하면 변수를 비롯한 여러가지 요소의 주소를 알아낼 수 있습니다.
- 포인터 앞에 간접참조연산자(*)를 사용하면 포인터가 가리키는 변수의 값을 얻을 수 있습니다.
- 인수는 함수에 전달되는 방법은 기본적으로 값 전달 방식입니다.
- 함수의 가인수로 포인터를 사용하면 호출한 쪽의 실인수 값을 변경시킬 수 있습니다.
- 함수의 가인수로 레퍼런스를 사용하면 호출한 쪽의 실인수 값을 변경시킬 수 있습니다.
- 가인수에 const 제한자를 붙이면 함수 안에서 실인수를 변경시킬 수 없습니다.

포인터를 사용하면 메모리에서의 위치를 직접 가리킬 수 있습니다. 포인터를 사용하여 함수의 인수를 참조 전달하는 방법도 배웠습니다. 포인터의 개념은 복잡한 편입니다만, 서두르지 말고 차근차근 복습해 보시기 바랍니다.

연습

1. 다음 항목에 대해 ○ 또는 ×로 답하십시오.

① 다음 코드는 어떠한 컴퓨터에서도 동일하게 출력된다.

```
#include <iostream>
using namespace std;

int main()
{
   int a = 5;
   cout << "변수 a의 주소는" << &a << "입니다. ₩n";

   return 0;
}
```

② 포인터를 선언한 후, 다른 문장에서 그 포인터에 주소를 대입할 수 있다.

③ 레퍼런스를 선언한 후, 다른 문장에서 그 레퍼런스에 주소를 대입할 수 있다.

2. 두 과목의 시험 점수(x1, x2)에, a점을 더하는 함수 add()를 포인터를 사용하여 정의하십시오. 키보드로 x1, x2, a를 입력받은 후, 다음과 같이 출력하는 코드를 작성하십시오.

```
2 과목 분의 점수를 입력하십시오.
78 ↵
65 ↵
더할 점수를 입력하십시오.
12 ↵
12점을 더했으므로
과목 1은(는) 90점이 되었습니다.
과목 2은(는) 77점이 되었습니다.
```

3. 2와 동일한 작업을 수행하는 함수를 레퍼런스를 사용하여 정의하십시오.

Lesson 9

배열

제 3장에서 우리들은 변수에 특정값 하나를 저장하는 방법을 배웠습니다. C++에는 이에 더하여 동일한 형의 값 여러 개를 묶어서 저장하는 '배열'이라는 기능이 있습니다. 배열을 사용하면 많은 데이터를 처리하는 복잡한 코드를 깔끔하게 작성할 수 있습니다. 이 장에서는 배열의 원리에 대해 배워 보겠습니다.

Check Point

- 배열
- 배열 선언
- 배열 요소
- 첨자
- 배열 초기화
- 배열과 포인터의 관계
- 포인터 연산
- 인수와 배열
- 문자열과 배열
- 표준 라이브러리

9.1 배열

 배열의 원리 이해하기

프로그램 안에서 많은 데이터를 처리하는 경우가 있습니다. 그 예로 50명의 학생이 있는 반의 시험 점수를 다루는 프로그램을 만든다고 가정해 보겠습니다.

지금까지 배운 지식을 사용하면, 50명의 시험 점수를 변수에 저장하고 관리하는 코드를 작성할 수 있습니다. 그러면 test1부터 test50까지 총 50개의 변수를 준비해 보겠습니다.

```
int test1 = 80;
int test2 = 60;
int test3 = 22;      ── 50개 변수 모두를 초기화하고 있습니다
…
int test50 = 35;
```

그러나 이렇게 많은 변수가 등장하면 코드가 복잡하고 읽기 어려워지는 것이 당연할 것입니다.

이러한 경우 배열(array)이라는 메커니즘을 활용하면 보다 편리하게 코드를 작성할 수 있습니다.

변수가 특정한 1개의 값을 기억하는 기능을 가지고 있다는 사실을 상기해 보시기 바랍니다. 배열 또한 '특정 값을 기억한다'는 점에서 변수와 같은 역할을 합니다. 그러나, 배열은

같은 형의 값을 동시에 여러 개 기억하기

위한 편리한 기능을 제공합니다. 같은 이름을 가진 상자들이 모여서, 줄 지어 있는 모습을 상상해 보십시오. 변수와 마찬가지로, 배열 속 상자 안에도 값을 저장해서 사용할 수 있습니다. 배열의 각 상자는 배열의 요소(element)라고 합니다.

배열에는 같은 형의 값을 묶어서 저장하는 기능이 있다.

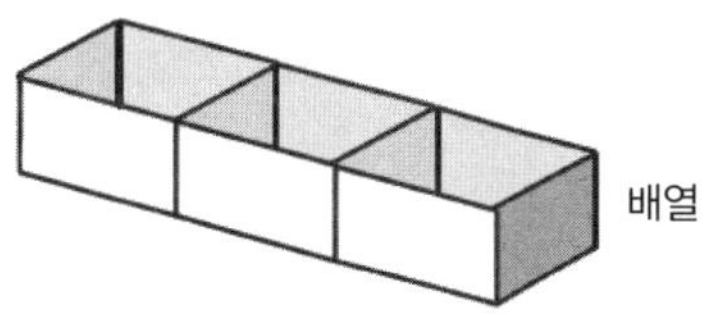

그림 9-1 **배열**

같은 형의 값을 모아서 저장해야 할 때, 배열을 사용합니다.

배열의 이용

예를 들어 상품의 판매 금액을 월별로 집계하는 등, 시험 점수 외에도 종류가 같은 데이터를 프로그램으로 다루어야 하는 상황을 많이 접하게 될 것입니다. 종류가 같은 값을 한 번에 많이 사용할 때, 배열을 이용하면 도움이 됩니다.

만약 종류가 다른 값을 한 번에 많이 다룬다면, 다음 장에서 소개하는 구조체나 클래스를 배열과 함께 이용합니다.

Lesson 9

9.2 배열 선언

배열 선언하기

그러면, 배열을 사용해 보기로 합시다. 변수와 마찬가지로 배열 또한 이용하기 전에

배열 선언하기

라는 작업을 해 주어야 합니다. 배열의 선언은 배열할 상자를 여러 개 준비하는 작업에 비유할 수 있습니다. 배열의 경우 또한 식별자(제 3장) 중에서 적절한 것을 이름으로 삼고, 형도 지정해 주어야 합니다. 단, 배열은 이 외에

값을 몇 개까지 저장할 수 있는가

를 지정해 주어야 합니다. 즉, 배열할 상자의 개수를 지정해 주어야 하는 것입니다. 이 상자의 개수를 배열 요소 개수라고 부릅니다.

배열의 선언 스타일은 다음과 같습니다.

배열 선언

```
형명 배열명[요소 개수];
```

형명과 요소 개수를 지정해줍니다

그러면 int형 값을 5개 기억할 수 있도록 요소 개수를 5라고 지정한 배열 test[5]를 선언해 보겠습니다.

```
int test[5];
```

int형 값을 5개 저장할 수 있는 배열을 선언했습니다

배열 요소 개수는 반드시 미리 알고 있어야 합니다. 다시 말해, [ ] 안에 들어올 수 있는 수는 5나 10과 같은 고정된 수입니다.

준비가 완료된 각 배열 상자(요소)에는 각각 다음과 같은 이름이 붙여집니다.

```
test[0];
test[1];
test[2];
test[3];
test[4];
```

[ ] 안에 들어간 번호는 **첨자**(인덱스 : index)라고 합니다. 이 첨자를 사용하면 배열 안의 특정 상자를 가리킬 수 있습니다.

C++ 배열의 첨자는 0부터 시작하므로 마지막 첨자는 '요소 수-1'이 됩니다. 즉, 5개의 요소를 가지는 배열이라면

test[4]가 값을 저장할 수 있는 마지막 요소

가 됩니다. test[5]라는 요소는 존재하지 않으므로 사용 시 주의가 필요합니다.

배열은 형과 요소의 개수를 지정해서 선언한다.
마지막 배열 요소의 첨자는 요소 수 -1이 된다.

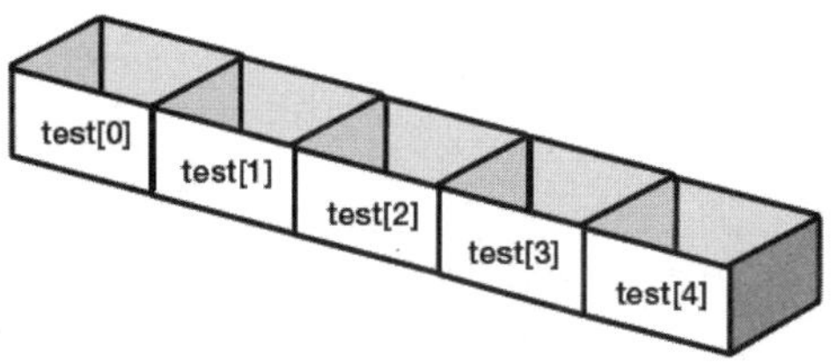

그림 9-2 **배열 선언**
5개의 요소를 포함하는 배열을 선언했다면 첨자는 0~4가 됩니다.

9.3 배열의 이용

배열 요소에 값 대입하기

그러면 준비한 배열에 값을 저장해 봅시다. 배열의 각 요소는, test[0], test[1] … 라는 이름으로 가리킬 수 있으므로 배열 요소에 하나하나 값을 대입해 보겠습니다. 이 배열 상자에는 정수값을 저장할 수 있습니다.

```
int test[5];        ← 배열을 선언했습니다
test[0] = 80;  ┐
test[1] = 60;  │
test[2] = 22;  ├─ 배열 요소 하나하나에 값을 대입하고 있습니다
test[3] = 50;  │
test[4] = 75;  ┘
```

위 코드는 5개의 배열 요소에 시험 점수를 대입하고 있습니다. 배열 요소에 값을 대입하는 방법은 변수에 값을 대입하는 방법과 동일합니다. 배열 상자를 가리킨 다음, 대입 연산자 '='를 사용하면 됩니다.

배열 요소에 값 대입하기

```
배열명[첨자] = 식;
```

배열에 값을 저장할 때에는 첨자를 사용하여 배열 요소를 가리킨 후 값을 대입한다.

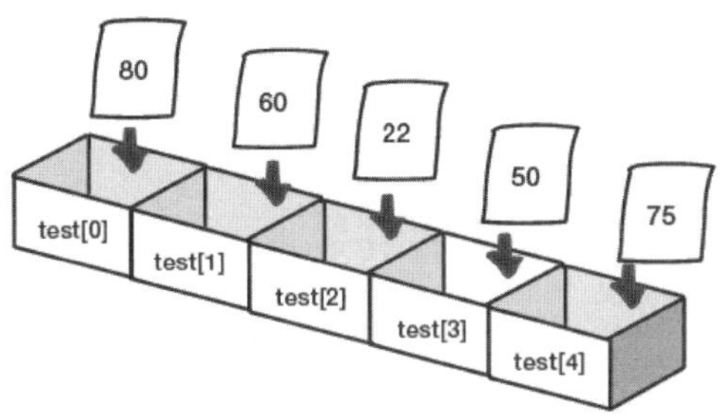

그림 9-2 **배열에 값 대입하기**
배열에 값을 저장시킬 수 있습니다.

배열 요소의 값 출력하기

그러면 배열을 실제로 이용하는 코드를 작성해 보도록 하겠습니다. 배열 첨자는 0부터 순서대로 나열된 숫자입니다. 때문에, 제 6장에서 배운 반복문을 사용하면 깔끔하게 작성할 수 있습니다. 반복문을 사용하여 배열에 저장된 시험 점수를 출력하는 코드를 만들어 봅시다.

Lesson 9

Sample1.cpp ▶ 배열 요소의 값 출력하기

```
#include <iostream>
using namespace std;

int main()
{
    int test[5];   // 배열을 선언하고 있습니다

    test[0] = 80;
    test[1] = 60;
    test[2] = 22;   // 각각의 배열 요소에 값을 대입합니다
    test[3] = 50;
    test[4] = 75;

    for(int i=0; i<5; i++){   // 반복문을 사용하여 배열 요소를 출력하고 있습니다
        cout << i+1 << "번째 사람의 점수는 " << test[i] << "입니다. ₩n";
    }

    return 0;
}
```

Sample1의 실행 화면

```
1번째 사람의 점수는 80입니다.
2번째 사람의 점수는 60입니다.
3번째 사람의 점수는 22입니다.
4번째 사람의 점수는 50입니다.
5번째 사람의 점수는 75입니다.
```

각각의 배열 요소에 값을 대입합니다

Sample1에서는, 먼저 배열의 각 요소에 값을 대입하고 있습니다. 그 다음, for문을 사용하여 각 요소의 값을 출력합니다. 배열의 첨자는 0부터 시작하므로 반복문 안에서 출력되는 순서는 'i + 1 번째' 로 만들었습니다.

이처럼 배열은,

각 요소를 가리킬 때 첨자에 변수를 사용

할 수 있습니다 그렇기 때문에 '몇 번째 학생이 몇 점인지' 를 반복문으로 출력할 수 있는 것입니다. 배열과 반복문을 사용한 결과, 깔끔한 코드를 작성할 수 있었습니다.

배열과 반복문을 사용하면 많은 양의 데이터를 쉽게 처리할 수 있다.

배열을 초기화하기

또한, 배열에는 다양한 작성법이 있습니다. Sample1에서는 '배열 선언' 과 '값의 대입' 을 별도의 코드에 따로 작성했습니다. 배열을 선언할 때, 이 두 개의 작업을 하나로 묶어서 한번에 수행할 수 있습니다. 이 작업을 **배열의 초기화**라고 합니다.

배열의 초기화

```
형명 배열명[요소 개수] = {값0, 값1, …};
```

지금까지 예제로 사용했었던 시험 점수를 다루는 배열은 다음과 같이 초기화시킬 수 있습니다.

```
int test[5] = {80, 60, 22, 50, 75};
```

5개의 배열 요소를 초기화합니다

{ } 안에 각 요소의 값을 순서대로 나열합니다. 그러면 배열이 준비된 시점에 80, 60 ... 이라는 값이 배열 요소에 저장되는 것입니다.

{ } 안에 작성된 값은 초기자(initializer)라고 부릅니다. 위의 80, 60…이 초기자입니다.

또한 배열을 초기화할 때, [ ] 안에 반드시 배열 요소의 개수를 적어야 하는 것은 아닙니다. 배열 요소의 개수를 지정하지 않으면,

초기자 내부의 요소의 개수에 맞추어 자동적으로 배열이 준비된다

고 규정되어 있기 때문입니다. 즉, 다음 초기화 코드는 위의 코드와 똑같은 작업을 합니다.

Lesson 9

```
int test[ ] = {80, 60, 22, 50, 75};
```

요소 개수를 지정하지 않아도 5개의 배열 요소가 준비됩니다

배열을 초기화하면 선언과 동시에 값이 저장된다.

배열의 첨자에 주의하세요

그러나 배열 사용 시 반드시 주의해야 할 점이 있습니다. 그것은,

배열의 크기보다 큰 첨자로 배열 요소를 가리킬 수 없다

는 사실입니다. 지금의 예제 코드에서는 5개의 요소를 가지는 배열을 선언했습니다. 그런데 이 배열에 test[10]처럼 배열의 크기보다 큰 첨자를 [ ] 안에 대입하면 안 됩니다.

```
int test[5];
//에러
//test[10] = 50;
```

이렇게 대입할 수 없습니다

test[10]이라는 요소는 존재하지 않습니다. 이러한 코드는 잘못된 코드입니다. 배열의 첨자를 사용하실 때에는 주의하시기 바랍니다.

배열의 크기를 넘는 요소에 값을 대입하지 않는다.

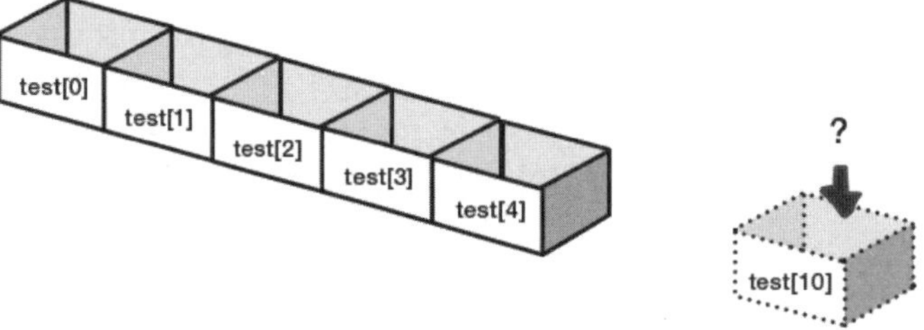

그림 9-4 **배열 요소에 대입할 때의 주의사항**
배열에 값을 대입할 때에는 배열의 첨자가 너무 크거나 작지 않은지 주의해야 합니다.

9.4 코드 입력

키보드로 입력하기

이번에는 키보드로 입력받은 시험 점수를 배열에 저장한 후, 묶어서 출력하는 코드를 작성해 보겠습니다. 배열 요소의 개수를 변경하기 쉽도록 상수를 사용하겠습니다. 상수를 사용하려면 변수를 초기화할 때 const 키워드를 변수 이름 앞에 적었던 것이 기억나시나요?

Sample2.cpp ▶ 배열 요소의 개수 입력하기

```
#include <iostream>
using namespace std;

int main()
{
   const int num = 5;        // 인원수를 상수에 저장해서 사용합니다
   int test [num];

   cout << num << "명의 점수를 입력하십시오. ₩n";
   for(int i=0; i<num; i++){
      cin >> test[i];        // 키보드로 5명의 점수를 입력받습니다
   }

   for(int j=0; j<num; j++){
      cout << j+1 << "번째 사람의 점수는 " << test[j] << "입니다. ₩n";
   }                          // test[j]: 입력한 값을 배열을 사용해서 출력합니다

   return 0;
}
```

Sample2의 실행 화면

```
5명의 점수를 입력하십시오.
22 ↵
80 ↵
57 ↵
60 ↵
50 ↵
1번째 사람의 점수는 22입니다.
2번째 사람의 점수는 80입니다.
3번째 사람의 점수는 57입니다.
4번째 사람의 점수는 60입니다.
5번째 사람의 점수는 50입니다.
```

이 코드는 키보드로 입력받은 값을 배열에 저장하고 for문을 사용하여 출력합니다. 이 예제에서 점수를 묶어서 출력할 때 배열의 기능을 유용하게 사용하고 있습니다.

이 코드에서는 const로 지정된 상수를 사용하고 있습니다. 이 덕분에 시험에 응시한 사람 수에 맞추어 프로그램을 작성하는 일이 간단해졌습니다. 다시 말해 const int num=5; 부분의 '5' 숫자만 바꾸면 보다 많은 사람들의 점수를 관리하는 프로그램이 됩니다.

배열의 내용 정렬하기

또 다른 배열의 응용 사례를 보도록 하겠습니다. 시험 점수의 순서를 바꾸어 보겠습니다. 값을 순서대로 줄 세우는 작업을 **정렬**(sort)이라고 합니다. 배열에는 여러 개의 값이 저장되기 때문에 배열에 정렬 기능을 도입하면 프로그램의 편의성이 향상됩니다.

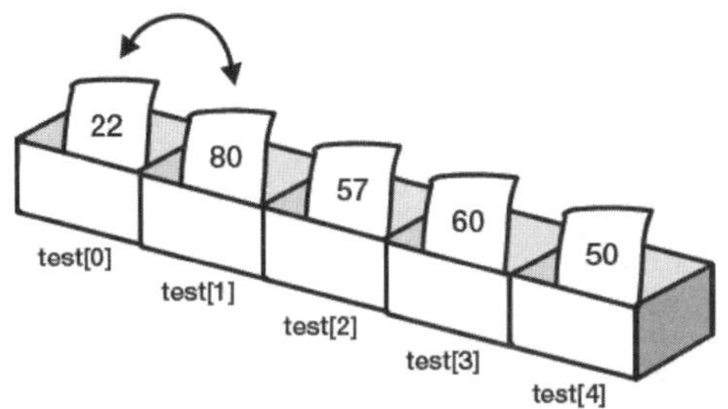

Sample3.cpp ▶ 배열 요소 정렬하기

```
#include <iostream>
using namespace std;

int main()
{
   const int num = 5;
   int test[num];

   cout << num << "명의 점수를 입력하십시오. ₩n";
     for(int i=0; i<num; i++){
       cin >> test[i];
   }

   for(int s=0; s<num-1; s++){
       for(int t=s+1; t<num; t++){
          if(test[t] > test[s]){
              int tmp = test[t];
              test[t] = test[s];
              test[s] = tmp;
          }
       }
   }

   for(int j=0; j<num; j++){
       cout << j+1 << "번째 사람의 점수는 " << test[j] << "입니다. ₩n";
   }

   return 0;
}
```

배열을 정렬합니다

Sample3의 실행 화면

```
5명의 점수를 입력하십시오.
22 ↵
80 ↵
57 ↵
60 ↵
50 ↵
1번째 사람의 점수는 80입니다.
2번째 사람의 점수는 60입니다.
3번째 사람의 점수는 57입니다.
4번째 사람의 점수는 50입니다.
5번째 사람의 점수는 22입니다.
```

이 코드는 배열의 요소들을 값이 큰 순서대로 정렬합니다. 실행 결과를 통해 확실히 높은 점수가 먼저 출력되었음을 알 수 있습니다.

배열을 정렬하는 방법에는 여러 가지가 있지만, 이 예제에서는 다음과 같은 기법을 사용하고 있습니다. 순서대로 살펴보겠습니다.

① 먼저, 배열의 각 요소를 배열의 첫 번째 요소(test[0])와 비교합니다. 비교한 요소가 배열의 첫 번째 요소보다 크다면 첫 번째 요소와 비교한 요소의 값을 교환합니다. 그러면 배열의 첫 번째 요소에 최댓값을 저장할 수 있습니다.

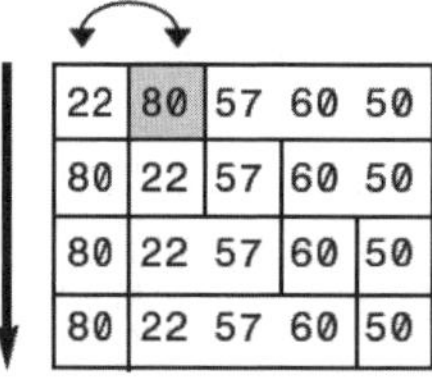

test[t]와 test[0]을 비교해서 바꿔 넣는다.
test[t]가 더 크다면 바꿔 넣는다.
즉, test[t] 〉 test[s](s=0)이면 바꿔 넣는다.

② 결과적으로 가장 큰 값이 배열의 첫 번째 자리를 차지하게 되었습니다. 그리고 나머지 배열 요소에 대해서도 같은 작업을 반복합니다. 즉, 나머지 요소를 하나하나 배열의 두 번째 요소(test[1])와 비교합니다. 만약 그 요소가 배열의 두 번째 요소보다 크다면 서로의 위치를 바꿉니다. 그러면 결과적으로 2번째로 큰 숫자가 배열의 두 번째 자리를 차지하게 됩니다.

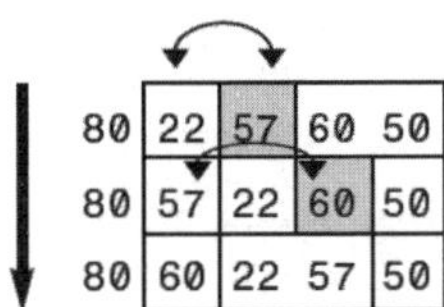

test[t]와 test[1]을 비교해서 바꿔 넣는다.
test[t]가 더 크다면 바꿔 넣는다.
즉, test[t] 〉 test[s](s=1)이면 바꿔 넣는다.

③ 차례대로 반복하면, 배열 정렬이 완료됩니다.

80 60 57 50 22

조금 복잡한 코드이지만 Sample3의 코드와 비교하면서 처리 순서를 확인해 보겠습니다. Sample3 에서는 반복문을 중첩시켜서 정렬 단계를 표현했습니다.

배열 요소를 교환하기 위해서는, 같은 형의 작업 공간(변수)이 필요합니다. 따라서 이 정렬 코드에서는 작업용 변수 tmp를 사용합니다.

 다차원 배열의 원리 이해하기

지금까지 배운 배열은 마치 일렬로 늘어선 상자들과 같았습니다. C++에서는 '배열 요소를 한 번 더 배열' 할 경우, **다차원 배열**도 만들 수 있습니다. 2차원 배열은 스프레드 시트의 워크 시트와 비슷한 형태일 것입니다. 거기에 차원이 하나 더해져서 3차원이 된다면 그 모습은 가로, 세로, 높이를 가지는 상자 더미와 흡사할 것입니다.

다차원 배열의 선언은 다음과 같습니다.

다차원 배열(2차원 배열의 경우)

```
형명 배열명[요소 개수][요소 개수];
```

실제 다차원 배열 선언을 보시기 바랍니다.

```
int test[2][5];
```

이 2차원 배열에는 int형의 값을 2×5=10개 기억시킬 수 있습니다. 다차원 배열은 다양한 용도로 사용이 가능할 것입니다. 예를 들어, 여러 과목의 시험 점수를 정리하는 용도로 사용할 수도 있을 것입니다. 또한, 수학에서 행렬식의 계산에 사용하는 것 또한 고려할 수 있을 것입니다.

이번에는 이전 예제에서 등장했던 5명의 '국어', '산수' 두 과목의 점수를 정리해서 저장시켜 보겠습니다. 2차원 배열에 값을 대입하는 모습을 확인하시기 바랍니다.

Sample4.cpp ▶ 다차원 배열 사용하기

```
#include <iostream>
using namespace std;

int main()
{
    const int sub = 2;       // 과목수입니다
    const int num = 5;       // 인원수입니다

    int test[sub][num];      // 과목 수×인원 수만큼 값을 저장할 배열을 준비합니다

    test[0][0] = 80;         // 각각의 배열 요소에 값을 대입하고 있습니다
    test[0][1] = 60;
    test[0][2] = 22;
    test[0][3] = 50;
    test[0][4] = 75;
    test[1][0] = 90;
    test[1][1] = 55;
    test[1][2] = 68;
    test[1][3] = 72;
    test[1][4] = 58;

    for(int i=0; i<num; i++){
        cout << i+1 << "번째 사람의 국어 점수는 " << test[0][i] <<     // 국어 점수를 출력합니다
            "입니다. ₩n";
        cout << i+1 << "번째 사람의 산수 점수는 " << test[1][i] <<     // 산수 점수를 출력합니다
            "입니다. ₩n";
    }
    return 0;
}
```

Sample4의 실행 화면

```
1번째 사람의 국어 점수는 80입니다.
1번째 사람의 산수 점수는 90입니다.
2번째 사람의 국어 점수는 60입니다.
2번째 사람의 산수 점수는 55입니다.
3번째 사람의 국어 점수는 22입니다.
3번째 사람의 산수 점수는 68입니다.
4번째 사람의 국어 점수는 50입니다.
4번째 사람의 산수 점수는 72입니다.
5번째 사람의 국어 점수는 75입니다.
5번째 사람의 산수 점수는 58입니다.
```

이 코드는 test[0][●]에 국어 점수를 저장하고 test[1][●]에 수학 점수를 저장합니다. 이를, 중첩된 for문을 사용해서 반복 출력하고 있습니다. 2차원 이상의 다차원 배열에 값을 대입하는 방법과 출력하는 방법은 기본적으로 동일합니다.

또한, 다차원 배열을 초기화하는 것 또한 가능합니다. 다차원 배열의 경우, 일반적인 배열의 초기화에 사용되는 {} 안에 다시 {}을 넣은 모습이 됩니다. 아래의 코드는 Sample5의 다차원 배열을 초기화합니다.


```
int test[2][5] = {
                {80,60,22,50,75},{90,55,68,72,58}
};
```

```
int test[ ][5] = {
                {80,60,22,50,75},{90,55,68,72,58}
};
```

생략할 수 있습니다

다차원 배열의 첫 번째 요소 수는 1차원 배열과 마찬가지로 생략할 수 있습니다. 다차원 배열을 C++ 언어 내부적으로 1차원 배열 안에 들어간 배열로 간주하기 때문에 이러한 표현이 가능한 것입니다.

다차원 배열을 선언하고 이용할 수 있다.

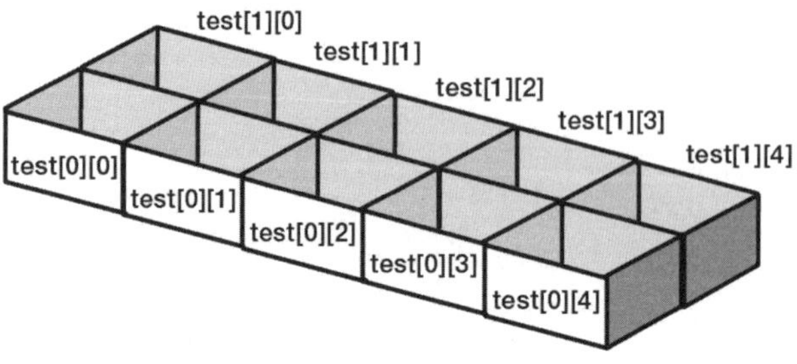

그림 9-5 **다차원 배열**
배열을 다차원으로 선언할 수 있습니다.

배열 속 요소를 쉽게 꺼내려면

C++에는 지금까지 소개한 for문 외에도 배열 요소를 간단하게 꺼내는 for문(범위 for문)이 있습니다. 이 for문을 사용하면 아래와 같이 배열 요소를 지정한 변수에 담아서 처리할 수 있습니다. 실전에서 자유롭게 사용할 수 있게 사용법을 익혀둡시다.

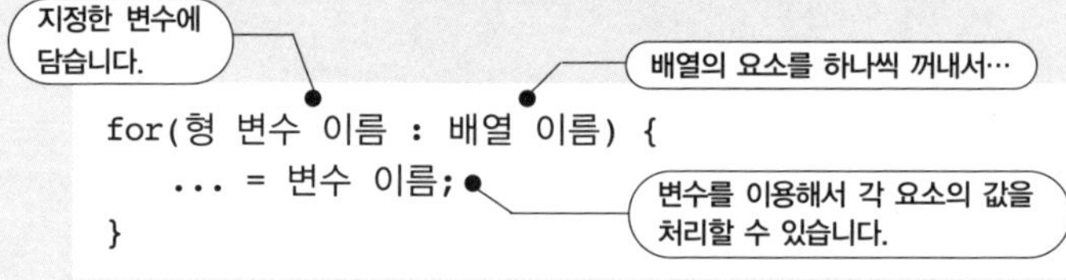


```
for(형 변수 이름 : 배열 이름) {
    ... = 변수 이름;
}
```

9.5 배열과 포인터의 관계

 배열 이름의 원리 이해하기

제 8장에서 배운 포인터와 배열 사이의 밀접한 관계를 소개하겠습니다. 이 관계를 확인하기 위해, 배열 각 요소의 주소를 알아내는 작업부터 시작해 보겠습니다.

제 8장에서 학습한 주소 연산자(&)를 머릿속으로 떠올려 주세요. 변수와 마찬가지로 배열의 각 요소에 &연산자를 사용할 수 있습니다. 다음과 같이 배열 요소에 &연산자를 사용하면, 그 요소가 포함된 주소를 알아낼 수 있는 것입니다.

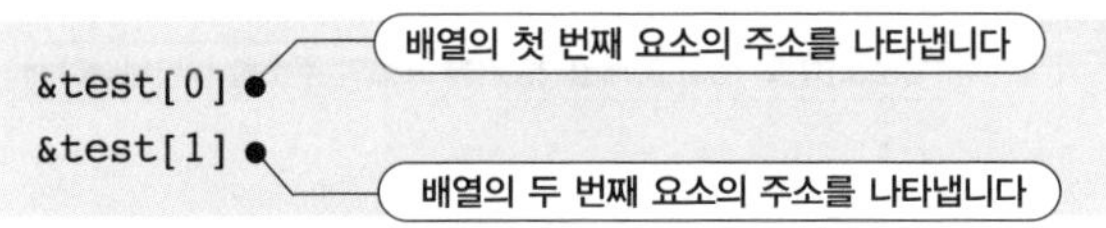

위와 같이 작성하면, 배열의 첫 번째 요소(test[0]), 두 번째 요소(test[1])의 값이 저장된 주소를 알아낼 수 있습니다.

또한 배열에는 각 요소의 주소를 나타낼 수 있는 특별한 표기법이 존재합니다. '배열 이름' 만 사용하여 배열의 첫 번째 요소의 주소를 나타낼 수 있는 것입니다.

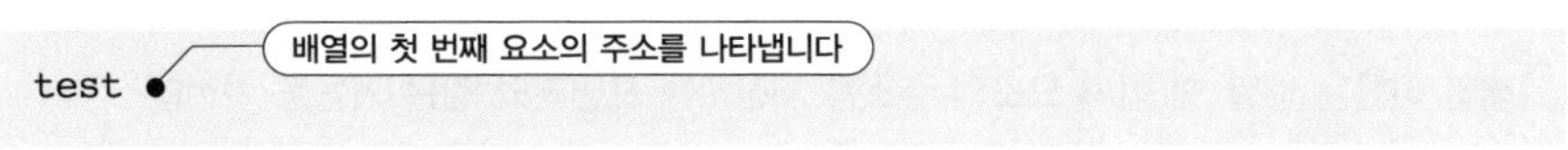

[ ]를 붙이거나, 첨자를 붙이면 안 됩니다. &연산자도 필요없습니다. 이 표기법의 원리를 이해하기 위해, 다음의 코드를 입력해 보도록 하겠습니다.

Sample5.cpp ▶ 배열 이름으로 첫 번째 요소의 값 알아내기

```
#include <iostream>
using namespace std;

int main()
{
    int test[5] = {80,60,55,22,75};
    cout << "test[0]의 값은 " << test[0] << "입니다. ₩n";
    cout << "test[0]의 주소는 " << &test[0] << "입니다. ₩n";
    cout << "test의 값은 " << test << "입니다. ₩n";
    cout << "즉 *test의 값은 " << *test << "입니다. ₩n";

    return 0;
}
```

배열 첫 번째 요소의 주소를 &을 사용해서 알아낼 수 있습니다

'배열명' 또한 배열 첫 번째 요소의 주소를 나타냅니다

즉 *test로 배열 첫 번째 요소를 가리킬 수 있습니다

Sample5의 실행 화면

```
test [0]의 값은 80입니다.
test[0]의 주소는 0x00E4입니다.
test의 값은 0x00E4입니다.
즉 *test의 값은 80입니다.
```

&test[0]도 test도 배열 첫 번째 요소의 주소를 나타냅니다

배열 첫 번째 요소를 나타냅니다

실행 결과를 확인해 보겠습니다. 'test' 의 값이 '&test[0]' 와 같음을 확인할 수 있습니다. 이처럼 'test' 라는 배열명 그 자체가, 배열 첫 번째 요소인 'test[0]' 의 주소를 나타내고 있는 것입니다. 이와 같이, 배열명이 배열 첫 번째 요소의 주소를 나타낸다는 사실로부터,

배열 이름은 배열 첫 번째 요소의 주소를 저장하는 포인터와 같은 기능을 가진다

고 할 수 있습니다. 배열명은 배열 첫 번째 요소를 가리키는 포인터처럼 사용할 수 있는 것입니다.

그러고 보니, 포인터에 간접 참조 연산자(*)를 사용하면 그것이 가리키는 변수의 값을 알 수 있음을 제 8장에서 학습했었군요. 배열명 test에 *를 붙일 경우에도 배열의 첫 번째 요소인 test[0]의 값을 나타낼 수 있도록 되어 있습니다. 실행 결과를 통해 확인해 보시기 바랍니다.

이 사실을 다음 표에 정리해 보겠습니다.

test	&test[0]	→ 배열 첫 번째 요소의 주소
*test	test[0]	→ 배열 첫 번째 요소의 값

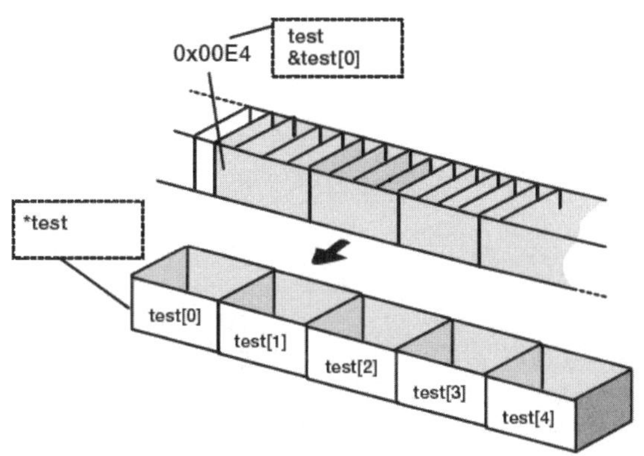

그림 9-6 **배열명과 배열 첫 번째 요소**
배열명 앞에 *를 붙이면 배열 첫 번째 요소의 값을 구할 수 있습니다.

 포인터 연산의 원리 이해하기

배열명을 배열 첫 번째 요소를 가리키는 포인터로 사용할 수 있다는 사실을 알게 되었습니다.

또한 C++에서의 배열은 포인터와 밀접한 관계가 있기 때문에 포인터 연산으로 배열을 탐색할 수도 있습니다. 표 9-1을 보시기 바랍니다.

표 9-1 : 포인터 연산

연산자	포인터	연산의 예(단, p, p1, p2는 포인터)
+	p+1	p가 가리키는 요소의 다음 요소의 주소를 구한다.
−	p−1	p가 가리키는 요소의 이전 요소의 주소를 구한다.
	p1−p2	p1과 p2 사이에 존재하는 요소의 개수를 구한다.
++	p+	p가 가리키는 요소의 다음 요소의 주소를 구한다.
−−	p−−	p가 가리키는 요소의 이전 요소의 주소를 구한다

포인터 연산은 제 4장에서 배운 사칙연산 같은 계산과는 조금 성격이 다릅니다. 그 예로 + 연산자를 보시기 바랍니다. + 연산자를 사용하여 'p+1' 이라고 계산하면,

p가 가리키는 요소의 다음 요소의 주소를 구한다

는 연산이 이루어집니다. '주소 값에 1을 더하라' 는 계산을 하지 않습니다.

그러면 다음 예를 통해서 포인터 연산을 실습해 보겠습니다.

Sample6.cpp ▶ 포인터 연산하기

```
#include <iostream>
using namespace std;

int main()
{
   int test[5] = {80,60,55,22,75};

   cout << "test[0]의 값은 " << test[0] << "입니다. ₩n";
   cout << "test[0]의 주소는 " "<< &test[0] << "입니다. ₩n";
   cout << "test의 값은 " << test << "입니다. ₩n";
   cout << "test+1의 값은 " << test+1 << "입니다. ₩n";
   cout << "*(test+1)의 값은 " << *(test+1) << "입니다. ₩n";

   return 0;
}
```

배열 '두 번째' 요소의 주소를 구합니다

배열 '두 번째' 요소의 값을 구합니다

Sample6의 실행 화면

```
test[0]의 값은 80입니다.
test[0]의 주소는0x00E4입니다.
test의 값은 0x00E4입니다.
test+1의 값은 0x00E8입니다.
*(test+1)의 값은 60입니다.
```

두 번째 요소의 주소가 되었습니다

두 번째 요소의 값이 되었습니다

Sample6에서는 + 연산자를 사용한 포인터의 덧셈을 해 보았습니다. test에 1을 더한 'test+1'을 출력하고 있습니다. 이렇게 하면,

한 칸 뒤의 요소인 두 번째 배열 요소의 주소

가 출력됩니다. 또한 * 연산자를 사용한 *(test + 1) 연산의 결과, 배열 두 번째 요소의 값을 구할 수 있습니다.

즉, *(test + 1)은 배열의 두 번째 요소를 가리키는 test[1]과 같은 뜻이 되는 것입니다.

이 지식을 다음 표에 정리해 보겠습니다. 아래 표와 같이, **배열은 첨자를 사용한 표기법과 포인터의 덧셈 연산을 사용한 표기법**으로 동일한 요소를 가리킬 수 있는 것입니다.

*test	test[0]	→ 배열 첫 번째 요소의 값
*(test+1)	test[1]	→ 배열 두 번째 요소의 값
*(test+2)	test[2]	→ 배열 세 번째 요소의 값
...	...	...

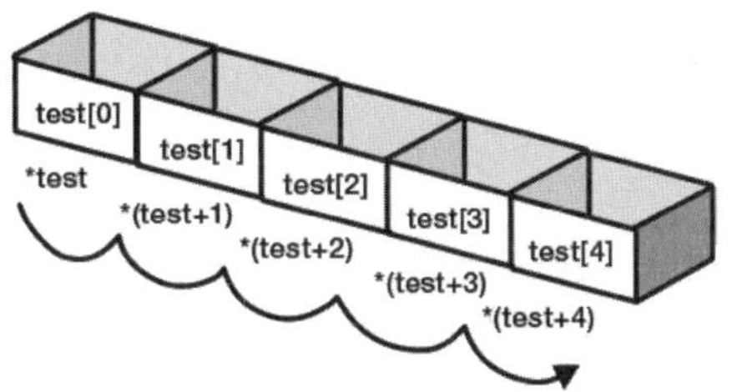

그림 9-7 **포인터 연산**
배열명(포인터)에 + 연산자를 사용하면 덧셈한 만큼 요소의 주소를 가리킬 수 있습니다.

포인터와 배열이 밀접한 관계를 맺고 있을 경우라면 포인터 연산으로도 배열에 접근할 수 있다.

배열명을 사용할 때 주의사항

지금까지 설명한 내용을 통해서, 배열명은 배열 첫 번째 요소의 주소를 저장하는 포인터와 같음을 알 수 있습니다. 그러나 배열명이 일반적인 포인터와 다른 점이 있습니다. 그것은,

배열명으로 가리킨 포인터에는 다른 주소를 대입할 수 없다

는 점입니다. 다음 코드를 보십시오.

```
#include <iostream>
using namespace std;

int main()
{
    int a = 5;
    int test[5] = {80,60,55,22,75};

    //에러
    //test = &a;    // 다른 주소를 대입하는 것은 불가능합니다

    return 0;
}
```

제 8장에서 배운 것처럼, 일반적인 포인터에는 다른 변수의 주소를 대입할 수 있었습니다. 그러나 배열명은 그 배열의 첫 번째 요소의 주소만 표현할 수 있습니다. 다시 말해, 변수 a의 주소를 test에 할당할 수 없습니다. 주의하시기 바랍니다.

9.6 인수와 배열

배열을 인수로 사용하기

이제 우리들은 배열과 포인터의 밀접한 관계에 대해 알게 되었습니다. 이 절에서는 이러한 밀접한 관계를 이용한 다양한 코드를 살펴보겠습니다.

먼저 배열을 함수의 인수로 사용하는 코드를 보겠습니다. 다음 코드를 입력하십시오.

Sample7.cpp ▶ 함수의 인수로 배열 사용하기

```
#include <iostream>
using namespace std;

//avg 함수의 선언
double avg(int t[]);          // 배열을 함수의 인수로 사용합니다

int main()
{
   int test[5];

   cout << "5명의 시험 점수를 입력하십시오. \n";
   for(int i=0; i<5; i++){
      cin >> test[i];
   }
   double ans = avg(test);    // 배열명(배열 첫 번째 요소의 주소)을 실인수로 넘깁니다
   cout << "5명의 평균 점수는 " << ans << "점입니다. \n";

   return 0;
}

//avg 함수의 정의
double avg(int t[])
{
   double sum = 0;
```

Lesson 9

```
    for(int i=0; i<5; i++){
        sum += t[i]; ● 배열을 이용합니다
    }
    return sum/5;
}
```

Sample7의 실행 화면

```
5명의 시험 점수를 입력하십시오.
80 ↵
60 ↵
55 ↵
22 ↵
75 ↵
5명의 평균 점수는 58.4점입니다.
```

5명의 시험 점수 평균을 반환하는 avg( ) 함수는 배열을 인수로 사용합니다. 이때, 가인수로 t[ ]를 사용하고 실인수로 배열 이름 test를 넘기는 부분에 주목하시기 바랍니다. 이처럼 배열을 인수로 사용할 경우, 실인수로 배열 이름을 넘깁니다.

이전 절에서 학습한 대로 배열 이름은 첫 번째 요소의 주소이므로, 함수에는 배열 첫 번째 요소의 값이 아니라 주소가 넘겨집니다. 배열을 함수에 넘길 경우, 이렇게 배열 첫 번째 요소를 넘기는 방법을 사용하므로 주의하시기 바랍니다.

포인터를 인수로 사용하기

앞 절에서 본 배열과 포인터의 밀접한 관계를 활용하면 같은 함수를 포인터를 사용하게끔 고칠 수 있습니다. 다음 코드를 보십시오.

```
//avg 함수의 선언
double avg(int* pT);
...
```

```
//avg 함수의 정의
double avg(int* pT)
{                                   가인수를 포인터로 선언할 수 있습니다
   double sum = 0;
   for(int i=0; i<5; i++){
      sum += *(pT+i);
   }                               배열에 포인터 연산으로 접근하고,
                                   그 값을 활용할 수 있습니다
   return sum/5;
}
```

이 함수의 가인수는 포인터인 pT입니다. 이 때, 호출자로부터 배열 첫 번째 요소의 주소가 전달되면, 포인터 pT는 그 주소값으로 초기화됩니다. 이 때문에 함수 안에서 포인터 pT에 포인터 연산을 통한 배열 요소 처리가 가능하게 됩니다.

따라서, 이 avg( ) 함수는 Sample7의 avg( ) 함수의 대용품이 될 수 있는 것입니다. 전체 코드는 다음과 같습니다.

Lesson 9

```
#include <iostream>
using namespace std;

//avg 함수의 선언
double avg(int* pT);

int main()
{
   int test[5];
   cout << "5명의 시험 점수를 입력하십시오. ₩n";
   for(int i=0; i<5; i++){
      cin >> test[i];
   }

   double ans = avg(test);
   cout << "5명의 평균 점수는" << ans << "점 입니다. ₩n";

   return 0;
}

//avg 함수의 정의
double avg(int* pT)
{                                   가인수를 포인터로 선언하고…
```

```
    double sum = 0;
    for(int i=0; i<5; i++){
        sum += *(pT+i);
    }

    return sum/5;
}
```

포인터 연산을 통해 배열을 다룹니다

코드 중, avg( ) 함수를 사용하는 부분은 Sample7과 동일합니다. 배열을 받는 함수에 이러한 포인터형 가인수를 사용하는 경우가 종종 있습니다.

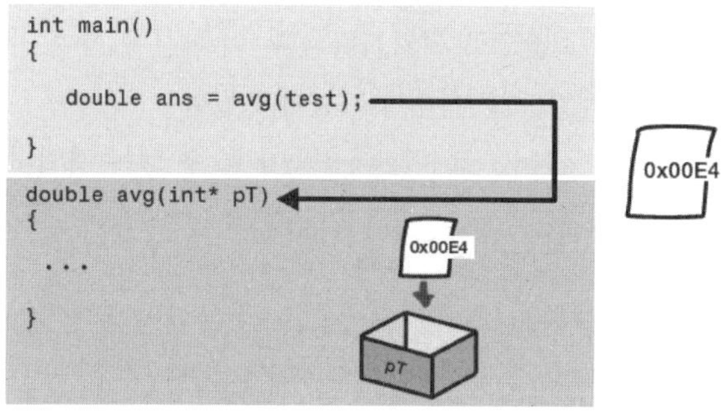

그림 9-8 **인수와 배열**
가인수로 넘어온 포인터를 사용하여 배열 첫 번째 요소의 주소를 받을 수 있습니다.

 포인터에 [ ] 연산자 사용하기

우리들은 배열명을 배열 첫 번째 요소로 다루는 방법까지 살펴보았습니다. 이와는 반대로,

포인터에 [ ]를 사용해 배열처럼 표기하기

도 가능합니다. 이전 avg( ) 함수의 포인터 pT를 그 예로 들어보겠습니다. 이 포인터 표기법에 [ ]을 사용한 다음과 같은 표기가 가능합니다.

이 [ ]를 첨자 연산자(subscript operator)라고 부르기도 합니다. 포인터에 [ ]를 사용한 표기법인 pT[2]는

포인터 pT가 가리키는 요소에서부터 두 칸 뒤의 요소

를 가리킵니다. 포인터가 배열을 가리키고 있을 때 포인터에 [ ]을 붙이면, 그 포인터가 가리키는 요소를 구할 수 있는 것입니다. 결국 배열과 같아지는 것입니다.

그러나 이 예제에서처럼 포인터에 [ ]를 사용할 수 있는 경우는,

포인터가 배열을 가리킬 때에만 한정된다

는 사실을 염두에 두시기 바랍니다. 이 함수에는 실인수로 배열 첫 번째 요소의 주소가 넘겨지므로 [ ]를 사용할 수 있는 것입니다. 배열을 가리키지 않는 포인터에 [ ]를 사용하면, 프로그램 실행 시 예기치 않은 에러를 만날 수 있으므로 주의하시기 바랍니다.

아래의 코드는 방금 생성한 avg( ) 함수 안의 포인터에 [ ] 연산자를 적용시켜서 배열처럼 사용한 것입니다.


```
//avg 함수의 정의
double avg(int* pT)
{
    double sum = 0;
    for(int i=0; i<5; i++){
        sum += pT[i];
    }

    return sum/5;
}
```

포인터에 [ ]를 사용할 수 있습니다

반복문 안에서 pT[i]라는 표기를 사용하여 포인터 pT가 가리키는 배열 요소에 순차적으로 접근하고 있습니다. 결과적으로, 이 함수는 이전 avg( ) 함수와 동일한 작업을 합니다.

이처럼 포인터가 배열을 가리킬 경우, 그 포인터는 배열과 동일하게 다룰 수 있습니다.

9.7 문자열과 배열

문자열과 배열의 관계 이해하기

이 장의 마지막은 배열을 응용한 메커니즘을 학습하는 것으로 마무리하도록 하겠습니다. 지금까지 몇 번씩 등장한 C++의 '문자열' 또한 배열과 깊은 관계가 있습니다. 문자열이란 곧,

```
"Hello"
```

와 같은 연속된 문자입니다. C++에서는 이같은 영숫자 문자열을

'char형 배열'로 다루는 기능

을 갖추고 있습니다. 'char형'은 제 3장에서 소개해드렸듯, '문자'를 표현하는 형(type)입니다. 문자열은 연속된 문자이므로, 문자형 배열로 간주할 수 있는 것입니다.

예를 들어 위의 "Hello"라는 문자열은 다음과 같이 문자형 배열로 다룰 수 있습니다.

```
char str[6];        ← char형 배열을 선언했습니다

str[0]= 'H';  ┐
str[1]= 'e';  │
str[2]= 'l';  ├ 문자를 하나씩 대입합니다
str[3]= 'l';  │
str[4]= 'o';  ┘
str[5]= '₩0';       ← 마지막에 '₩0'을 붙입니다
```

char형 배열을 선언하고 각 요소에 문자를 하나씩 대입합니다. 이제 배열 str[ ]로

"Hello"라는 문자열을 다룰 수 있게 되었습니다.

안타깝게도 C++ 내부적으로 한국어 문자열은 영숫자와 취급하는 방법이 다르므로, 이 장에서는 영숫자만 배열로 접근해 보겠습니다.

그런데, 이 배열 마지막에 대입한 '₩0'의 정체는 무엇일까요?

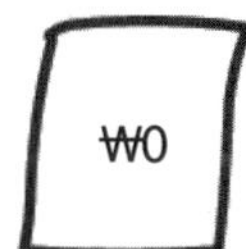

이 문자는 NULL 문자(NULL character)라고 합니다. C++에서는 문자열의 마지막을 표현하기 위해서

반드시 문자열의 마지막에 '₩0'을 붙여라.

는 규정이 있습니다.

이 '₩0'을 꼭 기억하시기 바랍니다. 특히 배열을 선언할 때 주의가 필요합니다. 이 '₩0'이 들어갈 배열요소(상자)도 준비해야만 하기 때문입니다.

예를 들어 "Hello"라는 다섯 개의 문자로 이루어진 문자열을 다룬다고 가정해 보겠습니다. 이러한 경우, 다섯 개의 문자로 구성된 문자열이지만 다섯 개의 요소만 담을 수 있는 배열을 사용해서 다룰 수 없습니다. 이러한 경우 필요한 배열 요소는 최소 6개입니다. 최소한 '문자열의 길이+1' 개분의 요소가 필요한 것입니다.

문자열은 char형 배열로 취급한다.
문자열 배열의 마지막 요소는 ₩0이 된다.
문자열 배열의 요소 수는 '문자열의 길이+1' 이상이 필요하다.

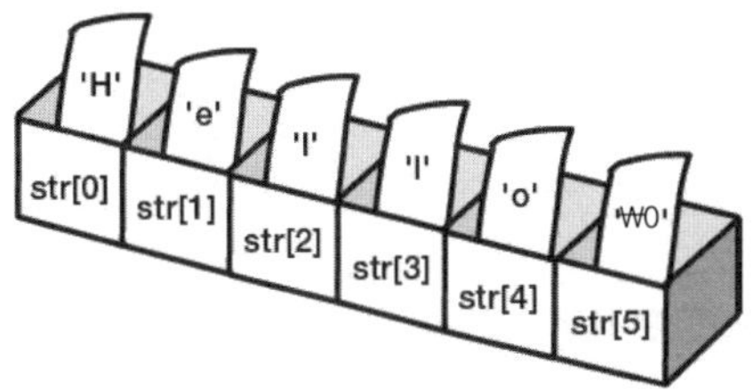

그림 9-9 **문자열 배열**

문자열 배열의 마지막 요소는 NULL 문자(₩0)이어야 합니다.

문자열 배열 초기화하기

문자열은 다음과 같이 초기화하여 char형 배열에 저장시킬 수 있습니다.

```
char str[6] = {'H','e','l','l','o','₩0'};
char str[] = {'H','e','l','l','o','₩0'};
char str[6] = "Hello";
char str[] = "Hello";
```

배열을 초기화시킬 수 있습니다.

" "를 사용해서 초기화시킬 수도 있습니다

이들은 모두 char형의 배열 str[6]를 "Hello"라는 문자열로 초기화시킨 것입니다. 문자열의 경우 일반적인 배열의 초기화 방법은 물론이고, 위와 같이

" "로 묶어 초기화시키기

를 지원합니다. "(따옴표)를 사용해서 문자열을 초기화시킬 경우, 문자열 마지막에 자동적으로 NULL 문자(₩0)가 붙습니다.

그리고 " "를 사용한 저장 방법은 초기화시킬 때에만 사용할 수 있습니다. 다음과 같이 " "로 묶은 문자열을 따로 대입할 수 없으므로 주의가 필요합니다.

```
char str[6] = "Hello";
/* 에러 */
/* str = "Hello"; */
```

" "를 사용해서 초기화시킬 수는 있지만…

" "를 사용해서 대입시킬 수는 없습니다

문자열 배열 출력하기

그러면 배열에 저장된 문자열을 출력해 보도록 하겠습니다. 먼저 다음 코드를 입력하십시오.

Sample8.cpp ▶ 문자열 출력하기

```
#include <iostream>
using namespace std;

int main()
{
   char str[] = "Hello";

   cout << str << '₩n';   // 문자열을 출력합니다

   return 0;
}
```

Sample8의 실행 화면

```
Hello
```

cout에 << 기호를 사용하여 위와 같이 작성하면 문자열 전체가 출력됩니다.

문자열을 포인터로 다루기

문자열을 다룰 때 배열을 사용할 수도 있지만, char형 포인터를 사용할 수도 있습니다. char형 포인터를 사용한 코드는 다음과 같습니다.

```
Const Char* str = "Hello";
```

이 경우의 str은 char형 포인터인 점에 유의하시기 바랍니다. char형 포인터에 대입한 문자열을 이미지로 표현한다면 다음과 같을 것입니다. 문자열을 포인터에 저장시킬 경우에 " "를 사용하면, 메모리 어딘가에 문자열이 저장되고 포인터는 그 위치를 가리키게 됩니다.

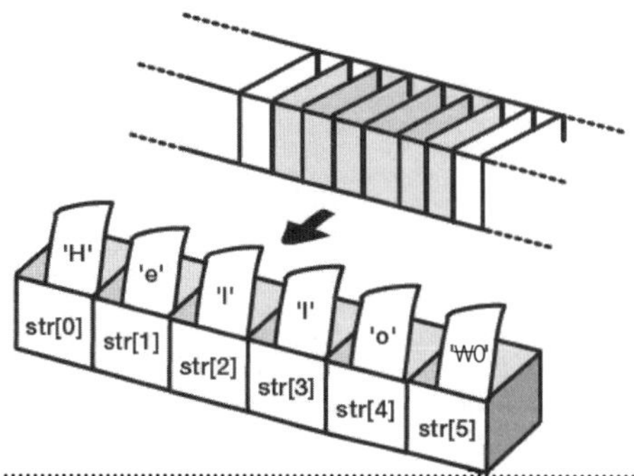

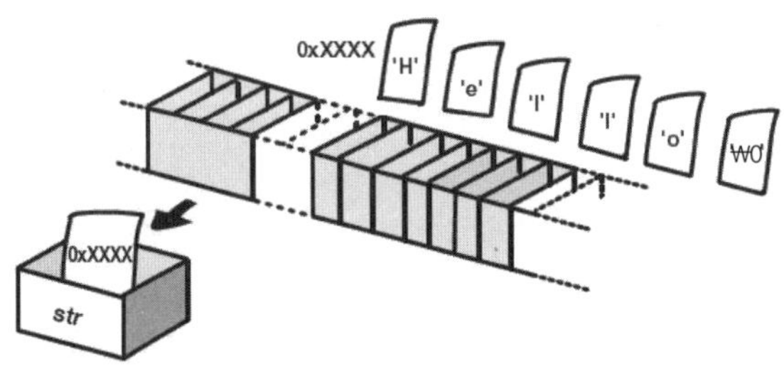

그림 9-10 **문자열 다루기**

char str[ ] = "Hello"(배열)로 문자열을 다룰 수 있습니다(위).
char* str = "Hello"(포인터)로 문자열을 다룰 수 있습니다(아래).

문자열을 char형 포인터로 다룰 경우에도 문자열을 출력할 수 있습니다. 테스트를 해보겠습니다.

Sample9.cpp ▸ 포인터를 사용한 문자 출력

```
#include <iostream>
using namespace std;

int main()
{
   const char* str = "Hello";

   cout << str << '₩n';
                          문자열을 출력합니다
   return 0;
}
```

출력 결과는 Sample8과 동일합니다.

 배열과 포인터의 차이점 이해하기

포인터를 배열로 다루거나 포인터로 다룰 때에는 이 밖에 주의해야 할 점이 있습니다.

배열에 문자열을 한번 대입하면 다시 대입할 수 없지만, 포인터에는 문자열을 여러 번 대입할 수 있습니다.

```
Const char* str = "Hello";
str = "Goodbye"
```


이 코드의 첫 번째 줄에서 str이 "Hello"를 가리키게 만들었습니다. 두 번째 줄에서는 str이 "Goodbye"를 가리키게 만들었습니다.

다음 그림을 보십시오. 포인터에 문자열을 대입한 경우에는 문자열이 메모리 어딘가에 저장되고, 포인터에는 문자열의 첫 번째 문자의 주소만 저장되므로 포인터가 가리키는 문자열은 얼마든지 변경시킬 수 있는 것입니다.

배열명에 대입시킬 수 없다.

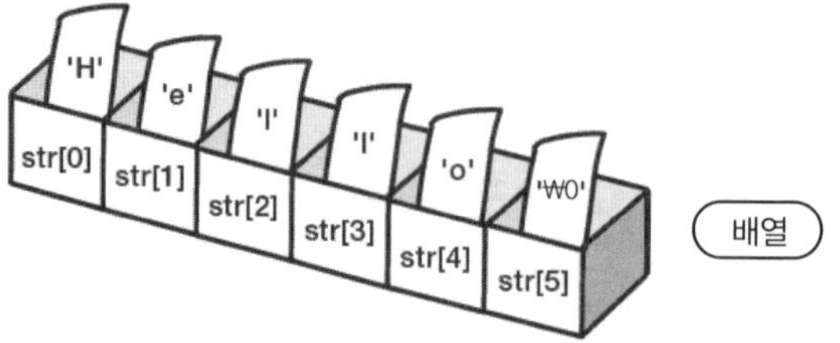

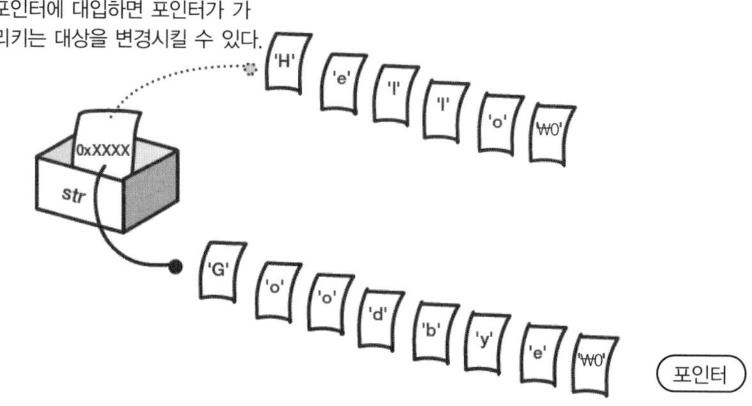

그림 9-11 배열과 포인터의 차이점

문자열을 배열로 다룰 경우, 배열명에 대입된 문자열을 변경시킬 수 없습니다(위).
문자열을 포인터로 다룰 경우, 포인터에 새로운 문자열을 대입할 수 있습니다.(아래).

또한 이 장에서 출력 방법을 설명해 두었지만, 문자열을 입력받을 경우에는 배열을 선언해서 문자열을 저장시킬 영역을 충분하게 확보해야 합니다.

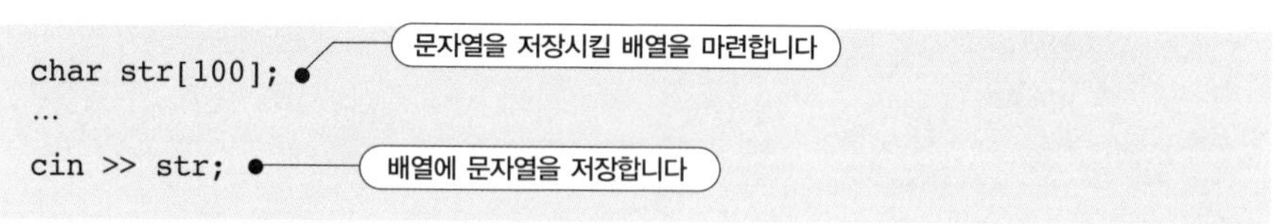


```
char str[100];
...
cin >> str;
```

문자열은 배열과 포인터 2가지 수단을 사용하여 다룰 수 있습니다만, 그 특성에 따라 사용법이 다르므로 코드 작성시에 주의해야 합니다.

문자열 조작하기

그러면 이번에는 문자열이 배열이라는 사실을 이용해서 문자열을 조작하는 코드를 만들어 보겠습니다. 다음 코드는 배열 str[ ]에 저장된 문자열 "Hello"의 각 문자 사이에 *라는 기호를 삽입시킨 후 출력합니다.

Sample10.cpp ▶ 배열로 문자열 처리하기

```
#include <iostream>
using namespace std;

int main()
{
   char str[] = "Hello";

   cout << "Hello₩n"

   for(int i=0; str[i] != '₩0'; i++){
      cout << str[i] << '*';
   }
   cout << '₩n';

   return 0;
}
```

₩0을 만날 때까지 반복해서 실행합니다

Sample10의 실행 화면

```
Hello
H*e*l*l*o*
```

이 코드는 for문을 사용하여 문자열 배열의 요소를 하나하나 다루고 있습니다. C++ 문자열은 ₩0으로 끝나기 때문에 배열 str[ ]의 요소에 ₩0이 나올 때까지 *를 삽입하면서 반복 출력을 할 수 있습니다.

₩0을 만날 때까지 반복해서 실행합니다

```
for(int i=0; str[i] != '₩0'; i++){
   cout << str[i] << '*';
}
```

이렇게 문자열을 다루는 코드는 마지막 문자가 ₩0이라는 사실을 이용합니다. 이처럼 문자열에 다른 기호를 넣거나 탐색하는 연습을 통해 문자열에 익숙해지기 바랍니다.

문자열을 조작할 때는 문자열의 마지막이 ₩0이라는 점을 이용한다.

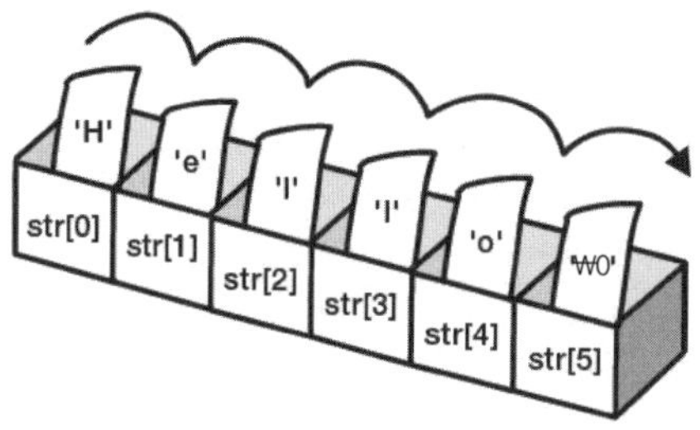

그림 9-12 **문자열의 조작**

C++ 문자열은 마지막에 ₩0로 끝난다는 점을 이용해서 조작합니다.

문자열을 다루는 표준 라이브러리 함수

지금까지 우리들은 문자열을 다루는 방법을 살펴보았습니다. 여러분이 사용하시는 C++ 환경에는 문자열을 처리하기 위한 표준적인 함수가 이미 제공되어 있습니다.

이 함수들을 **표준 라이브러리(standard library)**라고 부릅니다. 이 표준 라이브러리에는 다양한 문자열 조작 함수가 정의되어 있습니다. 이 함수들을 코드에서 이용하면 문자열의 길이를 측정하거나 복사하는 작업을 쉽게 할 수 있습니다. 표준 라이브러리의 주요 문자열 조작 함수를 소개하겠습니다.

표 9-2 : 문자열을 다루는 표준 라이브러리 함수(〈string〉)

size_t strlen(const char* s);
문자열 s에서 NULL 문자를 제외한 길이를 리턴합니다.
char* strcpy(char* s1, const char* s2);
문자열 s2를 배열 s1에 복사한 후, s1을 리턴합니다.
char* strcat(char* s1, const char* s2);
문자열 s2를 문자열 s1에 끝에 붙이고, s1을 리턴합니다.
Int strcmp(const char* s1, const char* s2);
문자열 s1과 문자열 s2를 비교해서 문자열 s1이 문자열 s2보다 작을 때 : 음수 값 문자열 s1이 문자열 s2와 동일할 경우 : 0 문자열 s2보다 큰 경우 : 양수 값을 리턴합니다.

표준 라이브러리 함수를 사용하려면 각 함수의 기능을 제공하는 파일을 인클루드해야 합니다. 문자열 조작 함수를 사용하려면, 소스 파일 앞머리에 #include〈cstring〉라고 적으십시오.

그러면, 표준 라이브러리 함수 중에서 strlen( ) 함수를 이용한 '문자열의 길이를 구하는' 코드를 작성해 보겠습니다.

Sample11.cpp ▶ 표준 라이브러리 strlen( ) 함수 사용하기

```
#include <iostream>
#include <cstring>
using namespace std;

int main()
{
   char str[100];

   cout << "문자열(영문자 및 숫자)을 입력하십시오. ₩n";

   cin >> str;

   cout << "문자열의 길이는" << strlen(str) << "입니다. ₩n";

   return 0;
}
```

문자열 조작 함수를 제공하는 표준 라이브러리를 사용할 수 있게 됩니다

문자열 조작 함수를 이용합니다

Sample11의 실행 화면

```
문자열(영문자 및 숫자)을 입력하십시오.
Hello ↵
문자열의 길이는 5입니다.
```

이처럼 표준 라이브러리 함수인 strlen( ) 함수를 사용하면 문자열의 길이를 확인할 수 있습니다. strlen( ) 함수가 리턴하는 문자열의 길이에는 '₩0' 이 포함되어 있지 않음을 꼭 기억하기 바랍니다.

문자열을 다루는 함수

이 책에서는 배열과 문자열의 메커니즘을 이해할 수 있도록 간단한 문자열 함수 라이브러리인 <cstring>을 C언어에서 가져와 사용하고 있습니다. 이런 부류의 함수는 실행 환경에 따라 보안과 관련된 정보를 노출할 수 있습니다. 특히 Visual Studio는 컴파일을 할 때 보안과 관련된 에러를 표시하고 컴파일을 막도록 설정이 되어 있습니다. 이럴 때는 에러를 다루는 방법을 설정합니다. 또는 보안 기능을 갖춘 함수를 사용할 수도 있습니다. 이런 함수는 이름 끝에 '_s'가 붙습니다.

이 책의 viii ~ ix 페이지에 Visual Studio에서 에러가 나지 않게 하는 방법을 정리해 두었습니다. 그리고 영진닷컴의 홈페이지에도 보안 기능을 사용한 샘플 코드를 내려받을 수 있습니다. 사용 환경에 따라 적절하게 활용하세요.

C++ 언어로 문자열을 본격적으로 조작하려면 표준 라이브러리인 <string>을 사용합니다. 이 라이브러리는 12장에서 소개하는 클래스 등을 사용합니다. C++에 익숙해진 후에 사용하면 좋습니다.

문자열을 배열에 복사하기

다음 순서로 문자열을 배열에 복사하는 함수를 사용해 보겠습니다. 방금 전 소개했듯이, 문자열을 " "로 묶으면 배열에 저장시킬 수 있습니다. 그러나 초기화할 때를 제외하고 문자열을 배열에 저장시키는 것은 꽤나 번거로운 작업입니다. 그럴 때, 문자열을 배열로 복사하는 표준 라이브러리 함수를 사용하면 편리합니다. 다음 코드를 통해 사용 방법을 알아 보겠습니다.

Sample12.cpp ▶ 표준 라이브러리 strcpy( ) 함수 사용하기

```
//역주: Visual Studio 2010 버전 이상 사용자는 아래의 코드를 꼭 넣으십시오.
#define _CRT_SECURE_NO_WARNINGS

#include <iostream>
#include <cstring>
using namespace std;

int main()
{
   char str0[20];
   char str1[10];
   char str2[10];

   strcpy(str1, "Hello");        // str1[ ]에 "Hello"를 복사합니다
   strcpy(str2, "Goodbye");      // str2[ ]에 "Gooddby'를 복사합니다
   strcpy(str0, str1);           // str0[ ]에 str1[ ]를 복사합니다
   strcat(str0, str2);           // str0[ ]의 끝에 str2[ ]를 추가합니다

   cout << "배열 str1은(는) " << str1 << "입니다. ₩n";
   cout << "배열 str2은(는) " << str2 << "입니다. ₩n";

   cout << "연결하면 " << str0 << "입니다. ₩n";

   return 0;
}
```

Sample12의 실행 화면

```
배열 str1은 Hello입니다.
배열 str2는 Goodbye입니다.
연결하면 HelloGoodbye입니다.
```

이 예제에서는 문자열을 배열로 복사하는 strcpy( ) 함수를 사용했습니다. 그리고 배열의 끝에 문자열을 추가시키는 strcat( ) 함수를 사용했습니다.

str1[ ]과 str2[ ]에 각각 "Hello"와 "Goodbye"를 복사(저장)했습니다. 그리고 str0[ ]에 str1[ ]를 복사하여 str0[ ]에 "Hello"가 저장되도록 만들었습니다. 마지막으로, str0[ ]의 끝 부분에 "Goodbye"가 추가되도록 strcat( ) 함수를 사용했습니다. 이 순서를 그림으로 표현하면 다음과 같습니다.

```
     strcpy(str1,"Hello");
str1 | H | e | l | l | o | ₩0 |   |   |   |   |   |   |

     strcpy(str2,"Goodbye");
str2 | G | o | o | d | b | y | e | ₩0 |   |   |

     strcpy(str0,str1);
str0 | H | e | l | l | o | ₩0 |   |   |   |   |   |   |

     strcat(str0,str2);
str0 | H | e | l | l | o | G | o | o | d | b | y | e | ₩0 |   |
```

문자열을 다룰 때 이와 같은 표준 라이브러리 함수를 사용해서 처리하면 편리합니다. 이 함수들을 사용하면 문자열을 복사하거나 배열에 저장하는 작업을 간단히 수행할 수 있기 때문입니다.

 배열의 크기에 주의하세요

strcpy( ) 함수나 strcat( ) 함수를 사용하는 경우, 배열 크기를 확인하고 작업하시기 바랍니다. 함수의 인수가 가리키는 배열의 크기가 충분하지 않으면, 이 함수는 배열의 요소를 넘어서 문자열을 복사시켜 버리기 때문입니다. 예를 들어, Sample12과 같이 str0[ ]의 요소가 총 10개라고 가정해 보겠습니다.

```
int main()
{
   char str0[10];   ● 사용하는 배열의 크기가 충분해야 합니다
   char str1[10];
   char str2[10];
   …
}
```

이때 마지막 strcat( ) 함수를 사용하여 "Goodbye"를 복사시키면 배열 최대 요소의 개수를 넘어서 문자열을 저장해버리게 됩니다. 이 장의 첫머리에서 언급했듯이 배열 요소의 개수를 넘어서는 연산을 지시하면 안 됩니다. 이렇게 작성된 코드는 컴

파일 시에 문제가 발생하지 않기 때문에 실제로 프로그램을 동작시켰을 때 예기치 않은 에러를 발생시킬 가능성이 매우 높습니다.

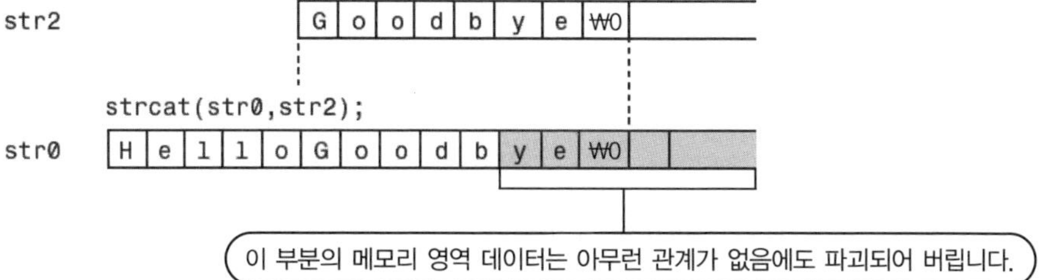

특히 문자열 끝에 문자열을 추가시키는 strcat( ) 함수의 경우에는 배열 크기를 넘어서기 일쑤입니다. 문자열을 담을 배열의 크기는 충분히 확보한 후, 작업하시기 바랍니다.

9.8 강의 요약

이 장에서는 다음과 같은 내용을 배웠습니다.

- 배열을 선언하고 각 요소에 값을 대입할 수 있습니다.
- { } 안에 초기자를 넣어서 배열을 초기화시킬 수 있습니다.
- 다차원 배열을 만들고 사용할 수 있습니다.
- 배열과 포인터에는 밀접한 관계가 있습니다.
- 배열명은 배열 첫 번째 요소의 주소값을 가지고 있습니다
- 배열을 인수로 받는 함수에는 배열 첫 번째 요소의 주소를 넘깁니다.
- 문자열 배열의 끝부분에는 '₩0'을 붙입니다.
- 문자열 배열은 " "로 묶은 문자열로 초기화할 수 있습니다.
- 표준 라이브러리의 문자열 조작 함수를 사용할 수 있습니다.

배열을 사용하면, 같은 형의 대량 데이터를 처리할 수 있습니다. 또한 C++에서는 문자열을 사용할 때도 배열의 기능을 유용하게 사용할 수 있습니다. 그리고 이 장에서는 배열과 포인터 사이의 관계에 대한 내용도 배웠습니다. 배열은 C++에서 빼놓을 수 없는 편리한 메커니즘임에 틀림없습니다.

연습

1. 5개의 요소를 가진 배열을 받아서, 그 최댓값을 리턴하는 int max(int x[ ]) 함수를 정의하십시오. 키보드로 학생 수와 시험점수를 입력받은 후, max( ) 함수를 사용하여 최고점수를 출력하는 코드를 작성하십시오.

```
시험 점수를 입력하십시오.
50 ↵
20 ↵
35 ↵
68 ↵
75 ↵
가장 높은 점수는 75점입니다.
```


2. 문자열의 길이를 알아내는 함수 int length(char* str)를 작성하십시오. 실제로 키보드로 입력받은 문자열의 길이를 알아내는 코드를 작성하십시오.

```
문자열을 입력하십시오.
Hello ↵
문자열의 길이는 5입니다.
```

3. 문자열 안에서 특정 문자의 등장 횟수를 알아내는 함수 int count(char str[ ], char ch)를 작성하십시오. 실제로 키보드로 입력받은 문자열 안에서 특정 문자의 등장 횟수를 알아내는 코드를 작성하십시오.

```
문자열을 입력하십시오.
Hello ↵
문자열에서 검색할 문자를 입력하십시오.
l ↵
Hello 안에 l은 총 2개 있습니다.
```

Lesson 10

대규모 프로그램의 작성

지금까지 우리들은 소규모 프로그램을 여러 개 만들었습니다. 그러나 프로그램의 규모가 커지면 커질수록, 코드에서는 더 많은 변수 및 배열, 함수를 다루어야 할 것입니다. 이 장에서는 대규모 프로그램의 작성에 필요한 지식을 학습합니다.

Check Point

- 스코프
- 기억 수명
- 메모리의 동적인 확보
- new 연산자
- delete 연산자
- 분할 컴파일
- 헤더
- 링키지

10.1 변수와 스코프

변수의 종류 파악하기

그러면 이 장에서는 함수 안에 선언되는 변수와 배열의 메커니즘에 대해 학습해 보겠습니다. 먼저, 지금까지 우리들이 변수와 배열을 선언했던 곳은 main() 함수 안이거나 직접 만든 함수 안이었던 사실을 떠올려 주시기 바랍니다.

```
int main()
{
    int a;    // 함수 블록 안에 선언된 지역 변수입니다
    ...
}
```

그러나 변수와 배열의 선언은 반드시 함수 안에서만 해야 하는 것은 아닙니다. 변수나 배열은

함수 바깥에서도 선언 가능

하기 때문입니다.

```
int a;    // 함수 블록 바깥에 선언된 전역 변수입니다

int main()
{
    ...
}
```

지금까지 우리들이 함수 안에 선언한 변수를 **지역 변수**(local variable)라고 부릅니다. 반면에, 함수 바깥에서 선언한 변수는 **전역 변수**(global variable)라고 부릅니다.

함수 안에 지역 변수를 선언할 수 있다.
함수 바깥에 전역 변수를 선언할 수 있다.

```
int a = 0;          ——— 전역 변수

int main()
{
   int b = 1;       ——— 지역 변수
   ...
}

void func()
{
   int c = 2;       ——— 지역 변수
   ...
}
```

그림 10-1 **지역 변수와 전역 변수**

함수 안에 선언한 변수를 '지역 변수'라고 부릅니다. 함수 바깥에서 선언한 변수는 전역 변수(global variable)라고 부릅니다.

 스코프의 원리 이해하기

그러면 지역 변수와 전역 변수는 어떠한 차이점이 있는 것일까요? 이 두 가지 변수를 다루는 코드를 통해 서로의 차이점을 확인해 보겠습니다. 다음 코드를 보시기 바랍니다.

Sample1.cpp ▶ 변수 스코프 이해하기

```
#include <iostream>
using namespace std;

//func 함수의 선언
void func();

int a = 0;  ● 전역 변수 a입니다

//main 함수
int main()
{
```

Lesson 10

```
    int b = 1;        ← 지역 변수 b입니다

    cout << "main 함수에서는 변수 a와 b를 사용할 수 있습니다. ₩n";
    cout << "변수 a의 값은 " << a << "입니다. ₩n";    ← 전역 변수를 사용합니다
    cout << "변수 b의 값은 " << b << "입니다. ₩n";    ← 이 함수의 지역 변수를 사용할 수 있습니다
    //cout << "변수 c의 값은 " << c << "입니다. ₩n";  ← 다른 함수 안의 지역 변수는 사용할 수 없습니다

    func();

    return 0;
}

//func 함수의 정의
Void func()
{
    int c = 2;        ← 지역 변수 c입니다

    cout << "func 함수에서는 a와 c를 사용할 수 있습니다. ₩n";
    cout << "변수 a의 값은 " << a << "입니다. ₩n";    ← 전역 변수를 사용할 수 있습니다
    //cout << "변수 b의 값은 " << b << "입니다. ₩n";  ← 다른 함수 안의 지역 변수는 사용할 수 없습니다
    cout << "변수 c의 값은 " << c << "입니다. ₩n";    ← 이 함수 안의 지역 변수를 사용할 수 있습니다
}
```

Sample1의 실행 화면

```
main 함수에서는 a와 b를 사용할 수 있습니다.
변수 a의 값은 0입니다.
변수 b의 값은 1입니다.
func 함수에서는 변수 a와 c를 사용할 수 있습니다.
변수 a의 값은 0입니다.
변수 c의 값은 2 입니다.
```

이 코드에서는 총 세 가지의 변수가 선언되었습니다.

변수 a … 함수 바깥에 선언한 전역 변수

변수 b … main( ) 함수 안에 선언한 지역 변수

변수 c … func( ) 함수 안에 선언한 지역 변수

변수는 선언된 위치에 따라 코드 안에서 활용할 수 있는 영역이 달라집니다.

먼저 지역 변수의 경우,

선언된 함수 안에서만 사용할 수 있음

을 기억하시기 바랍니다. 이 예제에 등장한 지역 변수 b는 main( ) 함수 안에 선언되어 있기 때문에 func( ) 함수에서는 사용할 수 없습니다. 반대로 지역 변수 c는 main( ) 함수 안에서 사용할 수 없습니다.

반면에 전역 변수는,

어떠한 함수에서도 사용할 수 있다

는 사실을 기억하시기 바랍니다. 즉, 이 예제의 main( ) 함수와 func( ) 함수 모두에서 변수 a를 사용할 수 있습니다.

그림 10-1이 각각의 변수의 유효 범위를 그림으로 표현한 것입니다. 이러한 변수 이름의 통용범위를 가리켜 스코프(scope)라고 부릅니다.

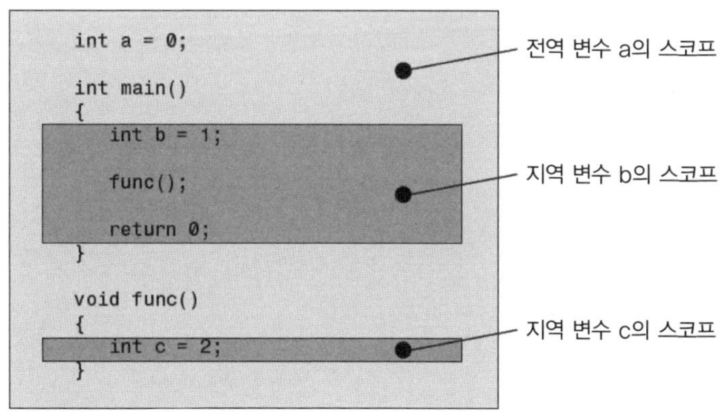

그림 10-2 **변수의 스코프**
지역 변수는 선언된 함수 안에서만 사용할 수 있습니다. 전역 변수는 어떠한 함수에서도 사용할 수 있습니다.

지역 변수와 전역 변수의 스코프에 대해 정리하겠습니다.

표 10-1 : 스코프

	선언 위치	스코프
지역 변수	함수 안	변수가 선언된 곳에서부터 함수가 끝나는 위치까지 사용 가능
전역 변수	함수 바깥	어떠한 함수에서도 사용 가능

변수의 이름이 통용되는 범위를 스코프라고 부른다.

 지역 변수끼리 이름이 겹치면 어떻게 되나요?

변수의 이름과 선언 위치 선정에 주의하시기 바랍니다. 예를 들어 함수 안에 선언되는 변수 이름은 중복해서 사용할 수 없습니다. 그러나 다른 함수 안에 선언된 지역 변수들의 이름은 겹쳐도 됩니다.

```
void main()
{
    int a = 0;
    a++;
}
int func()
{
    int a = 0;
    a++;
}
```

두 개의 지역 변수는 전혀 다른 변수입니다

위 코드의 main( ) 함수 func( ) 함수 모두에 '변수 a'가 선언되어 있습니다. 이 2개의 지역 변수는 다른 값을 저장하는 완전히 다른 변수입니다. 다른 함수 안에 선언된 지역 변수는 같은 이름이라 할지라도 전혀 다른 변수인 것입니다.

다른 함수 안에 선언된 지역 변수는 같은 이름이라 할지라도 전혀 다른 변수다.

```
int main()
{
    int a = 0;
    a++;
}
```

```
void func()
{
    int a = 0;
    a++;
}
```

그림 10-3 **지역 변수의 이름 중복**

서로 다른 함수 안에 선언된 지역 변수는 전혀 다른 변수임을 알 수 있습니다.

전역 변수와 이름이 겹치면 어떻게 되나요?

전역 변수와 지역 변수의 이름은 같아도 상관없습니다. 다음 코드를 보십시오.

```
int a = 0;        // 전역 변수 a입니다

//main 함수
int main()
{
    int a = 0;    // 지역 변수 a입니다
    …
    a++;          // 지역 변수 a의 값이 증가합니다

    ::a++;        // 전역 변수 a의 값이 증가합니다

}
```

이 코드에서는 전역 변수로 '변수 a'를 선언하고 main( ) 함수 안에 지역 변수로 '변수 a'를 선언했습니다. 전역 변수와 지역 변수는 이처럼 그 이름이 중복될 수 있습니다.

이럴 때 main() 함수 안에 'a++;' 같은 코드를 작성하면, 지역 변수 a를 사용한다는 뜻이 됩니다. 그리고 func( ) 함수 안에서 지역 변수의 이름 때문에 전역 변수의

이름이 숨겨지는 것에도 유의하시기 바랍니다. 이 상태에서 지역 변수와 이름이 중복되는 전역 변수를 사용하려면 '::a++;' 처럼 범위 해결 연산자(::)를 사용해야 합니다.

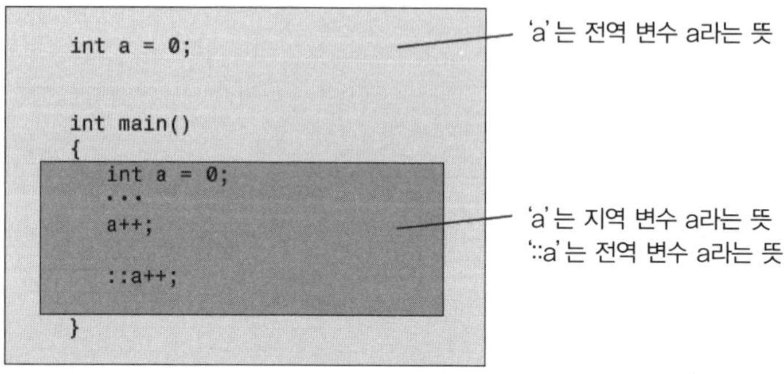

그림 10-4 **전역 변수와 지역 변수의 이름 중복**

전역 변수와 함수 안 지역 변수의 이름이 중복되면, 그 함수 안에서는 전역 변수의 이름이 숨겨집니다.

전역 변수와 지역 변수 이름은 중복해서 사용할 수 있다.

10.2 기억 수명

 변수의 기억 수명 알기

지금 우리들이 학습하고 있는 배열과 변수는 프로그램이 시작될 때부터 종료될 때까지 메모리에 저장되어 있을까요? 이번에는 변수의 '생애' 에 대해 알아보도록 하겠습니다.

변수를 선언하면 가장 먼저 값을 저장하기 위한 상자가 메모리에 마련됩니다(①). 이 상태를 **메모리가 확보되었다**고 부르기도 합니다. 그 후에 변수는 값의 저장 및 출력에 이용되고(②), 마지막에 상자가 파괴됨과 동시에 그 상자가 점유하고 있던 메모리는 다른 용도로 사용됩니다(③). 이 상태를 **메모리가 해제되었다**고 부르기도 합니다.

변수를 담는 상자가 만들어진 후 파괴될 때까지의 기간을 **기억 수명**이라고 부릅니다.

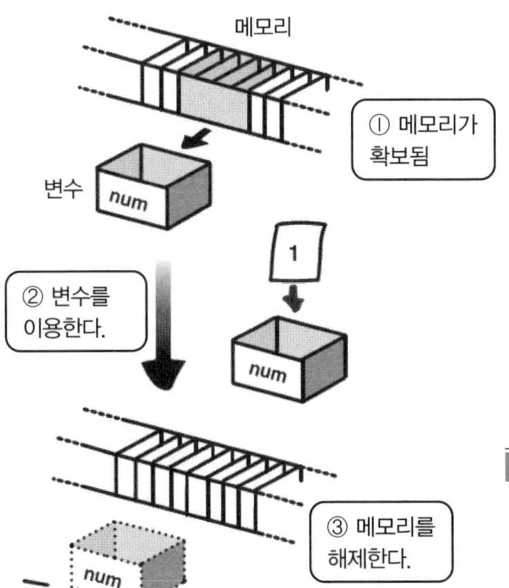

그림 10-5 **변수의 기억 수명**

① 값을 저장시키는 상자가 메모리 안에 준비되고, ② 변수에 값을 저장시키거나 출력시킵니다. ③ 마지막에 변수 상자는 파괴되고, 메모리는 다른 용도로 사용됩니다.

변수의 기억 수명은 변수의 선언 위치에 좌우됩니다. 지역 변수는 일반적으로 다음 규칙에 따라 만들어지고 소멸합니다.

함수 안에 선언될 때, 변수 상자가 메모리에 준비되고

↓

함수가 종료되는 시점에 상자가 파괴됨에 따라, 그 상자가 점유하던 메모리는 다른 용도로 사용된다.

즉, 일반적인 지역 변수는 선언된 후 함수가 종료될 때까지만 값을 저장할 수 있는 것입니다.

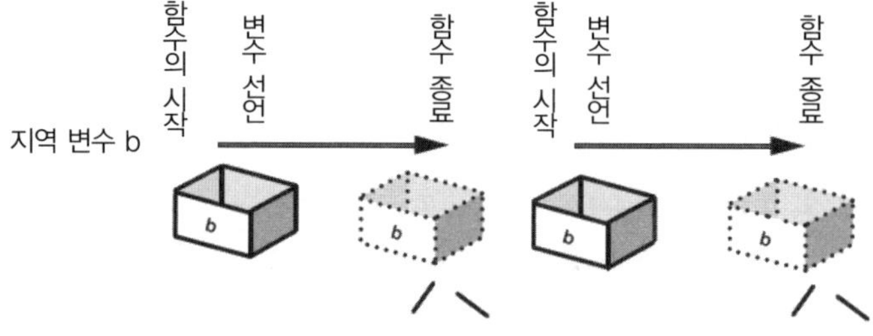

반면에 전역 변수는 다음 규칙에 따라 만들어지고 소멸합니다.

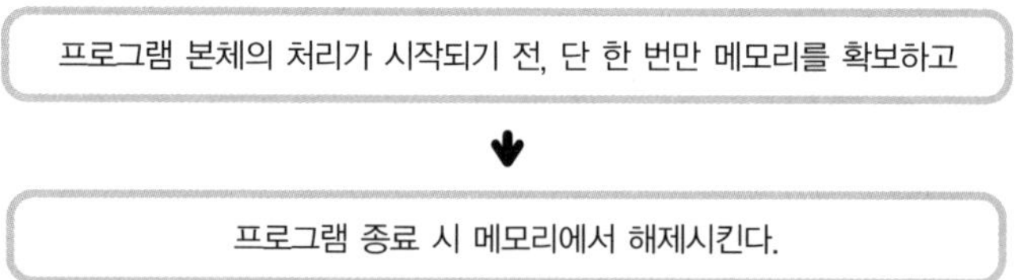

즉, 전역 변수는 프로그램이 시작되어서 종료될 때까지 계속해서 값을 저장할 수 있는 것입니다.

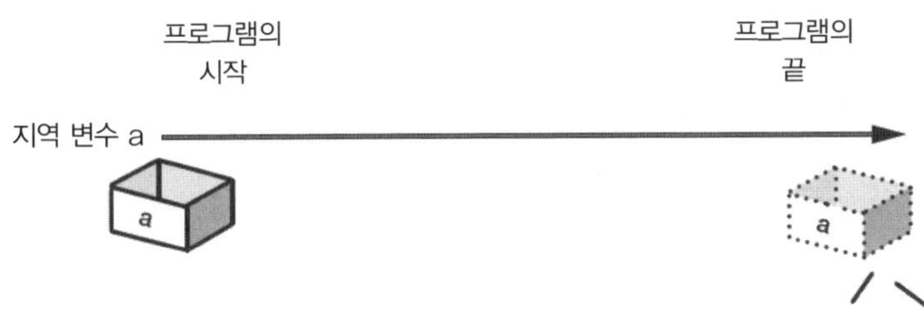

변수의 생애를 다음 코드를 통해 확인해 보도록 하겠습니다.

Sample2.cpp ▶ 변수의 기억 수명 이해하기

```
#include <iostream>
using namespace std;

//func 함수의 선언
void func();

int a = 0;                 ● 전역 변수 a입니다

//main 함수
int main()
{
   for(int i=0; i<5; i++)
      func();

   return 0;
}

//func 함수의 정의
void func()
{
   int b = 0;              ● 지역 변수 b입니다
   static int c = 0;       ● static을 붙인 지역 변수 c입니다

   cout << "변수 a는 " << a << ", 변수 b는 " << b << ", 변수 c는 " << c
      << "입니다. ₩n";
   a++;  ┐
   b++;  ├ 증가 연산자를 사용해서 1씩 더하고 있습니다
   c++;  ┘
}
```

Sample2의 실행 화면

```
변수 a는 0 변수 b는 0 변수 c는 0입니다.
변수 a는 1 변수 b는 0 변수 c는 1입니다.
변수 a는 2 변수 b는 0 변수 c는 2입니다.
변수 a는 3 변수 b는 0 변수 c는 3입니다.
변수 a는 4 변수 b는 0 변수 c는 4입니다.
```

지역 변수 b는 1씩 증가되지 않습니다

func( ) 함수는 변수 a, b, c의 값을 출력한 후, 하나씩 증가시키는 함수입니다. 전역 변수 a는 프로그램이 시작되어서 종료될 때까지 값을 기억하므로 값이 하나씩 증가합니다.

반면, 지역 변수 b는 함수가 호출될 때마다 0이 저장되고 함수가 끝날 때마다 상자가 파괴됩니다. 따라서, 값을 증가시킴에도 그 값은 항상 0을 유지하는 것입니다.

static을 붙이면 어떻게 되나요?

이처럼, 지역 변수는 속하는 함수가 종료될 때 파괴되는 것이 일반적입니다. 그러나 지역 변수에 static 키워드를 붙이게 되면, 전역 변수와 같은 기억수명을 가지게 되어, 프로그램이 끝날 때까지 파괴되지 않게 됩니다. 이러한 지역 변수를 가리켜, **정적 수명을 가진 지역 변수**라고 부릅니다.

Sample2 코드의 변수 c가 정적 수명을 가진 지역 변수입니다. 이 변수는 전역 변수처럼 프로그램이 시작될 때 초기화되고, 프로그램이 종료되면 소멸됩니다. 즉, func( ) 함수가 종료되더라도 값을 담은 상자가 파기되지 않고 그 값을 유지한 상태이므로, 함수가 호출될 때마다 값이 1씩 증가하게 됩니다. static은 **기억 클래스 지정자**(storage class identifier)라고 합니다.

그러면 이쯤에서, 변수의 기억 수명에 관한 사항을 정리해 보겠습니다.

표 10-2 : 기억 수명

	기억 클래스	기억 수명
지역 수명	(자동)	선언된 후부터 함수가 끝날 때까지(자동)
	static	프로그램의 실행을 준비할 때부터 프로그램이 종료될 때까지(정적)
전역 변수		프로그램의 실행을 준비할 때부터 프로그램이 종료될 때까지(정적)

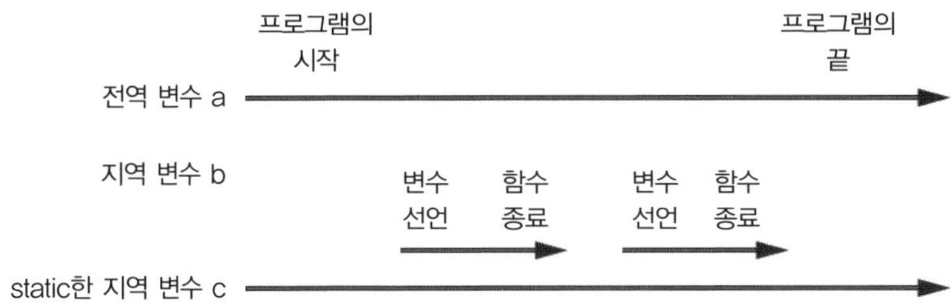

그림 10-6 **변수의 수명**

전역 변수와 정적인 지역 변수는 프로그램 시작부터 끝까지 계속 사용이 가능하지만, 일반 지역 변수는 함수가 실행 중일 때에만 사용이 가능합니다.

그리고, 변수의 초기화 코드를 작성하지 않았을 경우 전역 변수와 static 지역 변수는 자동으로 0으로 초기화됩니다. 반면에 초기화 작업을 하지 않은 지역 변수의 초기값은 정해져 있지 않습니다.

다양한 지역 변수

지역 변수는 함수의 시작 부분만이 아니라 for문이나 if문 같은 블록의 시작 부분에서도 선언할 수 있습니다. 함수에서 사용되는 가인수 또한 지역 변수의 한 종류입니다.

지역 변수는 그것을 선언한 블록({ }) 안에서만 사용할 수 있는 변수입니다. 블록 안쪽과 바깥쪽에서 변수 이름이 겹칠 경우에는 내부 변수의 이름이 우선됩니다.

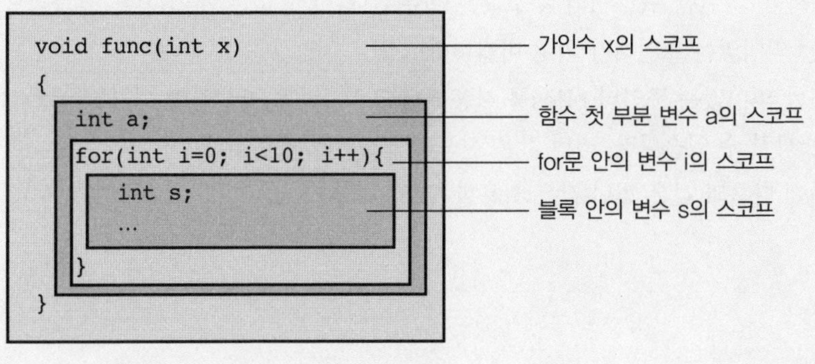

Lesson 10

 지역 변수를 가리키는 포인터와 리턴 값

우리들은 제 7장에서, 함수 안에서 포인터와 참조를 사용할 수 있다는 사실을 학습했습니다. 그러나 함수 안에서 포인터와 참조를 사용할 때에는 주의해야 할 점이 있습니다. 다음 코드를 보시기 바랍니다.

```
//func 함수의 정의
int* func()
{
    int a = 10;
    int* pA = &a;
    return pA;
}

int main()
{
    int* pRes = func();
    ...
}
```

포인터 pA는 일반 지역 변수 a를 가리키고 있으므로…

pRes에는 의미없는 주소가 저장되어 버립니다. 이렇게 사용할 수 없습니다

이 코드의 func( ) 함수는 func 함수 안에 선언한 지역 변수 a를 가리키는 포인터(pA)를 리턴하고 있습니다.

그러나 func( ) 함수가 종료될 때, 지역 변수 a도 함께 삭제되어 버립니다. 따라서 호출자에게 리턴한 변수 a의 주소값은 아무런 의미가 없는 것입니다. 결과적으로, pRes는 의미없는 포인터가 되어 버립니다.

이러한 의미없는 포인터 pRes를 사용해서 프로그램을 작성하면 예기치 않은 에러를 발생시킬 수 있습니다. 리턴 값은 신중하게 고르도록 합시다.

반면에 다음과 같은 리턴 값은 사용할 수 있습니다.

```
//func 함수의 정의
int* func()
{
   static int a = 10;
   int* pA = &a;
   return pA;
}

int main()
{
   int* pRes = func();
   …
}
```

이 포인터는 정적 지역 변수 a를 가리키므로…

이와 같이 이용이 가능합니다

이 코드 또한, 함수 안에서 선언된 지역 변수를 가리키는 포인터를 리턴합니다. 그러나 이 변수 a는 static을 붙인 정적 변수입니다. 이 변수는 함수가 종료된 후에도 존재하기 때문에, 이 변수를 가리키는 포인터는 호출한 곳에서도 사용할 수 있게 되는 것입니다.

같은 이유로 함수 안에서는 일반 지역 변수의 레퍼런스를 리턴할 수 없습니다. 레퍼런스는 변수의 별명에 지나지 않기 때문입니다. 변수가 파괴되었다면 레퍼런스 또한 그 의미가 사라집니다.

일반 지역 변수를 가리키는 포인터는 리턴 값으로 사용하면 안 된다.

10.3 메모리를 동적으로 확보하기

 메모리의 동적인 확보

10.2절에서 본 바와 같이 전역 변수의 메모리는 프로그램이 시작될 때에 확보됩니다. 또한 일반 지역 변수의 메모리는 함수가 선언되고 호출될 때 확보됩니다.

이러한 두 가지 방법 외에도, 우리 프로그래머가 원하는 타이밍에 메모리를 확보하는 방법이 있습니다. 이것을 **동적 메모리 확보**(dynamic allocation)라고 부릅니다.

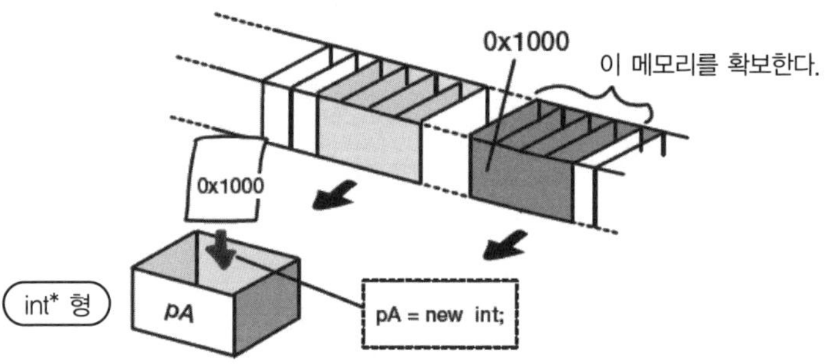

그림 10-7 **new 연산자를 사용한 메모리 확보**
new 연산자를 사용하면 지정된 시점에 메모리를 확보할 수 있습니다.

이 방법을 사용하면 지금까지 설명한 변수를 이용한 메모리 사용법과 다르게 프로그래머가 메모리를 확보할 시점을 선택할 수 있습니다.

동적으로 메모리를 확보할 때에는 new라는 연산자를 사용합니다.

 **연산자를 사용한 메모리 확보**

```
포인터 = new 형명;
```

동적으로 메모리를 확보하는 코드를 살펴봅시다.

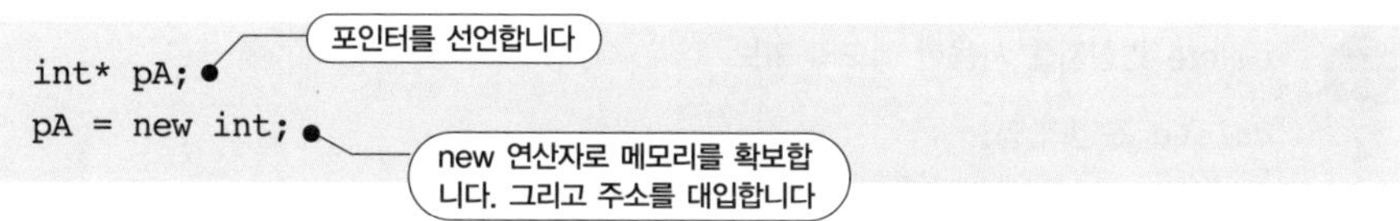

동적으로 메모리를 확보하려면, 가장 먼저 확보할 형의 포인터(이 코드에서는 pA)를 준비해야 합니다.

new 연산자는 메모리를 확보한 다음, 확보한 메모리의 주소를 리턴합니다 그 후, 마지막으로 이 주소를 포인터 pA에 저장하고 있는 것입니다.

또한 동적으로 메모리를 확보했다면, 변수를 이용한 경우와 달리 이 주소를 사용하여 메모리에 직접 접근해야 합니다. 즉, 확보한 메모리에 어떠한 값을 기억시킬 때에는 그 포인터를 사용하여 다음과 같이 대입합니다.

```
*pA = 50;
```

이처럼 메모리에 포인터로 접근하여 값을 대입시키는 방법은 이미 8장에서 학습했습니다.

Lesson 10

메모리를 동적으로 해제하기

만약 동적으로 메모리를 확보했다면 주의해야 할 점이 있습니다. 확보한 메모리가 더 이상 필요하지 않을 경우, 우리와 같은 프로그램 작성자가 메모리 해제를 지시해주어야 합니다. 지역 변수나 전역 변수와 달리 메모리를 해제시키는 시점을 우리가 결정해야 합니다.

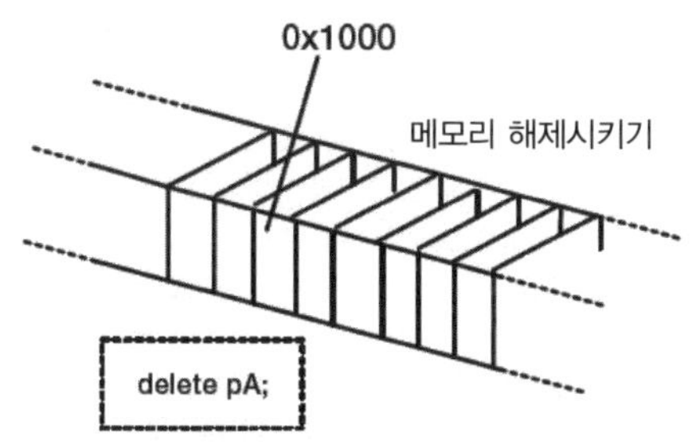

그림 10-8 **delete 연산자에 의한 메모리의 해제**
delete 연산자를 사용하여, 지정한 시점에 메모리를 해제시킵니다.

동적으로 확보한 메모리를 해제하려면 다음과 같은 방법을 사용합니다.

delete 연산자를 사용한 메모리 확보

```
delete 포인터 명;
```

즉, 메모리의 이용이 끝난 시점에

```
delete pA;
```

메모리를 해제합니다

라는 코드를 반드시 적어야 합니다. 물론 이미 해제된 메모리에는 delete 연산자를 사용할 수 없습니다.

동적으로 확보한 메모리를 해제하지 않으면 프로그램을 실행할 때마다 메모리가 확보되므로 사용할 수 있는 메모리가 부족하게 됩니다.

동적으로 메모리를 확보하고 해제하면 지정된 시점에 메모리를 사용할 수 있게 됩니다. 변수를 이용한 경우와 비교해 보시기 바랍니다.

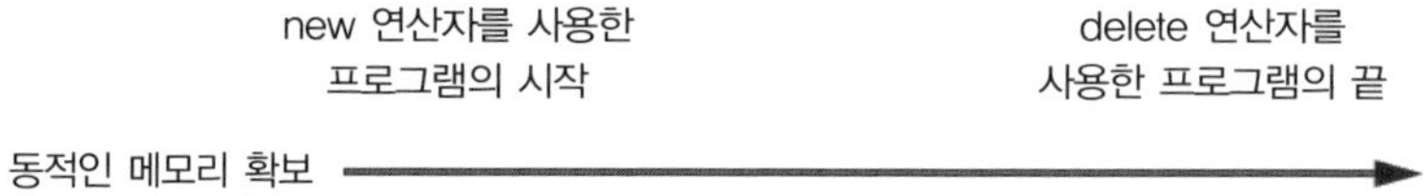

new 연산자를 사용한 프로그램의 시작

delete 연산자를 사용한 프로그램의 끝

동적인 메모리 확보 →

그림 10-9 **동적으로 확보한 메모리의 수명**

그러면 메모리의 동적 확보 순서를 코드를 통해 확인해 보도록 하겠습니다.

Sample3.cpp ▶ 동적으로 메모리 확보하기

```
#include <iostream>
using namespace std;

int main()
{
    int* pA;

    pA = new int;  // 메모리를 확보합니다

    cout << "동적으로 메모리를 확보했습니다. ₩n";

    *pA = 10;

    cout << "동적으로 확보한 메모리를 사용하여 " << *pA <<
        "을(를) 출력했습니다. ₩n";

    delete pA;  // 메모리를 해제합니다

    cout << "확보한 메모리를 해제했습니다. ₩n";

    return 0;
}
```

Sample3의 실행 화면

```
동적으로 메모리를 확보했습니다.
동적으로 확보한 메모리를 사용하여 10을(를) 출력하고 있습니다.
확보한 메모리를 해제했습니다.
```

이 예제에서는 동적으로 확보된 메모리에 값을 저장하고 출력해 보았습니다. 이러한 짧은 코드만으로는 동적 메모리 확보의 이점을 좀처럼 이해하기가 어려울 것입니다.

그러나 만약 많은 수의 함수가 등장하는 대규모 코드에서 사용한다면 어떻게 될까요? 함수의 시작과 종료 시점에 관계없이 저장하고 싶은 값이 있을 경우에 지역 변수는 유용하지 않습니다. 지역 변수의 수명은 그 함수가 실행될 때에만 국한되어 있기 때문입니다.

또한 전역 변수는 프로그램이 실행되는 동안 계속 값을 유지할 수 있습니다.

그러나 전역 변수를 남용하면 한정된 메모리를 낭비하게 될 수도 있습니다.

이 두 가지 방법에 비해 동적으로 메모리를 확보하는 방법은 한정된 메모리를 필요할 때 충분히 이용할 수 있도록 지원합니다.

동적 메모리는 코드의 필요한 부분에서 new 연산자를 사용해서 확보하고, 사용이 끝나면 delete 연산자로 해제시킨다.

 배열을 동적으로 확보하기

동적으로 메모리를 확보하는 방법은 배열을 다룰 때 특히 요긴하게 사용됩니다. 프로그램 실행 시 배열의 크기를 지정하여 처리할 수 있기 때문입니다.

제 9장에서 설명한 바와 같이, 배열의 요소 수를 모르는 경우에는 배열의 크기를 크게 잡을 수밖에 없습니다. 그러나 배열을 동적으로 확보하게 되면 불필요하게 큰 배열을 준비하지 않아도 됩니다. 배열의 크기를 프로그램 실행 시에 결정할 수 있기 때문입니다.

먼저 배열을 동적으로 확보하는 구문을 기억해 둡시다.

배열을 동적으로 확보하기

```
포인터 명 = new 형명[요소 개수];
```

이 경우 또한 배열의 이용이 끝나면 메모리를 해제해야 합니다. 이 때에는 다음과 같이 [ ]를 붙여서 해제합니다.

배열을 동적으로 해제하기

```
delete[] 포인터 명;
```

그러면 실제 코드를 통해 배열의 메모리를 동적으로 확보해 보도록 하겠습니다.

Sample4.cpp ▶ 배열을 동적으로 확보하기

```
#include <iostream>
using namespace std;

int main()
{
    int num;
    int* pT;

    cout << "몇 명의 시험 점수를 입력하시겠습니까? ₩n";

    cin >> num;                     // 키보드로 숫자를 입력받고…

    pT = new int[num];              // 입력받은 수만큼 배열 요소를 확보합니다

    cout << num << "명 분의 점수를 입력하십시오. ₩n";

    for(int i=0; i<num; i++){
        cin >> pT[i];               // 포인터를 사용하여 점수를 저장합니다
    }

    for(int j=0; j<num; j++){
        cout << j+1 << "번째 사람의 점수는 " << pT[j] << "입니다. ₩n";
    }

    delete[] pT;

    return 0;
}
```

Sample4의 실행 화면

```
몇 명의 시험 점수를 입력하시겠습니까?
5 ↵
5명 분의 점수를 입력하십시오.
80 ↵
60 ↵
55 ↵
22 ↵
75 ↵
```

```
1번째 사람의 점수는 80입니다.
2번째 사람의 점수는 60입니다.
3번째 사람의 점수는 55입니다.
4번째 사람의 점수는 22입니다.
5번째 사람의 점수는 75입니다.
```

이 코드에는 시험 점수를 저장하기 위한 배열의 요소의 개수가 정해져 있지 않습니다. 요소의 개수는 사용자가 키보드로 입력한 인원 수로 결정하기 때문입니다. 이처럼 입력된 인원 수만큼 배열을 동적으로 확보하게 되면, 대량의 배열을 준비할 필요가 없어지므로 메모리의 낭비를 예방할 수 있습니다.

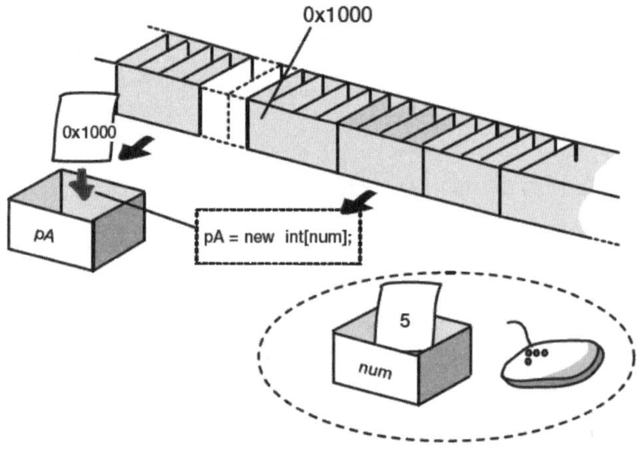

그림 10-10 **동적인 배열의 확보**
사용자가 입력한 숫자만큼의 배열 요소를 확보하고 있습니다.

프로그램 실행 시에 배열의 크기를 결정해야 한다면 배열을 동적으로 확보한다.

할당되는 메모리 영역

이 장에서는 메모리를 확보하는 다양한 방법을 살펴보았습니다.

지역 변수와 함수의 인수에 확당하는 메모리 영역은 **스택**이라고 합니다. 그리고 전역 변수 등의 정적 변수에 할당하는 영역은 **정적 메모리 영역**, 동적으로 할당하는 메모리 영역은 **동적 메모리 영역(힙 영역)**이라고 합니다.

그리고 C++에서는 어떠한 메모리 영역도 가리키지 않는 포인터를 'nullptr(널 포인터)'라는 키워드로 나타낼 수 있습니다.

10.4 파일 분할

파일 분할하기

이 절에서는 대규모 프로그램을 만들어가는 과정을 배워 보도록 하겠습니다. 큰 프로그램을 만들 때에는 많은 수의 함수를 사용해야 하는 상황이 발생합니다. 한 번 작성한 편리한 함수를 다양한 프로그램에서 재사용할 수 있다면 매우 유용할 것입니다. 그럴 경우, 지금까지 작성한 함수를 사용하여 큰 프로그램을 신속하게 개발하기가 용이해지기 때문입니다.

이 때, 몇 번이고 다른 프로그램에서 사용될 것이라 예상되는 함수는 main( ) 함수가 작성된 동일한 파일에 작성하지 않고, 다른 파일에 나누어 작성하는 것이 일반적입니다. 파일을 분할함으로써, 다양한 프로그램이 해당 함수를 쉽게 활용할 수 있게 되기 때문입니다.

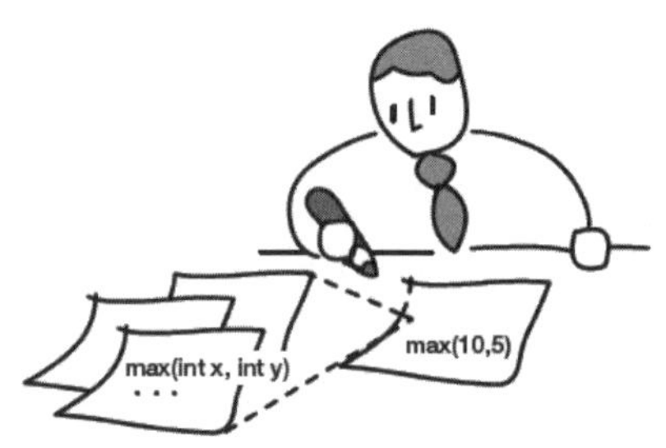

다음 코드는 파일을 분할한 프로그램입니다.

myfunc.h

```
//max 함수의 선언
int max(int x, int y);
```

함수 프로토타입 선언부를 적습니다 / 헤더 파일입니다

myfunc.cpp

```
//max 함수의 정의
int max(int x, int y)
{
   if (x > y)
      return x;
```

함수의 정의를 다른 파일에 작성합니다

```
    else
        return y;
}
```

Sample5.cpp ▶ 파일 분할하기

```
#include <iostream>
#include "myfunc.h"            // 헤더 파일을 읽어 들입니다
using namespace std;

int main()
{
    int num1, num2, ans;

    cout << "첫 번째 정수를 입력하십시오. ₩n";
    cin >> num1;

    cout << "두 번째 정수를 입력하십시오. ₩n";
    cin >> num2;

    ans = max(num1, num2);     // 다른 파일에 있는 함수를 호출하고 있습니다

    cout << "최댓값은 " << ans << "입니다. ₩n";

    return 0;
}
```

Sample5의 실행 화면

```
첫 번째 정수를 입력하십시오.
10 ↵
두 번째 정수를 입력하십시오.
5 ↵
최댓값은 10입니다.
```

이 코드는 다음과 같이 세 개의 파일에 나뉘어 작성되어 있습니다.

myfunc.h…함수의 프로토타입 선언

myfunc.cpp…만든 max( ) 함수의 정의

Sample5.cpp...main( ) 함수의 정의(프로그램 본체)

이 경우에는 먼저 Sample5.cpp, myfunc.cpp을 따로 컴파일하여 오브젝트 파일을 생성합니다. 그리고 이 오브젝트 파일끼리 링크시켜서 프로그램을 하나 만듭니다.

myfunc.h라는 파일에는 함수의 사양을 나타내는 함수 프로토타입 선언만 작성합니다. 이처럼 함수 프로토타입 선언만 작성된 파일을 **헤더 파일**(header file)이라고 부릅니다.

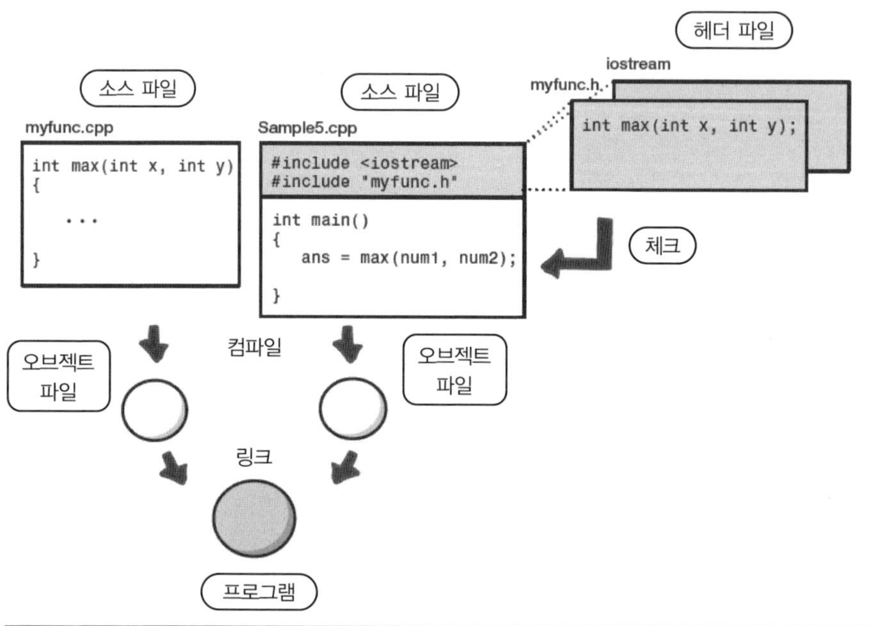

그림 10-11 **파일 분할**

파일을 여러 개로 나누어서 컴파일하면, 큰 프로그램을 효율적으로 만들 수 있습니다.

함수를 실제로 이용하는 Sample5.cpp의 앞머리에는 헤더 파일 myfunc.h를 인클루드하는 문장을 적습니다. 이러한 작업을 거치게 되면, 파일이 분할되어 있음에도 함수 프로토타입 선언 덕분에 컴파일 시점에 함수 호출이 정확한지의 여부를 확인할 수 있게 됩니다.

여러 개의 파일을 컴파일하고 링크하는 순서는 여러분이 사용하는 C++ 개발 환경에 따라 다를 수 있으므로 별도의 설명서를 참고하시기 바랍니다. 이 책의 시작 부분에 게재된 절차를 따른 경우에는 컴파일과 링크, 그리고 실행이 자동으로 실행됩니다.

표준 클래스 라이브러리의 메커니즘 이해하기

파일을 분할하여 큰 규모의 프로그램을 작성하는 방법을 이해하셨나요? 그런데 C++ 개발 환경에는 어떠한 프로그램에서도 사용할 수 있도록 표준적인 처리를 정의한 함수가 이미 내장되어 있습니다. 이를 **표준 라이브러리**(standard library)라고 부릅니다. 지금까지 사용해 온 입출력 기능과 문자열 조작 함수도 표준 라이브러리 함수의 일종입니다.

이 함수를 사용하기 위해서는 표준 헤더 파일을 인클루드해야 합니다.

표준 헤더 파일을 인클루드할 때에는 헤더 파일 이름을 〈 〉로 묶습니다. 그 반면에 프로그래머가 작성한 헤더 파일을 인클루드할 때에는 헤더 파일 이름을 " "로 묶어야 합니다.

```
#include <iostream>
#include "myfunc.h"
```

〈 〉 안의 파일은 개발 환경이 표준 라이브러리 디렉토리(폴더)로 인식한 곳에서 로드되는 것이 일반적입니다. 그러나 " "로 묶인 헤더 파일은 프로그래머가 작성한 소스 파일이 위치한 디렉토리에서 로드됩니다.

표준 라이브러리 함수를 사용하여 코드를 작성할 수 있다.

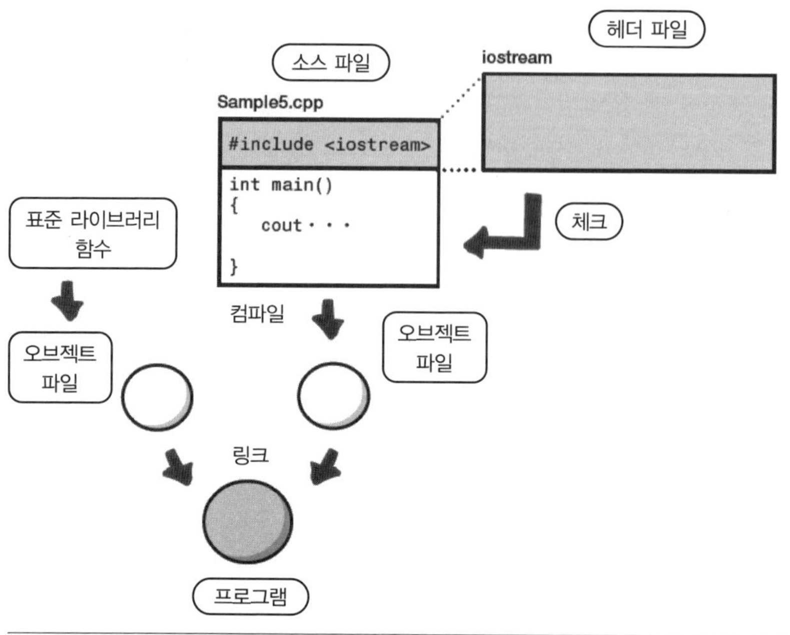

그림 10-12 **표준 라이브러리 함수**

C++ 개발 환경에 내장된 표준 라이브러리 함수를 사용하여 코드를 작성할 수 있습니다.

스코프

이전 절에서 변수의 스코프(통용범위)에 대해 학습한 내용을 떠올려 주시기 바랍니다.

파일을 분할하기에 앞서서 변수나 함수가 '어떤 파일에서 사용되어야 하는가'에 대한 의문을 던질 필요가 있습니다.

한번 결정된 전역 변수의 이름과 함수의 이름은 모든 파일에서 사용할 수 있습니다. 단, 변수명이나 함수명 앞에 static을 붙이면 파일 안에서만 사용하도록 제한이 걸립니다.

변수명이나 함수명이 모든 파일에서 사용될 경우를 일컬어 **"외부 링크 속성을 가진다"** 라고 합니다. 또한, 변수명이나 함수명을 특정 파일 안에서만 사용할 수 있는 경우를 일컬어 **"내부 링크 속성을 가진다"**라고 합니다. 즉, 전역 변수 및 함수는 기본적으로 외부 링크 속성을 가지고 있지만 static을 붙이게 되면 내부 링크 속성을 가지게 됩니다. 즉 파일을 분할한 경우의 스코프는 다음과 같습니다.

	저장소 클래스 지정자	스코프
지역 변수	(지정되지 않은) static	블록 안
전역 변수	(지정되지 않음)	모든 파일(외부 링크 속성)
함수	static	모든 파일(내부 링크 속성)

또한 다른 파일 속(지정되지 않은) 전역 변수를 사용할 경우에는 extern이라고는 지정을 붙인 헤더 파일을 인클루드하고 컴파일합니다.

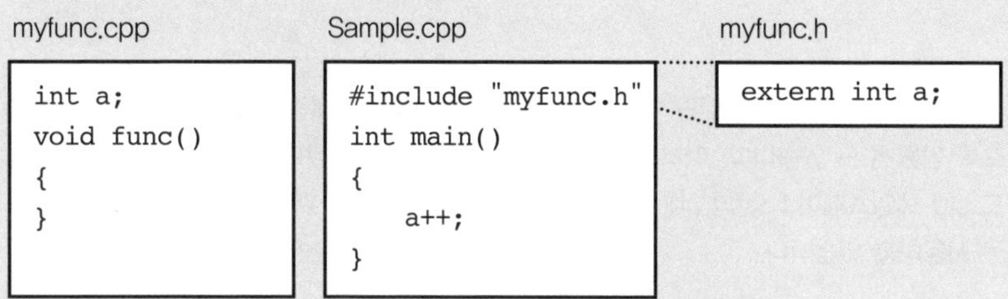

또한 C++에서는 이러한 스코프 외에도 **네임스페이스**(namespace)라는 스코프도 사용할 수 있습니다. 예를 들어, Sample이라는 네임스페이스는 다음과 같이 정의할 수 있습니다.

```
namespace Sample{     // 네임 스페이스 Sample에…
 int a;               // 변수 a를 포함시킬 수 있습니다
 void func();         // 함수 func도 포함시킬 수 있습니다
}
```

네임스페이스를 사용하면 변수 및 함수를 네임스페이스 안에서만 사용하도록 만들 수 있습니다. 즉, 위와 같이 Sample 네임스페이스 안에서 사용되고 있는 변수 a와 함수 func( )를, 네임스페이스 바깥에서는 변수 a와 함수 func( )를 전혀 다른 변수 및 함수로 정의해서 사용할 수 있는 것입니다.

이 경우에 네임스페이스 바깥에서 Sample 네임스페이스의 변수 a와 함수 func( )를 사용하고 싶다면 '네임스페이스 이름 ::'을 붙이면 됩니다.

```
Sample::a = 10;      // 네임스페이스 이름을 붙여서 사용합니다
Sample::func();
```

Lesson 10

만약 다른 네임스페이스 안의 변수와 함수를 자주 사용해야 하는 경우라면, '네임스페이스 이름::'을 매번 붙이는 것은 매우 번거로울 수 있습니다. 그러한 경우에는 using문을 사용하면 편리합니다. using문을 사용하면 네임스페이스 이름을 지정하지 않고도 다른 네임스페이스 안의 변수 및 함수를 사용할 수 있습니다.

```
using Sample::a;      // using문을 사용하여 지정합니다
...
a = 10;               // 네임스페이스를 지정할 필요가 없습니다
Sample::func();
```

또한 다른 네임스페이스 안의 모든 변수와 함수 사용 시, 네임스페이스를 빼고 사용하도록 만들 수도 있습니다. 이러할 때에는 using문을 다음과 같이 사용합니다. 이 책에서도 std 네임스페이스 안의 cout과 cin을 간결하게 이용하기 위해 다음과 같은 using문을 사용하고 있습니다.

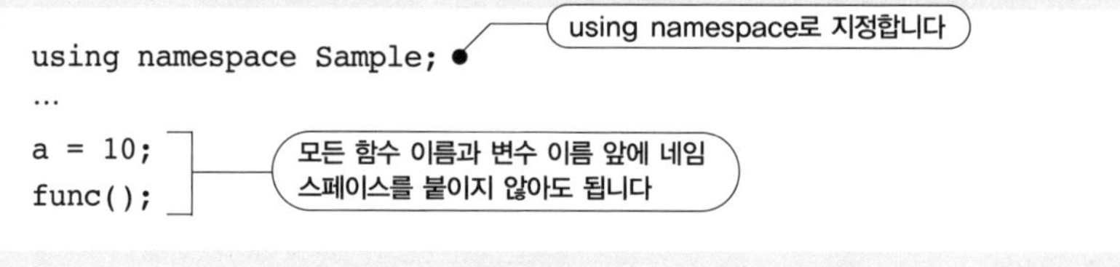

10.5 강의 요약

이 장에서는 다음과 같은 내용을 배웠습니다.

- 변수는 선언 위치에 따라 지역 변수와 전역 함수로 분류할 수 있습니다. 함수 또한 마찬가지입니다.
- 전역 변수는 모든 함수 안에서 사용할 수 있는 정적 수명을 가집니다.
- 지역 변수는 스스로가 정의된 블록 안에서만 사용할 수 있습니다.
- 지역 변수 이름 앞에 static을 붙이면 정적 수명을 가지게 됩니다.
- new 연산자로 메모리를 확보하고 delete 연산자로 메모리를 해제할 수 있습니다.
- 대규모 프로그램을 만들 때에는 파일을 분할합니다.

이 장에서는 대규모 코드를 작성하기 위해 주의해야 할 점을 배웠습니다. 대규모 코드를 작성하기 위해서는 이 장에서 배운 다양한 지식이 반드시 필요하게 될 것입니다. 대규모 프로그램을 작성하실 때에는 이 장의 내용을 반드시 염두에 두기 바랍니다.

연습

1. 다음 항목에 대해 ○ 또는 ×로 답하십시오.

① 전역 변수와 지역 변수 이름은 중복해서 사용할 수 있다.

② 다른 함수 안에 선언된 두 개의 지역 변수에 동일한 이름을 붙일 수 있다.

③ 지정하지 않은 지역 변수는 정적 수명을 가진다.

④ 지역 변수는 선언된 함수 바깥에서도 사용할 수 있다.

⑤ 지정하지 않은 전역 변수는 어떠한 함수에서도 사용할 수 있다.

2. 다음 코드의 에러를 수정하십시오.

```
#include <iostream>
using namespace std;

int main()
{
   int* pA;
   pA = new int;
   *pA = 10;

   return 0;
}
```

Lesson 11

다양한 형

우리들은 제 3장에서 C++에 내장된 기본적인 '형'에 대해 학습했습니다. C++에는 이 외에도 다양한 종류의 형이 존재합니다. 이 장에서는 프로그래머가 만들 수 있는 특별한 형을 배워보도록 하겠습니다. 다양한 형을 사용할 수 있게 되면 다양하게 변화하는 프로그램을 만들 수 있게 됩니다.

Check Point

- typedef
- 열거
- 구조체
- 멤버
- 도트 연산자(.)
- 화살표 연산자(->)
- 공용체

11.1 typedef

typedef의 원리 이해하기

제 3장에서는 다양한 형을 학습했습니다. 이 장에서는 먼저 typedef라는 키워드부터 다뤄보도록 하겠습니다. typedef는 우리들이 지금까지 학습한 int형, double형과 같은 일반형에 별명을 붙여주는 키워드입니다. typedef의 사용법은 다음과 같습니다.

구문 typedef

```
typedef 형명 식별자;
```

형에 새로운 이름을 붙여 줄 수 있습니다

다음 코드를 보시기 바랍니다.

```
typedef unsigned long int Count;
```

긴 형(type)명에 짧은 이름을 붙이고 있습니다

이 코드는 unsigned long int 형에 Count라는 짧은 이름을 붙여줍니다. 이와 같이 typedef를 사용하면 다음과 같이 'Count' 형 변수 num을 사용할 수 있게 됩니다.

```
Count num = 1;
```

Count형 변수를 사용할 수 있게 됩니다

실제로 이 문장의 뜻은 다음 코드와 같습니다.

```
unsigned long int num = 1;
```

즉 typedef를 사용하면, 이미 존재하는 형에 별명을 붙일 수 있는 것입니다.

typedef를 사용하면 긴 형명에 별명을 붙일 수 있기 때문에 코드의 가독성을 높일 수 있습니다.

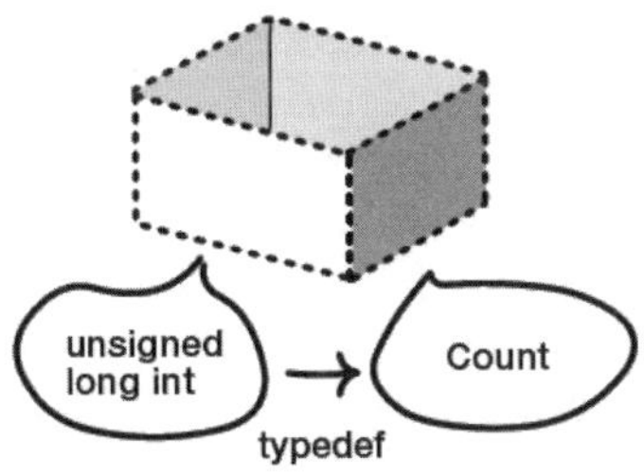

그림 11-1 typedef

형명에 별명을 붙일 때에는 typedef를 사용합니다.

typedef를 사용해서 형명에 별명을 붙일 수 있다.

11.2 열거

열거형의 원리 이해하기

우리들이 지금까지 학습한 int형 및 double형을 비롯한 여러 형들은 C++에 이미 내장된 형(기본형)이었습니다. 그에 반해 C++는 우리들 프로그래머가

새로운 형 만들기

를 할 수 있도록 지원합니다. 이렇게 프로그래머가 만든 형을 **사용자 정의형**(user defined type)이라고 부릅니다. 그 첫 번째 순서로 **열거형**(enumerated data type)부터 알아보도록 하겠습니다. 새로운 형을 작성하려면 먼저 그 형으로 어떤 값을 표현할 것인지 결정해야 합니다. 열거형은 **열거형 선언**을 통해 표현할 값을 결정합니다. 열거형을 선언하려면 enum 키워드를 사용합니다.

열거형 선언

```
enum 열거형명 { 식별자1, 식별자2, 식별자3, ….};
```

enum을 붙여서 선언합니다

열거형은 식별자를 값으로 저장할 수 있는 형입니다. 예를 들어 다음과 같은 것이 열거형입니다.

```
enum Week {SUN, MON, TUE, WED, THU, FRI, SAT};
```

Week형은 이 값들을 저장합니다

이 열거형 Week는 SUN, MON ...이라는 식별자 값을 저장할 수 있는 형이 되었습니다.

열거형 변수 선언하기

이제 열거형을 사용해 보도록 하겠습니다. 열거형을 선언하면 이는 새로운 형으로 인식되고, 코드에서 사용할 수 있게 됩니다. 따라서 'Week형' 변수를 코드에서 선언할 수 있게 됩니다. Week형 변수의 선언 방법은 일반 변수와 동일합니다.

열거형 변수의 선언

```
열거형명 열거변수명;
```

열거형 변수를 선언합니다

다음과 같이 선언한 변수 w는 Week형 값을 저장하는 변수가 됩니다.

```
Week w;
```

Week형 변수 w입니다

그러면 실제로 열거형을 선언해서 사용해 보도록 하겠습니다. 다음 코드를 작성해 주십시오.

Sample1.cpp ▶ 열거형 변수 사용하기

```
#include <iostream>
using namespace std;

//열거형 Week의 선언
enum Week{SUN, MON, TUE, WED, THU, FRI, SAT};

int main()
{
   Week w;
   w = SUN;

   switch(w){
      case SUN: cout << "일요일입니다.₩n"; break;
      case MON: cout << "월요일입니다.₩n"; break;
      case TUE: cout << "화요일입니다.₩n"; break;
      case WED: cout << "수요일입니다.₩n"; break;
```

- 열거형을 선언합니다
- Week형 변수 w를 선언합니다
- 값 sun을 대입합니다
- 값에 따라 다르게 출력합니다

Lesson 11

```
        case THU: cout << "목요일입니다. ₩n"; break;
        case FRI: cout << "금요일입니다. ₩n"; break;
        case SAT: cout << "토요일입니다. ₩n"; break;
        default: cout << "무슨 요일인지 알 수 없습니다. ₩n"; break;
    }

    return 0;
}
```

Sample2의 실행 화면

```
일요일입니다.
```

이 코드에서는 열거형 Week형 변수 w를 선언했습니다. Week형 변수 w에는 SUN, MON ...과 같은 값을 저장시킬 수 있습니다. 이 코드는 w의 값에 따라 다르게 출력합니다.

열거형의 값은 식별자이므로 상당히 알아보기가 쉽습니다. 이 예제 코드에서 일요일부터 토요일까지의 값을 사용한다는 사실을 한눈에 알 수 있군요.

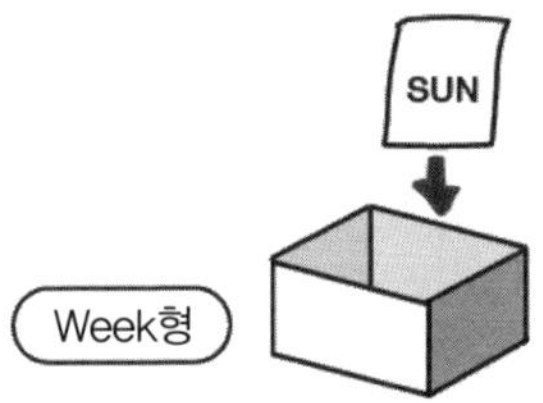

그림 11-2 **열거형**

열거형 변수에는 식별자를 저장할 수 있습니다.

열거형을 사용하면 코드의 가독성이 높아진다.

11.3 구조체

구조체형의 원리 이해하기

이전 절에서 우리들은 다양한 형을 학습했습니다. 이 절에서는 또 하나의 사용자 정의형인 **구조체형**(structure data type)을 학습합니다.

구조체형 또한 열거형과 마찬가지로 프로그래머가 만들 수 있는 사용자 정의형 중의 하나입니다. 구조체형은 다른 형들을 묶어주는 기능이 있는 것이 특징입니다. 예를 들어, 차량 번호(int형)와 연료의 양(double형)과 같은 다른 형의 값을 하나로 묶어서 차의 기본적인 속성을 표현할 수 있는 것입니다.

그러면 구조체형의 실제 선언 방법을 설명해 드리겠습니다. 구조체에 어떤 형을 묶을지 결정하는 일을 **구조체형 선언**이라고 합니다. 구조체형을 선언할 때에는 struct 키워드를 사용합니다.

구문 **구조체형의 선언**

```
struct 구조체형명 {        ← struct를 붙여서 선언합니다
    형명 식별자;
    형명 식별자;
    ...
};
```

구조체형은 블록 안에 변수와 같은 요소들을 함께 묶어 둔 것입니다. 예를 들어, 차량 번호와 연료의 양을 관리하기 위한 구조체형 Car은 다음과 같이 선언할 수 있습니다.

```
struct Car{          ← 차를 나타내는 구조체형입니다
    int num;         ← 차량 번호를 저장합니다
    double gas;      ← 연료의 양을 저장합니다
};
```

이 예제에는 int형 변수 num과 double형 변수 gas가 선언되어 있습니다. num은 차량 번호를, gas는 연료의 양을 표현하기 위해 사용됩니다.

구조체를 선언하여 다른 형을 하나로 묶을 수 있다.

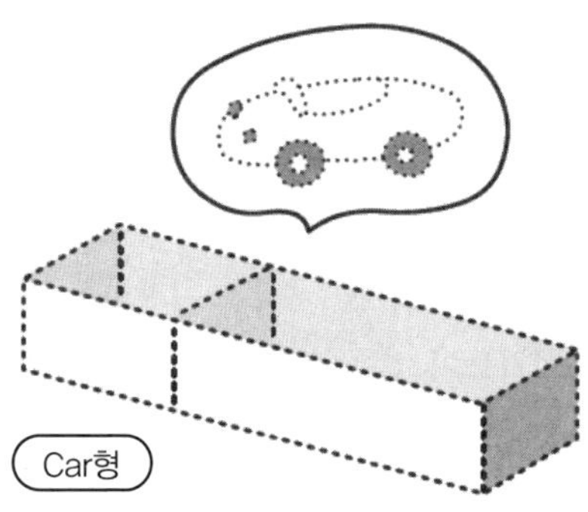

그림 11-3 구조체형의 선언
다른 형 여러 개를 하나로 묶어서 구조체형으로 만들 수 있습니다.

구조체 변수 선언하기

구조체형을 선언하면 이는 새로운 형으로 인식되고, 코드에서 사용할 수 있게 됩니다. 따라서 'Car형' 변수를 코드에서 선언할 수 있게 될 것입니다. Car형 변수의 선언 방법은 일반 변수와 동일합니다.

구조체형 변수의 선언

```
구조체형명 구조체 변수명;
```

구조체형 변수를 선언합니다

다음과 같이 선언한 변수 car는 Car형 구조체의 값을 저장하는 변수가 됩니다.

```
Car car1;
```

Car형 값을 저장하는 변수 car1입니다

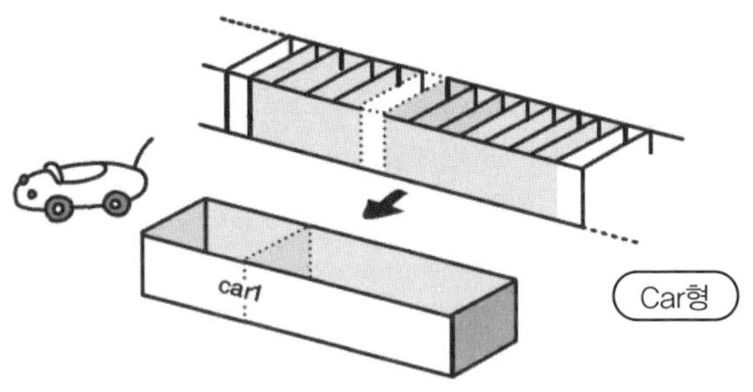

그림 11-4 **구조체 변수의 선언**

구조체형 변수를 선언할 수 있습니다.

멤버에 접근하기

구조체형 변수(구조체)를 선언하면, 그 구조체 안의 num과 gas에 실제 차량 번호 및 연료의 양을 저장할 수 있게 됩니다. 이 num과 gas와 같은 변수들은 **멤버**(member)라고 부릅니다. 구조체의 멤버를 이용하기 위해서는 **도트 연산자**(.)라는 것을 사용해야 합니다. 이 도트 연산자를 사용하여 멤버를 이용하는 것을 가리켜, **멤버에 접근한다**라고 표현하기도 합니다.

구조체 멤버에 접근하기

```
구조체변수명.멤버
```

예를 들어 구조체형 변수 car1에는 다음과 같이 대입해서 값을 저장시킬 수 있습니다.

```
car1.num = 1234;   // 차량 번호를 뜻하는 멤버 num에 1234를 대입합니다
car1.gas = 25.5;   // 연료량을 뜻하는 멤버 gas에 25.5를 대입합니다
```

그러면 실제 코드를 통해 구조체 멤버에 접근해 보도록 하겠습니다.

Sample2.cpp ▶ 구조체 멤버에 접근하기

```
#include <iostream>
using namespace std;

//구조체형 Car의 선언
struct Car{
   int num;
   double gas;
};

int main()
{
   Car car1;

   cout << "차량 번호를 입력하십시오. ₩n";
   cin >> car1.num;

   cout << "연료량을 입력하십시오. ₩n";
   cin >> car1.gas;

   cout << "차량 번호는 " << car1.num << " : 연료량은 " <<
car1.gas << "입니다. ₩n";

   return 0;
}
```

구조체형을 선언합니다

구조체형 변수를 선언합니다

멤버에 값을 대입합니다

멤버의 값을 출력합니다

Sample2의 실행 화면

```
차량 번호를 입력하십시오.
1234 ↵
연료의 양을 입력하십시오.
25.5 ↵
차량 번호는 1234 : 연료량은 25.5입니다.
```

이 코드에서는 구조체형 Car를 선언하고 있습니다. 그 다음으로 Car형 변수 car1을 선언하고 있습니다. 그 후, 변수 car1에 도트 연산자를 사용하여 구조체의 각 멤버에 접근하고 있습니다. 각 멤버에 값을 저장한 후, 화면에 그 값을 출력하는 코드를 실행시킵니다.

이처럼 구조체 변수에 도트 연산자를 사용하면 구조체의 멤버에 접근하여 값을 저장할 수 있습니다.

도트 연산자를 사용하여 구조체의 각 멤버에 접근할 수 있다.

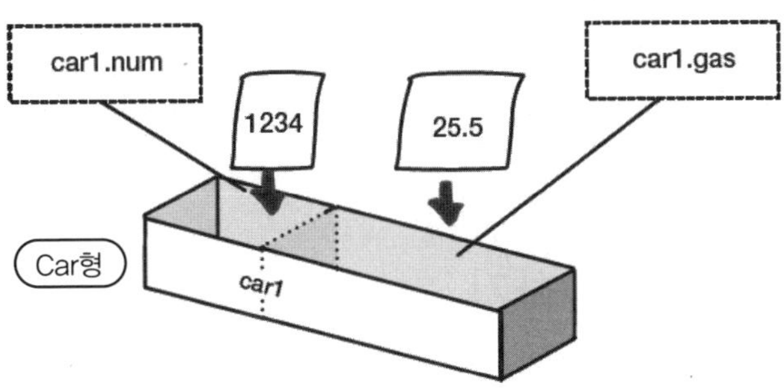

그림 11-5 **구조체 멤버에 접근하기**
Car형 변수 car1의 각 멤버에 접근하여 값을 저장할 수 있습니다.

구조체 초기화하기

이번에는 구조체의 또 다른 편리한 작성법을 배워 보도록 하겠습니다. 방금 전까지는 구조체를 선언한 후에, 도트 연산자(.)를 사용하여 멤버에 값을 대입하는 방법을 소개해 드렸습니다.

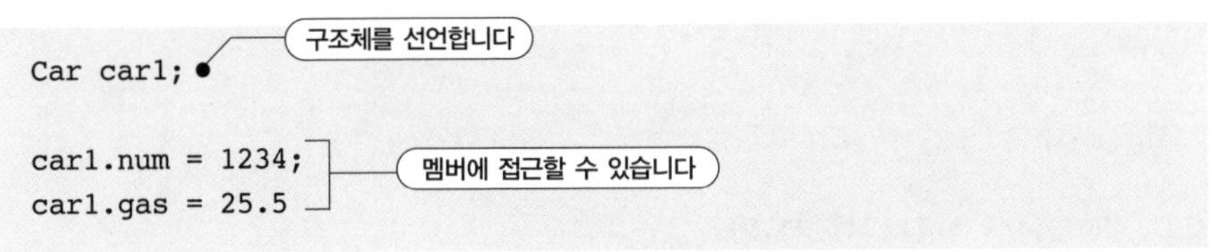

```
Car car1;

car1.num = 1234;
car1.gas = 25.5
```


이 두 가지 작업을 동시에 함께 할 수 있습니다. 이 작업을 일컬어 **구조체의 초기화**라고 부릅니다. 구조체의 초기화 작업은 다음과 같은 순서를 따르게 됩니다.

num에 저장됩니다

```
Car car1 = {1234, 25.5};
```

gas에 저장됩니다

변수를 선언할 때 쉼표로 구분된 값을 {}로 묶어서 초기화하면 왼쪽부터 순서대로 멤버에 값이 저장됩니다. 구조체를 선언과 동시에 초기화할 때 유용한 팁이므로 기억해두시기 바랍니다.

구조체의 초기화

```
구조체 형명 구조체 변수명 = {값, 값, …}
```

구조체 변수에 값 대입하기

지금까지는 각 멤버에 대입 연산자를 사용하여 값을 저장하는 코드를 소개해 드렸습니다. 그렇다면, 구조체 변수 그 자체에 대입 연산자를 적용하면 어떤 일이 벌어질까요? 다음 코드를 통해 확인해 보시기 바랍니다.

Sample3.cpp ▶ 구조체 변수에 값 대입하기

```
#include <iostream>
using namespace std;

//구조체형 Car의 선언
struct Car{
   int num;
   double gas;
};

int main()
{
   Car car1 = {1234, 25.5};
   Car car2 = {4567, 52.2};

   cout << "car1의 차량 번호는 " << car1.num << "연료의 양은 " <<
car1.gas << "입니다. ₩n";
   cout << "car2의 차량 번호는 " << car2.num << "연료의 양은 " <<
```

```
car2.gas << "입니다. \n";

    car2 = car1;   // 구조체끼리 대입합니다

    cout << "car1을 car2에 대입했습니다. \n";

    cout << "car2의 차량 번호는 " << car2.num << "연료량은 " <<
car2.gas << "입니다. \n";

    return 0;
}
```

Sample3의 실행 화면

```
car1의 차량 번호는 1234 연료의 양은 25.5입니다.
car2의 차량 번호는 4567 연료의 양은 52.2입니다.
car1을 car2에 대입했습니다.
car2의 차량 번호는 1234 연료의 양은 25.5입니다.   // 대입한 구조체 멤버들의 값으로 변했습니다
```

이 예제에서는 car1과 car2 두 개의 구조체를 선언했습니다. 이어서 다음과 같이 대입합니다.

```
car2 = car1;   // 구조체끼리 대입합니다
```

이러한 대입은

car2의 멤버에 car1의 멤버의 값을 하나씩 복사한 후 저장하라

는 뜻입니다. 이러한 대입의 결과 car1의 멤버 num과 gas의 값이 car2의 동일한 멤버에 복사되었습니다. 결과적으로 car2의 차량 번호와 연료량은 car1과 동일해졌습니다.

구조체끼리는 이러한 대입이 가능하므로 기억해 두시기 바랍니다.

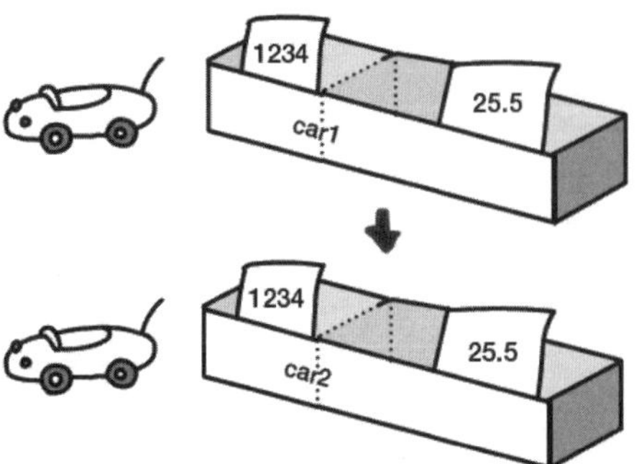

그림 11-6 **구조체 변수에 직접 대입하기**

구조체 변수에 직접 대입하면 그 구조체의 각 멤버에 값이 복사되어 저장됩니다.

구조체에 대입하면 그 구조체의 각 멤버에 값이 저장된다.

11.4 구조체 응용하기

인수로 구조체 사용하기

구조체는 다양한 코드에서 사용할 수 있습니다. 이 절에서는 구조체를 응용하는 코드를 작성해 보려 합니다. 먼저 구조체를 함수 안에서 사용하는 방법을 살펴보겠습니다. 구조체는 함수의 인수로도 사용할 수 있습니다. 다음 코드를 통해 확인해 보시기 바랍니다.

Sample4.cpp ▸ 구조체를 함수의 인수로 사용하기

```
#include <iostream>
using namespace std;

//구조체형 Car의 선언
struct Car{
   int num;
   double gas;
};

//show 함수 선언
void show(Car c);    ← 구조체를 인수로 받는 함수입니다

int main()
{
   Car car1 = {0, 0.0};

   cout << "차량 번호를 입력하십시오. ₩n";
   cin >> car1.num;

   cout << "연료량을 입력하십시오. ₩n";
   cin >> car1.gas;

   show(car1);    ← 구조체 car1(의 값)을 넘깁니다
```

Lesson 11

```
    return 0;
}

//show 함수의 정의
void show(Car c)      ← 넘겨받은 구조체(의 값)를…
{
    cout << "차량 번호는 " << c.num << "연료의 양은 " << c.gas <<
    "입니다. ₩n";                    출력합니다
}
```

Sample4의 실행 화면

```
차량 번호를 입력하십시오.
1234 ↵
연료의 양을 입력하십시오.
25.5 ↵
차량 번호는 1234 : 연료량은 25.5입니다.
```

제 8장에서 우리들은 함수에 인수가 넘어갈 때, 기본적으로 인수의 값만 넘어간다는 사실을 확인했습니다. 구조체를 인수로 사용하는 경우에도 '값'이 넘어갑니다. 이는,

실인수 구조체의 멤버 값이 각각 복사된 후, 함수 본체에 전달된다

는 뜻입니다. 즉, 이 예제에 등장한 구조체 멤버인 num과 gas의 값이 복사된 후, 함수에 넘어가는 것입니다.

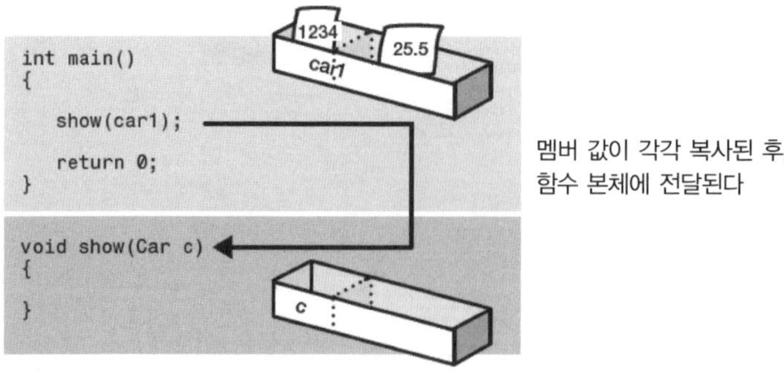

그림 11-7 **인수와 구조체**

함수의 인수로 구조체를 사용하면 각 멤버가 복사되어 전달됩니다.

구조체 포인터를 인수로 사용하기

구조체를 인수로 사용하면, 그 구조체의 각 멤버의 값이 복사되어 함수로 넘어갑니다. 그러나 멤버를 다수 포함하는 구조체를 인수로 사용할 경우에는 주의가 필요합니다. 함수를 호출할 때마다 많은 수의 멤버가 복사되어야 하므로 함수 호출이 지연될 수 있기 때문입니다.

이 때문에, 많은 수의 멤버를 포함하는 함수를 인수로 넘겨야 할 경우,

구조체 포인터를 인수로 넘기는 방법

을 고려할 수 있습니다. 즉, 구조체 변수의 주소만 함수에 넘기는 것입니다. 구조체를 가리키는 포인터를 함수의 인수로 사용하면 함수를 호출할 때 포인터만 넘기면 됩니다. 이러한 방법을 사용하면 큰 구조체를 인수로 사용할 경우에 속도 향상을 꾀할 수 있습니다. 또한 주소가 넘어가므로, 함수 안에서 원래 구조체 변수의 멤버 값을 변경시킬 수도 있습니다.

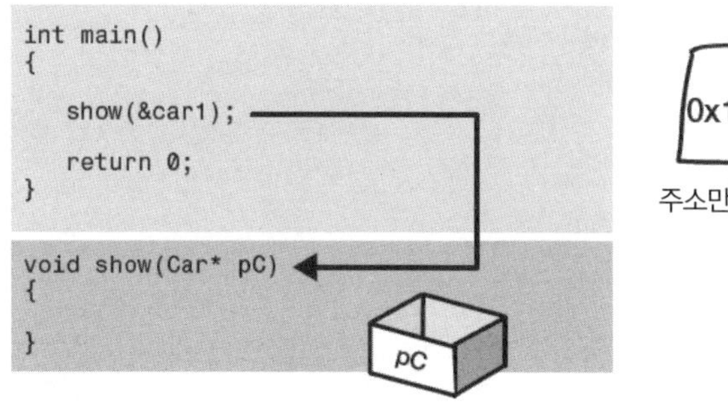

주소만 넘어감

그림 11-8 **인수로 구조체 포인터 넘기기**

함수의 인수로 구조체를 가리키는 포인터를 사용하면, 함수에 구조체 변수의 주소가 넘어갑니다.

그러나 이렇게 사용하려면 구조체를 가리키는 포인터를 통해서 각 멤버에 접근하는 방법을 찾아야 할 것입니다. 이럴 때에는 화살표 연산자(->)를 사용하면 편리합니다.

구조체형 포인터로 구조체 멤버에 접근하기

구조체형 포인터 -> 구조체 멤버

다음 코드를 입력해 보십시오. 이 코드에는 구조체를 가리키는 포인터를 인수로 받는 함수가 사용되고 있습니다.

Sample5.cpp ▶ 구조체를 가리키는 포인터를 함수의 인수로 사용하기

```
#include <iostream>
using namespace std;

//구조체형 Car의 선언
struct Car{
   int num;
   double gas;
};

//show 함수 선언
void show(Car* pC);          // 구조체를 인수로 받는 함수입니다

int main()
{
   Car car1 = {0, 0.0};

   cout << "차량 번호를 입력하십시오 ₩n";
   cin >> car1.num;

   cout << "연료량을 입력하십시오 ₩n";
   cin >> car1.gas;

   show(&car1);          // 구조체 car1의 주소를 넘깁니다

   return 0;
}

//show 함수의 정의
void show(Car* pC)          // 포인터로 멤버에 접근합니다
{
   cout << "차량 번호는" << pC->num << "연료의 양은" << pC->gas <<
"입니다. ₩n";
}
```

show( ) 함수 안의 처리에 주목하기 바랍니다.

```
    cout << "차량 번호는" << pC->c.num << "연료의 양은" << pC -> gas
<< "입니다. ₩n";
```

이 함수에는 포인터가 전달됩니다. 따라서 멤버에 접근할 때 도트 연산자(.) 대신 화살표 연산자(->)를 사용하고 있습니다. 실행 결과는 Sample4와 같습니다.

코드에 등장한 이러한 작은 구조체는 굳이 인수를 포인터로 넘기지 않더라도 호출 속도에 끼치는 영향이 미미합니다. 그러나 멤버를 많이 가진 큰 구조체를 사용할 경우 이러한 차이가 무시할 수 없는 결과를 낳는 경우도 있으므로 기억해 두기 바랍니다.

구조체 포인터를 사용하여 멤버에 접근할 때 화살표 연산자를 사용하면 편리하다.

구조체 레퍼런스를 인수로 사용하기

분명 우리들은 제 8장에서 포인터 대신 레퍼런스를 인수로 사용하는 방법도 학습했습니다. 따라서 구조체 변수의 레퍼런스를 인수로 사용할 경우에도 Sample4와 같은 효과를 얻을 수 있습니다. 이번에는 레퍼런스를 사용한 코드를 함께 보겠습니다.

Sample6.cpp ▸ 레퍼런스를 함수의 인수로 사용하기

```
#include <iostream>
using namespace std;

//구조체형 Car의 선언
struct Car{
    int num;
    double gas;
};
```

```
//show 함수 선언
void show(Car& c);   ● 구조체의 레퍼런스를 인수로 받는 함수입니다

int main()
{
   Car car1 = {0, 0.0};

   cout << "차량 번호를 입력하십시오. ₩n";
   cin >> car1.num;

   cout << "연료량을 입력하십시오. ₩n";
   cin >> car1.gas;

   show(car1);   ● 구조체 car1을 넘깁니다

   return 0;
}

//show 함수의 정의
void show(Car& c)   ● 넘겨받은 구조체로 레퍼런스가 초기화됩니다
{
   cout << "차량 번호는" << c.num << "연료의 양은" << c.gas <<
"입니다. ₩n";
}                    레퍼런스를 통해서 멤버에 접근합니다
```

이 코드의 실행 결과는 Sample4와 같습니다. 그러나 함수 안에서 멤버에 접근할 때, 화살표 연산자(->)가 아닌 도트 연산자를 사용한다는 점이 다릅니다. 구조체를 가리키는 포인터를 통해서 멤버에 접근할 때에만 화살표 연산자를 사용한다는 사실을 기억하시기 바랍니다.

구조체의 고급 기능

C++ 언어의 구조체는 이 밖에도 몇 가지의 고급 기능을 가지고 있습니다. 그러나 C++ 언어에는 이보다 더 편리한 '클래스'(12장)라는 기능이 포함되어 있습니다. 따라서 구조체의 고급 기능이 필요한 경우라면 구조체보다 클래스를 사용하여 구현하는 것이 일반적입니다. 그러한 이유로 구조체의 고급 기능은 생략하도록 하겠습니다.

11.5 공용체

공용체형의 원리 이해하기

공용체(union data type)라는 형에 대해 학습하는 것으로 이 장을 마무리하도록 하겠습니다. 공용체형은 구조체형과 그 스타일이 매우 흡사한 사용자 정의형입니다. 공용체형은 다음과 같이 선언합니다.

공용체형의 선언

```
union 공용체형명{      ← union을 붙여서 선언합니다
    형명 식별자;
    형명 식별자;
    …
};
```

공용체형의 구문은 구조체형과 매우 비슷합니다. struct 키워드 대신에 union 키워드를 사용하면 됩니다.

공용체 또한 공용체형 변수를 선언해서 값을 저장할 수 있습니다.

단, 공용체형의 모든 멤버는 저장 공간을 공유하므로

공용체에는 값을 한번에 하나만 저장시킬 수 있다.

라는 특징이 있습니다. 다음 코드를 통해 확인해 보시기 바랍니다.

Sample7.cpp ▶ 공용체 사용하기

```
#include <iostream>
using namespace std;
```

```
//공용체형 Year의 선언
union Year{
    int ad;
    int dangi;
};

int main()
{
    Year myyear;

    cout << "서기를 입력하십시오. ₩n";
    cin >> myyear.ad;

    cout << "서기 " << myyear.ad << "년입니다. ₩n";
    cout << "단기 또한 " << myyear.dangi << "년입니다. ₩n";

    cout << "단기를 입력하십시오. ₩n";
    cin >> myyear.dangi;

    cout << "단기 " << myyear.dangi << "년입니다. ₩n";
    cout << "서기 또한 " << myyear.ad << "년입니다. ₩n";

    return 0;
}
```

공용체형을 선언합니다

공용 구조체 변수를 선언합니다

myyear의 멤버 ad에 값을 저장시키면…

멤버 dangi의 값도 동일하게 변합니다

Sample7의 실행 화면

```
서기를 입력하십시오.
2000 ↵
서기 2000년입니다.
단기 또한 2000년입니다.
단기를 입력하십시오.
4333 ↵
단기 4333년 입니다.
서기 또한 4333년 입니다
```

dangi와 ad는 메모리를 공유하기 때문에 그 값이 동일합니다

이 코드에는 공용체형 union Year가 새롭게 선언되어서 형으로 사용되고 있습니다. 또한, 공용체형 변수 myyear를 선언한 후, myyear에 접근하고 있습니다.

예제의 실행 결과를 주의깊게 살펴보면, 공용체의 멤버 ad와 dangi를 통해서

공용체에는 단 하나의 값만 저장할 수 있다.

는 사실을 확인할 수 있습니다. 공용체의 멤버 중 하나의 값만 바꾸어도, 다른 멤버의 값이 동일하게 바뀝니다. 공용체의 멤버들은 공용체가 점유한 모든 메모리의 위치를 공유하며, 같은 위치에 값을 저장합니다. 따라서 ad에 값을 대입했음에도 dangi의 값이 ad와 같아져 버린 것입니다. 반대로 dangi에 값을 대입하면 ad 값이 dangi와 같아져 버립니다.

이처럼 공용체는 제한된 메모리를 절약해서 사용할 수 있도록 만들어졌습니다.

공용체에는 한번에 값 하나만 저장시킬 수 있다.

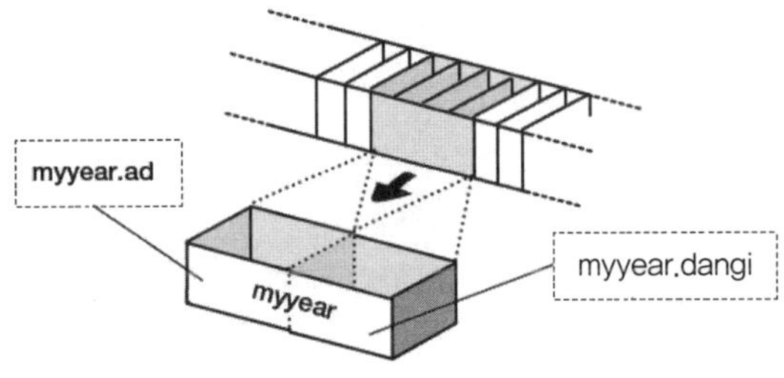

그림 11-9 공용체
공용체에는 한번에 값 하나만 저장시킬 수 있습니다.

다양한 형 정리

지금까지 등장한 사용자 정의형과 그 외의 다양한 형들을 정리해 보겠습니다. 기본형에 대한 내용은 3장의 표를 참조하시기 바랍니다. 클래스에 대한 학습은 다음 장으로 이어집니다.

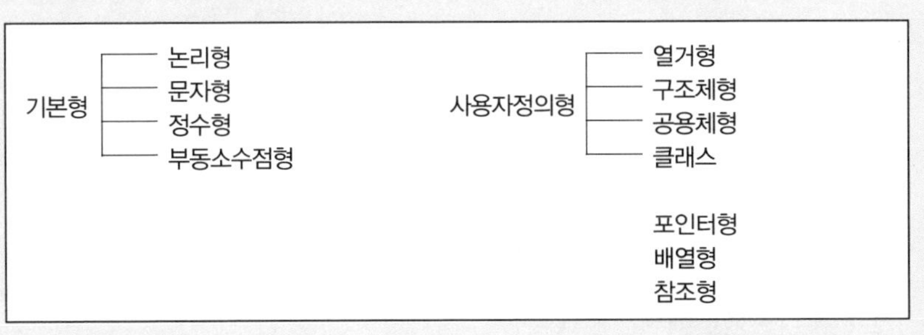

11.6 강의 요약

이 장에서 다음과 같은 내용을 배웠습니다.

- typedef를 사용하여 형명에 별명을 붙일 수 있습니다.
- 기본형 이외에 사용자 정의형을 만들 수 있습니다.
- 열거형에는 식별자의 값을 저장할 수 있습니다.
- 구조체형은 다른 형들을 하나로 묶어서 만드는 형입니다.
- 구조체 멤버에 접근할 때에는, 도트 연산자(.)를 사용합니다.
- 구조체 포인터를 통해서 멤버에 접근할 때 화살표 연산자(->)를 사용하면 편리합니다.
- 공용체의 모든 멤버는 하나의 저장공간을 공유합니다.

우리들은 이 장을 통해, C++ 언어에서 다양한 형을 선언해서 활용할 수 있다는 사실을 배웠습니다. 특히 구조체는 다른 형의 값을 하나로 묶어서 저장할 수 있는 매우 편리한 기능입니다. 이 장에서 소개한 다양한 형의 정의 방법을 숙지하시기 바랍니다.

연습

1. 구조체 Person형을 선언하고 사람의 나이(int형 age)와 몸무게(double형 weight), 그리고 키(double형 height)를 관리하는 코드를 작성하십시오. 실제로 2명 분의 나이, 체중, 키를 입력받은 후, 다음과 같이 출력하는 코드를 작성하십시오.

```
나이를 입력하십시오.
28 ↵
몸무게를 입력하십시오.
52.2 ↵
키를 입력하십시오.
165.3 ↵
나이를 입력하십시오.
32 ↵
몸무게를 입력하십시오.
62.5 ↵
키를 입력하십시오.
168.8 ↵
나이 28 몸무게 52.2 키 165.3입니다.
나이 32 몸무게 62.5 키 168.8입니다.
```

2. 1번 문제에 등장하는 구조체의 포인터를 인수로 받은 다음, 나이를 하나씩 늘리는 함수 void aging(Person* p)를 작성하십시오. 실제로 1명 분의 정보를 입력받은 다음, 1년 후의 나이를 출력하는 코드를 작성하십시오.

```
나이를 입력하십시오.
28 ↵
몸무게를 입력하십시오.
52.2 ↵
키를 입력하십시오.
165.3 ↵
나이 28 몸무게 52.2 키 165.3입니다.
1년이 지났습니다.
나이 29 몸무게 52.2 키 165.3 입니다.
```

Lesson 11

Lesson 12

클래스의 기본

지금까지 우리들은 변수와 배열 같은 C++의 다양한 기능에 대해 학습했습니다. 이러한 기능들은 예전부터 다양한 프로그래밍 언어에 내장되어 있었습니다. 그러나 프로그램이 복잡해짐에 따라, 보다 효율적으로 프로그램을 작성하는 방법이 필요하게 되었습니다. 그러한 요구에 따라 새롭게 등장한 기능이 '클래스' 입니다. 이 장에서는 클래스의 기본을 학습하도록 하겠습니다.

Check Point

- 클래스
- 객체
- 스코프 해결 연산자
- 데이터 멤버
- 멤버 함수
- private 멤버
- public 멤버

12.1 클래스의 선언

클래스의 원리 이해하기

지금까지 우리들은 변수와 배열, 함수와 같이 다양한 C++ 언어의 기능을 학습했습니다. 이러한 기능들은 예전부터 다양한 프로그래밍 언어에 내장되어 있었습니다. C++는 C 언어로부터 이러한 기능들을 물려받았습니다.

그러나 시간이 흘러 프로그래밍은 점점 더 복잡해졌고, 한정된 시간 내에 효율적으로 프로그램을 작성하기 위한 기능이 필요해졌습니다. 이 요구에 부응하기 위해 클래스(class)라 불리는 개념이 만들어졌고, C++는 클래스 기능을 탑재하게 됩니다. 클래스 기능을 활용하면 복잡한 프로그램의 작성 효율이 크게 향상되기 때문입니다.

이 장에서는 클래스의 강력한 기능을 학습해 보도록 하겠습니다. 그러기 위해선 먼저, '클래스' 란 무엇인지 간단히 살펴볼 필요가 있습니다.

클래스에 대한 접근은 현실 세계에 존재하는 특정한 '사물' 이 어떠한 일반적인 요소를 가지고 있는지를 관찰하는 것부터 시작됩니다. 예를 들어, '자동차' 라는 사물을 프로그램으로 표현한다고 생각해 보십시오. 자동차는 1234이나 4567같은 차량 번호를 가지고 있을 것이며, 어느 정도 양의 연료를 싣고 있을 것입니다. 이렇게 간추렸다면, '자동차' 를 표현하기 위한 데이터는 다음과 같을 것입니다.

- 차량 번호
- 남은 연료의 양

'차량 번호는 ○○이다', '남은 연료의 양은 ○○이다' 라고 '자동차' 에 대한 일반적인 내용을 '자동차 클래스' 로 표현합니다. 바꾸어 말하자면, 이러한 데이터는 자동차의 '상태' 혹은 '본질' 과 같은 것입니다.

또한, 이 외에도 자동차에는 다음과 같은 기능이 있을 것입니다.

- 차량 번호를 결정하기
- 자동차에 연료를 넣기
- 차량 번호와 남은 연료의 양을 표시하기

이러한 '기능'은 차량 번호나 연료의 양 등을 바꾸기 위한 것입니다. 클래스란, 이러한

사물의 상태 및 특성, 그에 관련된 기능을 정리하여 프로그램으로 표현하기

위해 사용하는 개념입니다. 코드로 표현한 클래스는 다음과 같습니다. 이것이 클래스의 기본 개념입니다.

```
// 자동차 클래스
class 자동차{
    차량번호;       ─ 자동차의 성질 및 상태를 정리합니다
    연료량;
    차량번호 결정하기…
    연료 넣기…                        ─ 자동차의 기능을 정리합니다
    차량 번호와 남은 연료의 양을 표시하기…
};
```

블록 안에 자동차의 '상태 및 특성' 그리고 '기능'을 정리했습니다. 그리고 이 코드 뭉치에 '자동차'라고 이름을 붙였습니다.

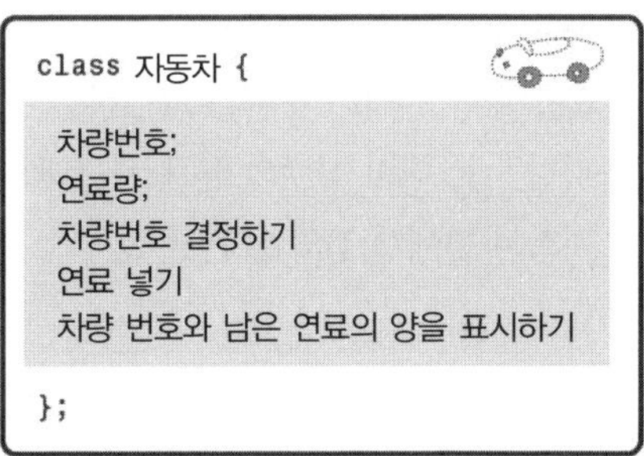

그림 12-1 **클래스**

클래스 사물의 일반적인 상태와 특성 및 기능을 정리한 것을 클래스라고 부릅니다.

클래스 선언하기

이제부터는 클래스의 작성법을 학습해보도록 하겠습니다. 클래스의 작성법은 제 11장에서 학습한 구조체의 작성법과 거의 같습니다. C++의 클래스는 앞에서 우리들이 학습한 사용자 정의형의 일부분이기 때문입니다.

물건의 상태 및 특성, 기능을 정리한 클래스를 작성하는 작업을 클래스의 선언(declaration)이라고 부릅니다. 클래스의 선언 방법은 다음과 같습니다.

구문 **클래스 선언**

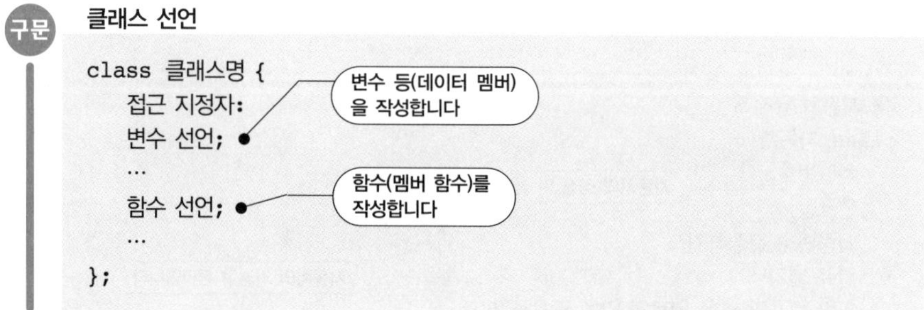

구조체를 선언할 때에는 struct 키워드를 사용했지만 클래스의 경우에는 class 키워드를 사용합니다.

클래스 안에는 변수와 함수를 함께 선언합니다. 이 변수와 함수들은 구조체와 마찬가지로 멤버(member)라고 부릅니다. 단, 클래스의 경우는 변수를 데이터 멤버(data member), 함수를 멤버 함수(member function)라고 구분해서 부릅니다.

이 중, 멤버 함수를 선언할 때에는 주의가 필요합니다. 클래스 구문을 자세히 보시면 멤버 함수는 선언만 되어 있음을 알 수 있습니다. 즉, 멤버 함수의 본체는 클래스 안에 정의하지 않습니다. 멤버 함수의 본체는 클래스 바깥에서 정의합니다.

구문 **멤버 함수의 정의**

```
리턴 값의 형 클래스명::멤버 함수명(인수 리스트)
{
    ...
}
```

(클래스명:: — 멤버 함수의 정의라는 뜻입니다)

'::'는 범위 결정 연산자(scope resolution operator)라고 합니다. :: 연산자를 사용해서 멤버가 어떤 클래스의 멤버 함수인지를 알리는 것입니다.

클래스는 데이터 멤버와 멤버 함수를 가진다.

구조체와 클래스

제 11장에서 우리들은 구조체에 대해 배웠습니다. 사실 C++에 내장된 구조체와 클래스 모두 변수와 함수를 하나로 묶을 수 있습니다. 그러나 함수를 하나로 묶어야 할 경우에는 구조체 대신 클래스를 사용하는 추세입니다.

클래스를 선언하는 코드

그러면 실제로 클래스를 선언해 보도록 하겠습니다. 다음 코드는 자동차의 차량 번호와 연료의 양을 관리하여 출력하는 기능을 가진 'Car(자동차)' 클래스를 선언합니다.

Sample1.cpp ▸ 간단한 클래스의 선언

```
//Car 클래스의 선언
class Car{
   public:
      int num;
      double gas;
      void show();
};

//Car 클래스 멤버 함수의 정의
void Car::show()
{
   cout << "차량 번호는" << num << "입니다. ₩n";
}
```

- 데이터 멤버입니다
- 멤버 함수입니다
- 클래스 선언입니다
- 클래스 선언부 바깥에서 멤버 함수 본체를 정의하고 있습니다
- Car 클래스의 멤버임을 나타냅니다

이 Car 클래스는 다음과 같은 데이터 멤버와 멤버 함수를 가지고 있습니다.

데이터 멤버	설명
num gas	차량 번호가 저장되는 변수 연료량이 저장되는 변수
멤버 함수	**설명**
show( )	차량 번호와 연료량을 출력하는 함수

멤버 함수의 정의는 클래스 선언 바깥에 적혀 있습니다. 'Car ::' 라고 지정함으로써, 이 함수가 일반적인 함수가 아닌 Car 클래스의 멤버 함수임을 알리고 있습니다.

이처럼 클래스는

데이터 멤버…사물의 성질 및 상태

멤버 함수…사물의 기능

을 하나로 묶은 것입니다.

```
class Car {
  public:
    int num;
    double gas;
    void show();
};
```

그림 12-2 **클래스 선언하기**
클래스는 데이터 멤버와 멤버 함수를 하나로 묶어줍니다.

클래스 이용하기

이미 앞에서 설명드린 바와 같이 새로 선언한 클래스는 새로운 형으로 인정받게 됩니다. 즉, 클래스형 변수를 선언할 수 있게 되는 것입니다. 클래스형 변수의 선언 구문은 다음과 같습니다.

개체 생성

```
클래스명 변수명;
```
클래스 값을 저장하는 변수를 선언합니다

클래스는 새로운 형으로 인식되므로, 일반적인 변수와 동일한 방법으로 선언할 수 있습니다. 아래의 코드가 Car 클래스 변수를 선언하는 코드입니다.

```
Car car1;
```
Car 클래스의 값을 저장하는 변수 car1을 선언합니다

이 코드는 'Car 클래스의 값'을 저장할 수 있는 변수 car1의 선언입니다. 이 클래스형 변수는 **객체(object)** 또는 **인스턴스(instance)**라고 부릅니다. 이제부터 이 책에서는 클래스형을 저장하는 변수를 객체라고 부르도록 하겠습니다.

객체란 클래스형 값을 저장하는 변수이다.

멤버에 접근하기

그러면 위 코드에서 선언한 객체를 코드 안에서 이용해 보도록 하겠습니다.

객체를 이용하기에 앞서서 객체의 각 멤버에 접근하여 값을 저장해야 합니다. 이때에는 구조체와 마찬가지로 **도트 연산자(.)**를 사용합니다

```
car1.num = 1234;
car1.gas = 20.5;
```
차량 번호를 대입합니다

연료의 양을 대입합니다

Lesson 12

그리고 멤버 함수를 호출할 경우에도 도트 연산자를 사용합니다.

```
car1.show();   ← 멤버 함수를 호출하여 차량 번호 및 연료의 양을 출력합니다
```

이제 준비가 끝났습니다. 클래스를 선언해서 실제로 이용하는 코드를 입력해 보도록 하겠습니다.

Sample1.cpp ▶ 클래스 사용하기

```
#include <iostream>
using namespace std;

//Car 클래스의 선언
class Car{
   public:
      int num;
      double gas;
      void show();
};
```
(Car 클래스의 선언입니다)

```
//Car 클래스 멤버 함수의 정의
void Car::show()
{
   cout << "차량 번호는 " << num << "입니다. ₩n";
   cout << "연료량은 " << gas << "입니다. ₩n";
}
```
(멤버 함수 본체의 정의입니다)

```
int main()
{
   Car car1;   ← 클래스형 변수(객체)를 정의합니다

   car1.num = 1234;   ← 멤버 함수와 연료량을 대입합니다
   car1.gas = 20.5;

   car1.show();   ← 멤버 함수를 통해 차량 번호 및 연료의 양을 출력합니다

   return 0;
}
```

Sample1의 실행 화면

```
차량 번호는 1234입니다.
연료의 양은 20.5입니다.
```

이 코드의 앞 부분에서는 Car 클래스를 선언하고 있고, 마지막 부분(main( ) 함수)에서는 Car 클래스의 객체를 선언하고 있습니다. 실행 결과를 통해 알 수 있듯이, car1이라는 객체가 선언되고 나서, 차량 번호와 연료의 양이 대입되었고 그 후에 값이 출력되었습니다.

즉, car1이 선언되었기에 코드에서 다음과 같은 작업이 가능해진 셈입니다.

한 대의 '자동차'(car1)를 만들었다(객체를 선언했다).

번호와 연료량을 설정했다(데이터 멤버에 값을 대입했다).

차량 번호와 연료의 양을 표시했다(멤버 함수를 호출했다).

'차'라는 개념을 중심으로 프로그램이 조립되고 있음을 이해하셨나요?

객체 생성하기

또한, 객체를 저장시킬 메모리를 확보하는 작업(이 예제에서는 car1을 선언하는 작업)을

객체를 생성한다

라고 합니다. 이와 반대로 객체의 이용이 끝난 후 메모리를 해제하는 작업을

객체를 소멸시킨다

라고 합니다.

Sample1에서 만든 객체 car1은 main() 함수 안에서 선언된 지역 변수입니다. 따라서 main() 함수가 시작될 때 생성되고, main() 함수가 종료될 때 소멸됩니다. 자동차 한 대가 만들어진 후 폐차되는 과정을 떠올려 주시기 바랍니다.

또한 객체는 필요할 때 동적으로 생성할 수 있습니다. new 연산자를 사용하여 객체를 저장시킬 메모리를 확보하고, delete 연산자를 사용하여 메모리를 해제시키면 됩니다.

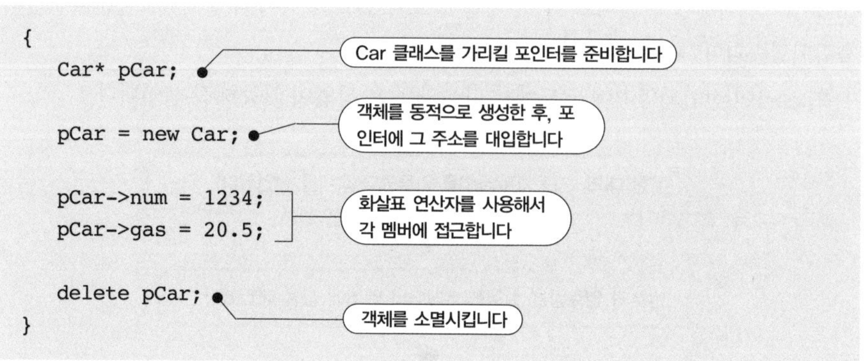

Car 클래스를 가리킬 수 있는 포인터 pCar를 준비하고, 동적으로 할당된 메모리의 주소를 저장하고 있습니다. 포인터를 사용하여 멤버에 접근할 때에는 구조체와 마찬가지로 화살표 연산자(->) 를 사용할 수 있습니다.

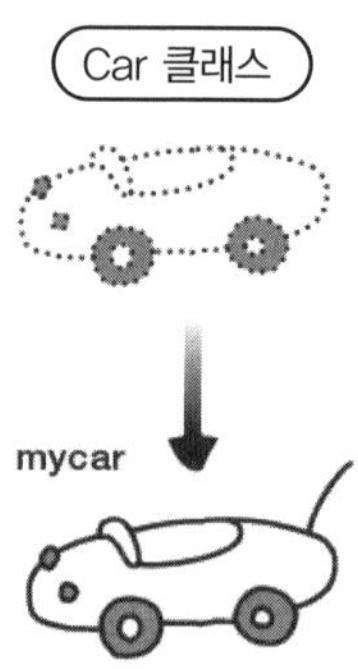

그림 12-3 **객체 생성**

객체를 저장하기 위해 메모리를 확보하는 과정을 일컬어 '객체를 생성한다' 고 부르기도 합니다.

2개 이상의 객체 생성하기

또한 Sample1에서는 객체를 하나만 생성했습니다만, 객체는 얼마든지 만들어 낼 수 있습니다. 예를 들어 자동차를 2대 만든다고 하면 새로운 변수인 car2를 준비한 후 new를 사용해서 생성하면 됩니다.

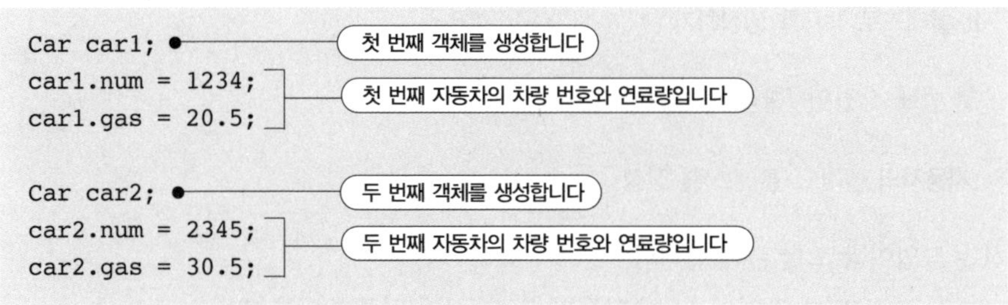

그러면 이 두 대의 '자동차'가 각각 고유한 차량 번호와 연료량을 가지게 됩니다. 그리고 car1, car2 또한 변수명이므로 알아보기 쉬운 식별자로 바꾸어 보시기 바랍니다.

객체를 여러 개 생성하면 보다 복잡한 프로그램을 만들 수 있을 것입니다.

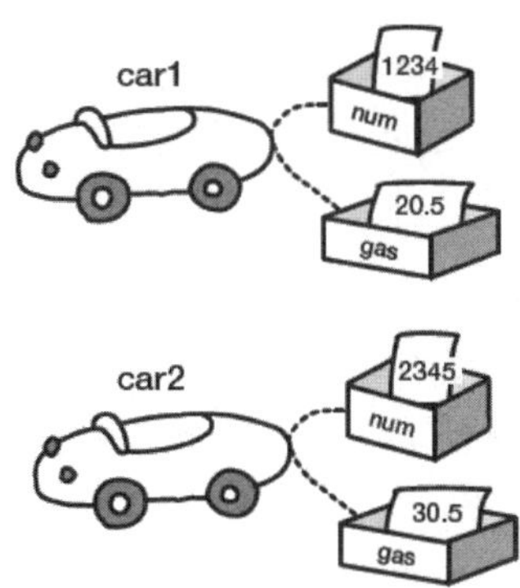

그림 12-4 **두 개 이상의 객체 생성하기**
객체는 여러 개 생성할 수 있습니다.

클래스 사용순서 정리

클래스를 이용하는 프로그램을 작성하기 위해서는 일반적으로 다음과 같은 두 단계에 걸친 작업이 필요함을 이 절의 학습을 통해 알 수 있었습니다.

1. 클래스를 선언하기
2. 클래스로 객체를 생성하기

첫 번째 작업인 '클래스 선언하기' 는

'자동차의 설계도' (클래스)를 작성

하는 작업이라고 할 수 있습니다.

그리고, 두 번째 작업인 '객체 만들기' 는 그 설계도(클래스)를 바탕으로,

'각각의 자동차' (객체)를 만드는 작업, 데이터를 저장하고 설정

하는 작업이라고 할 수 있습니다.

이 예제에는 첫 번째 코드와 두 번째 코드를 1개의 파일에 모두 작성했습니다. 그러나 이 두 개의 코드를 다른 사람이 각각 다른 파일에 작성하는 것 또한 가능합니다.

첫 번째 단계에서 Car 클래스를 잘 설계해 두면 매우 편리합니다. 잘 설계된 Car 클래스를 이용할 수 있다면, '자동차' 를 다루는 다양한 프로그램을 다른 사람이 보다 효율적으로 만들 수 있기 때문입니다.

대규모 프로그램을 작성할 경우, 1번 작업과 2번 작업을 각각 다른 사람이 수행합니다. 이처럼 프로그래밍 공정이 분리되면 견고한 프로그램의 작성이 그 무엇보다 중요해지게 됩니다. 클래스에는 견고한 프로그램의 작성을 돕기 위한 기능이 마련되어 있습니다. 다음 절에서 확인해 보도록 하겠습니다.

12.2 멤버에 대한 접근 제한

멤버에 대한 접근 제한

Sample1 코드는 데이터 멤버에 차량 번호와 연료량의 값을 대입합니다. 이를 통해 마치

실제 자동차에 차량 번호를 부여하고 연료량을 설정

하듯 코드로 표현할 수 있었습니다. 실제 자동차에 차량 번호 1234를 부여하고, 연료량을 20.5로 설정한 셈입니다.

그러나 이러한 표현은 문제가 발생할 소지가 있습니다. 예를 들어, Sample1의 main() 함수 안에서 다음처럼 표현되는 경우가 있습니다. 주의하시기 바랍니다.

```
int main()
{
    Car car1;

    car1.num = 1234;
    car1.gas = -10.0;

    car1.show();
}
```

잘못된 연료의 양을 대입하고 있습니다

이 코드는 무엇을 의미하고 있나요? 지금까지 해 왔던 작업에 빗대어 생각해 보면, 이 코드는

변수 car1이 가리키는 자동차의 연료량을 −10으로 바꾸는

작업을 표현한 것입니다.

Lesson 12

그러나 곰곰이 생각해 보면 앞 뒤가 맞지 않는 이야기라는 것을 알 수 있습니다. 실제 자동차의 '연료량을 마이너스로 만들기' 란 불가능하기 때문입니다.

클래스는 '사물' 에 보다 근접한 코드를 만들기 위해 설계되었습니다. 따라서 클래스를 사용한 복잡한 프로그램 작성 중에 이러한 모순된 조작을 수행하면 프로그램에 예기치 못한 에러를 발생시킬 가능성이 매우 높아집니다.

따라서, 일반적으로 클래스를 설계할 때부터 이러한 문제가 발생하지 않도록 다양한 메커니즘을 동원합니다. 이제부터 그 메커니즘을 하나씩 살펴보도록 하겠습니다.

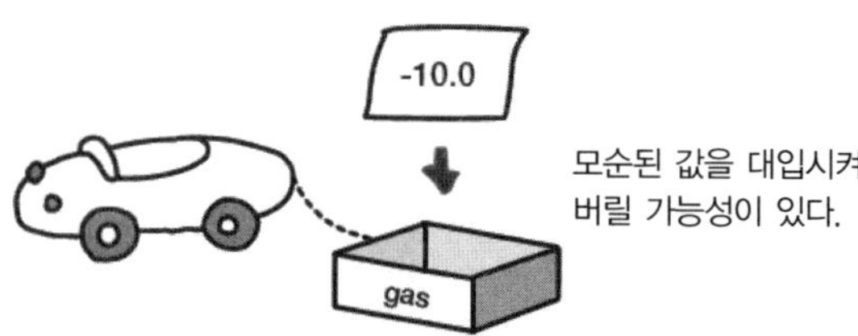

그림 12-5 **멤버에 대한 접근 제한**

클래스의 멤버가 클래스 외부로부터의 접근에 노출되어 있으면 오류가 발생하기 쉬운 프로그램이 만들어질 수 있습니다.

private 멤버 만들기

그러면 Sample1에서 연료의 양이 마이너스가 되어 버린 원인은 어디에 있을까요? 그 원인은

멤버에 아무런 제약 없이 접근하여, 있을 수 없는 값(여기에서는 −10)을 대입해 버렸다는 사실

에 있다고 할 수 있습니다. C++ 언어는 이런 실수를 하지 않도록,

클래스 외부에서 마음대로 접근할 수 없는 멤버를 만드는 기능

을 지원합니다. 이러한 멤버를 private 멤버라고 합니다. 그러면 이제, 차량 번호와 연료의 양을 private 멤버로 바꾸어 보겠습니다.

```
class Car {
   private :
      int num;
      double gas;
      …
};
```

데이터 멤버를 private으로 만들었습니다

이 코드에서는 멤버에 private이라는 제한자를 붙였습니다. 이렇게 하면 Car 클래스의 외부(main( ) 함수)에서 필드에 접근할 수 없게 됩니다.

```
int main()
{
   …
   // 이러한 접근이 불가능하게 됩니다.
   // car1.num = 1234;
   // car1.gas = -10.0;
}
```

클래스 외부에서 private 멤버에 접근할 수 없습니다

이제 자동차의 연료량으로 마이너스 값이 대입될 수 없는 상태가 되었습니다.

```
class Car{
  private:

     int num;      X
     double gas;   X
      ...
};
```

```
int main()
{
    ...
    //car1.num = 1234;
    //car1.gas = -10.0;
    ...
}
```

그림 12-6 **private 멤버**

private 멤버로 만들면 클래스 외부에서 접근할 수 없다.

private 멤버로 만들면 클래스 외부에서 접근할 수 없다.

Lesson 12

public 멤버 만들기

데이터 멤버를 private 멤버로 만들면, 지금 보신대로 클래스 외부에서 마음대로 접근할 수 없게 됩니다.

그러나, 이렇게 만들면 정말로 main( ) 함수 안에서 차량 번호와 연료량을 설정할 수 없게 될까요?

안타깝게도 private 멤버에 접근하는 방법이 존재합니다. 다음 코드를 입력해 보십시오. Sample1을 개선한 코드입니다.

Sample2.cpp ▶ 멤버에 대한 접근제한

```
#include <iostream>
using namespace std;

//Car 클래스의 선언
class Car{
   private:
      int num;
      double gas;
   public:
      void show();
      void setNumGas(int n, double g);
};

//Car 클래스 멤버 함수의 정의
void Car::show()
{
   cout << "차량 번호는" << num << "입니다. ₩n";
   cout << "연료량은" << gas << "입니다. ₩n";
}
void Car::setNumGas(int n, double g)
{
   if(g > 0 && g < 1000){
      num = n;
      gas = g;
      cout << "차량 번호를 " << num << "으로 연료량을" << gas <<
"으로 바꾸었습니다. ₩n";
   }
   else{
    cout << g << "는 올바른 연료량이 아닙니다. ₩n";
    cout << "연료량을 바꿀 수 없습니다. ₩n";
```

데이터 멤버를 private으로 만들었습니다

멤버 함수는 public으로 만들었습니다

전달된 값을 조사해서…

올바른 값이면 저장합니다

잘못된 값을 저장할 수 없도록 막고 있습니다

```
    }
}

int main()
{
    Car car1;

    //이러한 접근이 불가능하게 됩니다.
    //car1.num = 1234;
    //car1.gas = 20.5;

    car1.setNumGas(1234, 20.5);
    car1.show();

    cout << "잘못된 연료량(-10.0)을 저장해 보겠습니다.... ₩n";
    car1.setNumGas(1234, -10.0);
    car1.show();

    return 0;
}
```

private 멤버에는 접근할 수 없습니다

반드시 public 멤버를 호출하여 값을 저장해야 합니다

Sample2의 실행 화면

```
차량 번호를 1234으로, 연료량을 20.5로 바꾸었습니다.
차량 번호는 1234입니다.
연료량은 20.5입니다.
잘못된 연료량(-10.0)을 저장해 보겠습니다....
-10는 올바른 연료량이 아닙니다.
연료량을 바꿀 수 없습니다.
차량 번호는 1234 입니다.
연료량은 20.5입니다.
```

잘못된 값은 저장되지 않습니다

이 예제에는 번호와 연료의 양을 저장하기 위해 setNumGas( )라는 함수를 새롭게 추가했습니다. 특히 연료의 양이 올바른지 점검한 다음, 데이터 멤버에 값을 저장한다는 점에 주목하시기 바랍니다.

Car 클래스 외부에서 차량 번호와 연료량을 직접 설정할 수 없게 되었습니다.

그 대신, setNumGas( ) 함수가 차량 번호와 연료량의 수정을 담당합니다. 이 멤버 함수를 사용하면, 반드시 그 값이 올바른지 확인을 거친 연료량만 저장됩니다.

Lesson 12

즉, 잘못된 연료량이 저장될 가능성이 사라지는 셈입니다.

setNumGas( ) 함수 앞에는 public이라는 제한자가 붙어 있습니다. 이 멤버를 public 멤버라고 부릅니다. public을 붙인 멤버는 클래스 외부에서 사용할 수 있습니다. 이렇게 private과 public을 구분하여 사용하면, 결과적으로 올바른 차량 번호와 연료량을 저장할 수 있게 됩니다.

public 멤버는 클래스 외부에서 접근할 수 있다.

```
class Car {
    ...
   public:
      void setNumGas(int n, double g);
      void show();
   {
      ...
   }
}
```

```
int main()
{
    ...
    car1.setNumGas(1234, 20.5);
    car1.show();
    ...
}
```

그림 12-7 **public 멤버**

public 멤버로 만들면 클래스 외부에서 접근할 수 있습니다.

캡슐화의 원리 이해하기

이제 Sample2의 Car 클래스는 연료량이 올바른지의 여부를 스스로 확인하는 기능을 갖추게 되었습니다. 이러한 메커니즘을 도입하면, 잘못된 값이 저장되지 않는 클래스를 설계할 수 있습니다.

제 8장에서도 설명했듯이, 클래스를 다루는 프로그램은 클래스를 선언하는 부분(declaration)과 클래스를 이용하는 부분(예를 들어, main( ) 함수와 같은 부분)을 각각 다른 사람이 작성하는 경우가 있습니다. 클래스를 설계하는 사람이 클래스 멤버들을 적절히 private 멤버와 public 멤버로 분류해 두면 나중에 다른 사람이 그 클래스를 이용하여 견고한 프로그램을 만들 수 있게 되기 때문에 매우 편리합니다.

이처럼, 클래스에 데이터(필드)와 기능(메소드)을 한곳에 모은 다음, 보호하고 싶은 멤버에 private를 붙여 접근을 제한하는 기능을 일컬어 **캡슐화**(encapsulation)라고 부릅니다. 일반적으로 Sample2 처럼,

데이터 멤버 ⟶ private 멤버

멤버 함수 ⟶ public 멤버

로 지정하곤 합니다. 이처럼 캡슐화는 클래스의 중요한 기능 중 하나입니다.

클래스의 데이터와 기능을 하나로 묶어, 구성원을 보호하는 기능을 일컬어 캡슐화라고 부른다.

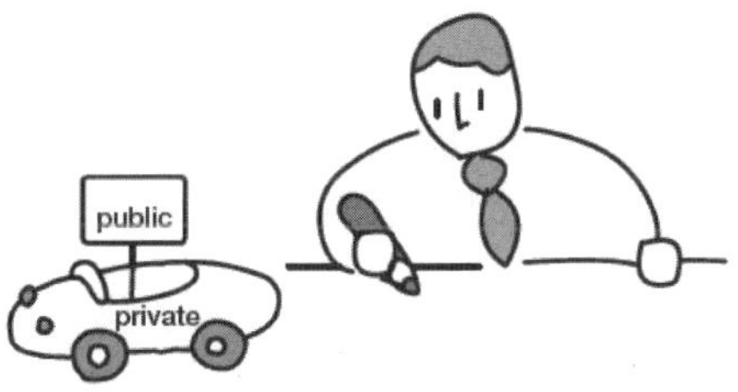

그림 12-8 **캡슐화**

클래스에 캡슐화 기능을 탑재하면 견고한 프로그램을 만들 수 있습니다.

private과 public을 생략하면 어떻게 되나요?

private과 public는 **접근 지정자**(access specifier)라고 부릅니다. 물론 접근 지정자는 생략하는 것 또한 가능합니다. 접근 지정자를 생략하면 private 멤버가 됩니다.

또한 C++에서는 제 11장에서 설명했던 구조체의 각 멤버에도 접근 지정자를 지정할 수 있습니다. 단, 구조체의 접근 지정자를 생략하면 클래스의 경우와 다르게 public 멤버가 됩니다. 제 11장에 등장한 구조체의 멤버는 접근 지정자가 모두 생략된 상태였기에 public 멤버였던 것입니다. 접근 지정자에는 public, private 외에도 protect가 있습니다. protected에 대한 내용은 14장에서 자세히 설명하도록 하겠습니다.

 멤버 함수를 인라인 함수로 만들기

이 시점에 주의사항을 하나 말씀해 드리겠습니다.

private 멤버에 접근하려면 반드시 public 멤버 함수를 경유해야 합니다. 따라서 이러한 클래스를 이용할 때, 멤버 함수가 빈번하게 호출될 수 있습니다. 그러나 제 7장에서 언급한 바와 같이 함수의 빈번한 호출은 프로그램의 속도 저하를 유발합니다. 그래서 간단한 멤버 함수는 인라인 함수로 만들어 버리는 것이 일반적입니다. 다음 코드를 통해 확인해 보시기 바랍니다.

```
//Car 클래스의 선언
class Car {
   private:
      int num;
      double gas;
   public:
      int getNum(){return num;}
      double getGas(){return gas;}
      void show();
      void setNumGas(int n, double g);
};

//Car 클래스 멤버 함수의 정의
void Car::show()
{
   cout << "차량 번호는" << num << "입니다. ₩n";
}
...
```

멤버 함수 본체를 클래스 안에 정의하면 인라인 함수가 됩니다

멤버 함수 본체를 클래스 바깥에 정의하면 일반 함수가 됩니다

이 코드는 Car 클래스 코드의 일부입니다. 제 7장에서 본 바와 같이, 일반적인 함수를 인라인 함수로 만들 때에는 inline을 붙입니다. 그러나 멤버 함수는 보다 쉽게 인라인 함수로 만들 수 있습니다.

클래스 선언부에 함수 본체를 정의하면 자동적으로 인라인 함수가 된다

는 사실을 알아두시기 바랍니다.

위의 코드 getNum( ) 함수와 getGas( ) 함수는 클래스 선언부 안에 정의되어 있으

므로 자동적으로 인라인 함수가 됩니다. 반면에 클래스 선언부 바깥에 정의된 show() 함수는 일반적인 함수가 됩니다.

클래스 선언부 안에 멤버 함수를 정의하면 인라인 함수가 된다.

멤버 함수의 기능

멤버 함수는 함수의 일종이므로 제 7장에서 설명한 특징이 그대로 적용됩니다. 즉, 멤버 함수를 오버로드시키거나, 기본 인수를 지정하는 것 또한 가능한 것입니다. 13장에서는 이렇게 특수한 멤버함수를 오버로드하는 방법을 소개합니다.

12.3 인수와 객체

인수로 객체 사용하기

다음 순서로 함수와 객체 사이의 관계를 살펴보도록 하겠습니다. 첫 번째 순서로 객체를 함수의 인수로 사용해 보겠습니다. 다음 코드를 입력해 보십시오.

Sample3.cpp ▶ 인수로 객체 사용하기

```
#include <iostream>
using namespace std;

//Car 클래스의 선언
class Car{
   private:
      int num;
      double gas;
   public:
      int getNum(){return num;}
      double getGas(){return gas;}
      void show();
      void setNumGas(int n, double g);
};

//Car 클래스 멤버 함수의 정의
void Car::show()
{
   cout << "차량 번호는" << num << "입니다. ₩n";
   cout << "연료량은" << gas << "입니다. ₩n";
}
void Car::setNumGas(int n, double g)
{
   if(g > 0 && g < 1000){
      num = n;
      gas = g;
```

```
        cout << "차량 번호를 " << num << "으로, 연료량을 " << gas <<
"로 바꾸었습니다. \n";
    }
    else {
        cout << g << "는 올바른 연료량이 아닙니다. \n";
        cout << "연료량을 바꿀 수 없습니다. \n";
    }
}

//buy 함수 선언
void buy(Car c);

int main()
{
    Car car1;

    car1.setNumGas(1234, 20.5);

    buy(car1);    ← 함수에 객체의 값을 넘겨서 호출합니다

    return 0;
}

//buy 함수의 정의
void buy(Car c)
{
    int n = c.getNum();    ← 넘겨받은 객체의 값을 이용합니다
    double g = c.getGas();
    cout << "차량 번호가" << n << "이며, 연료량이" << g <<
"인 자동차를 구입했습니다. \n";
}
```

Sample3의 실행 화면

```
차량 번호를 1234으로, 연료량을 20.5로 바꾸었습니다.
차량 번호가 1234이며, 연료량이 20.5인 자동차를 구입했습니다.
```

이처럼 객체를 인수로 사용하면, 그 객체 안에 있는 각 멤버의 값이 복사되어 함수로 넘어가게 됩니다. 즉, 이 예제에 등장한 객체 멤버 num과 gas의 값이 복사된 후, 함수로 넘어가는 것입니다. 이는 구조체를 인수로 사용한 경우와 동일합니다.

인수로 객체 포인터 사용하기

구조체와 마찬가지로 객체 또한, 그 멤버의 수가 많다면 함수 호출이 지연될 수 있습니다.

이러한 경우에는 객체의 포인터를 인수로 넘길 수 있습니다. 인수로 포인터를 사용하면 각 멤버의 값이 복사되어 넘어가는 것이 아니라 객체의 주소만 전달되므로, 많은 멤버를 보유한 클래스에 적용할 경우 속도 향상을 꾀할 수 있습니다.

다음 코드는 Sample3의 buy( ) 함수의 인수를 Car 클래스의 객체를 가리키는 포인터로 설정해 보았습니다. 클래스를 선언하는 부분과 클래스의 멤버 함수의 정의 부분은 Sample4와 동일하므로 생략하도록 하겠습니다.

Sample4.cpp ▶ 인수로 포인터 사용하기

```
...
//buy 함수 선언
void buy(Car* pC);          // 포인터를 인수로 받는 함수입니다

int main()
{
   Car car1;

   car1.setNumGas(1234, 20.5);

   buy(&car1);

   return 0;
}
                            // 포인터를 인수로 받는 함수입니다
//buy 함수의 정의
void buy(Car* pC)           // 화살표 연산자를 사용해서 각 멤버에 접근합니다
{
   int n = pC->getNum();
   double g = pC->getGas();
   cout << "차량 번호" << n << "연료의 양" << g <<
"인 자동차를 구입했습니다. ₩n";
}
```

이 예제에서는 car1의 주소를 넘겨서 함수를 호출하고 있습니다. 함수 안에서는 화살표 연산자를 사용해서 각 멤버에 접근합니다. 그 실행 결과는 Sample3와 동일합니다.

물론 레퍼런스를 넘기는 경우에도 동일한 결과가 출력됩니다. 다음 코드는 Sample3의 buy( ) 함수의 인수를 Car 클래스의 레퍼런스로 설정한 것입니다. 함수 안에서는 도트 연산자를 사용해서 각 멤버에 접근합니다.

Sample5.cpp ▶ 인수로 레퍼런스 사용하기

```
...
//buy 함수 선언
void buy(Car& c);

int main()
{
   Car car1;

   car1.setNumGas(1234, 20.5);

   buy(car1);

   return 0;
}

//buy 함수의 정의
void buy(Car& c)
{
   int n = c.getNum();
   double g = c.getGas();
   cout << "차량 번호" << n << "연료의 양" << g <<
"인 자동차를 구입했습니다. ₩n";
}
```

레퍼런스를 인수로 받는 함수입니다

도트 연산자를 사용하여 각 멤버에 접근합니다

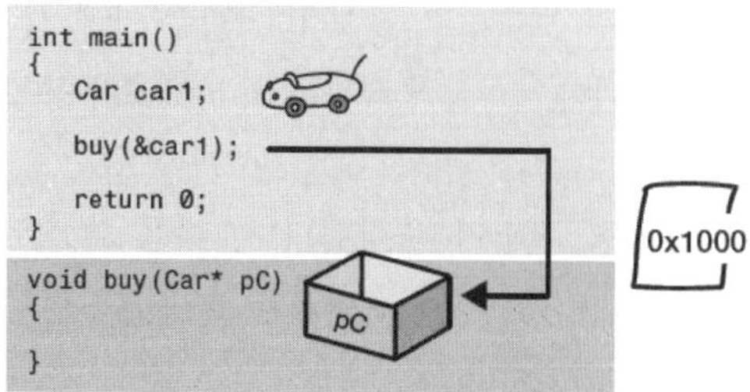

그림 12-9 **함수의 인수로 포인터 사용하기**

많은 수의 멤버를 포함하는 구조체 혹은 객체를 인수로 사용해야 할 경우, 구조체나 객체 대신 포인터를 대신 넘기면 함수 호출 속도의 향상을 꾀할 수 있습니다.

12.4 강의 요약

이 장에서는 다음과 같은 내용을 배웠습니다.

- 클래스는 데이터 멤버와 멤버 함수를 하나로 묶은 것입니다.
- 클래스는 사용자가 정의한 새로운 형으로 이용할 수 있습니다.
- 클래스 바깥에서 private 멤버에 접근할 수 없습니다.
- 클래스 바깥에서 public 멤버에 접근할 수 있습니다.
- 멤버 함수를 클래스 선언부 바깥에 정의하려면 범위 결정 연산자(::)를 사용합니다.
- 멤버 함수를 클래스 선언부 안에 정의하면 자동적으로 인라인 함수가 됩니다.

이 장에서는 클래스를 설계하는 방법 및 간단한 이용법을 배웠습니다. 클래스를 용도에 맞게 설계하면 견고한 프로그램을 보다 효율적으로 작성할 수 있습니다. 다음 장에서는 클래스에 대한 보다 자세한 내용을 학습해 보도록 하겠습니다.

연습

1. 다음 항목에 대해 ○ 또는 ×로 답하십시오.

① 클래스 선언부 안에 선언한 멤버에 접근 지정자를 생략하면 public 멤버가 된다.

② 클래스 선언부 안에서 멤버 함수를 정의하면 인라인 함수가 된다.

③ 데이터 멤버를 public으로 지정할 수 없다.

④ 클래스 바깥에서 public 멤버에 접근할 수 있다.

⑤ 클래스 바깥에서 private 멤버에 접근할 수 없다.

2. 다음과 같이 정수값을 표현하는 Point 클래스를 작성하십시오.

데이터 멤버

x : X 좌표(범위는 0 ~ 10로 함)

y : Y 좌표(범위는 0 ~ 10로 함)

멤버 함수

void setX(int a) : X 좌표를 설정한다(범위 밖의 값은 0으로 한다)

void setY(int b) : Y 좌표를 설정한다(범위 밖의 값은 0으로 한다)

int getX() : X 좌표 값을 구한다

int getY() : Y 좌표 값을 구한다

3. 2개의 클래스를 이용하여 화면에 다음과 같이 출력하는 코드를 작성하십시오.

```
X 좌표를 입력하십시오.
3 ↵
Y 좌표를 입력하십시오.
5 ↵
좌표는(3,5)입니다.
```

Lesson 13

클래스의 기능

제 12장에서 우리들은 간단한 클래스의 선언 방법과 이용 방법을 배웠습니다. 그러나 클래스에는 지금까지 배운 내용 이외에도 다양한 기능이 존재합니다. 이 장에서는 클래스의 기능을 보다 자세히 탐구해 보도록 하겠습니다.

Check Point

- 생성자
- 생성자 오버로드
- 기본 생성자
- 정적 멤버

13.1 생성자의 기본

생성자의 원리 이해하기

제 12장에서 우리들은 클래스의 객체를 생성한 다음, 이용하는 방법을 학습했습니다. 그러나 실제로 객체를 생성할 때에는 우리들이 예상한 초기화 방법보다 다양한 초기화 작업이 필요해질 것입니다. 지금까지 우리들이 만들어 온 자동차 관리 프로그램을 그 예로 들어 보겠습니다. 장래에는 자동차 객체를 생성할 때에는 차량 번호 및 연료량을 0으로 설정한 후 생성시키는 방법 또한 제공해야 할 것입니다.

클래스의 개념을 도입하여 프로그래밍을 할 때에는 생성자(constructor)라고 하는 특수한 멤버 함수에 초기화 과정을 위탁합니다.

C++에서 생성자는

클래스로부터 객체가 생성될 때, 자동적으로 호출되는

특수한 멤버 함수입니다. 생성자를 정의하는 구문은 다음과 같습니다.

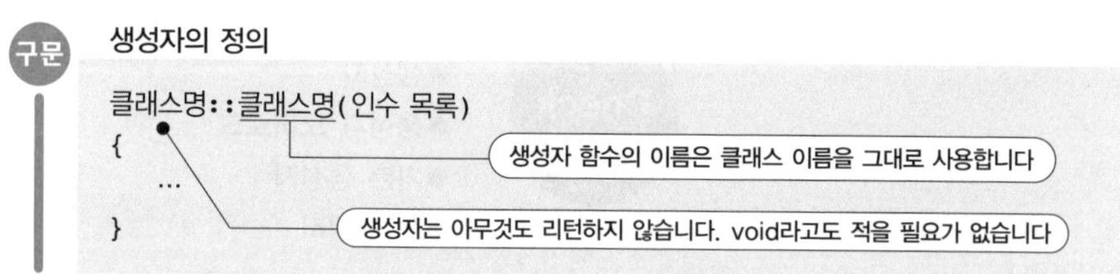

생성자 함수의 이름은 클래스 이름을 그대로 사용합니다. 그리고 생성자는 아무것도 리턴하지 않습니다.

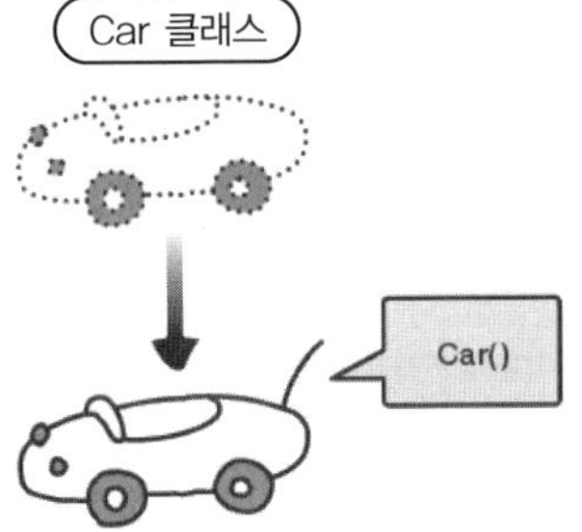

그림 13-1 **생성자**

객체가 생성될 때, 자동으로 호출되는 특수한 멤버함수를 생성자라고 부릅니다.

생성자의 정의를 코드로 작성하면 다음과 같습니다.

생성자에는 리턴 값이 없습니다

생성자 함수명은 클래스 이름과 같습니다

```
Car::Car()
{
   num = 0;
   gas = 0.0;
   cout << "자동차가 만들어졌습니다. ₩n";
}
```

Car 클래스로부터 객체가 생성되면, 이미 정의되어 있던 생성자가 자동으로 호출된 후, 그 안의 코드가 실행됩니다. 위 예에 등장한 생성자는 차량 번호와 연료량을 0으로 설정하고 있습니다.

이번에는 생성자의 동작을 실제로 살펴보도록 하겠습니다.

Lesson 13

Sample1.cpp ▶ 생성자 정의하기

```
include <iostream>
using namespace std;

//Car 클래스 선언
class Car{
   private:
      int num;
      double gas;
   public:
      Car();
      void show();
```

```
};

//Car 클래스 멤버 함수의 정의
Car::Car()
{
   num = 0;
   gas = 0.0;
   cout << "자동차가 만들어졌습니다. ₩n";
}
void Car::show()
{
   cout << "차량 번호는" << num << "입니다. ₩n";
   cout << "연료량은" << gas << "입니다. ₩n";
}
int main()
{
   Car car1;

   car1.show();

   return 0;
}
```

생성자를 정의하고 있습니다

객체가 생성되면 생성자가 호출됩니다

Sample1의 실행 화면

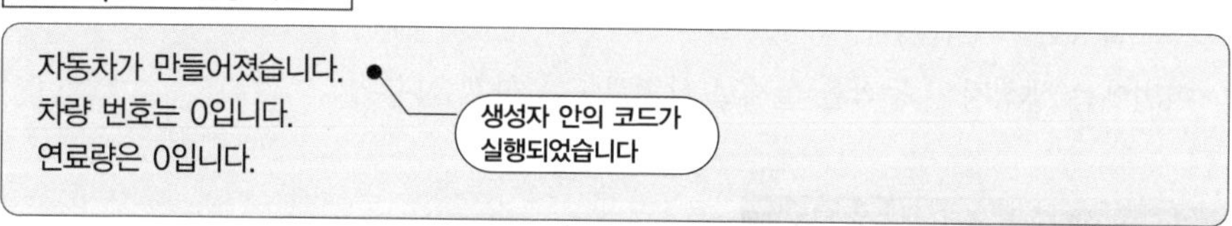

이 예제에서는 Car 클래스를 통해 car1라는 객체를 만들었습니다. 이때 정의해 둔 생성자(Car( ))가 자동으로 호출되었고 '자동차가 만들어졌습니다.' 라는 문구가 출력되었습니다. 차량 번호와 연료량도 0으로 설정되었군요.

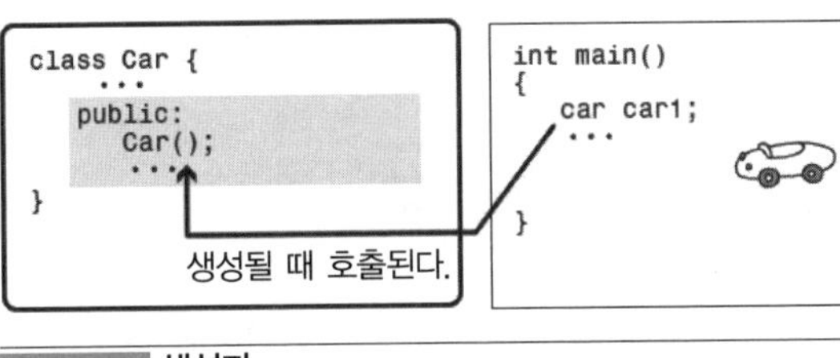

그림 13-2 **생성자**

생성자를 정의해 두면, 객체가 생성될 때 자동으로 그 안의 코드가 실행된다.

객체 초기화를 위해 생성자를 정의할 수 있다.

클래스 설계 시 주의해야 할 점

다음 장부터는 이해를 돕기 위해서 12장에서 설명했던 '데이터 멤버에 저장되는 값을 체크하는 멤버 함수'를 생략하겠습니다. 실전에서 사용할 클래스를 설계할 때에는 값을 체크하는 것은 물론이거니와, 다양한 연구를 거듭해서 견고한 프로그램을 만들 수 있도록 노력해 주시기 바랍니다.

13.2 생성자 오버로드

생성자를 오버로드하기

생성자는 멤버함수의 일종입니다. 우리들은 인수의 개수와 형(type)이 다르다면, 같은 이름의 함수를 여러 개 중복해서 정의할 수 있다는 사실을 배웠습니다. 이 기법을 '오버로드'라고 부른다는 사실을 상기하시기 바랍니다.

생성자에도 인수의 개수와 형(type)이 다르다면 오버로드 기법을 적용할 수 있습니다. 즉, 생성자를 여러 개 정의하기가 가능해지는 것입니다.

다음 코드는 생성자를 2개 정의한 것입니다.

```
//Car 클래스 멤버 함수의 정의
Car::Car()                              인수 없는 생성자입니다
{
   num = 0;
   gas = 0.0;
   cout << "자동차가 만들어졌습니다. ₩n";
}
Car::Car(int n, double g)               인수를 2개 받는 생성자입니다
{
   num = n;
   gas = g;
   cout << "차량 번호가 " << num << "이고, 연료량이 " << gas <<
"인 자동차가 만들어졌습니다. ₩n";
}
```

이렇게 생성자가 2개 정의된 코드를 작성해 보도록 하겠습니다.

Sample2.cpp ▶ 생성자 오버로드하기

```
#include <iostream>
using namespace std;

//Car 클래스 선언
class Car{
   private:
      int num;
      double gas;
   public:
      Car();
      Car(int n, double g);
      void show();
};

//Car 클래스 멤버 함수의 정의
Car::Car()                         ← 인수 없는 생성자입니다
{
   num = 0;
   gas = 0.0;
   cout << "자동차가 만들어졌습니다. ₩n";
}
Car::Car(int n, double g)          ← 인수를 2개 받는 생성자가 호출됩니다
{
   num = n;
   gas = g;
   cout << "차량 번호가 " << num << "이며, 연료량이 " << gas <<
"인 자동차가 만들어졌습니다. ₩n";
}
void Car::show()
{
   cout << "차량 번호는 " << num << "입니다. ₩n";
   cout << "연료량은 " << gas << "입니다. ₩n";
}

int main()
{
   Car car1;                       ← 인수 없는 생성자가 호출됩니다
   Car car2(1234, 20.5);           ← 인수를 2개 받는 생성자가 호출됩니다

   return 0;
}
```

Lesson 13

Sample2의 실행 화면

```
자동차가 만들어졌습니다.
차량 번호가 1234이며, 연료량이 20.5인 자동차가 만들어졌습니다.
```

인수 없는 생성자가 출력한 문구입니다

2개의 인수를 받는 생성자가 출력한 문구입니다

이 코드는 객체를 2개 생성하고 있습니다. 첫 번째 객체를 생성할 때에는 지금까지와 마찬가지로 오른쪽( ) 안에 어떠한 인수도 넘기지 않았습니다.

```
Car car1;
```

인수 없는 생성자가 호출됩니다

반면에 두 번째 객체를 생성할 때에는 인수를 2개 넘겼습니다.

```
Car car2(1234, 20.5);
```

인수를 2개 받는 생성자가 호출됩니다

이때, 인수의 개수와 형이 일치하는 생성자가 자동으로 호출되었습니다.

첫 번째 객체 ⟶ 인수 없는 생성자
두 번째 객체 ⟶ 인수를 2개 받는 생성자

첫 번째 자동차는 차량 번호와 연료량을 0으로 설정해서 생성했고, 두 번째 자동차는 차량 번호를 1234로, 연료량을 20.5으로 설정해서 생성할 수 있었습니다.

생성자를 여러 개 정의하면 인수의 조합이 다양해지고, 결과적으로 객체를 생성하는 코드가 보다 유연해지게 됩니다.

이렇게 정의된 생성자는 다음과 같이 호출합니다.

```
Car car1 = Car();
Car car2 = Car(1234, 20.5)
```

인수 없는 생성자를 호출합니다

인수를 2개 받는 생성자를 호출합니다

이렇게 직접 생성자 함수를 호출하는 코드는 다소 긴 감이 있습니다. 따라서 Sample1처럼 짧게 표기하는 것이 일반적입니다.

생성자를 오버로드할 수 있다.

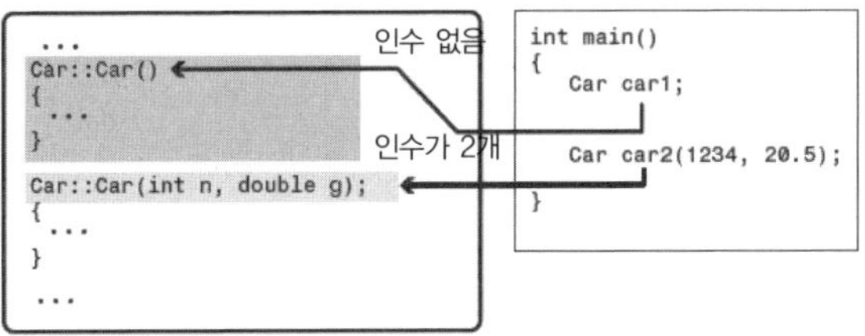

그림 13-3 **생성자 오버로드**

생성자를 오버로드하면 인수의 개수와 형이 일치하는 생성자가 자동으로 호출됩니다.

생성자를 생략하면 어떻게 되나요?

만약 생성자를 단 하나도 정의하지 않았다면 어떻게 처리될까요? 제 12장에서 배웠던 내용을 다시 한번 떠올려 보시기 바랍니다. 분명 우리들은 제 12장에서 생성자가 정의되지 않은 Car 클래스를 설계했습니다.

왜냐하면 클래스에 생성자가 없을 경우에는 인수 없는 생성자가 자동적으로 만들어 지기 때문입니다. 이 생성자는 아무런 일도 하지 않습니다. 이 생성자를 기본 생성자(default constructor)라고 부릅니다. 즉, 클래스 선언 시 생성자를 생략하면

컴파일러가 마련한 텅 빈 생성자가 호출된다

는 것입니다. 단 생성자가 단 하나라도 정의되어 있을 경우, 텅 빈 기본 생성자는 제공되지 않음을 염두에 두시기 바랍니다.

13.3 생성자의 응용

객체 배열 생성하기

이제 생성자가 정의된 클래스를 가지고 다양한 코드를 작성해 보도록 하겠습니다. 첫 번째 순서로 객체 배열을 생성하는 코드부터 작성해 보겠습니다. 클래스 또한 새로운 형(type)이므로 배열로 만들 수 있습니다. 클래스 배열을 선언하면 객체에 일괄 처리를 적용할 수 있게 됩니다. 다음 코드를 통해 확인해 보시기 바랍니다.

Sample3.cpp ▸ 객체 배열 생성하기

```
#include <iostream>
using namespace std;

//Car 클래스 선언
class Car{
   private:
      int num;
      double gas;
   public:
      Car();
      Car(int n, double g);
      void show();
};

//Car 클래스 멤버 함수의 정의
Car::Car()
{
   num = 0;
   gas = 0.0;
   cout << "자동차가 만들어졌습니다. ₩n";
}
```

인수 없는 생성자를 정의하고 있습니다

```
Car::Car(int n, double g)
{
   num = n;
   gas = g;
   cout << "차량 번호가 " << num << "이며, 연료량이 " << gas <<
"인 자동차가 만들어졌습니다. ₩n";
}
void Car::show()
{
   cout << "차량 번호는 " << num << "입니다. ₩n";
   cout << "연료량은 " << gas << "입니다. ₩n";
}

int main()
{
   Car mycars[3]={
      Car(),
      Car(1234,25.5),
      Car(4567,52.2)
   };

   return 0;
}
```

인수를 2개 받는 생성자를 정의하고 있습니다

인수 없는 생성자를 호출합니다

인수를 2개 받는 생성자를 호출합니다

Sample3 실행 화면

```
자동차가 만들어졌습니다.
차량 번호가 1234이며, 연료량이 25.5인 자동차가 만들어졌습니다.
차량 번호가 4567이며, 연료량이 52.2인 자동차가 만들어졌습니다.
```


이 코드에는 객체 배열을 선언하기 위해 {} 안에 콤마(,)로 구분된 초기자를 사용했습니다. {}를 사용한 초기화 방법은 이미 9장에서 설명해 드린 바 있습니다. 이 초기자 코드의 첫 번째 객체는 인수 없는 생성자로 초기화된 것입니다. 두 번째, 세 번째 객체는 인수를 2개 받는 생성자로 초기화된 것입니다.

그러나 코드를 통해 알 수 있듯, 객체 배열을 초기화할 때 초기자를 사용하게 되면 배열 요소의 수가 증가함에 따라 코드 작성량 또한 함께 증가한다는 단점이 있습니다. 이번에는 초기자를 사용하지 않는 초기화 코드를 살펴보겠습니다.

Sample4.cpp ▶ 기본 생성자 마련해 두기

```
#include <iostream>
using namespace std;

//Car 클래스 선언
class Car{
   private:
      int num;
      double gas;
   public:
      Car();
      Car(int n, double g);
      void show();
};

//Car 클래스 멤버 함수의 정의
Car::Car()
{
   num = 0;
   gas = 0.0;
   cout << "자동차가 만들어졌습니다. ₩n";
}
Car::Car(int n, double g)
{
   num = n;
   gas = g;
   cout << "차량 번호가 " << num << "이며, 연료량이 " << gas <<
"인 자동차가 만들어졌습니다. ₩n";
}

void Car::show()
{
   cout << "차량 번호는 " << num << "입니다. ₩n";
   cout << "연료량은 " << gas << "입니다. ₩n";
}

int main()
{
   Car cars[3];

   return 0;
}
```

초기자 없이 배열을 생성하려면 인수 없는 생성자가 필요합니다

인수 없는 생성자가 호출됩니다

Sample4의 실행 화면

```
자동차가 만들어졌습니다.
자동차가 만들어졌습니다.
자동차가 만들어졌습니다.
```

인수 없는 생성자가 호출됩니다

객체 배열은 초기자를 사용하지 않고도 생성할 수 있습니다. 단, 이러한 경우에는 반드시 인수 없는 생성자가 호출됩니다. 따라서 인수를 2개 이상 받는 생성자를 정의했다면, 반드시 인수 없는 생성자도 함께 정의해야 합니다. 생성자가 단 하나라도 정의되어 있다면, 텅 빈 기본 생성자가 제공되지 않음을 다시 한번 상기하시기 바랍니다.

기본 인수 이용하기

그러나 제 7장에서 배운 기본 인수를 활용하면 생성자 코드를 보다 간결하게 다듬을 수 있습니다. 다음 예제를 보십시오.

Sample5.cpp ▸ 기본 인수가 있는 생성자 호출하기

```
#include <iostream>
using namespace std;

//Car 클래스 선언
class Car{
   private:
      int num;
      double gas;
   public:
      Car(int n=0, double g=0);
      void show();
};

//Car 클래스 멤버 함수의 정의
Car::Car(int n, double g)
{
   num = n;
```

기본 인수가 있는 생성자입니다

```
    gas = g;
    cout << "차량 번호가 " << num << "이며, 연료량이 " << gas <<
"인 자동차가 만들어졌습니다. ₩n";
}

void Car::show()
{
    cout << "차량 번호는" << num << "입니다. ₩n";
    cout << "연료량은" << gas << "입니다. ₩n";
}

int main()
{
    Car car1;                    // 인수를 넘기지 않고 객체를 생성합니다
    Car car2(1234, 20.5);        // 인수를 넘기며 객체를 생성합니다

    return 0;
}
```

Sample5의 실행 화면

```
차량 번호가 0이며, 연료량이 0인 자동차가 만들어졌습니다.
차량 번호가 1234이며, 연료량이 20.5인 자동차가 만들어졌습니다.
```

이 코드에는 인수를 2개 받는 생성자 하나만 정의되어 있습니다. 이 생성자 함수는 인수를 넘기면서 호출할 수도 있지만, 인수를 넘기지 않아도 호출할 수 있습니다. 기본 인수를 사용하여 여러 개의 생성자가 하나로 통합되었고, 결과적으로 코드가 간결해진 것입니다.

13.4 정적 멤버

멤버와 객체

이 절에서는 보다 특수한 클래스에 대해 배워보도록 하겠습니다. 먼저, 자동차 클래스 객체의 모습과 동작에 대해 상기해 보시기 바랍니다. 객체 생성 후, 각 객체의 num 멤버와 gas 멤버에 값을 대입하고 출력할 수 있었음을 상기하시기 바랍니다. 차량 번호 및 연료량 같은 정보가 각 차량에 존재하는 것과 마찬가지로, 각각의 객체에 데이터 멤버에 값을 저장할 수 있었습니다.

이 현상을 가리켜, 데이터 멤버 num · gas는

클래스 Car에 연결되었다

고 부르기도 합니다.

show( ) 멤버 함수 또한, 객체를 생성하고 나서 비로소 호출할 수 있었습니다. 이 멤버 함수도 객체와 연결되어 있는 것입니다. 이처럼 각 멤버는 객체와 연결되는 것이 일반적입니다.

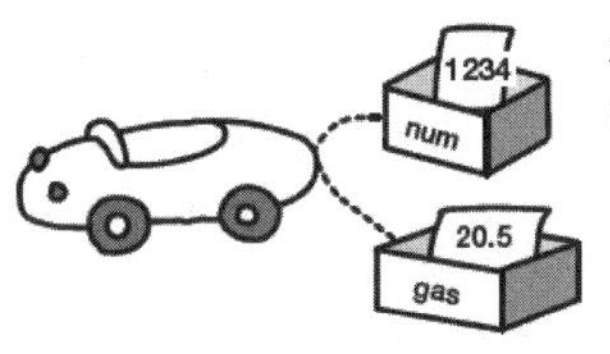

객체가 생성되면 값을 대입할 수 있다.

그림 13-4 **일반 멤버**
일반적인 멤버는 객체가 생성된 후에 비로소 접근할 수 있게 됩니다.

정적 멤버의 원리 이해하기

그러나 클래스는, 객체에 연결되지 않은 멤버를 가질 수도 있습니다. 이를,

클래스 전체에 연결되었다(associated)

고 부릅니다. 클래스에 연결된 멤버는 정적 멤버(static member)라고 부릅니다.

정적 멤버가 되는 데이터 멤버 및 멤버 함수를 선언할 때에는 static이라고 하는 기억 클래스 지정자를 붙여야 합니다. 실제 코드를 통해 학습해 보겠습니다. 다음 코드를 입력해 보시기 바랍니다.

Sample6.cpp ▶ 정적 멤버 작성하기

```
#include <iostream>
using namespace std;

//Car 클래스 선언
class Car{
   private:
      int num;
      double gas;
   public:
      static int sum;            // 정적 데이터 멤버입니다
      Car();
      void setCar(int n, double g);
      void show();
      static void showSum();     // 정적 멤버 함수입니다
};

//Car 클래스 멤버 함수의 정의
Car::Car()
{
   num = 0;
   gas = 0.0;
   sum++;                        // 생성자가 호출될 때, 정적 데이터 멤버 sum의 값을 1 증가시킵니다
   cout << "자동차가 만들어졌습니다. \n";
}
void Car::setCar(int n, double g)
{
   num = n;
   gas = g;
```

```
    cout << "차량 번호를 " << num << "으로, 연료량을 " << gas <<
"으로 바꾸었습니다. ₩n";
}
void Car::showSum()          ● 정적 멤버 함수를 정의하고 있습니다
{
    cout << "자동차는 모두 " << sum << "대 있습니다. ₩n";
}
void Car::show()
{
    cout << "차량 번호는 " << num << "입니다. ₩n";
    cout << "연료량은 " << gas << "입니다. ₩n";
}

int Car::sum = 0;            ● 정적 데이터 멤버를 초기화합니다

//Car 클래스의 이용
int main()
{
    Car::showSum();          ● 정적 데이터 함수를 호출합니다

    Car car1;                ● 객체를 생성합니다
    car1.setCar(1234, 20.5);

    Car::showSum();          ● 정적 데이터 함수를 한번 더 호출합니다

    Car car2;
    car2.setCar(4567, 30.5);

    Car::showSum();

    return 0;
}
```

Sample6의 실행 화면

```
자동차는 모두 0대 있습니다.     ● 정적 멤버 함수는 0대라고 출력했습니다
자동차가 만들어졌습니다.        ● 객체가 생성되면…
차량 번호를 1234으로, 연료량을 20.5로 바꾸었습니다.
자동차는 모두 1대 있습니다.     ● 정적 멤버 함수는 1대라고 출력했습니다
자동차가 만들어졌습니다.
차량 번호를 4567으로, 연료량을 30.5로 바꾸었습니다.
자동차는 모두 2대 있습니다.
```

Lesson 13

이 예제에서는 데이터 멤버 sum에 static을 붙여 정적 멤버로 만들었습니다.

```
static int sum;
```

static을 붙인 정적 데이터 멤버입니다

이 sum은 클래스와 연결되어 있기 때문에 각 객체의 생성자 안에서 초기화시킬 수 없습니다. 함수 바깥에서 Car::를 붙여 초기화시킵니다. 그리고 자동차 객체가 하나 생성될 때마다, 생성자 안에서는 'sum++;' 라는 문장(statement)이 실행되었습니다. 그 결과, 값이 1씩 증가했습니다. 결과적으로 변수 sum은

Car 클래스를 통해 몇 대의 자동차가 만들어졌는지(객체의 개수가 몇 개인지)

를 저장하는 필드가 된 것입니다. 즉 정적 데이터 멤버란, 같은 클래스의 모든 객체들이 공통적으로 접근해야 하는 데이터를 저장하는 데이터 멤버인 것입니다.

다음 순서로 static을 붙인 함수, showSum( ) 함수를 보시기 바랍니다.

```
static void showSum();
```

정적 멤버 함수가 됩니다

멤버 함수에 static을 붙이면,

객체를 생성하지 않더라도 호출할 수 있다

라는 특징을 가지고 있습니다. 일반적인 함수처럼 객체에 연결된(associated) 함수가 아닙니다.

정적 멤버 함수는 정적 데이터 멤버를 출력해야 하거나, 클래스의 객체 전체에 관련된 처리를 해야 할 때 사용하는 함수입니다. 정적 멤버 함수는 객체를 생성하지 않은 상태에서도 호출할 수 있어야 하기 때문에 일반적인 함수와 호출 방법이 다릅니다.

정적 멤버 함수의 호출

```
클래스명::함수명(인수 목록);
```

위 코드에서는 정적 멤버 함수를 다음과 같이 호출하고 있습니다.

```
Car::showSum();
```
클래스 이름을 붙여서 호출합니다

이 정적 멤버 함수에서는 정적 데이터 멤버 sum의 값을 출력합니다. 변수 sum의 값이 처음에는 0이었다가 객체를 1개 생성한 후에 다시 호출하면 1이 됨을 알 수 있습니다.

정적 멤버를 사용하여 Car 클래스의 객체 전체를 통틀어 몇 대의 차가 있는지 관리할 수 있게 되었습니다.

클래스에 연결된 멤버는 정적 멤버(static member)라고 한다.

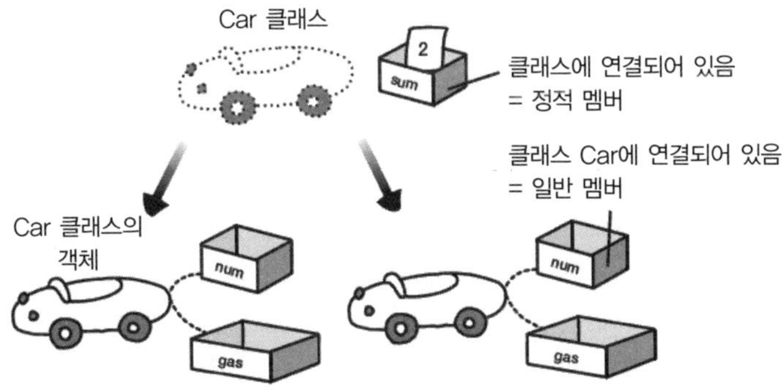

그림 13-5 **정적 멤버**
정적 멤버는 클래스에 연결된 멤버입니다.

 정적 멤버 사용 시 주의점

정적 멤버 함수 안에서는 일반 멤버에 접근할 수 없습니다. 정적 멤버 함수 또한, 특정한 객체에 연결된 것이 아니기 때문입니다.

정적 멤버 함수는 객체가 생성되지 않은 상태에서도 호출할 수 있어야 합니다. 따라서 정적 멤버 함수가 특정 객체와 연결된 일반적인 멤버에 접근할 수 없는 것입니다.

그러므로 다음 코드는 에러를 발생 시킵니다.

```
void Car::showSum()
{
    //에러
    //cout << "차량 번호는" << num << "입니다.";
}
```

정적 멤버 함수 안에서는…

일반적인 데이터 멤버에는 접근할 수 없습니다

13.5 강의 요약

이 장에서는 다음과 같은 내용을 배웠습니다.

- 생성자는 객체가 생성될 때 호출됩니다.
- 인수의 형(type)과 개수가 다른 생성자를 중복해서 선언할 수 있습니다.
- 인수를 넘기지 않아도 호출할 수 있는 생성자를 기본 생성자라고 합니다.
- 클래스에 연결된 멤버를 정적 멤버라고 부릅니다.
- 정적 멤버에는 클래스의 객체 전체를 관리하기 위한 데이터를 저장합니다.
- 정적 멤버 함수는 객체가 생성되지 않은 상태에서도 호출할 수 있어야 합니다.

클래스에는 다양한 기능이 있습니다. 객체를 초기화시키기 위해 생성자를 정의할 수 있습니다. 또한 클래스의 전체 객체를 관리하기 위한 정적 멤버를 정의할 수도 있습니다. 이러한 기능들은 클래스를 사용함에 있어서 빼놓을 수 없는 기능입니다.

연습

1. 다음 항목에 대해 ○ 또는 ×로 답하십시오.

① 클래스에는 반드시 생성자를 하나 이상 선언해야 한다.

② 생성자는 어떠한 값도 리턴하지 않는다.

③ 생성자는 인수를 받지 않는다.

2. 다음 항목에 대해 ○ 또는 ×로 답하십시오.

① 정적 멤버에 접근하기 위해서는 객체를 생성해야 한다.

② 객체를 생성하지 않아도 일반 데이터 멤버에 접근할 수 있다.

③ 정적 멤버 함수 안에서 일반적인 데이터 멤버에 접근할 수 있다.

Lesson 14

새로운 클래스

우리들은 제 12장과 제 13장을 통해, 클래스가 가지고 있는 다양한 기능을 학습했습니다. C++는 그에 더하여 이미 설계된 클래스를 바탕으로 새로운 클래스를 효율적으로 만들 수 있도록 지원합니다. 이미 설계된 클래스를 활용하여 프로그램을 효율적으로 만들 수 있는 것입니다. 이 장에서는 클래스의 새로운 작성 방법을 학습해 보도록 하겠습니다.

Check Point

- 예외
- 상속
- 파생
- 기본 클래스
- 파생 클래스
- 가상 함수
- 순수 가상 함수
- 추상클래스
- 다중상속
- 가상 기본 클래스

14.1 상속

상속의 원리 이해하기

지금까지는 '자동차'의 기능을 정리한 클래스를 사용하여 프로그램을 작성했습니다. 이 장에서는 보다 새로운 프로그램을 만들어 보도록 하겠습니다.

이번 장부터는,

경기용 레이싱 카

처럼 특수한 자동차를 다루는 프로그램을 만들어 보겠습니다. 먼저 경기용 레이싱 카의 특징을 떠올려 보시기 바랍니다. 경기용 레이싱 카는 자동차의 일종이므로 자동차와 레이싱 카에는 많은 공통점이 있을 것입니다.

C++는 이미 설계된 클래스를 바탕으로 새로운 클래스를 만들 수 있도록 지원해 줍니다. 따라서, 지금까지 자동차를 표현했었던 'Car 클래스'를 바탕으로 레이싱 카를 표현하는 'RacingCar 클래스'를 만들 수 있는 것입니다.

이처럼 새로운 클래스를 만드는 행위를 가리켜,

클래스를 파생한다(extends)

라고 합니다. 상속받은 새로운 클래스는 기존 클래스의 멤버를 '물려받아' 동작하게끔 되어 있습니다.

따라서 기존 클래스에 새로운 필요한 성질이나 기능(멤버)만 추가하는 방식으로 코드를 작성할 수 있습니다.

다음 설명을 보시기 바랍니다. 새로운 '레이싱 카' 클래스는 대략 이렇게 표현될 것입니다.

```
class 자동차{          ← 바탕이 되는 클래스입니다
    차량 번호;
    연료량;
    차량 번호와 남은 연료의 양을 표시하는 기능 ...
};

class 레이싱 카 : 자동차{          ← 새로운 클래스입니다
    경기용 코스;                   ┐
    경기용 코스를 표시하는 기능 ... ┘ ← 추가해야 할 성질과 기능을 기록합니다
};
```

'자동차' 클래스 뒤에 '레이싱 카' 클래스를 정리해 보았습니다. 레이싱 카 클래스는 자동차 클래스 클래스의 멤버를 상속합니다. 따라서 자동차 클래스에 이미 존재하는 멤버를 다시 작성할 필요가 없습니다. 레이싱 카 고유의 기능만 표현해 주면 됩니다.

이처럼 새로 확장된 클래스가 기존 클래스의 멤버를 물려받는 것을 가리켜 **상속**(inheritance)이라고 합니다. 이 때, 바탕이 되는 클래스를 **기본 클래스**(base class), 새로운 클래스를 **파생 클래스**(derived class)라고 부릅니다. 즉, 위 예제에서는

'자동차' 클래스 ──→ 기본 클래스
'레이싱 카' 클래스 ──→ 파생 클래스

인 셈입니다.

그림 14-1 **클래스의 파생**
기존 클래스(슈퍼 클래스)를 바탕으로 새 클래스(파생 클래스)를 만들 수 있습니다.

클래스 확장하기

그러면 코드를 통해 클래스의 파생 구문을 외워 보도록 하겠습니다. 파생 클래스를 선언하려면 ':' 뒤에 기본 클래스의 이름을 적으면 됩니다.

파생 클래스 선언

```
class 파생 클래스명 : 접근 지정자 기본 클래스명
{
    파생 클래스에 추가할 멤버 선언
};
```

파생 클래스는 다음과 같습니다. 실제 코드를 보시기 바랍니다.

Sample1.cpp 전반 ▶ 클래스 확장하기

```
#include <iostream>
using namespace std;

//Car 클래스 선언                    ← 기본 클래스 선언입니다
class Car{
   private:
      int num;
      double gas;
   public:
      Car();
      void setCar(int n, double g);
      void show();
};

//RacingCar 클래스 선언
class RacingCar : public Car{        ← 파생 클래스 선언입니다
   private:
      int course;                    ← 추가되는 데이터 멤버입니다
   public:
      RacingCar();                   ← 파생 클래스의 생성자입니다
      void setCourse(int c);         ← 추가되는 멤버 함수입니다
};
//Car 클래스 멤버 함수의 정의
Car::Car()
{
```

```
    num = 0;
    gas = 0.0;
    cout << "자동차가 만들어졌습니다. ₩n";
}
void Car::setCar(int n, double g)
{
    num = n;
    gas = g;
    cout << "차량 번호를 " << num << "으로, 연료량을 " << gas <<
"으로 바꾸었습니다. ₩n";
}
void Car::show()
{
    cout << "차량 번호는 " << num << "입니다. ₩n";
    cout << "연료량은 " << gas << "입니다. ₩n";
}

//RacingCar 클래스 멤버 함수의 정의
RacingCar::RacingCar()
{
    course = 0;
    cout << "레이싱 카가 만들어졌습니다. ₩n";
}
void RacingCar::setCourse(int c)
{
    course = c;
    cout << "코스 번호를 " << course << "로 정했습니다. ₩n";
}
...(후반부로 이어집니다)
```

Lesson 14

기본 클래스 Car와 파생 클래스 RacingCar를 선언했습니다. RacingCar 클래스는 Car 클래스의 멤버를 물려받습니다. 따라서 RacingCar 클래스 안에서 물려받은 멤버를 따로 작성할 필요가 없습니다. Car 클래스에 없는, 고유의 멤버만 표현하면 됩니다. 이 예제에서는 데이터 멤버 course와 멤버 함수 setCourse()가 RacingCar 클래스 고유의 멤버인 셈입니다.

기본 클래스를 확장해서 파생 클래스를 선언할 수 있다. 파생 클래스는 기본 클래스의 멤버를 상속받는다.

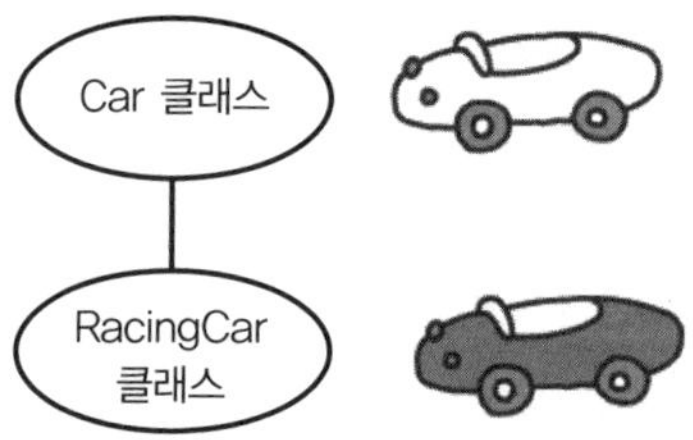

그림 14-2 Car 클래스와 RacingCar 클래스

기본 클래스 Car에서 파생된 RacingCar 클래스를 선언할 수 있습니다.

파생 클래스의 객체 생성하기

그러면 Sample1 전반부에 이어서, 파생 클래스의 객체를 생성하는 코드를 작성해 보도록 하겠습니다. 파생 클래스의 객체를 생성하려면 지금까지와 마찬가지로 파생 클래스의 변수를 선언하면 됩니다.

Sample1.cpp 후반부 ▶ 파생 클래스의 객체 생성하기

```
...(전반부에서 이어짐)
int main()
{
   RacingCar rccar1;                 // 파생 클래스의 객체를 생성합니다
   rccar1.setCar(1234, 20.5);        // ① 상속받은 멤버 함수를 호출하고 있습니다
   rccar1.setCourse(5);              // ② 추가된 멤버 함수를 호출하고 있습니다

   return 0;
}
```

Sample1의 실행 화면

```
자동차가 만들어졌습니다.
레이싱 카가 만들어졌습니다.
차량 번호를 1234으로, 연료량을 20.5로 바꾸었습니다.
코스 번호를 5로 정했습니다.
```

상속받은 메소드와 추가된 메소드의 호출 방법이 동일함을 알 수 있습니다

Sample1에서는 객체 생성 후 다음과 같이 메소드를 호출하고 있습니다.

```
rccar1.setCar(1234, 20.5);
rccar1.setCourse(5);
```

① 상속받은 멤버 함수를 호출합니다
② 추가된 멤버 함수를 호출합니다

setCar( ) 멤버 함수(①)는 기본 클래스에 정의된 멤버 함수입니다. 이 멤버는 기본 클래스에서 물려받은 것입니다. 따라서, 여타 메소드와 마찬가지로 객체에서 호출할 수 있습니다.

또한, 파생 클래스에서 새로 추가된 setCourse( ) 메소드(②) 또한 호출 방법이 똑같습니다.

파생 클래스에서는 상속받은 멤버와 추가된 멤버 모두를 같은 방법으로 호출할 수 있는 것입니다. 이처럼 클래스를 확장하면, 이미 설계된 클래스를 바탕으로 새로운 클래스를 보다 효율적으로 만들 수 있습니다. 결과적으로 전체 프로그램을 효율적으로 작성할 수 있게 되는 것입니다.

기본 클래스를 확장하여 파생 클래스를 선언할 수 있다.

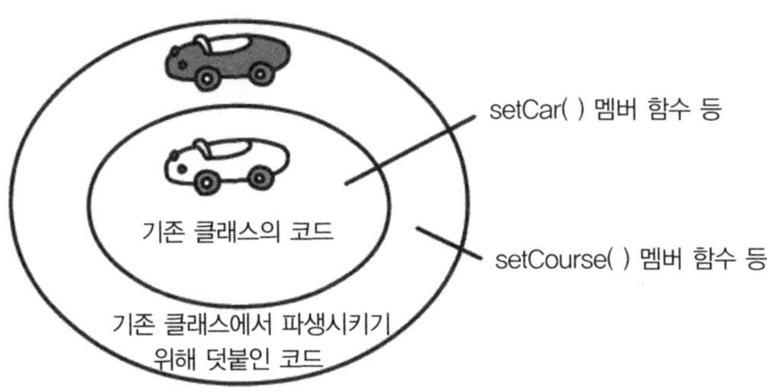

그림 14-3 **클래스의 파생**
기본 클래스에서 파생된 클래스를 사용하면 보다 효율적으로 프로그램을 작성할 수 있습니다.

클래스의 기능

지금까지 설명해 드린 '상속' 및 '캡슐화' 그리고 '다형성' 이 세가지 요소는 클래스가 가진 큰 장점입니다. 이러한 장점을 가진 클래스를 활용하면 견고한 프로그램을 보다 효율적으로 작성할 수 있는 것입니다.

기본 클래스의 생성자 호출하기

그러면 Sample1의 실행 결과를 주의 깊게 살펴보시기 바랍니다.

Sample1의 실행 화면

```
자동차가 만들어졌습니다.
레이싱 카가 만들어졌습니다.
...
```

기본 클래스의 인수 없는 생성자가 출력한 문구입니다 (자동차가 만들어졌습니다.)

파생 클래스의 생성자가 출력한 문구입니다 (레이싱 카가 만들어졌습니다.)

가장 먼저 '자동차가 만들어졌습니다.' 라는 문구가 출력된 것을 통해서, 기본 클래스의 생성자가 파생 클래스의 생성자보다 먼저 호출된다는 것을 알 수 있습니다.

이처럼 별다른 가공을 하지 않은 상태에서 파생 클래스의 객체를 생성하면

슈퍼 클래스의 생성자가 호출된 다음에, 파생 클래스의 생성자가 호출된다

는 사실을 기억하시기 바랍니다. 기본 클래스의 생성자는 파생 클래스가 상속받지 않습니다. 그 대신, 이와 같이 슈퍼 클래스의 인수 없는 생성자가 자동적으로 호출됩니다. 이처럼 슈퍼 클래스로부터 상속받은 멤버를 성공적으로 초기화시키는 메커니즘을 갖추고 있습니다.

```
Car::Car()
{
}
Car::Car(int n, double g)
{
}
```

```
RacingCar::RacingCar()
{
}
```

기본적으로 기본 클래스의 인수 없는 생성자가 먼저 호출된다.

그림 14-4 **생성자에 아무런 가공도 가하지 않은 경우**
기본 클래스의 생성자가 파생 클래스 안의 생성자보다 먼저 호출됩니다.

기본 클래스의 생성 시 선택하기

이처럼 별도로 생성자를 선택하지 않으면, 가장 먼저 기본 클래스의 '인수 없는 생성자' 가 호출된다는 사실을 확인했습니다.

그러나 만약 슈퍼 클래스의 생성자가 여러 개 존재하는 경우라면 호출할 생성자를 명시적으로 선택해야 할 수도 있을 것입니다.

이럴 경우의 파생 클래스의 생성자는 다음과 같이 정의할 수 있습니다.

Sample2.cpp ▶ 기본 클래스의 생성자

```
#include <iostream>
using namespace std;

//Car 클래스 선언
class Car{
   private:
      int num;
      double gas;
   public:
      Car();
      Car(int n, double g);
      void setCar(int n, double g);
      void show();
```

Lesson 14

```
};

//RacingCar 클래스 선언
class RacingCar : public Car{
   private:
      int course;
   public:
      RacingCar();
      RacingCar(int n, double g, int c);
      void setCourse(int c);
};

//Car 클래스 멤버 함수의 정의
Car::Car()
{
   num = 0;
   gas = 0.0;
   cout << "자동차가 만들어졌습니다. ₩n";
}
Car::Car(int n, double g)
{
   num = n;
   gas = g;
   cout << "차량 번호가 " << num << "이고, 연료량이 " << gas <<
"인 자동차가 만들어졌습니다. ₩n";
}
void Car::setCar(int n, double g)
{
   num = n;
   gas = g;
   cout << "차량 번호를 " << num << "으로, 연료량을 " << gas <<
"으로 바꾸었습니다. ₩n";
}
void Car::show()
{
   cout << "차량 번호는 " << num << "입니다. ₩n";
   cout << "연료량은 " << gas << "입니다. ₩n";
}

//RacingCar 클래스 멤버 함수의 정의
RacingCar :: RacingCar()
{
   course = 0;
   cout << "레이싱 카가 만들어졌습니다. ₩n";
```

```
}

RacingCar::RacingCar(int n, double g, int c) : Car(n, g)
{
   course = c;
   cout << "코스 번호가" << course << "인 레이싱 카가 만들어졌습니다. ₩n";
}
void RacingCar::setCourse(int c)
{
   course = c;
   cout << "코스 번호를" << course << "로 했습니다. ₩n";
}

int main()
{
   RacingCar rccar1(1234, 20.5, 5);

   return 0;
}
```

기본 클래스에 존재하는 두 개의 인수를 받는 생성자가 호출되도록 만듭니다

파생 클래스에서 세 개의 인수를 받는 생성자가 호출되도록 만듭니다

Sample2의 실행 화면

```
차량 번호가 1234이며, 연료량이 20.5인 자동차가 만들어졌습니다.
코스 번호가 5인 레이싱 카가 만들어 졌습니다.
```

인수를 2개 받는 기본 클래스의 생성자가 출력한 결과입니다

이 예제에서는 파생 클래스의 인수 3개를 받는 생성자 머리 부분에 다음과 같은 문장을 적었습니다.

기본 클래스의 생성자를 선택합니다

```
RacingCar::RacingCar(int n, double g, int c) : Car(n, g)
{
   course = c;
   cout << "코스 번호가 " << course << "인 레이싱 카가 만들어 졌습니다. ₩n";
}
```

이 파생 클래스의 생성자는 : Car(n, g)라고 선택해 주었습니다. 이러한 방법을 동원하면 기본 클래스의 생성자를 선택할 수 있습니다.

Lesson 14

기본 클래스의 생성자 선택하기

```
파생 클래스명::파생 클래스 생성자(인수 목록):기본 클래스 생성자(인수 목록)
{
    파생 클래스의 생성자 본체 정의
}
```

그러자 이번에는 '인수 없는 생성자' 대신에 '인수 2개를 받는 생성자'가 먼저 호출되었다는 사실을 알 수 있습니다. 즉, 호출할 기본 클래스의 생성자를 프로그래머가 고를 수 있는 것입니다.

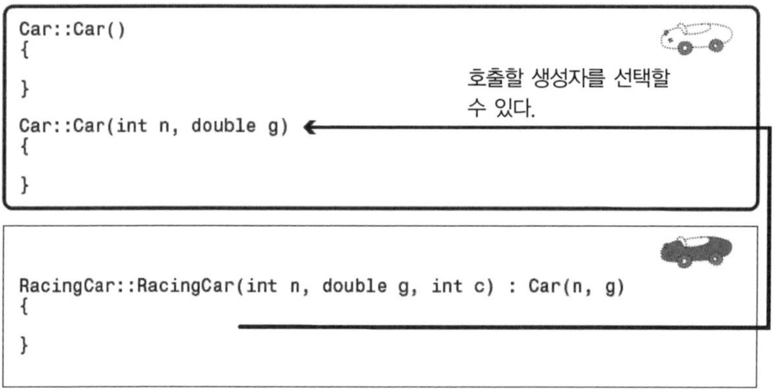

```
Car::Car()
{

}
Car::Car(int n, double g)
{

}
```

호출할 생성자를 선택할 수 있다.

```
RacingCar::RacingCar(int n, double g, int c) : Car(n, g)
{

}
```

그림 14-5 **기본 클래스의 생성자 선택하기**

파생 클래스의 생성자에서 호출될 기본 클래스의 생성자를 고를 수 있습니다.

14.2 멤버에 대한 접근

 파생 클래스 안에서 기본 클래스 멤버에 접근하기

제 12장에서 private과 public을 사용하여 멤버에 대한 접근을 제어하는 방법을 배웠습니다. 분명 이 메커니즘을 활용하면 견고한 프로그램을 만들 수 있습니다.

이 장에서는 파생 클래스와 기본 클래스처럼 매우 밀접한 관계에 있는 클래스에서 접근 제한 메커니즘이 어떻게 동작하는지 학습해 보겠습니다. 조금 어려운 내용입니다만 차근차근 따라와 주시기 바랍니다.

먼저, 파생 클래스에서 기본 클래스에 접근하는 경우부터 학습해 보겠습니다.

파생 클래스가 기본 클래스의 멤버를 상속받지만 그 이용에는 제한이 있습니다. 클래스 외부에서 private 멤버에 접근할 수 없다는 사실을 제 12장에서 학습했었던 사실을 떠올려 주시기 바랍니다. 기본 클래스의 private 멤버는 상속자인 파생 클래스조차 접근할 수 없습니다.

그러나 파생 클래스와 기본 클래스는 매우 밀접한 관계를 가지고 있으므로 이러한 제약이 불편함으로 다가오기도 합니다.

이럴 때, 기본 클래스의 멤버 선언에 protected라는 접근 지정자를 사용할 수 있습니다. Sample1에 등장한 Car 클래스의 데이터 멤버 앞에 적힌 private을 protected로 바꾸면, RacingCar 클래스에서 접근할 수 있게 됩니다.

Lesson 14

```
//Car 클래스 선언
class Car{
   protected:   // Car 클래스의 데이터 멤버를 protected로 지정합니다
      int num;
      double gas;
   public:
      Car();
```

```
        void setCar(int n, double g);
        void show();
};

//RacingCar 클래스 선언
class RacingCar : public Car{
    private:
        int course;
    public:
        RacingCar();
        void setCourse(int c);
        void newShow();
};

...
//RacingCar 클래스 멤버 함수의 정의
...
void RacingCar::newShow()
{
    cout << "레이싱 카의 차량 번호는" << num << "입니다. \n";
}
```

파생 클래스는 Car 클래스의 protected 멤버에 접근할 수 있습니다

기본 클래스의 protected 멤버는 private 멤버와 마찬가지로 외부 접근이 차단됩니다. 하지만 private 멤버와 달리 파생 클래스 안에서는 접근이 허용된다는 차이점이 있습니다.

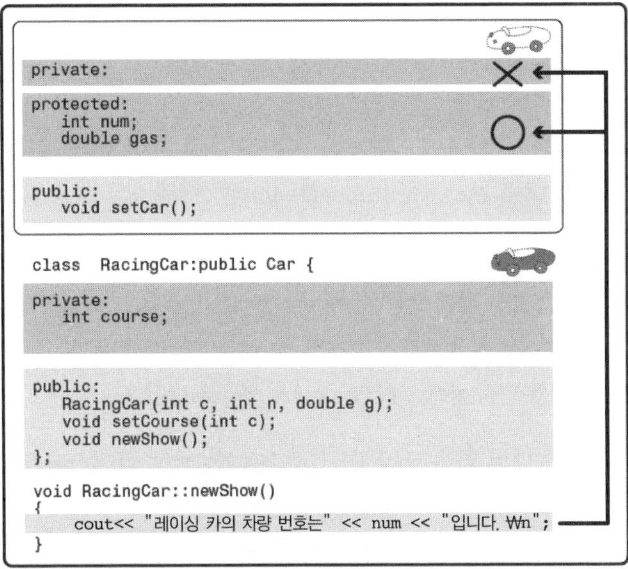

그림 14-6 **파생 클래스 안에서 기본 클래스의 멤버에 접근하기**

클래스 멤버에 접근하려면, 이용될 기본 클래스 멤버의 접근 지정자를 public 또는 private으로 설정해야 합니다. 기본 클래스의 private에는 파생 클래스조차 접근할 수 없습니다.

클래스 바깥에서 기본 클래스 멤버에 접근하기

다음 순서로, 파생 클래스와 기본 클래스 바깥에서 파생 클래스가 소유한 멤버에 접근하는 경우를 학습해 보겠습니다. 기본 클래스로부터 물려받은 파생 클래스의 멤버는 파생 클래스에서 public 멤버가 될까요? 아니면 private 멤버가 되는 것일까요? 이는,

파생 클래스가 어떻게 상속받는가

에 달려 있습니다. 다음 코드를 보시기 바랍니다. 파생 클래스 선언부 코드입니다.

```
//RacingCar 클래스의 선언
class RacingCar : public Car{
    ...
```

이 예제 코드의 RacingCar 클래스는 기본 클래스를 'public' 하게 상속받고 있습니다. 'public한 상속' 을 받으면 다음과 같은 효과가 발생합니다.

- 기본 클래스의 public 멤버를 파생 클래스에서도 public 멤버로 만든다
- 기본 클래스의 protected 멤버를 파생 클래스에서도 protected 멤버로 만든다
- 기본 클래스의 private 멤버를 파생 클래스에서도 private 멤버로 만든다

즉 Car 클래스에서 public한 멤버 함수 show( ), SetCar( )는 파생 클래스에서도 public 멤버가 되고, 파생 클래스 바깥에서도 호출할 수 있게 됩니다.

이 내용을 표 14-1에 정리해 보겠습니다. 이 표는 기본 클래스의 멤버에 접근 가능한 경우의 수를 정리한 것입니다.

표 14-1 : 접근 지정자

기본 클래스에서 접근 지정	상속 방법	파생 클래스에서 이용할 때	클래스 바깥에서 이용할 때
public	public	가능	가능
protected		가능	불가능
private		불가능	불가능
public	protected	가능	불가능(파생 클래스의 protected 멤버가 되므로)
protected		가능	불가능
private		불가능	불가능
public	private	가능	불가능(파생 클래스의 private 멤버가 되므로)
protected		가능	불가능
private		불가능	불가능

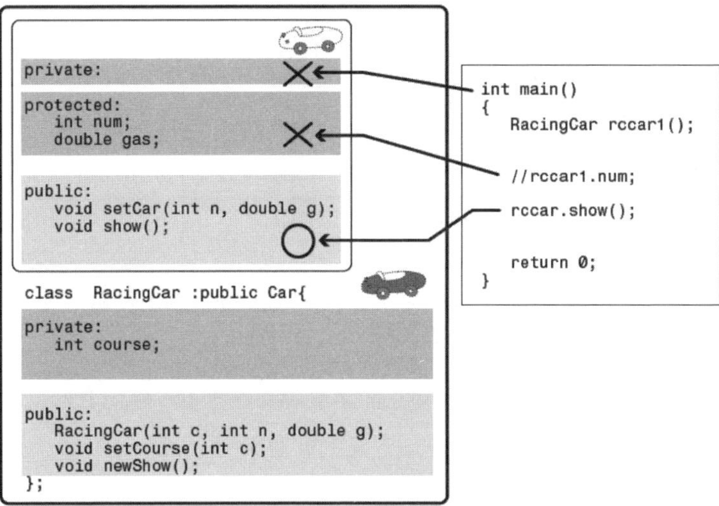

그림 14-7 **클래스 외부에서 파생 클래스가 상속받은 기본 클래스 멤버에 접근하기**

외부에서 파생 클래스가 기본 클래스로부터 상속받은 멤버를 이용하려면, 그 멤버가 기본 클래스에서 public 멤버여야 하고 public한 상속을 받은 상태여야 합니다.

14.3 가상 함수

멤버 함수 오버라이드하기

이 장에서는 새로운 멤버를 추가하는 방법으로 파생 클래스를 작성했습니다. 그러나 사실, 파생 클래스에서 새로운 메소드를 선언하는 방법에는

기본 클래스와 완전히 동일한 함수를 선언하는 방법이 있습니다.

함수의 이름, 인수의 개수, 형(type)까지 말이죠.

우리들이 설계한 Car 클래스로 예를 들어보자면, 이미 show( )라는 멤버 함수를 가지고 있습니다. 그러나, Car 클래스에서 파생된 클래스인 RacingCar 클래스에도 동일한 메소드 이름과 인수의 개수, 형(type)을 가진 show( ) 메소드를 정의할 수 있다는 것입니다. 다음 코드를 통해 확인해 보겠습니다.

```
...
void Car::show()            // 기본 클래스의 show( ) 멤버 함수입니다
{
   cout << "차량 번호는" << num << "입니다. ₩n";
}
...
void RacingCar::show()      // 파생 클래스의 show( ) 멤버 함수입니다
{
   cout << "레이싱 카의 차량 번호는" << num << "입니다. ₩n";
}
...
```

두 클래스에 존재하는 각각의 show( ) 멤버 함수는 그 이름과 인수의 개수, 형(type)이 완전히 동일하군요. 그러나 분명 우리들은 파생 클래스가 기본 클래스의 멤버를 상속받는다고 배웠습니다. 그렇다면 이렇게 멤버 함수가 여러 개 있을 경우에

는 어떤 show( ) 함수가 호출될까요? 다음 코드를 보시기 바랍니다.

Sample3.cpp ▶ 멤버 함수 오버라이드하기

```
#include <iostream>
using namespace std;

//Car 클래스 선언
class Car{
   protected:
      int num;
      double gas;
   public:
      Car();
      void setCar(int n, double g);
      void show(); ●──── 기본 클래스의 show( ) 멤버 함수입니다
};

//RacingCar 클래스 선언
class RacingCar : public Car{
   private:
      int course;
   public:
      RacingCar();
      void setCourse(int c);
      void show(); ●──── 파생 클래스의 show( ) 멤버 함수입니다
};

//Car 클래스 멤버 함수의 정의
Car::Car()
{
   num = 0;
   gas = 0.0;
   cout << "자동차가 만들어졌습니다. \n";
}
void Car::setCar(int n, double g)
{
   num = n;
   gas = g;
   cout << "차량 번호를 " << num << "으로, 연료량을 " << gas <<
"으로 바꾸었습니다. \n";
}
void Car::show()
{
```

Lesson 14

```
    cout << "차량 번호는 " << num << "입니다. ₩n";
    cout << "연료량은 " << gas << "입니다. ₩n";
}

// RacingCar 클래스 멤버 함수의 정의
RacingCar :: RacingCar()
{
    course = 0;
    cout << "레이싱 카가 만들어졌습니다. ₩n";
}
void RacingCar::setCourse(int c)
{
    course = c;
    cout << "코스 번호를 " << course << "로 정했습니다. ₩n";
}
void RacingCar::show()
{
    cout << "레이싱 카의 차량 번호는 " << num << "입니다. ₩n";
    cout << "연료량은 " << gas << "입니다. ₩n";
    cout << "코스 번호는 " << course << "입니다. ₩n";
}

int main()
{
    RacingCar rccar1;
    rccar1.setCar(1234, 20.5);
    rccar1.setCourse(5);

    rccar1.show(); ●  멤버 함수 show( )를 호출하면...

    return 0;
}
```

Sample3의 실행 화면

```
자동차가 만들어졌습니다.
레이싱 카가 만들어졌습니다.
차량 번호를 1234으로, 연료량을 20.5로 바꾸었습니다.
코스 번호를 5로 정했습니다.
레이싱 카의 차량 번호는 1234입니다.
연료량은 20.5입니다.
코스 번호는 5입니다.
```

파생 클래스의 멤버 함수 show( ) 가 호출되고 있습니다 파생 클래스 객체를 생성하고, show( ) 함수를 호출해 보았습니다. 그러자 파생 클래스의 show( ) 함수가 호출되었음을 확인할 수 있었습니다. 함수의 이름과 인수의 개수 및 형(type)이 완전히 같은 메소드가 파생 클래스와 기본 클래스에 모두 정의되어 있다면 파생 클래스에 정의된 함수가 호출되는 것입니다.

이처럼, 파생 클래스의 함수가 기본 클래스의 함수를 대신하는 것을 오버라이드(overriding)라고 부릅니다.

파생 클래스에 정의된 멤버 함수가 기본 클래스에 정의된 함수 대신 동작하는 것을 오버라이드라고 한다.

파생 클래스의 show( ) 함수를 호출했으니 새로 정의된 함수가 호출되는 것이 당연하지 않냐고 생각하는 분들이 있을지도 모릅니다. 그러나 이는 매우 중요한 기능이므로 꼭 이해하고 넘어가셔야 합니다.

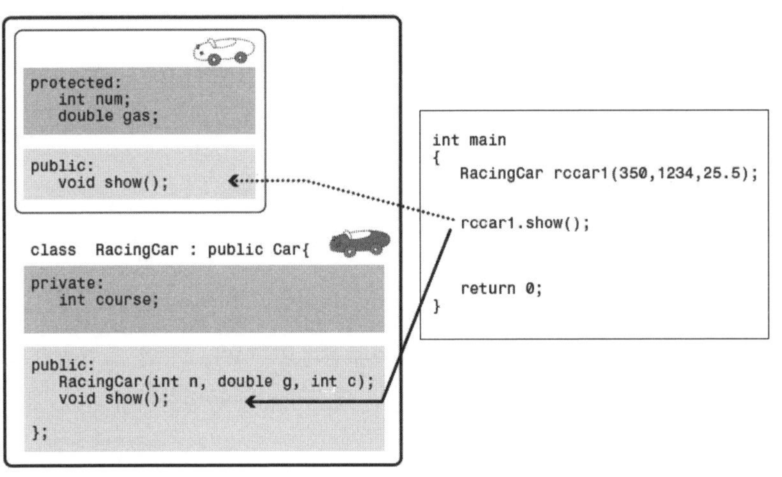

그림 14-8 **오버라이드**

오버라이드란 파생 클래스의 멤버 함수가 기본 클래스의 멤버 함수 대신 동작하는 기능입니다.

기본 클래스형 포인터 이용하기

이번에도 동일한 클래스의 멤버 함수를 호출하지만, 이와는 또 다른 시나리오를 살펴보도록 하겠습니다. 그러나 그 전에 반드시 기억하고 넘어가야 할 것이 있습니다. 그것은,

> 기본 클래스형 포인터를 사용하면 기본 클래스의 객체를 가리킬 수 있을 뿐만 아니라 파생 클래스의 객체도 가리킬 수 있다

는 점입니다. 다음과 같이 기본 클래스형 포인터에 파생 클래스 객체의 주소를 대입할 수 있습니다. 즉, 기본 클래스형 포인터를 통해 파생 클래스 객체를 다룰 수 있게 되는 것입니다.

```
Car* pCar;
RacingCar rccar1;
pCar = &rccar1;
```

기본 클래스 포인터로 파생 클래스의 객체를 다룰 수 있습니다

이제, 이와 같이 파생 클래스의 객체를 가리키는 포인터를 사용하여 show( ) 함수를 호출해 보겠습니다. 즉, 위 코드 바로 다음에,

```
pCar -> show();
```

파생 클래스를 가리키는 기본 클래스형 포인터를 사용하여 show( ) 함수를 호출합니다.

라고 명령을 내리는 것입니다.

과연 이번엔 어떤 클래스의 show( ) 함수가 호출될까요? 다음 코드를 입력해 보십시오. Car 클래스와 RacingCar 클래스의 선언은 Sample3과 동일합니다.

Sample4.cpp ▸ 기본 클래스를 가리키는 포인터 이용하기

```
...
int main()
{
```

```
    Car* pCars[2];  ← 기본 클래스형 포인터를 준비합니다

    Car car1;  ← 기본 클래스 객체를 생성합니다
    RacingCar rccar1;  ← 파생 클래스의 객체를 생성합니다

    pCars[0] = &car1;
    pCars[0]->setCar(1234, 20.5);
                                     ← 두 객체 모두 기본 클래스형 포인터 배열에 담을 수 있습니다
    pCars[1] = &rccar1;
    pCars[1]->setCar(4567, 30.5);

    for(int i=0; i<2 ;i++){
       pCars[i]->show();  ← show( ) 멤버 함수를 호출합니다
    }
    return 0;
}
```

Sample4의 실행 화면

```
자동차가 만들어졌습니다.
자동차가 만들어졌습니다.
레이싱 카가 만들어졌습니다.
차량 번호를 1234으로, 연료량을 20.5로 바꾸었습니다.
차량 번호를 4567으로, 연료량을 30.5로 바꾸었습니다.
차량 번호는 1234입니다.
연료량은 20.5입니다.      ← 기본 클래스의 show( ) 멤버 함수가 호출됩니다
차량 번호는 4567입니다.
연료량은 30.5입니다.      ← 기본 클래스의 show( ) 멤버 함수가 호출됩니다
```

이 코드에서는 Car 클래스 객체와 RacingCar 클래스 객체를 하나씩 만들고, Car 클래스형 포인터 배열(pCars[ ])에 각 객체의 주소를 대입했습니다. 그러나 이때 호출되는 show( ) 함수는 모두 기본 클래스의 show( ) 함수입니다. 즉, 기본 클래스의 포인터가 파생 클래스 객체를 가리키고 있음에도 기본 클래스의 show( ) 함수가 호출되어 버린 것입니다. 이전 예제와 반대의 결과가 나왔습니다.

가상 함수 정의하기

기본 클래스형 포인터를 사용하여 show( ) 함수를 호출하면 기본 클래스의 show( ) 함수가 호출된다는 사실을 알게 되었습니다.

그러나 포인터 배열의 요소 중에서 pCars[1]은 레이싱 카 rccar1를 가리키는 포인터입니다. 따라서 RacingCar 클래스에서 새로 정의된 show( ) 함수를 호출하는 것이 직관적입니다.

C++에서 보다 직관적으로 함수를 호출하기 위해서는 기본 클래스의 멤버 함수 선언 시 virtual이라는 지정자를 붙여 주어야 합니다.

가상 함수의 선언

```
virtual 기본 클래스 멤버 함수의 선언;
```

멤버 함수에 virtual을 붙이면 **가상 함수(virtual function)**가 됩니다. 실제로 가상 함수를 사용한 코드를 살펴보겠습니다.

Sample5.cpp ▸ 가상 함수의 오버로드 사용하기

```
#include <iostream>
using namespace std;

//Car 클래스 선언
class Car{
  protected:
     int num;
     double gas;
  public:
     Car();
     void setCar(int n, double g);
     virtual void show();
};

//RacingCar 클래스 선언
class RacingCar : public Car{
  private:
     int course;
```

가상 함수로 만듭니다

```
  public:
      RacingCar();
      void setCourse(int c);
      void show();
};

//Car 클래스 멤버 함수의 정의
Car::Car()
{
   num = 0;
   gas = 0.0;
   cout << "자동차가 만들어졌습니다. ₩n";
}
void Car::setCar(int n, double g)
{
   num = n;
   gas = g;
   cout << "차량 번호를 " << num << "으로, 연료량을 " << gas <<
"으로 바꾸었습니다. ₩n";
}
void Car::show()
{
   cout << "차량 번호는 " << num << "입니다. ₩n";
   cout << "연료량은 " << gas << "입니다. ₩n";
}

//RacingCar 클래스 멤버 함수의 정의
RacingCar::RacingCar()
{
   course = 0;
   cout << "레이싱 카가 만들어졌습니다. ₩n";
}
void RacingCar::setCourse(int c)
{
   course = c;
   cout << "코스 번호를 " << course << "로 했습니다. ₩n";
}
void RacingCar::show()
{
   cout << "레이싱 카의 차량 번호는 " << num << "입니다. ₩n";
   cout << "연료량은 " << gas << "입니다. ₩n";
   cout << "코스 번호는 " << course << "입니다. ₩n";
}
```

Lesson 14

```
int main()
{
    Car* pCars[2];

    Car car1;
    RacingCar rccar1;

    pCars[0] = &car1;
    pCars[0]->setCar(1234, 20.5);

    pCars[1] = &rccar1;
    pCars[1]->setCar(4567, 30.5);

    for(int i=0; i<2 ;i++){
        pCars[i]->show();
    }

    return 0;
}
```

멤버 함수 show( )를 호출하면...

Sample5의 실행 화면

```
자동차가 만들어졌습니다.
자동차가 만들어졌습니다.
레이싱 카가 만들어졌습니다.
차량 번호를 1234으로, 연료량을 20.5로 바꾸었습니다.
차량 번호를 4567으로, 연료량을 30.5로 바꾸었습니다.
차량 번호는 1234입니다.
연료량은 20.5입니다.
레이싱 카의 차량 번호는 4567입니다.
연료량은 30.5입니다.
코스 번호는 0입니다.
```

기본 클래스의 show( ) 함수가 호출됩니다

파생 클래스의 show( ) 함수가 호출됩니다

이 코드에 등장하는 기본 클래스의 멤버 함수 앞에 virtual을 붙였을 뿐, 그 이외의 코드는 Sample4과 동일합니다.

이번에 pCars[1] -> show( )를 호출하면 RacingCar 클래스에 새로 정의된 show( ) 함수가 호출됩니다. 새로운 파생 클래스에 정의된 멤버 함수가 호출됨을 확인할 수 있군요.

이처럼 멤버 함수를 가상 함수로 만들면,

포인터가 가리키는 객체의 형(type)과 맞아 떨어지는 멤버 함수가 호출되는 상태가 됩니다. 가상 함수의 메커니즘에 의해 오버라이드되는 것입니다.

오버라이드와 오버로드

지금 배운 '오버라이드'와 비슷한 어감을 가진 용어로 '오버로드'가 있습니다. 오버로드에 대해서는 제 7장과 제 13장에서 학습했습니다. **오버로드는 함수명은 같지만 인수의 형과 개수가 다른 함수를 정의하는 기능**입니다.

반면에 오버라이드는 클래스가 파생될 때, **함수명과 인수가 100% 동일한 함수를 새로 정의하는 기능**입니다. 혼동하기 쉬우므로 용어 사용에 주의하시기 바랍니다.

14.4 추상 클래스

순수 가상 함수의 원리 이해하기

이 절에서는 더욱 특수한 클래스를 배워보도록 하겠습니다. 다음과 같은 형태를 띠는 멤버 함수를 순수 가상 함수(pure virtual function)라고 부릅니다.

순수 가상 함수

```
virtual 멤버 함수의 선언 = 0;
```

= 0이라고 작성합니다

순수 가상 함수는 가상 함수 선언의 마지막에 = 0을 붙인 것입니다. 순수 가상 함수는 본체가 없습니다.

그리고 클래스 선언부에 이와 같은 순수 가상 함수가 하나라도 존재하는 클래스는

객체를 생성할 수 없다

는 사실을 기억하시기 바랍니다. 클래스에 순수 가상 함수가 선언되어 있으면 **추상 클래스**(abstract class)가 됩니다.

다음 Vehicle 클래스를 예로 들어 보겠습니다.

```
//Vehicle 클래스 선언
class Vehicle{
   protected:
      int speed;
   public:
      void setSpeed(int s);
      virtual void show() = 0;
};
```

순수 가상 함수입니다

이 Vehicle 클래스에는 순수 가상 함수가 있습니다. Vehicle 클래스에서는 show( ) 함수의 구체적인 작업내용은 정의하지 않습니다. 이러한 순수 가상 함수를 하나라도 가진 추상 클래스는 객체를 만들 수 없습니다. 즉, 다음과 같은 코드로 객체를 생성하는 것이 불가능합니다.

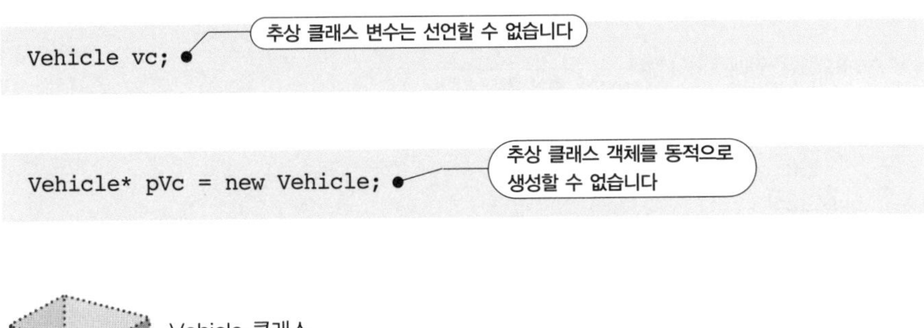

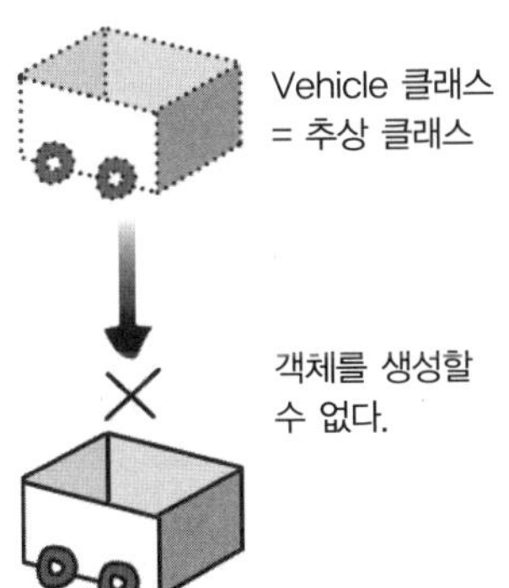

그림 14-9 **추상 클래스**
순수 가상 함수를 하나 이상 가지는 추상 클래스에서 개체를 만들 수 있습니다.

순수 가상 함수 이용하기

추상 클래스는 왜 필요한 것일까요? 그 이유를 차근차근 따져 보도록 하겠습니다.

우선, 추상 클래스 Vehicle을 상속받는 파생 클래스를 만들 수 있습니다. 이 점은 지금까지 학습했었던 클래스들과 마찬가지로군요. 그러나 추상 클래스를 상속받은 서브 클래스로 객체를 생성하려면

추상 클래스에서 상속받은 추상 함수의 몸체를 파생 클래스에서 오버라이드로 구현하기

작업이 반드시 필요합니다. 추상 클래스로는 객체를 생성할 수 없습니다. 그러나 추상 클래스로부터 파생된 클래스는 객체를 생성할 수 있습니다. 단, 추상 클래스로부터 상속받은 순수 가상 함수에 몸체를 만들어 주어야만 합니다.

그러면 추상 클래스를 사용한 코드를 함께 보겠습니다.

Sample6.cpp ▶ 추상 클래스 이용하기

```
#include <iostream>
using namespace std;

//Vehicle 클래스의 선언
class Vehicle{
   protected:
      int speed;
   public:
      void setSpeed(int s);
      virtual void show() = 0;
};

//Car 클래스의 선언
class Car : public Vehicle{
   private:
      int num;
      double gas;
   public:
      Car(int n, double g);
      void show();
};

//Plane 클래스의 선언
class Plane : public Vehicle{
   private:
      int flight;
   public:
      Plane(int f);
      void show();
};

//Vehicle 클래스 멤버 함수의 정의
void Vehicle::setSpeed(int s)
{
   speed = s;
   cout << "속도를 " << speed << "로 변경했습니다. ₩n";
}
```

추상 클래스입니다

순수 가상함수 show( ) 입니다

추상 클래스로부터 파생되었습니다

show( ) 멤버 함수를 가집니다

추상 클래스로부터 파생되었습니다

show( ) 멤버 함수를 가지고 있습니다

```
//Car 클래스 멤버 함수의 정의
Car::Car(int n, double g)
{
   num = n;
   gas = g;
   cout << "차량 번호가 " << num << "이고, 연료량이 " << gas <<
"인 자동차가 만들어졌습니다. ₩n";
}
void Car::show()
{
   cout << "차량 번호는 " << num << "입니다. ₩n";
   cout << "연료량은 " << gas << "입니다. ₩n";
   cout << "속도는 " << speed << "입니다. ₩n";
}

//Plane 클래스 멤버 함수의 정의
Plane::Plane(int f)
{
   flight = f;
   cout << "비행기 번호가 " << flight << "인 비행기가 만들어졌습니다. ₩n";
}
void Plane::show()
{
   cout << "비행기 번호는 " << flight << "입니다. ₩n";
   cout << "속도는 " << speed << "입니다. ₩n";
}

int main()
{
   Vehicle* pVc[2];

   Car car1(1234, 20.5);
   pVc[0] = &car1;
   pVc[0]->setSpeed(60);

   Plane pln1(232);
   pVc[1] = &pln1;
   pVc[1]->setSpeed(500);

   for(int i=0; i<2 ;i++){
      pVc[i]->show();
   }
}
```

show( ) 멤버 함수의 몸체를 만들었습니다 (Car::show)

show( ) 멤버 함수의 몸체를 만들었습니다 (Plane::show)

추상 클래스형 배열을 준비합니다 (Vehicle* pVc[2];)

첫 번째 객체는 Car 클래스의 객체입니다 (pVc[0] = &car1;)

두 번째 객체는 Plane 클래스의 객체입니다 (pVc[1] = &pln1;)

멤버 함수 show( )를 호출하면 ... (pVc[i]->show();)

Lesson 14

Sample6의 실행 화면

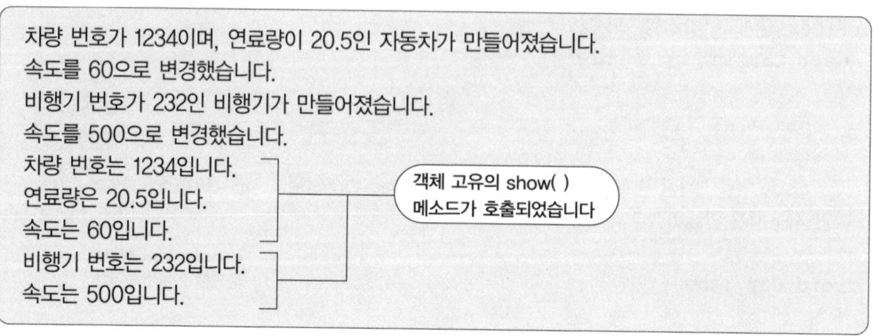

추상 클래스로부터 2개의 파생 클래스가 선언되었습니다. 그리고 파생 클래스로 객체를 생성할 수 있도록, 각각의 파생 클래스에는 적합한 show( ) 멤버 함수의 몸체를 만들어 주었습니다.

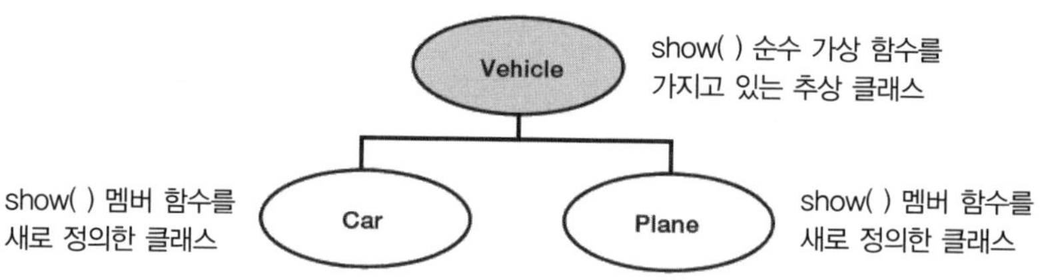

그리고 main( ) 함수에는 추상클래스 Vehicle 포인터형 배열이 준비되어 있습니다. 추상 클래스로 객체를 만들 수는 없지만, 그 클래스를 가리킬 수 있는 포인터를 사용하여 파생 클래스를 가리키도록 만들 수는 있기 때문입니다.

추상 클래스의 순수 가상 함수는 반드시 하위 클래스에서 오버라이드되어야 하므로 각 객체의 클래스에 새로 정의된 show( ) 멤버가 호출되고 있음을 알 수 있습니다. 객체를 한곳에 모아서 제어하는 시스템이 구현되어 있군요.

이러한 표현이 가능한 이유는,

추상 클래스를 상속받은 모든 파생 클래스는 추상 클래스의 순수 가상 함수(이 예제에서는 show( ) 함수)와 같은 이름을 가진 함수가 반드시 존재한다.

라는 메커니즘을 활용하기 때문입니다. 처음에 설명해 드렸듯, 추상 클래스를 상속받은 파생 클래스는 반드시 'show( )' 라는 이름의 멤버 함수의 몸체를 만들어야 합니다.

이렇게 추상 클래스를 사용하면 상속받은 파생 클래스들을 한곳에 모아서 쉽게 제어할 수 있게 됩니다. 추상 클래스 덕분에 이해하기 쉬운 코드를 작성할 수 있게 되는 것입니다.

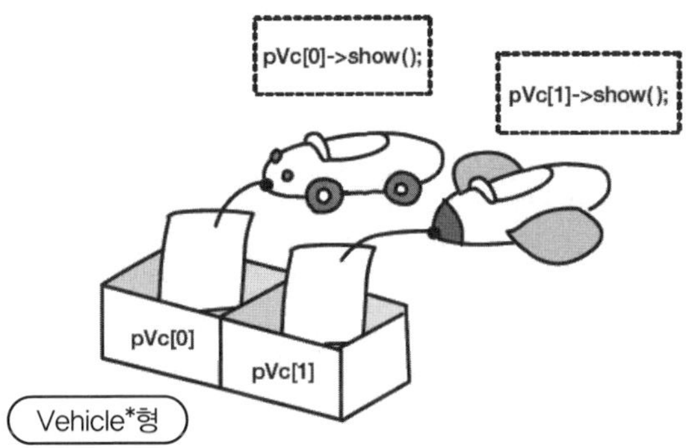

그림 14-10 **추상 클래스 사용법**
추상 클래스와 그를 상속받은 파생 클래스를 사용하면 이해하기 쉬운 코드를 작성할 수 있습니다.

추상 클래스의 파생 클래스에서는 순수 가상 함수의 몸체를 만든다.
추상 클래스를 사용하면 이해하기 쉬운 코드를 작성할 수 있다.

객체의 클래스 알아내기

Lesson 14

이처럼 코드에 추상 클래스가 등장하게 되면 다양하게 파생된 객체를 한꺼번에 조작해야 하는 상황이 발생합니다. 즉, 하나의 형(추상 클래스)으로 다른 형(파생 클래스)들을 조작해야 하는 것입니다. 이럴 때,

객체의 클래스를 알아내는 연산

을 사용하면 추상 클래스의 활용도를 보다 높일 수 있습니다. 이 기술을 사용하기 위해서는 실시간 형식 정보(RunTime Type Information : RTTI)라고 하는 정보를 이용해야 합니다. 실시간 형식 정보를 구하려면 typeid 연산자라는 기능을 사용합니다. C++은 이 연산자를 통해 객체의 클래스를 알아낼 수 있도록 지원합니다.

다음 코드를 통해 확인해 보겠습니다. typeid 연산자를 사용하려면 〈typeinfo〉라는 헤더 파일을 인클루드해야 합니다. 이 예제에 등장하는 Vehicle 클래스, Car 클래스, Plane 클래스의 선언부는 Sample6와 동일합니다.

Sample7.cpp ▶ 객체의 클래스 알아내기

```
#include <iostream>
#include <typeinfo>
using namespace std;

...

int main()
{
   Vehicle* pVc[2];
   Car car1(1234,20.5);
   Plane pln1(232);

   pVc[0] = &car1;
   pVc[1] = &pln1;

   for(int i=0; i<2; i++){
      if(typeid(*pVc[i]) == typeid(Car))
         cout << (i+1) << "번째 객체는 " << typeid(Car).name()
                                    << "의 객체입니다. ₩n";
      else
         cout << (i+1) << "번째 객체는 " << typeid(Car).name()
                                    << "의 객체가 아닙니다.
<< typeid(*pVc[i]).name() << "의 객체입니다. ₩n";
   }
}
```

〈typeinfo〉 헤더를 인클루드합니다

클래스 선언부는 Sample6과 같습니다

첫 번째 객체는 Car 클래스입니다

두 번째 객체는 Plane 클래스입니다

클래스가 동일한지 확인합니다(①)

클래스 이름을 조사합니다(②)

Sample7의 실행 화면

```
1번째 객체는 class Car입니다.
2번째 객체는 class Car의 객체가 아닙니다. class Plane의 객체입니다.
```

이 코드에서는 객체 두 개를 추상 클래스인 Vehicle형 포인터로 조작하고 있습니다.

첫 번째 객체는 Car 클래스의 객체입니다. 두 번째 객체는 Plane 클래스의 객체입니다. typeid 연산자를 사용하면 type_info라는 클래스의 레퍼런스(런타임 타입 정보)를 얻을 수 있습니다. 이 type_info 클래스의 활약으로 객체 2개의 클래스를 알아낼 수 있었던 것입니다.

type_info 클래스 안에서 오버로드된 == 연산자를 사용하면 객체의 클래스가 같은지 여부도 확인할 수 있습니다(①). 또한 type_info 클래스의 name 멤버를 통해 객체의 클래스 이름도 확인할 수 있습니다(②).

<typeinfo> 헤더를 인클루드하여 객체의 클래스를 알아낼 수 있다.

형(type) 조사하기

여기에서 소개한 것처럼, <typeinfo>의 typeid 연산자를 사용하면 프로그램을 실행하는 중에 형(type)을 확인할 수 있습니다.

이 외에도 'decltype (식)'이라고 지정하면 변수의 형은 물론 식의 형도 확인할 수 있습니다. 이 방법으로는 프로그램을 컴파일할 때 형을 확인할 수 있습니다.

14.5 클래스 계층

 클래스 계층 구조 이해하기

지금까지 우리들은 기본 클래스에서 파생되는 파생 클래스의 코드를 살펴보았습니다. C++에서는 파생 클래스로 파생 클래스를 만들 수도 있습니다. 클래스의 계층화, 즉 클래스의 단계별 상속이 구현되는 것입니다.

이렇게 계층화된 클래스에서 파생 클래스의 직접적인 기본 클래스 1을 직접 기본 클래스(direct base class), 간접적인 기본 클래스 0을 간접 기본 클래스(indirect base class)라고 합니다.

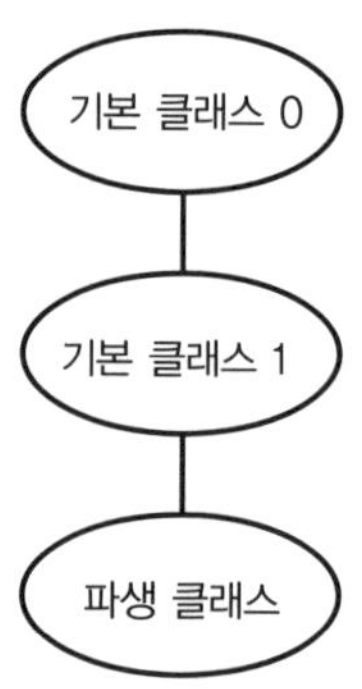

그림 14-11 **파생 클래스로부터 파생된다**
C++에서는 파생 클래스를 상속받은 파생 클래스를 만들 수 있다.

이와 같은 단계별 상속은 클래스의 단계적인 기능 향상으로 이어지고, 이는 대규모 프로그램의 효율적인 작성을 가능하게 합니다.

 다중상속의 원리 이해하기

클래스를 여러 번 상속받다 보면 2개 이상의 클래스로부터 상속을 받아야 할 경우가 생깁니다. 여러 개의 클래스를 상속받는 것을 일컬어 **다중상속**(multiple inheritance)이라고 부릅니다.

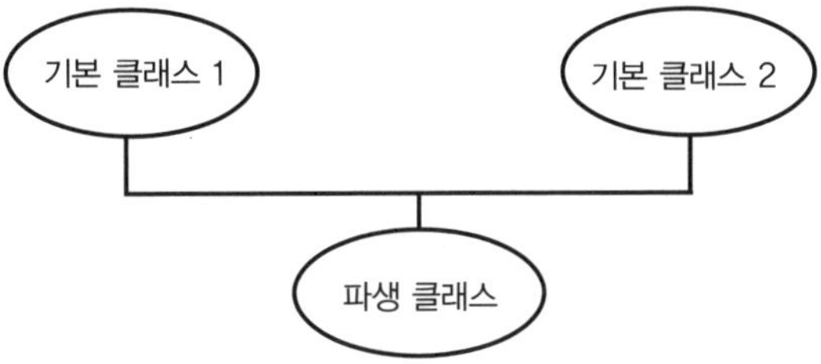

그림 14-12 **다중상속**
2개 이상의 기본 클래스를 상속받을 수 있습니다.

다중상속을 받을 때에는 다음과 같이 콤마로 구분된 클래스 이름을 적어 줍니다.

구문 **다중상속**

```
class 파생 클래스 : 접근지정자 기본 클래스1, 접근지정자 기본 클래스2…{
…
};
```

클래스 두 개를 상속받고 있습니다

다음 코드를 보시기 바랍니다.

Sample8.cpp ▶ 다중상속 이용하기

```
#include <iostream>
using namespace std;

//Base1 클래스의 선언
class Base1{
   protected:
      int bs1;
   public:
      Base1(int b1=0){bs1=b1;}
      void showBs1();
};

//Base2 클래스의 선언
class Base2{
   protected:
      int bs2;
   public:
```

첫 번째 기본 클래스입니다

두 번째 기본 클래스입니다

Lesson 14

```
        Base2(int b2=0){bs2=b2;}
        void showBs2();
};

//Derived 클래스의 선언
class Derived : public Base1, public Base2{     클래스 두 개를 상속받고 있습니다
    protected:
        int dr;
    public:
        Derived(int d=0){dr=d;}
        void showDr();
};

//Base1 클래스 멤버 함수의 정의
void Base1::showBs1()
{
    cout << "bs1은 " << bs1 << "입니다. ₩n";
}

//Base2 클래스 멤버 함수의 정의
void Base2::showBs2()
{
    cout << "bs2는 " << bs2 << "입니다. ₩n";
}

//Derived 클래스 멤버 함수의 정의
void Derived::showDr()
{
    cout << "dr은 " << dr << "입니다. ₩n";
}

int main()
{
    Derived drv;

    drv.showBs1();
    drv.showBs2();
    drv.showDr();

    return 0;
}
```

Sample8의 실행 화면

```
bs1은 0입니다.
bs2는 0입니다.
dr은 0입니다.
```

Derived 파생 클래스는 기본 클래스 Base1 클래스와 Base2 클래스를 상속받았습니다. 두 클래스로부터 다중상속을 받은 것입니다. Base1 클래스에서 showBs1( ) 함수를, Base2 클래스에서 showBs2( ) 함수를 각각 물려받았습니다.

```
Base1 클래스의 멤버

void showBs1()

Base2 클래스의 멤버

void showBs2()

class Derived : public Base1, public Base2{
….
};
```

그림 14-13 **다중상속을 통한 멤버의 상속**

다중상속된 파생 클래스는 최소 2개 이상의 기본 클래스 멤버를 상속받습니다.

기본 클래스를 2개 이상 상속받을 수 있다(다중상속).

Lesson 14

기본 클래스들이 동일한 멤버를 소유하고 있을 경우

만약 위와 같은 다중상속 구조에서 showBs1( ) 함수와 showBs2( ) 함수의 이름이 showBs( )면 어떻게 될까요? 이때 'Derived 클래스의 showBs( ) 함수'를 호출하는 코드를 작성하면, C++은 어떤 클래스로부터 상속받은 showBs( )를 호출해야 하는지 판단할 수 없으므로 컴파일이 불가능해집니다.

```
drv.showBs(); ●  이렇게 호출하면 에러가 발생합니다
```

C++에서는 이러한 상황의 해결책으로 해결 연산자를 제시합니다. ::를 사용하면 다음과 같이 멤버를 호출하도록 지시할 수 있습니다.

```
drv.Base1::showBs(); ●  Base1에서 상속받은 멤버를 호출합니다
drv.Base2::showBs(); ●  Base2에서 상속받은 멤버를 호출합니다
```

다음 코드를 보시기 바랍니다.

Sample9.cpp ▶ 다중상속을 통해 중복해서 상속받은 멤버 이용하기

```
#include <iostream>
using namespace std;

//Base1 클래스의 선언
class Base1{
   protected:
      int bs1;
   public:
      Base1(int b1=0){bs1=b1;}
      void showBs(); ●
};

//Base2 클래스의 선언                 기본 클래스 2개에 같은 이름
class Base2{                           을 가진 멤버가 있습니다
   protected:
      int bs2;
   public:
      Base2(int b2=0){bs2=b2;}
      void showBs(); ●
};

//Derived 클래스 선언                  클래스 두 개를 상속
class Derived : public Base1, public Base2{    받고 있습니다
   protected:
      int dr;
   public:
```

```
    Derived(int d=0){dr=d;}
    void showDr();
};

//Base1 클래스 멤버 함수의 정의
void Base1::showBs()
{
   cout << "bs1은 " << bs1 << "입니다. \n";
}

//Base2 클래스 멤버 함수의 정의
void Base2::showBs()
{
   cout << "bs2는 " << bs2 << "입니다. \n";
}

//Derived 클래스 멤버 함수의 정의
void Derived::showDr()
{
   cout << "dr은 " << dr << "입니다. \n";
}

int main()
{
   Derived drv;

   drv.Base1::showBs();   ● Base1에게서 물려받은 멤버를 호출합니다
   drv.Base2::showBs();   ● Base2에게서 물려받은 멤버를 호출합니다
   drv.showDr();

   return 0;
}
```

멤버 함수 앞에 '클래스 이름 ::'를 붙여서 호출하면 누구에게서 상속받은 showBs( ) 함수를 호출할 것인지 명시적으로 선택할 수 있습니다. 따라서 Sample9은 문제없이 컴파일이 가능합니다.

이 예제에서는 먼저 Base1로부터 상속받은 함수를 호출하고, 그 다음에 Base2로부터 상속받은 함수를 호출하고 있습니다. 이 코드의 실행 결과는 Sample8과 동일합니다.

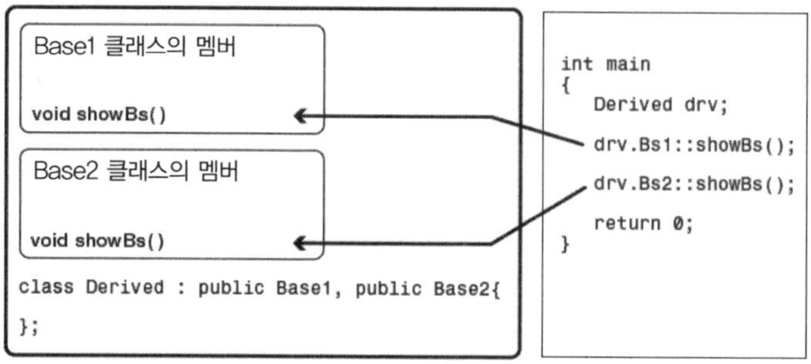

그림 14-14 **다중상속으로 인해 물려받은 멤버가 중복될 경우**
둘 이상의 기본 클래스로부터 물려받은 멤버가 중복될 경우, 스코프 해결 연산자를 사용하여 호출할 멤버를 명시적으로 호출합니다.

다중상속받은 기본 클래스의 멤버들의 이름이 중복될 경우, 스코프 해결 연산자(::)를 사용하여 모호성을 해결한다.

가상 기본 클래스의 원리 이해하기

다중상속을 사용할 때에는 상속받은 멤버들을 호출할 때 주의해야 함을 이해하셨나요? 그러나 다중상속 시 발생하는 모호함은 이뿐만이 아닙니다. 그림 14-15를 보시기 바랍니다.

다중상속이 이루어지면 다음과 같은 클래스 계층이 만들어집니다.

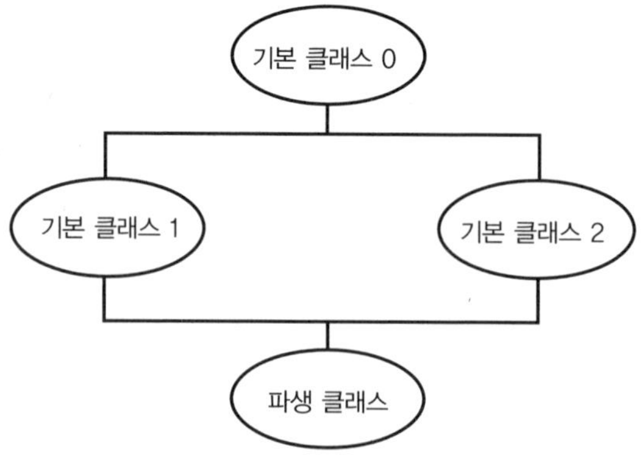

그림 14-15 **파생 클래스의 간접 기본 클래스가 2개인 경우**
다중상속으로 인해 파생 클래스의 간접 기본 클래스가 2개가 되는 경우가 있습니다.

이 경우의 파생 클래스는 기본 클래스 1과 기본 클래스 2를 통해서 기본 클래스 0의 멤버를 2개 가지게 됩니다. 그러나 파생 클래스의 객체가 상속받은 기본 클래스 0 멤버에 접근할 경우, C++는 기본 클래스 1의 멤버에 접근해야 하는지 아니면 기본 클래스 2의 멤버에 접근해야 하는지 판단할 수 없습니다. 결과적으로 이 때에는 컴파일이 불가능하게 됩니다.

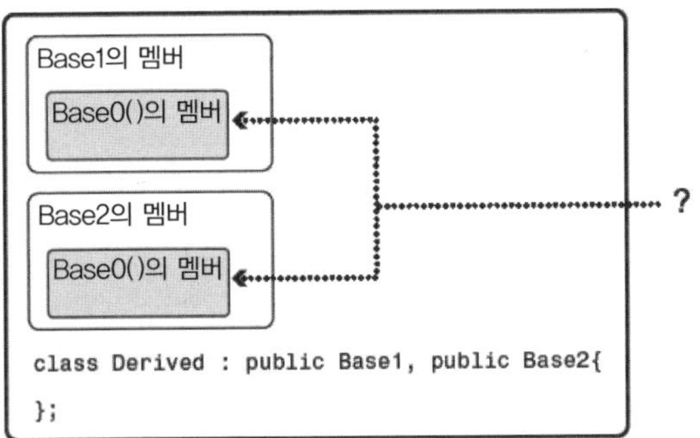

만약 그림 14-15와 같은 클래스 계층도가 그려지는 상황이라면, 기본 클래스 0에 virtual 키워드를 붙입니다. 그렇게 되면 파생 클래스는 기본 클래스 0을 단 하나만 상속받게 됩니다. 이러한 기본 클래스 0을 가상 기본 클래스(virtual base class)라고 합니다.

구문 **가상 기본 클래스**

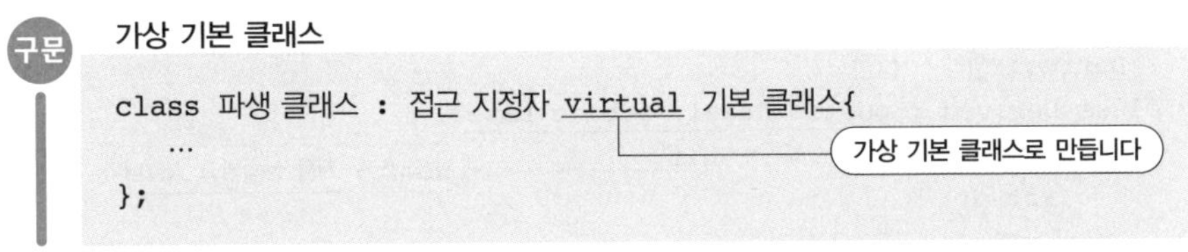

단, 이 virtual은 가상 함수에서 사용하는 virtual 지정자와는 그 의미가 다르므로 주의하시기 바랍니다. 다음 코드는 Base0을 가상 기본 클래스로 만드는 코드입니다.

Sample10.cpp ▸ 가상 기본 클래스 상속받기

```
#include <iostream>
using namespace std;
```

```
//Base0 클래스 선언
class Base0{
  protected:
      int bs0;
  public:
      Base0(int b0=0){bs0=b0;}
      void showBs0();
};

//Base1 클래스 선언
class Base1 : public virtual Base0{
  protected:                              Base0을 가상 기본 클래스로 상속받습니다
      int bs1;
  public:
      Base1(int b1=0){bs1=b1;}
      void showBs1();
};

//Base2 클래스 선언
class Base2 : public virtual Base0{
  protected:                              Base0을 가상 기본 클래스로 상속받습니다
      int bs2;
  public:
      Base2(int b2=0){bs2=b2;}
      void showBs2();
};

//Derived 클래스 선언
class Derived : public Base1, public Base2{
  protected:                              클래스 두 개를 상속받고 있습니다
      int dr;
  public:
      Derived(int d=0){dr=d;}
      void showDr();
};

//Base0 클래스 멤버 함수의 정의
void Base0::showBs0()
{
  cout << "bs0은 " << bs0 << "입니다. ₩n";
}
```

```
//Base1 클래스 멤버 함수의 정의
void Base1::showBs1()
{
   cout << "bs1은 " << bs1 << "입니다. ₩n";
}

//Base2 클래스 멤버 함수의 정의
void Base2::showBs2()
{
   cout << "bs2는 " << bs2 << "입니다. ₩n";
}

//Derived 클래스 멤버 함수의 정의
void Derived::showDr()
{
   cout << "dr은 " << dr << "입니다. ₩n";
}

int main()
{
   Derived drv;

   drv.showBs0();   // 가상 기본 클래스로부터 상속받은 멤버를 호출할 수 있습니다

   return 0;
}
```

Sample10의 실행 화면

```
bs0는 0입니다.
```


이 코드의 Derived 클래스에는 Base0 클래스의 멤버가 단 하나만 존재하게 되었습니다. Base0 클래스를 가상 기본함수로 만들었기 때문입니다. 따라서 Base0 클래스로부터 상속받은 멤버를 호출할 수 있는 것입니다. 만약 Base0 클래스를 가상 기본 클래스로 만들지 않으면 호출할 때 에러가 발생합니다.

이처럼 다중상속 기법을 활용하기 위해서는 모호성을 우선적으로 해결해야 합니다.

가상 기본함수를 만들 수 있다.

14.6 강의 요약

이 장에서는 다음과 같은 내용을 배웠습니다.

- 기본 클래스로부터 파생 클래스를 파생시킬 수 있습니다.
- 파생 클래스는 기본 클래스의 멤버를 상속받습니다
- 기본 클래스의 protected 멤버는 파생 클래스가 접근할 수 있습니다.
- 파생 클래스에서 이름은 물론이거니와 인수의 형과 개수까지 기본 클래스의 함수와 동일한 함수를 중복 선언(오버라이드)할 수 있습니다.
- 기본 클래스형 포인터로는 파생 클래스에 virtual 지정자가 붙은 가상 함수만 호출할 수 있습니다.
- 순수 가상 함수를 하나 이상 가지는 클래스를 추상 클래스라고 합니다.
- 추상 클래스로는 객체를 생성할 수 없습니다.
- 2개 이상의 기본 클래스를 상속받을 수 있습니다.
- 기본 클래스를 중복 상속받은 파생 클래스의 모호성을 해소하기 위해 기본 클래스를 가상 기본 클래스로 만들 수 있습니다.

이 장에서는 기존 클래스를 바탕으로 새로운 클래스를 만드는 방법을 배웠습니다. 이미 설계된 클래스를 상속받으면 보다 효율적으로 프로그램을 작성할 수 있습니다. 마치 기존 코드에 살을 덧붙이듯 새로운 코드를 써 나갈 수 있다는 점에서 '상속'은 클래스의 강력한 기능 중 하나로 자리매김했습니다.

연습

1. 다음 항목에 대해 ○ 또는 ×로 답하십시오.

① 기본 클래스가 파생할 수 있는 클래스의 개수는 한정되어 있다.

② 파생 클래스가 또 다른 클래스를 파생하는 것을 다중상속이라고 한다.

③ 파생 클래스는 기본 클래스와 같은 이름의 멤버 함수를 가질 수 있다.

2. 다음 항목에 대해 ○ 또는 ×로 답하십시오.

① 추상 클래스형 포인터는 선언할 수 없다.

② 추상 클래스의 객체는 생성할 수 없다.

③ 파생 클래스 객체의 주소를 기본 클래스 포인터에 대입할 수 있다.

3. 다음 코드에서 잘못된 곳을 고르십시오.

```
//Base1 클래스 선언
class Base1{
   protected:
      int bs1;
   public:
      Base1(int b1=0){bs1=b1;};
      void showBs();
};

//Base2 클래스 선언
class Base2{
   protected:
      int bs2;
   public:
      Base2(int b2=0) bs2=b2;};
      void showBs();
};
```

Lesson 14

```
//Base1 클래스 멤버 함수의 정의
void Base1::showBs()
{
   cout << "bs1는" << bs1 << "입니다. \n";
}

//Base2 클래스 멤버 함수의 정의
void Base2::showBs()
{
   cout << "bs2는" << bs2 << "입니다. \n";
}

//Derived 클래스 선언
class Derived : public Base1, public Base2{
   protected:
      int dr;
   public:
      Derived(int d=0){dr=d;}
      void showDr();
};

//Derived 클래스 멤버 함수의 정의
void Derived::showDr()
{
   cout << "dr은" << dr << "입니다. \n";
}

int main()
{
   Derived drv;
   drv.showBs();
   drv.showDr();

   return 0;
}
```

Lesson 15

클래스와 관련된 고급 주제

이전 장에서 우리들은 클래스가 가진 다양하고 편리한 기능들을 학습했습니다. 이 장에서는 클래스가 가지고 있는 또 다른 강력한 기능에 대해 탐구해 보도록 하겠습니다.

Check Point

- 연산자 오버로드
- 변환 함수
- 변환 생성자
- 소멸자
- 복사 생성자
- 대입 연산자
- 클래스 템플릿
- 예외 처리

15.1 연산자 오버로드

연산자 오버로드의 원리 이해하기

이 장에서는 클래스가 가지고 있는 다양한 고급 기능을 소개해 드리려 합니다. 그 첫 번째 순서로 클래스에 연산자를 적용하는 방법을 학습해 보도록 하겠습니다.

먼저 연산자란 무엇인지 잠시 생각해 보시기 바랍니다. 제 4장에서 우리들은 + 연산자와 - 연산자를 사용하여 다양한 연산을 수행했습니다. int형이나 double형과 같은 기본형으로 연산을 수행한 것입니다.

클래스는 우리가 만든 새로운 형(type)입니다. 우리가 만든 형으로 덧셈이나 뺄셈이 가능하다면 얼마나 편리할까요?

이제 다음 클래스를 살펴보시기 바랍니다.

```
//Point 클래스 선언
class Point{
   private:
      int x;
      int y;
   public:
      Point(int a=0, int b=0){x=a; y=b;}
      void show(){cout<< "x :" << x << "y :" << y << '\n';}
      void setX(int a){x=a;}
      void setY(int b){y=b;}
};
```

좌표를 나타내는 Point 클래스입니다

이 클래스는 xy 좌표 위의 점을 나타내는 Point라는 클래스입니다. 수학적인 개념을 다루는 요소를 표현하기 위해 선언한 클래스입니다. 이 클래스를 활용하면, 좌표 위의 점을 표현하는 객체를 생성할 수 있을 것입니다.

```
//Point 클래스의 이용
int main()
{
   Point p1(1, 3);
   Point p2(5, 2);
   ...
}
```

좌표(1, 3)을 나타내는 객체입니다

좌표(5, 2)를 나타내는 객체입니다

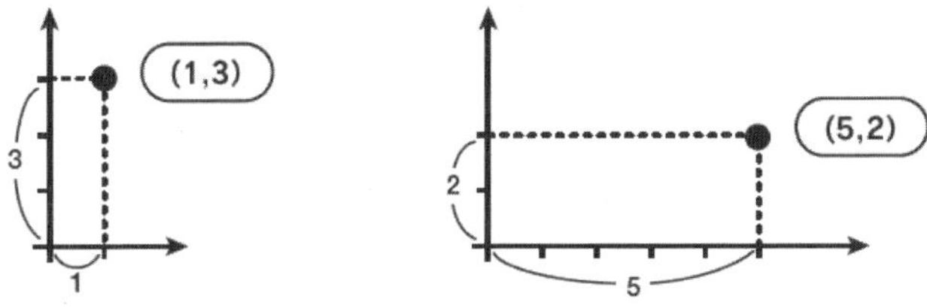

만약 이 두 개의 객체가 가지고 있는 좌표 값을 더해서 새로운 좌표를 표현하고 싶다면 어떻게 하면 좋을까요?

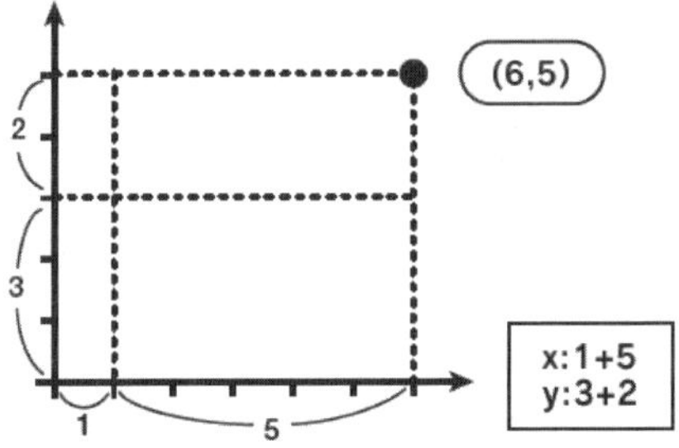

이러한 수학적 개념을 나타내는 클래스에 + 연산자를 사용하여 다음과 같은 '덧셈' 을 할 수 있다면 코드를 보다 직관적으로 작성할 수 있게 되어 코드의 가독성도 향상시킬 수 있을 것입니다.

```
//Point 클래스의 이용
int main()
{
   Point p1(1, 3);
   Point p2(5, 2);
```

```
    Point p3 = p1 + p2;    // 이러한 연산이 가능하다면 편리하겠지요
    ...
}
```

그러나 원칙적으로 이러한 Point 클래스끼리의 덧셈은 불가능합니다. + 연산자는 우리가 만든 Point 클래스의 객체를 더하는 방법을 모르기 때문입니다. 그래서 C++ 언어는 객체를 다루는 연산자를 새롭게 정의하는 기능을 제공합니다. 즉,

연산자의 새로운 사용법을 정의

할 수 있는 것입니다. 이 기능을 연산자 오버로드(operator overloading)이라고 부릅니다.

C++ 언어는 연산자의 사용법을 새롭게 정의할 수 있다.

멤버 함수로 연산자 오버로딩하기

연산자 오버로딩을 실습해 보도록 하겠습니다. 오버로딩된 연산자는 일종의 함수입니다. 연산자는

operator 연산자 기호( )

와 같은 특이한 형태의 함수로 선언합니다. 예를 들어,

```
p1+p2
```

이라는 연산을 수행한다고 가정해 보겠습니다. 이 + 연산자의 이용을 다음과 같은 멤버 함수의 호출로 간주하는 것입니다.

```
p1 .operator+ (p2);
```

+ 연산자의 사용을 'operator+( )'라는 이름의 멤버 함수 호출로 간주합니다

즉, "p1이라는 객체의 'operator+( )' 라는 멤버 함수의 호출이다."라고 생각하면 됩니다. 따라서 Point 클래스에 operator+( ) 멤버 함수를 정의하여 + 연산자를 사용할 수 있도록 만드는 것입니다. 이 함수를 연산자 함수(operator function)라고 부르기도 합니다. Point 클래스를 더하는 + 연산자는

> Point 클래스형 인수를 1개 받고, Point 클래스의 객체를 리턴하는 operator+()라는 이름의 연산자 함수

로 정의됩니다.

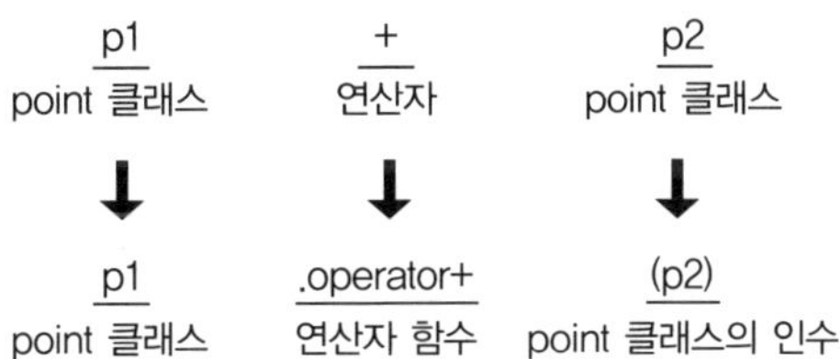

그림 15-1 **연산자 오버로드**

+ 연산자를 오버로드하여 객체를 다루는 새로운 방법을 정의할 수 있습니다.

이항 연산자를 멤버 함수로 오버로드하기

```
리턴 값의 형 operator 연산자(인수 1);
```

그럼 실제로 + 연산자의 새로운 사용법, 연산자 함수를 정의해 보도록 하겠습니다.


```
//Point 클래스 선언
class Point{
   private:
      int x;
      int y;
   public:
      Point(int a=0, int b=0){x=a; y=b;}
```

```
    Point operator+(Point p);
};

//Point 클래스 멤버 함수의 정의
Point Point::operator+(Point p)
{
   Point tmp;
   tmp.x = x + p.x;
   tmp.y = y + p.y;
   return tmp;
}
```

+연산자 함수를 선언합니다

Point 클래스를 다루는 +연산자가 실제로 해야 할 일입니다

+ 연산자의 오른쪽 변수를 뜻합니다

+ 연산자의 왼쪽 변수를 뜻합니다

연산 결과입니다

+ 연산자의 새로운 사용법을 정의했습니다. Point형 인수를 받은 후, 그 안의 멤버를 데이터 멤버 x와 y에 더합니다. 그리고 그 결과를 Point형 값으로 리턴하도록 정의한 것입니다.

이러한 연산자 함수를 정의하면 Point 클래스의 객체에 + 연산자를 사용할 수 있습니다. 따라서 다음과 같이 + 연산자를 사용하면 우리가 정의한 연산자 함수가 호출될 것입니다.

```
//Point 클래스의 이용
int main()
{
   Point p1(1, 2);
   Point p2(3, 6);
   p1 = p1 + p2;
   …
}
```

+ 연산자를 사용할 수 있게 됩니다

+ 연산자를 사용할 수 있게 되어서 Point 클래스의 이용이 보다 편리해졌습니다.

연산자를 프렌드 함수로 오버로딩하기

만약 우리들이 만든 Point 클래스와 정수값을 + 연산자로 더해야 하는 상황이 발생한다면, 우리들이 방금 전에 작성한 연산자 함수는 어떻게 동작할까요?

```
3+p1;
```

+ 연산자의 피연산자로 정수값을 사용하면 어떻게 될까요?

단, 이 연산은 다음과 같은 결과를 출력해야 합니다.

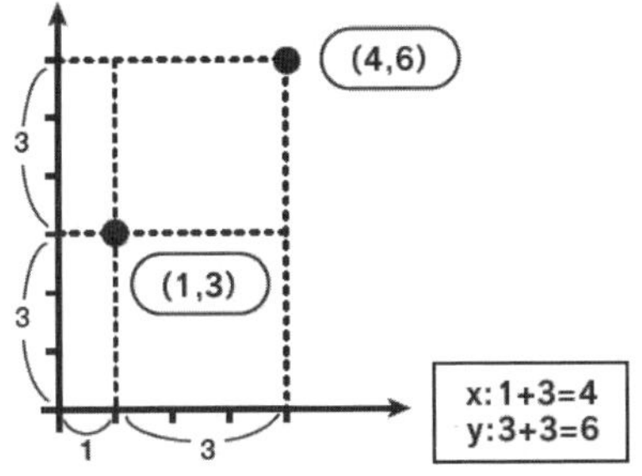

결과부터 말씀드리자면, + 연산자를 사용하더라도 이 경우에는 우리들이 정의한 연산자 함수는 호출되지 않습니다. 그 이유는 무엇일까요? 왜냐하면 조금 전 멤버 함수로 정의된 + 연산자 왼쪽의 피연산자는 반드시 Point 클래스 객체여야 하기 때문입니다.

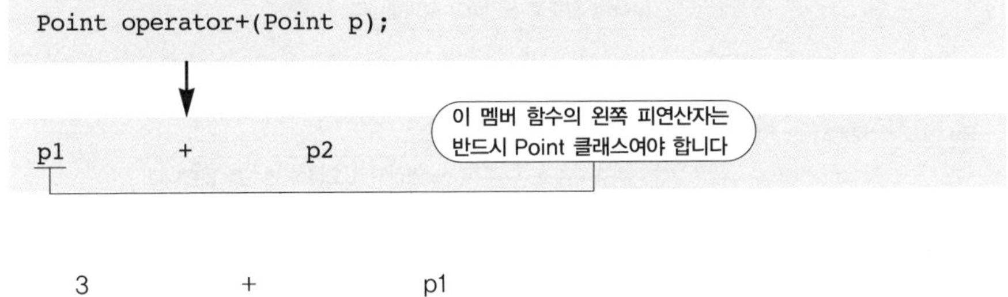

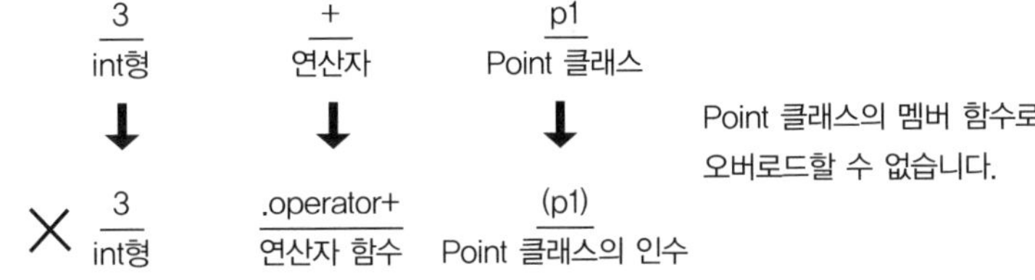

그림 15-2 **연산자를 멤버 함수로 오버로드할 수 없는 경우**

이항 연산자의 왼쪽 피연산자가 해당 클래스의 객체가 아닌 경우에는 연산자 오버로딩을 사용할 수 없습니다.

Lesson 15

따라서 연산자의 왼쪽 피연산자가 그 클래스의 객체가 아닌 경우에는 연산자를 다음과 같은 함수로 오버로드해야 합니다. 이처럼 friend를 붙인 함수를 프렌드 함수(friend function)라고 합니다.

이항 연산자를 프렌드 연산자로 오버로딩하기

```
friend 리턴 값의 형 operator 연산자(인수1, 인수2);
```

이제 왼쪽 피연산자가 Point 클래스가 아닌 경우에 사용할 연산자 함수를 정의해 보도록 하겠습니다.

```
//Point 클래스의 선언
class Point{
  private:
     int x;
     int y;
  public:
     ...
     friend Point operator+(int a, Point p);
};
...
//프렌드 함수의 정의
Point operator+(int a, Point p)
{
  Point tmp;
  tmp.x = a + p.x;
  tmp.y = a + p.y;
  return tmp;
}
...
```

왼쪽 피연산자가 Point 클래스가 아닐 경우에 덧셈하는 방법은…

friend 함수로 선언하고 정의합니다

\+ 연산자의 오른쪽 변수를 뜻합니다

\+ 연산자의 왼쪽 변수를 뜻합니다

연산 결과를 뜻합니다

프렌드 함수는 해당 클래스의 멤버함수가 아닙니다. 그러나 프렌드 함수는,

특별히 해당 클래스에 특별히 접근할 수 있는 함수

가 됩니다. 이 연산자 함수는 private 멤버를 다루어야 하기에 프렌드 함수로 만드는 것입니다. 멤버 함수가 될 수 없는 연산자 함수는 프렌드 함수로 만드는 것이 일반적

입니다. 프렌드 함수는 클래스 안에 선언되지만 그 클래스의 멤버 함수가 아닙니다.

따라서 함수 본체를 정의할 때, Point ::를 붙이지 않습니다.

멤버 함수가 될 수 없는 연산자 함수는 프렌드 함수로 정의한다.

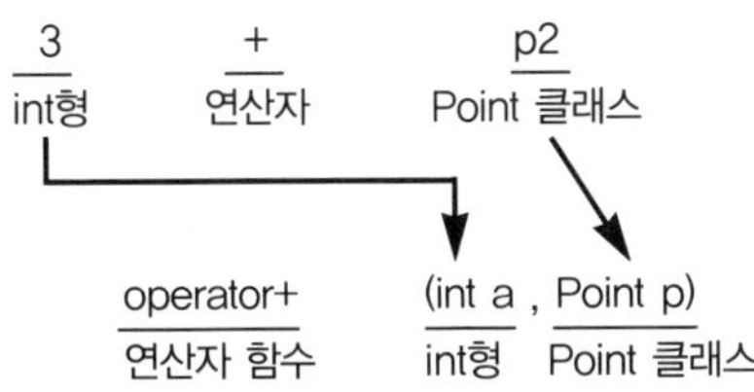

그림 15-3 **프렌드 함수로 연산자 오버로딩하기**

멤버 함수로 연산자 오버로딩을 할 수 없는 경우에는 프렌드 함수로 연산자를 오버로드합니다.

프렌드 함수

이 예제에서는 연산자 함수를 프렌드 함수로 만들었습니다. 그러나 일반적인 함수도 프렌드 함수로 정의할 수 있습니다. 즉, 클래스 안의 private 멤버에 접근하기 위한 함수로 프렌드 함수를 정의할 수 있는 것입니다.

단, 제 12장에서 설명했듯이 클래스를 설계할 때, private 멤버에는 접근할 수 없도록 만들어야 합니다. private 멤버에 마음대로 접근할 수 있는 함수가 늘어나게 되면 객체 지향적 설계의 원칙 중 하나인 캡슐화의 의미가 유명무실해지기 때문입니다. 따라서 프렌드 함수의 정의에는 충분한 검토가 필요합니다.

멤버 함수 또는 프렌드 함수로 만들어서 오버로드하기

멤버 함수로 오버로딩한 연산자를 프렌드 함수로 오버로딩할 수도 있습니다. 예를 들어 우리들이 가장 처음 정의했었던 'p1 + p2' 라는 연산을 행하는 + 연산자는 멤버 함수와 프렌드 함수 중 어느 것으로도 연산자 오버로드를 할 수 있습니다. 이 두 가지 방법으로 연산자 오버로드를 하는 방법을 살펴보도록 보겠습니다.

멤버 함수로 만들 경우

```
class Point{
    ...
    Point operator+(Point p);
};

Point Point::operator+(Point p)
{
    Point tmp;
    tmp.x = x + p.x;
    tmp.y = y + p.y;
    return tmp;
}
```

- 인수를 1개 받는 멤버 함수입니다
- 오른쪽 피연산자를 뜻합니다
- 왼쪽 피연산자를 뜻합니다

프렌드 함수로 만들 경우

```
class Point{
...
    friend Point operator+(Point p1, Point p2);
};

Point operator+(Point p1, Point p2)
{
    Point tmp;
    tmp.x = p1.x + p2.x;
    tmp.y = p1.y + p2.y;
    return tmp;
}
```

- 인수를 2개 받는 멤버 함수입니다
- 오른쪽 피연산자를 뜻합니다
- 왼쪽 피연산자를 뜻합니다

위 코드는 모두 + 연산자 함수를 정의한 것입니다. 단, 멤버 함수와 프렌드 함수는 받는 인수의 개수가 다르다는 점에 주의하시기 바랍니다.

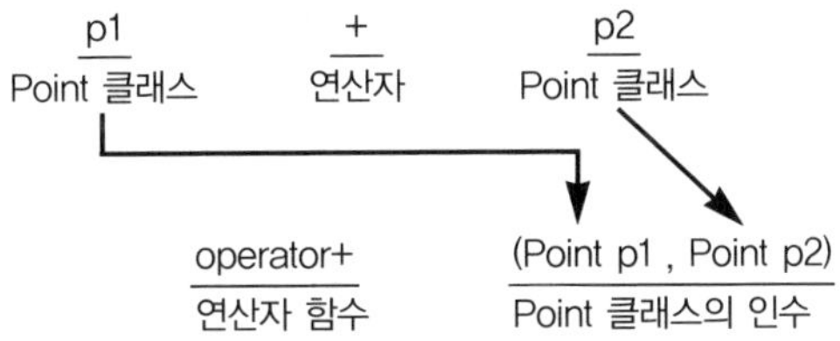

그림 15-4 **프렌드 함수로 연산자 오버로드하기**
멤버 함수로 오버로드한 연산자 함수는 프렌드 함수로 오버로드할 수도 있습니다.

 연산자 오버로드 시 주의해야 할 점

지금까지는 + 연산자를 오버로드하는 방법을 집중적으로 살펴보았습니다. 물론 다른 연산자도 오버로드할 수 있습니다. 연산자를 오버로드할 때 주의해야 할 점을 정리해 보겠습니다.

- 다음 5개의 연산자는 오버로드할 수 없습니다.

  .　　::　　.*　　? :　　sizeof
- 제 4장의 연산자 표에 등장한 연산자 이외의 기호를 연산자로 만들 수 없습니다.
- 기본형을 다루는 연산자를 오버로드할 수 없습니다.
- 연산자가 받는 피연산자의 개수는 바꿀 수 없습니다. 즉, 단항 연산자를 이항 연산자로 바꾸거나 그 반대로 작업하는 것은 불가능합니다.
- 연산자 우선순위는 바꿀 수 없습니다.
- 연산자 함수에 기본 인수를 정의할 수 없습니다.

위와 같은 제한을 지키면 다양한 연산자를 오버로드할 수 있습니다. 그러나 그 연산자가 본래 가지고 있는 의미와 다른 일을 시켜서는 안될 것입니다. 예를 들어 + 연산자의 처리를 정의한다면 사칙연산의 '덧셈'을 연상시킬 수 있는 작업을 수행하도록 정의해야 할 것입니다. 연산자 함수에는 다양한 일을 시킬 수 있으므로 연산과 관련이 없는 작업까지 지시할 수 있습니다. 그러나 + 연산자에 덧셈 이외의 일을 시킨다면, 분명 그 연산자 함수는 오류의 근원이 될 것입니다.

대입 연산자

객체에 연산자를 사용하려면, 반드시 연산자를 오버로드해야 합니다. 그러나 예외적으로 대입 연산자(=) 만큼은 오버로드하지 않아도 사용할 수 있습니다. 대입 연산자에는 객체의 멤버 값을 다른 개체의 멤버로 복사하는 기능이 있습니다.

만약 기본적으로 제공되는 대입 연산자의 기능을 바꾸어야 한다면 프로그래머가 새로 정의할 수 있습니다. operator=( )라는 연산자 함수를 정의하면, 대입 연산자가 오버로드 되어서 새로 정의한 함수가 실행됩니다. 대입 연산자를 오버로드하는 방법은 이 장 마지막에 살펴보도록 하겠습니다.

단항 연산자 오버로드하기

그러면 이제부터 + 연산자 이외의 연산자를 오버로드해 보겠습니다. +연산자는 피연산자 2개를 필요로 하는 이항 연산자입니다. 그 반면, ++연산자처럼 피연산자를 1개만 취하는 단항 연산자는 인수를 받지 않는 멤버 함수로 정의하는 것이 일반적입니다.

단항 연산자를 멤버 함수로 오버로드하기

```
리턴 값의 형 operator연산자();
```

단항 연산자를 멤버 함수로 오버로드할 경우에는 인수가 필요하지 않습니다.

그러면 다음과 같이 x좌표와 y좌표를 1씩 증가시키는 ++연산자를 보도록 하겠습니다.

```
++p1;
```

이 ++연산자 함수의 정의는 다음과 같습니다.

```
//Point 클래스 멤버 함수의 정의
Point Point::operator++()
{
    x++;
    y++;
    return *this;
}
```

- 후위 증가 연산자를 오버로드합니다
- 피연산자를 뜻합니다
- x좌표에 1을 더하고…
- y좌표에 1을 더하고…
- 값을 더한 뒤, 객체 스스로를 리턴합니다

이 예제는 *this를 리턴하고 있습니다. this는 그 멤버 함수를 호출한 객체 스스로를 가리키는 포인터입니다. 즉 ++p1; 의 경우 p1을 가리키는 포인터를 뜻합니다. 멤버 함수 안에서 this 포인터를 이용하면 그 객체 스스로에 대한 정보를 다룰 수 있게 됩니다.

이 함수는 각 멤버들의 값을 하나씩 더한 후, 마지막에 자기 자신을 리턴하고 있음을 알 수 있습니다. 이는 자기 자신을 연산 결과로 만들어서, 값이 증가한 '후'의 값을 다른 객체에 대입하기 위함입니다.

```
Point p3 = ++p1;
```

전위 증가 연산자에 대한 전체적인 내용은 제 4장에서 다시 복습하시기 바랍니다.

this 포인터는 그 멤버 함수를 호출한 객체 자신을 가리킨다.

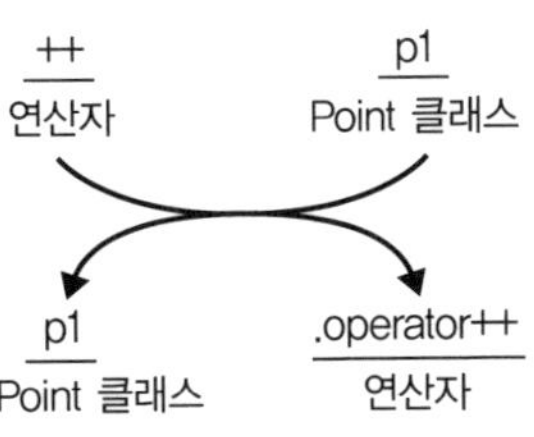

그림 15-5 단항 연산자의 오버로드

단항 연산자는 인수를 받지 않는 멤버 함수로 정의합니다.

증가 연산자는 전위 증가 연산자와 후위 증가 연산자 두 종류로 나뉩니다(제 4장 참조). 전위 증가 연산자는 인수를 받지 않는 멤버 함수로 정의했습니다만, 후위 증가 연산자는 전위 증가 연산자와 구분하기 위해서 인수를 하나 받는 연산자 함수로 오버로드합니다.

```
Point Point::operator++(int d)
{
    Point p = *this;
    x++;
    y++;
    return p;
}
```

- `Point Point::operator++(int d)` : 후위 증가 연산자의 오버로드입니다
- `Point::` : 형명과 요소 개수를 지정해줍니다
- `Point p = *this;` : 증가시키기 이전의 객체 자신을 p로 만듭니다
- `x++;` : x좌표에 1을 더하고…
- `y++;` : y좌표에 1을 더하고…
- `return p;` : 증가시키기 이전의 객체를 리턴합니다

이 후위 증가 연산자는 증가하기 전의 자기 자신을 this를 사용하여 p에 일단 저장합니다. 마지막으로 증가하기 전의 값을 연산 결과로 리턴하고 있는 것입니다. 이는 증가 연산하기 '전'의 값을 다른 객체에 저장하기 위한 장치입니다. int형 인수 d는 전위 증가 연산자와 구별하기 위하여 사용합니다.

 다양한 연산자 오버로드하기

지금까지 Point 클래스를 가지고 다양한 연산자 오버로딩을 학습했습니다. 지금까지의 학습내용을 코드 하나로 정리해 보도록 하겠습니다.

Sample1.cpp ▶ 다양한 연산자 오버로드하기

```
#include <iostream>
using namespace std;

//Point 클래스 선언
class Point{
   private:
      int x;
      int y;
```

```
    public:
        Point(int a = 0, int b = 0){x = a; y = b;}
        void setX(int a){x = a;}
        void setY(int b){y = b;}
        void show(){cout << "x:" << x << "y:" << y << '₩n';}
        Point operator++();
        Point operator++(int d);          다양한 연산자를 오버로드합니다
        friend Point operator+(Point p1, Point p2);
        friend Point operator+(Point p, int a);
        friend Point operator+(int a, Point p);
};

//Point 클래스 멤버 함수의 정의
Point Point::operator++()
{
    x++;
    y++;                                  전위 증가 연산자의 정의입니다
    return *this;
}
Point Point::operator++(int d)
{
    Point p = *this;
    x++;                                  후위 증가 연산자의 정의입니다
    y++;
    return p;
}

//프렌드 함수의 정의
Point operator+(Point p1, Point p2)
{
    Point tmp;
    tmp.x = p1.x + p2.x;                  p1+p2 연산을 수행하는 + 연산자의 정의입니다
    tmp.y = p1.y + p2.y;
    return tmp;
}
Point operator+(Point p, int a)
{
    Point tmp;
    tmp.x = p.x + a;                      p1+3 연산을 수행하는 + 연산자의 정의입니다
    tmp.y = p.y + a;
    return tmp;
}
```

```
Point operator+(int a, Point p)
{
    Point tmp;
    tmp.x = a + p.x;
    tmp.y = a + p.y;
    return tmp;
}

int main()
{
    Point p1(1, 2);
    Point p2(3, 6);
    p1 = p1+p2;
    p1++;
    p1 = p1+3;
    p2 = 3+p2;

    p1.show();
    p2.show();

    return 0;
}
```

3+p1 연산을 수행하는 + 연산자의 정의입니다

정의한 연산자를 사용하고 있습니다

Sample1의 실행 화면

```
x:8 y:12
x:6 y:9
```

이 코드에는 지금까지 소개한 연산자 함수 다섯 종류가 정의되어 있습니다. 조금 지루할 수도 있겠지만 차근차근 복습해 보시기 바랍니다. 연산자 오버로드를 통해서 클래스에 보다 강력한 기능을 부여할 수 있을 것입니다.

레퍼런스 인수를 사용한 연산자 오버로드

연산자 함수는 객체의 레퍼런스도 인수로 받을 수 있습니다. 제 12장에서 설명했듯이 레퍼런스를 인수로 사용하면 함수의 속도 향상을 꾀할 수 있습니다.

예를 들어 + 연산자 함수에 레퍼런스를 넘길 경우의 코드는 다음과 같습니다.

```
Point operator+(const Point& p);
```

레퍼런스를 인수로 사용하고 있습니다

함수의 실행 속도 향상이 목적이라면 포인터를 넘기는 방법도 고려할 수 있을 것입니다. 그러나 + 연산자 함수에는 레퍼런스만 넘길 수 있습니다. + 연산자의 피연산자로 포인터가 오게 되면 주소값을 더하는 꼴이 되어버리기 때문입니다.

15.2 클래스의 형 변환

 변환 함수 이용하기

이제 연산자 오버로드가 이해되셨나요? 그렇다면, 클래스의 형 변환 방법을 살펴보도록 하겠습니다.

그에 앞서서, 제 4장에서 학습한 형 변환을 떠올려 주시기 바랍니다. 제 4장에서 대입 혹은 연산을 할 때, 형 변환이 이루어진다는 사실을 배웠습니다. 또한 텍스트 연산자를 사용해 형 변환을 할 수 있다는 사실도 배웠습니다.

클래스 또한 새로운 형으로 인식되므로 형 변환이 가능합니다. 다음 클래스를 통해 클래스를 다른 형으로 변환할 때 얻을 수 있는 이점을 소개하겠습니다.

```
//Number 클래스의 선언
class Number {
   private:
      int num;
   public:
      Number(){num = 0;}
      Number(int n){num = n;}          // 변환 생성자입니다
      operator int(){return num;}      // 변환 함수의 정의입니다
      Number operator++();
      Number operator++(int d);
      Number operator--();
      Number operator--(int d);
};

Number Number::operator++()
{
   num++;
   return *this;
}
Number Number::operator++(int d)
{
   Number n = *this;
```

```
    num++;
    return n;
}
Number Number::operator--()
{
    num--;
    return *this;
}
Number Number::operator--(int d)
{
    Number n = *this;
    num--;
    return n;
}
```

이 코드는 수를 세기 위해 만들어진 Number 클래스를 선언한 것입니다. Number 클래스 객체를 int형 값으로 변환할 수 있도록 정의되었습니다.

먼저 Number 클래스 안의 다음 부분을 보시기 바랍니다.

```
operator int() { return num; }
```

변환 함수의 정의입니다

이런 모양을 한 멤버 함수를 **변환 함수**(conversion function)라고 부릅니다. 변환 함수는

해당 클래스의 객체를 다른 형의 객체로 변환

시키는 역할을 담당합니다. 이 코드에는 Number형 값을 int형 값으로 변환하는 처리가 정의되어 있는 것입니다.

변환 함수

```
operator 형명()
```

변환 함수를 선언할 때에는 리턴 값의 형을 명시하지 않습니다. 변환 함수가 리턴하는 객체가 변환 함수의 형이라는 것이 명백하기 때문입니다. 이러한 변환 함수를 정의하면 캐스트 연산자를 사용하여 명시적으로 형 변환을 할 수 있습니다. Number 클래스를 사용하는 다음 코드를 보시기 바랍니다.

```
//Number 클래스의 이용
int main()
{
    Number n;
    int i = (int)n;  ● Number형 객체 n을 int형으로 형 변환할 수 있습니다
    …
```

위 Number 클래스 객체 n을 캐스트 연산자를 통해 int형 값으로 변환시킬 수 있게 되었습니다.

또한 이 변환 함수는 캐스트 연산자를 사용하지 않아도 작동합니다. 따라서 위의 코드를 다음과 같이 고칠 수 있습니다.

```
int main()
{
    Number n;
    int i = n;  ● 캐스트 연산자를 사용하지 않아도 변환 함수가
                  정의되어 있으면 형 변환이 이루어집니다.
    …
```

캐스트 연산자를 사용하지 않아도 int형의 변수에 할당할 수 있습니다.

변환 함수를 정의하면 다른 클래스로 형 변환할 수 있다.

변환 생성자 이용하기

이러한 변환 함수를 정의하면 해당 클래스의 객체를 다른 형 객체로 변환시킬 수 있습니다. 만약 int형 값을 Number 클래스 객체로 변환시키려면 어떻게 해야 할까요? Number 클래스의 정의를 보시기 바랍니다. 여기에 인수를 하나 받는 생성자가 있습니다.

```
Number(int n){num = n;}  int형 값을 Number형 객체로
                         변환시키는 생성자입니다
```

이와 같이 생성자를 정의하면, Number 클래스의 객체를 생성할 때 int형 값을 인수로 넘겨서 만들 수 있습니다.

```
int i=10;
Number n(i);
```

int형 값 10을 Number형 객체 n으로 변환시키는 것과 마찬가지입니다

즉, 인수를 하나 받는 생성자는 변환 함수와 정반대의 일을 하는 것입니다. 이를 변환 생성자(conversion constructor)라고 부릅니다.

변환 생성자

```
클래스명::클래스명(인수)
```

변환 생성자가 정의되어 있는 경우에도 캐스트 연산자를 빼고 int형을 Number형으로 형 변환시킬 수 있습니다.

```
int main()
{
    int i = 10;
    Number n = i;
...
```

인수를 하나 받는 생성자(변환 생성자)를 정의하면 다른 클래스의 객체를 해당 클래스의 객체로 변환시킬 수 있다.

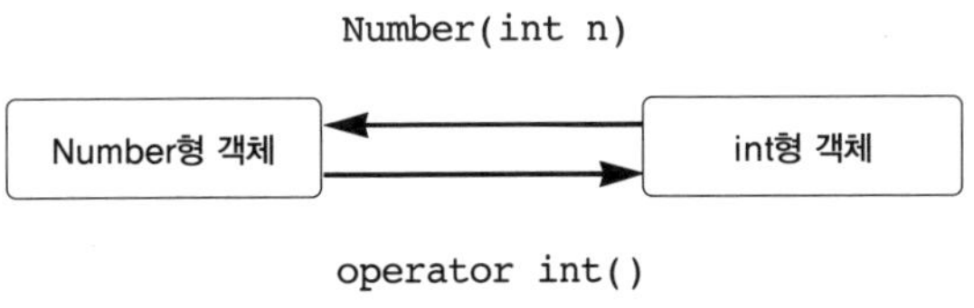

그림 15-6 **형 변환**

형 변환 함수는 해당 클래스의 객체를 다른 객체로 변환시킵니다. 변환 생성자는 다른 클래스의 객체를 해당 클래스의 객체로 변환시킵니다.

15.3 메모리의 확보와 해제

소멸자 정의하기

이 절에서는 클래스 설계 시 특히 주의해야 할 점을 학습합니다. 특히 클래스 안에서 동적으로 메모리를 확보할 때에는 다방면에서 섬세한 조작이 필요합니다. 제 9장에서 우리들은 new 연산자를 사용하여 동적으로 메모리를 확보한 후, 값을 저장시키는 방법을 학습했습니다. 클래스 내부에서도 그렇게 메모리를 확보해야 할 때가 있습니다. 다음 코드를 보시기 바랍니다.

```
#include <iostream>
#include <string>
using namespace std;

//Car 클래스의 선언
class Car {
   private:
      int num;
      double gas;
      char* pName;
   public:
      Car(char* pN, int n, double g);
   ...
};

Car::Car(char* pN, int n, double g)
{
   cout << pN << "를 생성합니다. ₩n";
   pName = new char[strlen(pN)+1];
   strcpy(pName, pN);
   num = 0;
   gas = 0.0;
}
...
```

생성자 함수 안에서 동적으로 메모리를 확보하고 있습니다

이 Car 클래스는 자동차의 이름을 나타내는 문자열 처리를 위해 pName이라는 이름의 포인터를 멤버로 가지고 있습니다. 그리고 Car 클래스의 생성자는 자동차의 이름을 표시하기 위해

문자열 크기만큼의 메모리 확보하기

라는 작업을 하고 있습니다. 따라서 이 Car 클래스의 객체를 생성하면 동적으로 메모리가 확보되고 pName에 문자열의 시작 주소가 저장될 것입니다.

그러나 이 클래스는 new 연산자를 사용하여 메모리를 확보하기 때문에 클래스 어딘가에서 delete 연산자를 사용하여 반드시 메모리를 해제해야 합니다(제 10장 참조). 이와 같이 객체가 메모리를 동적으로 확보할 경우에는 개체가 소멸되기 전에 확보된 메모리를 해제해야 합니다. 그렇지 않으면 개체가 생성될 때마다 사용할 수 있는 메모리가 줄어들게 될 것이고, 전체 프로그램의 동작에 영향을 미치게 될 것입니다.

그렇다면 메모리를 해제해야 하는 시점과 위치는 어디일까요? 클래스에는 객체가 소멸될 때 자동적으로 호출되는 멤버 함수가 있습니다. 이 멤버 함수는 **소멸자(destructor)**라고 부릅니다. 제 13장에서 학습한 생성자는 객체가 생성될 때 자동으로 호출되는 성질을 가지고 있었습니다. 소멸자는 생성자와 정반대의 성질을 갖고 있습니다.

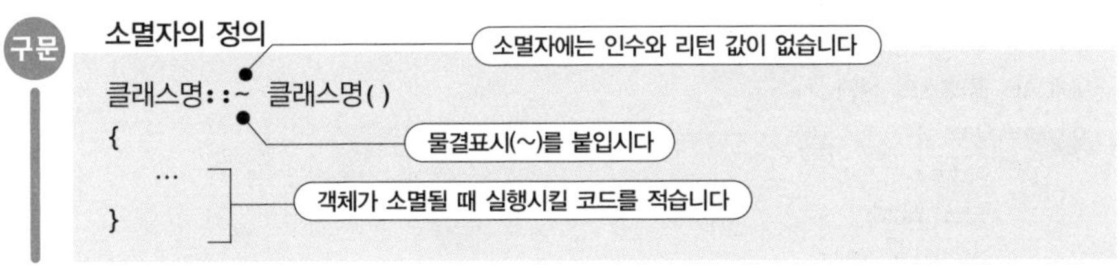

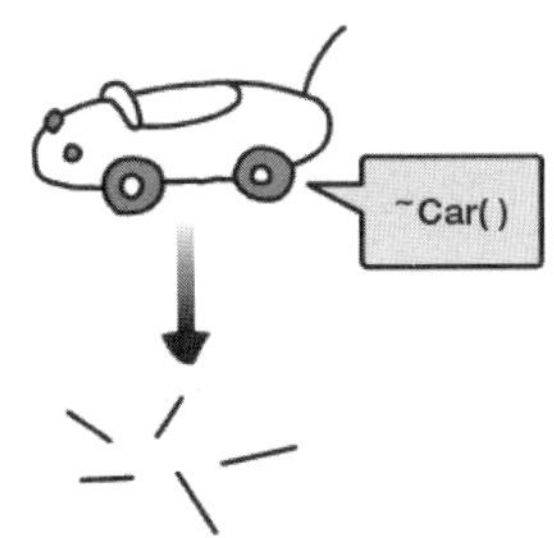

그림 15-7 **소멸자**

소멸자는 객체가 소멸될 때 자동적으로 호출됩니다. 소멸자 안에서 확보한 메모리를 해제할 수 있습니다.

Lesson 15

문자열 복사하기

이 절에서는 메모리에 문자열을 복사하는 수단으로 strcpy( ) 함수를 사용했습니다. Visual Studio에서 이 함수를 컴파일하려고 하면 보안 에러가 발생합니다. viii ~ ix 페이지에서 설명한 내용대로 에러가 발생하지 않도록 설정하거나 보안 문제를 해결한 strcpy_s( ) 함수를 사용해야 합니다. 보안 함수를 사용한 샘플 코드는 영진닷컴 홈페이지(www.youngjin.com)에서 내려받을 수 있습니다.

소멸자는 인수를 받지 않습니다. 또한 아무런 값도 리턴하지 않습니다. 소멸자 함수의 이름(소멸자의 이름)은 클래스의 이름 앞에 ~(물결표시)를 붙인 것입니다. 소멸자를 정의하고, 그 안에 메모리를 해제하는 코드를 작성하면 객체 소멸과 동시에 클래스 안에서 확보한 메모리가 해제될 것입니다.

이제 소멸자의 사용 예를 살펴보도록 하겠습니다.

Sample2.cpp ▸ 소멸자 정의하기

```
#include <iostream>
#include <cstring>
using namespace std;

//Car 클래스의 선언
class Car {
   private:
      int num;
      double gas;
      char* pName;
   public:
      Car(char* pN, int n, double g);
      ~Car();             // 소멸자의 선언입니다
      void show();
};

//Car 클래스 멤버 함수의 정의
Car::Car(char* pN, int n, double g)
{
   pName = new char[strlen(pN)+1];   // 생성자 함수 안에서 동적으로 메모리를 확보하고 있습니다
```

```
    strcpy(pName, pN);
    num = n;
    gas = g;
    cout << pName << "를 생성했습니다. ₩n";
}
Car::~Car()  // 소멸자의 정의입니다
{
    cout << pName << "를 소멸시킵니다. ₩n";
    delete[] pName;  // 메모리를 해제하는 코드를 작성해야 합니다
}
void Car::show()
{

    cout << "차량 번호는 " << num << "입니다. ₩n";
    cout << "연료량은 " << gas << "입니다. ₩n";
    cout << "이름은 " << pName << "입니다. ₩n";
}

//Car 클래스의 이용
int main()
{
    Car car1("mycar", 1234, 25.5);
    car1.show();

    return 0;
}
```

Sample2의 실행 화면

```
mycar를 생성했습니다.  ← 소멸자 안에서 메모리를 확보했습니다
차량 번호는 1234입니다.
연료량은 20.5입니다.
이름은 mycar입니다.
mycar를 소멸시킵니다.  ← 소멸자 안에서 메모리를 해제했습니다
```

Sample2에서는 생성자를 사용하여 동적으로 메모리를 확보하고 있습니다. 이 때문에 소멸자에 메모리를 해제하는 코드를 작성한 것입니다. 이처럼 소멸자 안에는 객체가 소멸될 때 반드시 실행시켜야 할 코드를 작성합니다. 물론 메모리 해제와 같은 종료 처리가 필요 없을 경우에는 소멸자를 정의하지 않아도 됩니다.

Lesson 15

객체가 소멸될 때 해야 하는 처리는 소멸자 안에 작성한다.

소멸자와 생성자

우리들은 제 13장에서 인수의 개수와 형이 다른 생성자를 여러 개 정의할 수 있다는 사실을 배웠습니다. 그러나 소멸자에는 인수가 없으므로 정의할 수 있는 소멸자의 종류는 단 하나입니다. 따라서 소멸자는 중복해서 정의할 수 없습니다. 즉, 소멸자는 오버로드할 수 없습니다.

또한, 파생 클래스의 객체가 소멸될 때에는 가장 먼저 파생 클래스의 소멸자가 호출됩니다. 그 후에 기본 클래스의 소멸자가 호출됩니다. 생성자와는 정반대의 실행순서를 가집니다.

단, 제 14장의 Sample4의 경우처럼 기본 클래스의 포인터로 파생 클래스의 객체를 다룰 때에는 주의해야 할 점이 있습니다. 파생 클래스의 객체가 소멸될 때, 기본 클래스의 소멸자만 호출되는 상황이 발생하기 때문입니다. 파생 클래스의 소멸자를 통해 메모리를 해제해야 하는데, 기본 클래스의 소멸자만 호출되어 버리는 난감한 상황이 발생합니다.

이러한 상황에서 파생 클래스의 생성자가 호출되게 하려면, 기본 클래스의 소멸자에 virtual을 붙여서 가상함수로 만들어야 합니다. 이러한 이유 때문에, 소멸자는 가상함수로 정의하는 것이 일반적입니다.

객체의 초기화와 대입을 올바르게 수행하려면 어떻게 해야 하나요?

그러나 Sample2의 Car 클래스는 실제로 사용해 보면, 그 사용 방법에 따라 곤란한 상황이 종종 연출됩니다. 다음과 같은 상황을 예로 들 수 있을 것입니다.

```
Car car1 = mycar;
...
```

객체를 초기화하고 있습니다

이 코드는 Car 클래스의 객체 mycar로 Car 클래스의 변수 car1을 초기화시키고 있습니다.

그리고 또 다른 사용 방법을 예로 들어 보겠습니다.

```
Car car2;
car2 = mycar;
```


이 코드는 mycar의 값을 car2에 대입하고 있습니다. 이와 같은 대입 코드와 초기 코드는 mycar의 멤버를 car1, car2의 각 멤버에 복사합니다. 그러나 값이 복사되는 것이 아니라 주소값이 복사되기 때문에 mycar의 pName과 car1및 car2의 pName은 같은 메모리 위치를 가리키게 되어 버립니다. 결과적으로 각 객체가 같은 메모리를 공유하게 되므로 한 덩어리가 되어 버립니다.

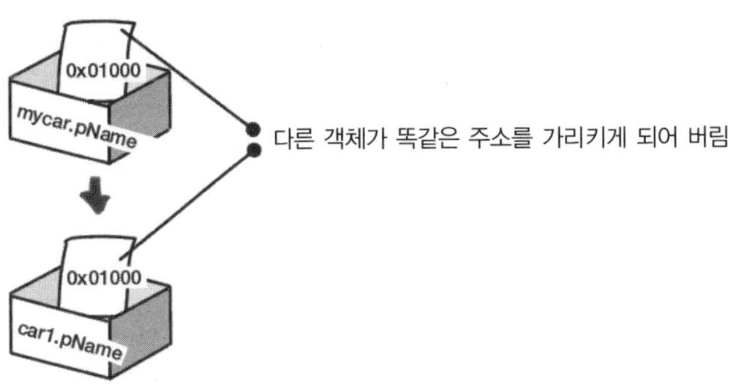

그림 15-8 **멤버의 단순한 복사**

다른 객체를 대입해서 초기화시킬 때 단순한 복사를 하면 부작용이 발생할 수 있습니다. 이 코드의 흐름을 그대로 따라가면, pName이 복사됨에 따라 객체의 멤버가 같은 메모리를 가리키게 되어 버립니다.

초기화와 대입

객체를 초기화하거나 대입할 때, 모두 = 기호를 사용하여 멤버를 복사합니다. 그러나 C++에서 대입과 초기화는 서로 다른 기능입니다. 뒤에서 자세하게 설명드리겠지만, 초기화는 복사 생성자에 의해 처리되고 대입은 대입 연산자에 의해 처리됩니다.

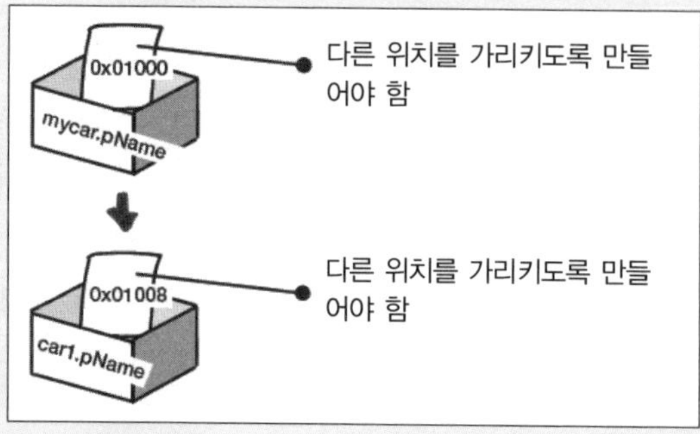

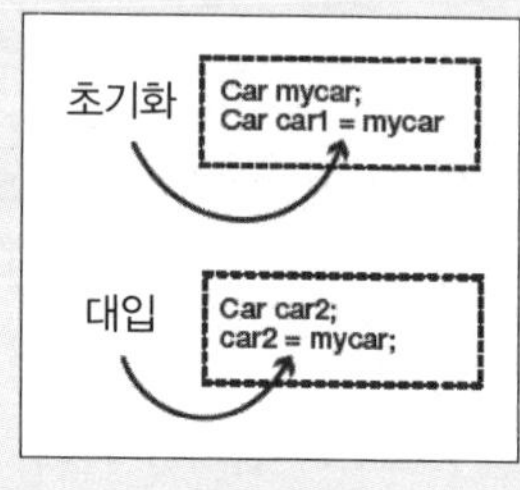

복사 생성자 정의하기

따라서 다른 객체를 사용하여 Car 클래스의 객체를 초기화하거나 대입할 때에는, 단순히 멤버를 복사하는 것이 아니라 각 멤버의 값을 저장할 수 있는 메모리를 확보하는 작업이 필요합니다.

초기화 및 대입 시, 메모리의 확보와 해제가 올바르게 이루어지도록 클래스를 작성해 보도록 하겠습니다.

먼저 객체로 초기화하는 경우를 살펴보겠습니다. 메모리를 올바르게 확보하려면, **복사 생성자**(copy constructor)라는 특수한 생성자를 정의해야 합니다. 복사 생성자는 특정 객체가 다른 객체로 초기화될 때 호출되는 생성자입니다.

구문

복사 생성자의 정의(클래스 선언부 바깥에 정의한 경우)

```
클래스명::클래스명(const 레퍼런스형 인수)
{
    ...
}
```

객체가 다른 객체로 초기화될 때 반드시 실행시켜야 하는 코드를 적습니다

실제 코드로 작성한 복사 생성자는 다음과 같습니다.

```
Car::Car(const Car& c)
{
    cout << c.pName << "로 초기화 합니다. \n";
    pName = new char[strlen(c.pName)+strlen("의 복사본 1")+1];
    strcpy(pName, c.pName);
    strcat(pName, "의 복사본 1");
    num = c.num;
    gas = c.gas;
}
```

복사 생성자입니다

복사되는 객체를 위해 메모리를 확보합니다

확보한 영역에 이름을 저장합니다

복사 생성자 안에서는 복사되는 객체를 위해서 새로운 메모리를 확보합니다. 그 후 새롭게 확보한 영역에 이름을 저장하는 것입니다.

이제 초기화를 할 때에도 메모리를 올바르게 확보하게 되었습니다.

```
Car car1 = mycar;
```

초기화를 할 때 복사 생성자가 호출되고…

car1의 멤버를 저장하기 위한 메모리가 확보됩니다

대입 연산자 오버로드하기

초기화를 할 때 올바르게 메모리를 확보하는 방법을 학습했습니다. 그 다음 순서로, 대입할 때 올바르게 메모리를 확보하는 방법을 살펴보겠습니다. 이 경우에는 대입 연산자 = 를 오버로드하여 메모리를 확보합니다.

구문 **대입 연산자 오버로드**

```
클래스명& 클래스명::operator=(const 레퍼런스형 인수)
{
…
}
```

객체가 다른 객체로 대입할 때 반드시 실행시켜야 하는 코드를 적습니다

대입 연산자를 오버로드하는 방법은 이 장 첫머리에서 학습했던 연산자 오버로드와 동일합니다. 단, 대입 연산자는 반드시 멤버 함수로 오버로드해야 한다는 차이점이 있습니다.

```
Car& Car::operator=(const Car& c)
{
   cout << pName << "에" << c.pName << "를 대입합니다. ₩n";
   if(this != &c){
      delete[] pName;
      pName = new char[strlen(c.pName)+strlen("의 복사본 2")+1];
      strcpy(pName, c.pName);
      strcat(pName, "의 복사본 2");
      num = c.num;
      gas = c.gas;
   }
   return *this;
}
```

대입 연산자를 오버로드하는 코드입니다

복사되는 객체 스스로가 대입하는 것을 방지합니다

복사되는 객체가 이미 확보한 메모리를 해제합니다

복사되는 객체를 위해 메모리를 확보합니다

대입 연산자의 오버로드는 이미 존재하는 객체를 고려해야 하기 때문에 복사 생성자보다 복잡한 처리가 필요합니다. 먼저, 복사되는 객체가 자기 자신인지의 여부를 this 포인터를 통해 조사하고, 그 가능성을 차단합니다. 그 후, 복사되는 객체가 생성자에서 이미 확보했었던 메모리를 삭제하고, 메모리를 새롭게 확보합니다.

이제 객체를 대입할 때에도 메모리를 올바르게 확보하게 되었습니다.

```
Car car2;
car2 = mycar;
```

대입될 때 대입 연산자 함수가 호출되고…

car2의 멤버를 저장하기 위한 메모리 영역이 확보됩니다

그러면 초기화 및 대입을 실제 코드를 통해 실습해 보도록 하겠습니다.

Sample3.cpp ▶ 복사 생성자 및 대입 연산자의 오버로드

```
#include <iostream>
#include <cstring>
using namespace std;

//Car 클래스 선언
class Car{
  private:
     int num;
     double gas;
     char* pName;
  public:
     Car(char* pN, int n, double g);
     ~Car();
     Car(const Car& c);                 // 복사 생성자의 선언입니다
     Car& operator=(const Car& c);      // 대입 연산자의 선언입니다
};

//Car 클래스 멤버 함수의 정의
Car::Car(char* pN ,int n, double g)
{
   pName = new char[strlen(pN)+1];      // 생성자 안에서 동적으로 메모리를 확보하고 있습니다
   strcpy(pName, pN);
   num = n;
   gas = g;
   cout << pName << "를 생성했습니다. \n";
}
Car::~Car()
{
   cout << pName << "를 소멸시킵니다. \n";   // 소멸자 안에서 메모리를 해제합니다
   delete[] pName;
}
Car::Car(const Car& c)                  // 복사 생성자입니다
{
   cout << c.pName << "로 초기화합니다. \n";
   pName = new char[strlen(c.pName) + strlen("의 복사본 1")+1];
   strcpy(pName, c.pName);
```

Lesson 15

```
    strcat(pName, "의 복사본 1");
    num = c.num;
    gas = c.gas;
}
Car& Car::operator=(const Car& c) ● 대입 연산자의 오버로드입니다
{
    cout << pName << "에 " << c.pName << "를 대입합니다. ₩n";
    if(this != &c){
        delete[] pName;
        pName = new char[strlen(c.pName)+strlen("의 복사본 2")+1];
        strcpy(pName, c.pName);
        strcat(pName, "의 복사본 2");
        num = c.num;
        gas = c.gas;
    }
    return *this;
}

int main()
{
    Car mycar("mycar", 1234, 25.5);

    Car car1 = mycar; ● 초기화하고 있습니다

    Car car2("car2", 0, 0);
    car2 = mycar; ● 대입하고 있습니다

    return 0;
}
```

Sample3의 실행 화면

```
mycar를 생성했습니다.
mycar로 초기화합니다. ● 복사 생성자가 출력한 문구입니다
car2를 생성했습니다.
car2에 mycar를 대입합니다. ● 대입 연산자가 출력한 문구입니다
mycar의 복사본 2를 소멸시킵니다. ● car2를 소멸시킬 때 출력한 문구입니다
mycar의 복사본 1을 소멸시킵니다. ● car1을 소멸시킬 때 출력한 문구입니다
mycar를 소멸시킵니다. ● mycar를 소멸시킬 때 출력한 문구입니다
```

이 코드는 복사 생성자와 대입 연산자의 정의에서 새로운 메모리 영역을 확보하고 각 객체의 멤버 pName이 다른 메모리를 가리키지 않도록 처리합니다.

 초기화 혹은 대입이 수행되는 경우

C++ 코드에서 초기화 및 대입은 매우 빈번한 일입니다. 이때 만약 객체가 동적으로 메모리를 확보하는 작업을 수행한다면 지금까지 살펴본 바와 같이 복사 생성자와 대입 연산자를 반드시 정의해야 합니다. 그리고 복사 생성자 및 대입 연산자 코드 안에서 메모리를 올바르게 확보해야만 합니다.

또한 C++에서는 다음과 같은 경우에도 초기화와 대입이 이루어집니다. 만약 아래와 같은 코드가 작성된 상태라면 생성자와 대입 연산자의 도입을 검토해 보아야 할 것입니다.

함수에 실인수를 넘기는 경우

```
Car mycar;
func1(mycar);
…

//func1 함수의 정의
void func1(Car c)
{
…
}
```

실인수로 가인수가 초기화됩니다

함수에 값을 리턴하는 경우

```
Car mycar;
mycar = func2();
...

//func2 함수의 정의
Car func2()
{
   Car c;
   ...
   return c;
}
```

리턴 값으로 대입이 이루어집니다

멤버의 단순한 복사를 하면 안 되는 경우에는 복사 생성자 및 대입 연산자 함수를 정의해서 사용한다.

15.4 템플릿 클래스

템플릿 클래스의 원리 이해하기

이 절에서는 템플릿 클래스(template class)에 대해 배웁니다. 먼저 우리들이 제 7 장에서 학습했었던 다양한 형을 다루는 함수 템플릿에 대한 지식을 떠올려 주시기 바랍니다. C++에는 함수 템플릿처럼

클래스의 '틀'을 바탕으로 다양한 형을 다루는 클래스를 찍어내듯 생성하는 기능

이 있습니다. 이 틀을 가리켜 클래스 템플릿(class template)이라고 부릅니다.

클래스 템플릿은 다음과 같이 작성합니다.

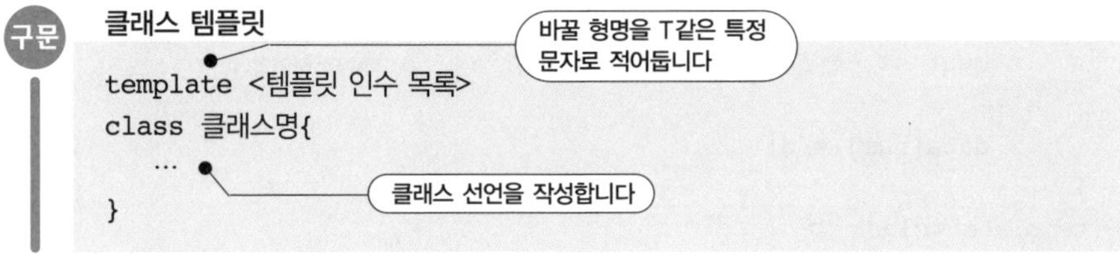

구조는 클래스의 선언과 비슷하군요. 그러나 클래스 템플릿은 클래스가 다루는 형명 대신에 템플릿 인수를 사용합니다.

클래스 템플릿을 작성하면 다음과 같이 구체적인 형명을 주고, 그 형을 다루는 클래스와 그 객체를 생성할 수 있습니다.

클래스 템플릿으로 객체 생성하기

```
클래스명 <형명> 식별자;
```

클래스 템플릿 이용하기

실제로 템플릿 클래스를 작성해 보고 이용하는 코드를 작성해 보도록 하겠습니다.

Sample4.cpp ▶ 클래스 템플릿 사용하기

```
#include <iostream>
using namespace std;

//Array 클래스 템플릿
template <class T>
class Array{
   private:
      T data[5];
   public:
      void setData(int num, T d);
      T getData(int num);
};

template <class T>
void Array<T>::setData(int num, T d)
{
   if(num < 0 || num > 4 )
      cout << "배열 길이를 넘어섰습니다. ₩n";
   else
      data[num] = d;
}
template <class T>
T Array<T>::getData(int num)
{
   if(num < 0 || num > 4 ){
      cout << "배열 길이를 넘어섰습니다. ₩n";
      return data[0];
   }
   else
      return data[num];
}

int main()
{
   cout << "int형 배열을 생성합니다. ₩n";
   Array<int> i_array;
   i_array.setData(0, 80);
```

클래스 템플릿입니다

클래스 템플릿 멤버 함수의 정의입니다

클래스 템플릿 멤버 함수의 정의입니다

int형을 다루는 클래스와 그 객체를 생성합니다

```
    i_array.setData(1, 60);
    i_array.setData(2, 58);
    i_array.setData(3, 77);
    i_array.setData(4, 57);

    for(int i=0; i<5; i++)
        cout << i_array.getData(i) << '\n';

    cout << "double형 배열을 생성합니다. \n";
    Array<double> d_array;   ← double형을 다루는 클래스와 그 객체를 생성합니다
    d_array.setData(0, 35.5);
    d_array.setData(1, 45.6);
    d_array.setData(2, 26.8);
    d_array.setData(3, 76.2);
    d_array.setData(4, 85.5);

    for(int j=0; j<5; j++)
        cout << d_array.getData(j) << '\n';

    return 0;
}
```

Sample4의 실행 화면

```
int형 배열을 생성합니다.
80
60
58
77
57
double형 배열을 생성합니다.
35.5
45.6
26.8
76.2
85.5
```

멤버 함수의 정의가 조금 까다로우므로 주의해서 보시기 바랍니다. 클래스 템플릿에서 멤버 함수를 정의하는 방법은 다음과 같습니다.

클래스 템플릿에서 멤버 함수의 정의

```
template <템플릿 인수 목록>
리턴 값의 형 클래스명 <형 이름 목록>::함수명(인수 목록)
{
    ...
}
```

이 예제의 클래스 템플릿은 5개의 배열 요소를 다루는 클래스를 정의합니다. 이 클래스 템플릿을 통해 int형과 double형을 다루는 클래스와 객체가 생성되고 이용되고 있음을 알 수 있습니다. 이 예제에서는 Array〈형〉이라고 지정함으로써 클래스와 객체를 생성하고 있는 것입니다.

이처럼 클래스 템플릿을 사용하면 다양한 형을 다루는 클래스와 객체를 간단하게 생성할 수 있게 됩니다.

클래스 템플릿을 사용하면 다양한 형을 다루는 클래스와 객체를 쉽게 만들 수 있다.

 STL의 자료구조 이해하기

C++의 표준 라이브러리에는 다수의 클래스 템플릿과 함수 템플릿이 마련되어 있습니다. 이들을 따로 떼어서, **표준 템플릿 라이브러리**(Standard Template Library : STL)라고 부릅니다.

이 표준 템플릿 라이브러리에는 다양한 기능이 정의되어 있습니다. 그 중에서 벡터(vector)라는 기능을 살펴보도록 하겠습니다. 벡터는 개수를 알 수 없는 대량의 데이터를 관리하기 위한 자료 구조입니다. 다음 코드를 보시기 바랍니다.

Sample5.cpp ▶ 벡터 이용하기

```
#include <iostream>
#include <vector>          // 〈vector〉 헤더를 인클루드합니다
using namespace std;
```

```
int main()
{
    int num;
    vector<int> vt; ●── 벡터를 사용할 수 있습니다

    cout << "몇 개의 정수 데이터를 입력하시겠습니까? ₩n";
    cin >> num;

    for(int i=0; i<num; i++){
        int data;
        cout << "정수를 입력하십시오. ₩n";
        cin >> data;
        vt.push_back(data); ●── 벡터 끝에 추가할 수 있습니다
    }

    cout << "표시합니다. ₩n";
    vector<int>::iterator it = vt.begin();●── 앞 부분의 데이터를 알아낼 수 있습니다
    while(it != vt.end()){ ●── 끝 부분의 데이터를 알아낼 수 있습니다
        cout << *it;
        cout << "-";
        it++;
    }
    cout << "₩n";
}
```

Sample5의 실행 화면

```
몇 개의 정수 데이터를 입력하시겠습니까?
3 ↵
정수를 입력하십시오.
1 ↵
정수를 입력하십시오.
2 ↵
정수를 입력하십시오.
3 ↵
표시합니다.
1-2-3-
```

Lesson 15

이 예제는 사용자로부터 입력받은 정수형(int형) 데이터를, 벡터를 구현한 vector 템플릿 클래스로 관리하고 있습니다.

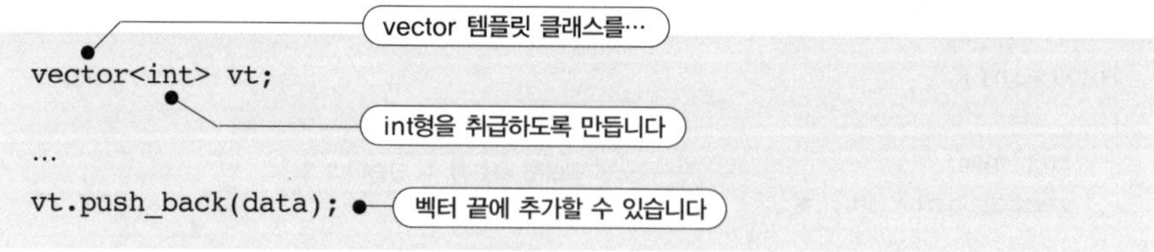

vector 템플릿 클래스는 push_back( ) 멤버 함수를 사용해서 인수 데이터를 벡터 끝에 추가할 수 있습니다.

또한, begin( ) 멤버 함수를 통해 벡터 앞 부분의 데이터를 알아낼 수 있습니다. 그리고, end( ) 멤버 함수를 통해 벡터 끝 부분의 데이터를 알아낼 수 있습니다.

```
vector<int>::iterator it = vt.begin();
while(it != vt.end()){
    cout << *it;
    cout << "-";
    it++;
}
```

앞 부분의 데이터를 알아낼 수 있습니다

끝 부분의 데이터를 알아낼 수 있습니다

데이터에 접근할 수 있습니다

다음 데이터로 이동할 수 있습니다

vector 템플릿 클래스 안에 iterator(반복자)라고 이름 붙여진 클래스는 데이터를 하나씩 인출하기 위한 용도로 사용합니다.

iterator 클래스로 오버로드된 *연산자를 사용하면 현재 가리키는 데이터를 얻을 수 있습니다. 그 후, ++ 연산자를 사용하여 다음 위치에 있는 데이터를 가리킬 수 있습니다.

즉, 위의 코드는 '데이터의 첫 부분부터 마지막 부분까지 순회하면서 반복자가 데이터를 하나씩 가리키게 만들라'는 뜻인 것입니다. 이러한 방법을 통해 데이터에 하나씩 순차적으로 접근하는 것입니다.

벡터의 대표적인 데이터 조작 함수는 다음과 같이 멤버 함수로 정의되어 있습니다.

표 15-1 : 벡터의 주요 조작 함수

리턴 값	멤버 함수명(T는 데이터 형)	처리 내용
void	push_front(const T& n)	벡터 앞 부분에 데이터를 추가한다.
void	push_back(const T& n)	벡터 끝 부분에 데이터를 추가한다.
void	pop_front( )	벡터 앞 부분에서 데이터를 가져온다.
void	pop_back( )	벡터 끝 부분에서 데이터를 가져온다.

리턴 값	멤버 함수명(T는 데이터 형)	처리 내용
reference	front( )	벡터 앞 부분 데이터의 레퍼런스를 리턴한다.
reference	back( )	벡터 끝 부분 데이터의 레퍼런스를 리턴한다.
iterator	begin( )	벡터 앞 부분을 가리키는 반복자를 리턴한다.
iterator	end( )	벡터 끝 부분을 가리키는 반복자를 리턴한다.
reference	at(size_type i)	i번째 데이터의 레퍼런스를 리턴한다.
iterator	insert(iterator it, const T& n)	반복자가 가리키는 데이터 앞에 인수 데이터를 삽입한다.
void	clear( )	모든 데이터를 삭제한다.
iterator	erase(iterator it)	반복자가 가리키는 데이터를 삭제한다.
bool	empty( )	벡터 안에 데이터가 존재하는지 여부를 리턴한다.
size_type	size( )	벡터 안 데이터의 개수를 리턴한다.

벡터처럼 데이터를 관리할 때 공통적으로 적용시킬 수 있는 장치를 **자료구조**(data structure)라고 부릅니다. C++에서는 자료구조를 **컨테이너**(container)라고 부르기도 합니다.

표준 템플릿 라이브러리에는 벡터 이외에도 다양한 자료구조가 포함되어 있습니다. 다음의 헤더 파일을 인클루드하면 다양한 자료구조를 통해 데이터를 조작할 수 있습니다.

표 15-2 : 주요 자료구조

헤더	종류	내용
〈list〉	리스트	양방향으로 이동할 수 있는 자료구조
〈deque〉	데크	첫 부분과 끝 부분에서 접근할 수 있는 자료구조
〈vector〉	벡터	배열과 비슷하게 데이터에 접근할 수 있는 자료구조
〈stack〉	스택	데이터를 후입선출하는 자료구조
〈queue〉	큐	데이터를 선입선출하는 자료구조
〈set〉	세트	중복되지 않은 데이터 집합을 관리하는 자료구조
〈map〉	맵	데이터와 검색 키를 관리하는 자료구조

표준 템플릿 라이브러리의 각종 자료구조를 이용할 수 있다.

STL의 알고리즘 이해하기

데이터를 공통적인 방법으로 관리하기 위한 수단으로 자료구조를 도입하곤 합니다. 이와 마찬가지로 다양한 프로그램에서 공통적으로 사용할 수 있는 작업 방식의 도입을 고려해야 하는 경우가 있습니다. 다양한 프로그램에서 문제 해결을 위해 이용되는 처리 절차를 알고리즘(algorithm)이라고 부릅니다.

표준 템플릿 클래스는 실용적인 알고리즘이 구현된 함수 템플릿을 제공합니다.

표준 템플릿 라이브러리의 알고리즘을 이용하려면 〈algorithm〉 헤더를 인클루드하면 됩니다. 다음 코드를 통해 확인해 보겠습니다.

Sample6.cpp ▶ 표준 템플릿 라이브러리의 알고리즘 이용하기

```
#include <iostream>
#include <vector>
#include <algorithm>          // 〈algorithm〉을 인클루드합니다
using namespace std;

int main()
{
    vector<int> vt;
    for(int i=0; i<10; i++){
        vt.push_back(i);
}

    cout << "정렬하기 전의 상태는 ";
    vector<int>::iterator it = vt.begin();
    while(it != vt.end()){
        cout << *it;
        it++;
    }
    cout << "입니다. ₩n";

    cout << "뒤집으면 ";      // 뒤집습니다
    reverse(vt.begin(), vt.end());
    it = vt.begin();
    while(it != vt.end()){
        cout << *it;
        it++;
    }
```

```
    cout << "입니다. ₩n";

    cout << "정렬 후의 상태는 ";        정렬합니다
    sort(vt.begin(), vt.end());
    it = vt.begin();
    while(it != vt.end()){
        cout << *it;
        it++;
    }
    cout << "입니다. ₩n";
}
```

Sample6의 실행 화면

```
정렬하기 전의 상태는 0123456789입니다.
뒤집으면 9876543210입니다.
정렬 후의 상태는 0123456789입니다.
```

이 예제에서는 지정한 범위 내의 데이터를 뒤집기 위해 reverse( ) 함수를, 정렬하기 위해 sort( ) 함수를 사용합니다. 두 함수 모두 데이터 범위의 최초 위치와 마지막 위치를 인수로 넘깁니다.

〈algorithm〉 헤더에 정의된 편리한 알고리즘 목록은 다음 표와 같습니다.

표 15-3 : 주요 알고리즘

리턴 값	템플릿 함수명 (TI은 해당 위치에 존재하는 값의 형, T는 값의 형)	내용
difference_type	count(TI first, TI last, const T& n)	요소의 개수 세기
TI	find(TI first, TI last, const T& n)	검색하기
void	reverse(TI first, TI last)	뒤집기
void	replace(TI first, TI last, const T& n1, const T& n2)	바꾸기
TI	remove(TI first, TI last, const T& n)	삭제하기
TI3	merge(TI1 first1, TI1 last1, TI2 first1, TI2 last2, TI3, i)	연결하기
void	sort(TI first, TI last)	정렬하기
TI1	search(TI1 first, TI1 last1, TI2 first2, TI2 last2)	검색하기

Lesson 15

표준 템플릿 라이브러리의 각종 자료구조를 이용할 수 있다.

자료구조와 알고리즘

표준 템플릿 라이브러리를 이용하면, 유용한 자료 구조와 알고리즘을 다양하게 이용할 수 있습니다. 자료구조와 알고리즘은 이 책의 시리즈인 '그림으로 배우는 알고리즘'에서도 다루고 있으니 참조해 보세요.

그리고 표준 템플릿 라이브러리에는 이 외에도 다양한 기능이 마련되어 있습니다. 대표적인 기능은 아래와 같습니다.

헤더	내용
〈string〉	문자열 제어
〈utility〉	유틸리티
〈memory〉	메모리
〈random〉	난수
〈chrono〉	시간
〈regex〉	정규표현식

15.5 예외 처리

예외 처리의 원리 이해하기

마지막으로 C++의 예외 처리(exception handling)라는 기능을 학습하겠습니다. 예외 처리는 프로그램 실행 중에 일어나는 여러 가지 에러를 처리하는 기능입니다. 예외 처리 구문은 다음과 같습니다.

구문 **예외 처리**

```
try{
    예외가 발생할 수 있는 처리
    throw 예외;
}
catch(형){
    예외 발생 시 처리
}
```

- throw 예외; → 예외를 던집니다
- 예외 발생 시 처리 → 던져진 예외의 형이 이 형과 일치하면 블록 안의 코드가 실행됩니다

실제로 예외 처리를 수행하는 코드를 작성해 보겠습니다. 다음 코드를 보시기 바랍니다.

Sample7.cpp ▸ 예외 처리 수행하기

```
#include <iostream>
using namespace std;

int main()
{
    int num;
    cout << "1~9까지의 숫자를 입력하십시오. ₩n";
    cin >> num;
```

```
try{
    if(num <= 0)
        throw "0 이하의 수가 입력되었습니다";
    if(num >= 10)
        throw "10 이상의 수가 입력되었습니다";   ← 예외(이 예제에서는 문자열)를 던집니다
    cout << num << "입니다. ₩n";
}

catch(char* err){
    cout << "에러 : " << err << '₩n';   ← 예외 처리를 수행합니다
    return 1;
}
return 0;
}
```

예외를 처리하려면 에러를 발생시킬 가능성이 있는 코드를 try 블록으로 묶어 둡니다. 에러가 발생하면, 이 블록 안의

값을 '예외'(exception)로 던지는 작업

을 수행합니다. 예외를 던질 때에는 throw라는 키워드를 사용합니다. try 블록 다음에는 catch 블록을 작성합니다. 예외가 발생하면 catch 블록에서 예외를 받아서 처리하도록 만들어져 있습니다.

이 같은 코드를 작성하면 에러가 발생했을 때의 처리를 catch 블록에 모아둘 수 있습니다.

Sample7을 실행시키고 키보드로 음수를 입력하면 다음과 같이 출력됩니다.

Sample7의 실행 화면

```
1~9까지의 숫자를 입력하십시오.
-1 ↵   ← 잘못된 값을 입력했습니다
에러 : 0 이하의 수가 입력되었습니다.   ← 예외가 던져지고, 예외 처리가 수행되었습니다
```

확실히 catch 블록 안의 코드가 실행되었음을 알 수 있습니다.

throw문으로 예외를 던진다.

```
int main()
{
    try {
        if(num <= 0)
            throw "0 이하의 수가 입력되었습니다";
        cout << num << "입니다. ₩n"
    }
    ...

    catch(char* err){
        cout << "에러 :" << err << '₩n';
        return 1;
    }
    return 0;
}
```

그림 15-9 예외 처리
try 블록 안에서 발생한 예외를 catch 블록에서 받아내어 처리할 수 있습니다.

예외 처리의 고급 기능

예외 처리에는 이 밖에도 다양한 고급 기능이 있습니다. 첫째, 다양한 형의 값을 예외로 여러 개 던질 수 있습니다. 던진 값에 따라 세부적인 처리를 할 수 있는 것입니다. 이러한 경우에는 여러 개의 형을 여러 개의 catch 블록으로 받아냅니다.

```
try {
    throw 예외 1;   ← 예외 1을 던집니다
    ...
    throw 예외 2;   ← 예외 2를 던집니다
}

catch(예외 1의 형){   ← 예외 1이 발생한 경우에는 이 안의 코드가 실행됩니다
    예외 1이 던져졌을 경우 처리
```

```
}
catch(예외 2의 형){ ●── 예외 2가 발생한 경우에는 이 안의 코드가 실행됩니다
   예외 2가 던져졌을 경우 처리
}
```

또한 예외는 try 블록 안에서 호출된 함수 내부에서도 던질 수 있습니다. 대규모 프로그램의 경우에는 함수나 클래스를 설계하는 사람이 예외를 던지는 코드만 작성해 둡니다. 그리고 그 함수와 클래스를 이용하는 사람이 예외가 전달된 경우의 에러 처리 코드를 작성하는 것입니다. 이러한 메커니즘을 활용하면 에러를 유연하게 처리할 수 있습니다.

```
//func 함수의 정의
func(){
   ...
   throw 예외; ●── 함수를 정의할 때에는 예외를
                   던지는 코드만 작성합니다
}

//func 함수의 이용
...
try{
   func();
}
catch(형){ ●── 에러가 발생했을 경우 실행시킬 코드는
               함수를 이용하는 사람이 작성합니다
   예외 처리
}
```

프로그램 실행 중에 발생하는 에러의 처리를 예외 처리로 작성할 수 있다.

15.6 강의 요약

이 장에서는 다음과 같은 내용을 배웠습니다.

- 연산자를 오버로드하면 객체 연산자를 사용할 수 있습니다.
- 기본형으로 형 변환하려면 변환 함수나 변환 생성자를 정의합니다.
- 소멸자는 객체가 소멸될 때 호출됩니다.
- 복사 생성자는 특정 객체가 다른 객체로 초기화될 때 호출되는 생성자입니다.
- 멤버의 단순한 복사를 하면 안 되는 경우에는 복사 생성자 및 대입 연산자 함수를 정의해서 사용합니다.
- 클래스 템플릿을 사용하면 다양한 형을 다루는 클래스와 객체를 간단하게 생성할 수 있습니다.
- 표준 템플릿 라이브러리를 이용할 수 있습니다.
- 던져진 예외의 형에 따라 별도의 예외 처리를 할 수 있습니다.

이 장에서는 클래스가 가지고 있는 다양한 고급 기능을 학습했습니다. 고급 기능이 포함되어 있는 만큼 하나씩 차근차근 복습해 보시기 바랍니다.

연습

1. 다음 항목에 대해 ○ 또는 ×로 답하십시오.

① 연산자는 멤버 함수, 프렌드 함수 두 가지 방식 모두로 정의할 수 있는 경우가 있다.

② 모든 연산자를 오버로드할 수 있는 것은 아니다.

③ 단항 연산자를 오버로드해서 이항 연산자로 만들 수 있다.

2. 다음 항목에 대해 ○ 또는 ×로 답하십시오.

① 클래스 선언 시 소멸자를 여러 개 선언할 수 있다.

② 소멸자는 인수를 받지 않으며 어떠한 값도 리턴하지 않는다.

③ 객체에 다른 객체의 값을 할당할 때 복사 생성자가 호출된다.

3. 15.1절의 Point 클래스의 코드에 다음 연산자를 오버로드하는 코드를 작성하십시오.

-연산자

--연산자

4. 클래스를 사용하여 위의 두 연산자를 이용하는 코드를 작성하십시오.

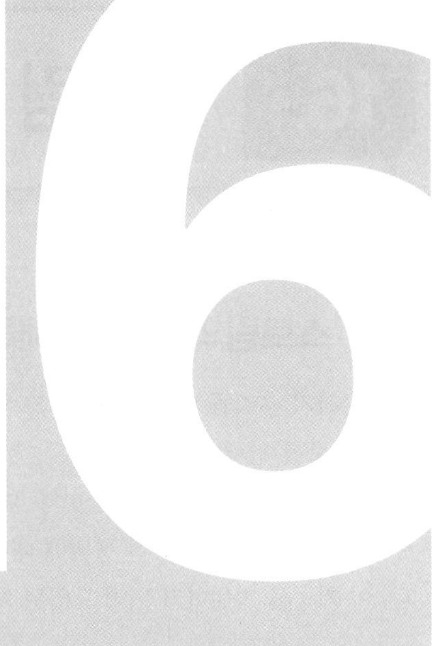

Lesson 16

파일 입출력

지금까지 등장한 프로그램들 중에는 처리 결과를 화면에 출력하거나 키보드를 통해 입력을 받는 것이 있었습니다. 이러한 화면 · 키보드 등의 입력 및 출력 기능을 보다 자세히 학습하는 것으로 이 책을 마무리짓도록 하겠습니다. C++의 입출력 기능은 파일을 다룰 때에도 응용할 수 있습니다. 이 장의 학습이 보다 실용적인 프로그램을 작성하는 계기가 되기를 바랍니다.

Check Point

- 스트림
- 삽입 연산자
- 추출 연산자
- 조정자
- 서식 플래그
- 파일 입출력
- 명령 줄 인수

16.1 스트림

스트림의 원리 이해하기

지금까지 우리들이 작성한 프로그램 중에는 화면에 문자나 숫자를 출력하고, 키보드로 정보를 입력하는 작업을 하는 것이 있었습니다. 입력과 출력의 주요 대상은 화면 또는 키보드 그리고 파일입니다. 이 장치들은 한눈에 보아도 전혀 다른 것이지만, C++에서는 이러한 다양한 장비에 대한 입출력을 일관된 방법으로 처리할 수 있습니다. 이 기능을 지원하기 위해 도입된 개념이 스트림(stream)입니다.

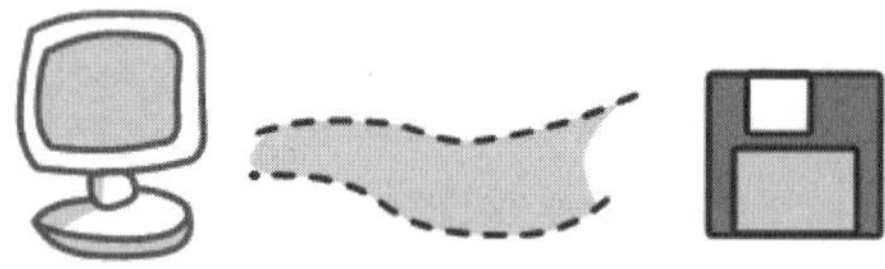

그림 16-1 **스트림**

입력과 출력은 스트림의 개념을 사용하여 이루어집니다.

스트림이란 다양한 다른 장치를 동일하게 취급하기 위하여 도입된 추상적인 메커니즘입니다. 이 절에서는 다양한 입력과 출력을 수행하는 프로그램을 작성해 보려 합니다.

C++의 스트림 기능은 istream 클래스와 ostream 클래스로 나뉘며, 표준 라이브러리 〈iostream〉을 통해 제공됩니다.

지금까지 우리들이 입출력에 사용해 온 cin과 cout은 다음 클래스의 객체입니다.

- cin …… istream 클래스의 객체
- cout …… ostream 클래스의 객체

우리들은 이 클래스들 혹은 이미 생성되어 있던 객체를 통해 스트림을 사용한 입출력 기능을 사용할 수 있었던 것입니다.

입출력 스트림 이용하기

그러면 첫번째 순서로 cin과 cout을 사용한 코드를 복습해 보도록 하겠습니다. 지금까지 우리들이 만들어왔던 코드에서는 cin과 〉〉 기호를 사용할 경우, 키보드로 입력한 내용을 변수에 저장시킬 수 있었습니다. 이는 istream 클래스의 〉〉 연산자가 이러한 기능을 가지도록 오버로드되어 있기 때문입니다.

연산자의 오버로드 기법은 제 15장에서 학습한 것입니다. 즉, istream 클래스에는 〉〉 연산자가 오버로드되어 있는 것입니다. 이렇게 입력 작업을 위해 오버로드된 〉〉 연산자는 특별히 **추출 연산자**(extraction operator) 라고 부릅니다.

그리고 〈〈 연산자는 ostream 클래스에서 표준 출력에 문자와 숫자를 전송하게끔 오버로드되어 있습니다. 이러한 〈〈 연산자는 **삽입 연산자**(insertion operator)라고 부릅니다.

Sample1.cpp ▸ 연산자 사용하기

```
#include <iostream>
using namespace std;

int main()
{
   int i;
   double d;
   char str[100];

   cout << "정수를 입력하십시오. ₩n";
   cin >> i;
   cout << "소수를 입력하십시오. ₩n";
   cin >> d;
   cout << "문자열을 입력하십시오. ₩n";
   cin >> str;

   cout << "입력한 정수 값은 " << i << "입니다. ₩n";
   cout << "입력한 소수 값은 " << d << "입니다. ₩n";
   cout << "입력한 문자열은 " << str << "입니다. ₩n";

   return 0;
}
```

다양한 형의 입출력이 가능합니다

Sample1의 실행 화면

```
정수를 입력하십시오.
5 ↵
소수를 입력하십시오.
2.6 ↵
문자열을 입력하십시오.
Hello ↵
입력한 정수 값은 5입니다.
입력한 소수 값은 2.6입니다.
입력한 문자열은 Hello입니다.
```

〈〈 연산자, 〉〉 연산자는 데이터 형에 구애받지 않고 사용할 수 있도록 오버로드되어 있습니다.

삽입 연산자 오버로드하기

그렇다면 우리가 정의한 새로운 형이기도 한 클래스를 〉〉 연산자를 사용하여 입출력할 수 있을까요? 이 경우에는 제 15장에서 배운 방법을 응용하여 〈〈 연산자와 〉〉 연산자의 새로운 사용법을 오버로드 해줄 수 있습니다. 예를 들어 제 14장에 등장하는 Car 클래스의 객체를 출력하는 〈〈 연산자를 다음과 같이 프렌드 함수로 오버로드합니다.

```
#include <iostream>
...
class Car {
    ...
    friend ostream& operator<<(ostream& out, Car& c);
};
...
ostream& operator<<(ostream& out, Car& c)
{
    out << "차량 번호 " << num << " : " << "연료량" <<gas;
    return out;
}
...
```

〈〈 연산자를 오버로드합니다

오른쪽 피연산자입니다

왼쪽 피연산자입니다

계산 결과입니다

이처럼 《 연산자를 오버로드하면 Car 클래스의 객체를 그대로 출력할 수 있습니다.

```
//Car 클래스의 이용
int main()
{
    Car mycar(1234, 25.5);
    cout << mycar;
}
```

Car 클래스의 객체에 《연산자를 사용할 수 있습니다

위 예제 코드의 출력 결과는 다음과 같습니다.

```
차량 번호 1234 : 연료량 25.5
```

반드시 《 연산자를 오버로드해야만 Car 클래스의 객체에 《 연산자를 사용할 수 있다는 사실을 명심하시기 바랍니다.

또한 《 연산자는 왼쪽 결합이기 때문에 ostream 클래스의 레퍼런스를 리턴합니다. 또한 왼쪽 피연산자는 ostream 클래스의 객체이기 때문에, Car 클래스의 멤버 함수로 만들 수 없습니다.

1개 문자의 입출력 수행하기

이번에는 Sample1을 실행시킬 때 공백이 포함된 문자열을 입력해 보십시오. 우리가 의도한 바와 다르게 공백 이후의 문자가 저장되지 않음을 알 수 있습니다.

Sample1의 두 번째 실행 화면

```
정수를 입력하십시오.
5 ↵
소수를 입력하십시오.
2.6 ↵
문자열을 입력하십시오.
This is a pen. ↵
```

공백 문자를 입력해 보았습니다

Lesson 16

```
입력한 정수 값은 5입니다.
입력한 소수 값은 2.6입니다.
입력한 문자열은 This입니다.
```

공백 문자 다음의 입력값을 읽지 못하고 있습니다

왜냐하면 << 연산자에는 공백 문자를 읽는 기능이 없기 때문입니다. 그러면 이제 공백 문자를 저장하기 위하여 공백 문자 혹은 하나의 문자를 읽어 들이는 istream 클래스의 get( ) 멤버 함수를 배워보도록 하겠습니다. 이와 짝이 되는 ostream 클래스에는 문자 하나를 출력하는 put( ) 멤버 함수가 있습니다. 두 개의 함수를 모두 호출해 보겠습니다.

Sample2.cpp ▶ 1문자 입출력 함수 사용하기

```
#include <iostream>
using namespace std;

int main()
{
   char ch;

   cout << "영문자를 입력하십시오. ₩n";

   while(cin.get(ch)){
      cout.put(ch);
   }

   return 0;
}
```

- while(cin.get(ch)): 1문자씩 읽어 들입니다
- cout.put(ch): 1문자씩 출력합니다

Sample2의 실행 화면

```
문자를 연속해서 입력하십시오
This is a pen. ↵
This is a pen.
Ctrl + Z ↵
```

- This is a pen. ↵ : 공백 문자도 읽어 들입니다
- Ctrl + Z ↵ : 를 눌러서 종료시킵니다

이번에는 공백 문자도 읽어 들였습니다. Windows(명령 프롬프트) 운영체제에서 이 프로그램을 종료시키려면 Ctrl + Z를 누릅니다. UNIX 계열 운영체제에서는 Ctrl + D를 눌러서 종료시킵니다.

문자 하나의 입출력

```
get(변수);
put('문자');
```

출력 폭 지정하기

이 외에도 istream 클래스와 ostream 클래스의 멤버 함수에는 입출력을 위한 다양한 기능이 정의되어 있습니다. 그 중에서 일부 멤버 함수를 소개해 드리겠습니다. 먼저 ostream 클래스의 width( ) 멤버 함수부터 사용해 보겠습니다. width( ) 함수를 사용하면, 출력 폭을 지정할 수 있습니다.

출력 폭 지정하기

```
width(출력 폭);
```

Sample3.cpp ▸ width( ) 함수 사용하기

```
#include <iostream>
using namespace std;

int main()
{
   for (int i=0; i<=10; i++){
      cout.width(3);
      cout << i;
   }
   cout << '₩n';

   return 0;
}
```

출력 폭을 3으로 지정합니다

Sample3의 실행 화면

```
  1  2  3  4  5  6  7  8  9 10
```

문자의 출력 폭이 3이 되었습니다

Lesson 16

1에서 10까지의 숫자를 반복해서 출력하고 있습니다. 문자의 출력 폭이 3이 되었군요.

```
  1  2  3  4  5
```

그림 16-2 출력 폭의 지정
width( ) 함수를 사용하면 출력 폭을 지정할 수 있습니다.

> **문자열의 길이가 지정된 출력 폭보다 긴 경우**
>
> 출력할 문자열이나 숫자의 길이가 지정된 출력 폭보다 긴 경우에는 출력할 대상의 길이에 맞추어서 출력됩니다.

채움 문자 지정하기

width( ) 함수를 사용하여 출력 폭을 지정했을 경우, 문자열이 출력 폭보다 짧다면 빈 공간은 공백 문자로 채워집니다. 이 때 fill( ) 함수를 사용하면 공백 문자 대신 특정 문자를 채울 수 있습니다.

채움 문자 지정하기

```
fill('문자')
```

다음 코드를 입력해 보시기 바랍니다.

Sample4.cpp ▶ fill( ) 함수 사용하기

```
#include <iostream>
using namespace std;

int main()
{
   for (int i=0; i<=10; i++){
```

```
        cout.width(3);      // 출력 폭을 3으로 합니다
        cout.fill('-');     // 채움 문자를 -로 합니다
        cout << i;
    }
    cout << '\n';

    return 0;
}
```

Sample4의 실행 화면

출력 폭 안의 빈 공간이 -로 채워집니다

```
--1--2--3--4--5--6--7--8--9-10
```

이 코드는 Sample3에 fill( ) 함수를 추가한 것입니다. 출력 폭 안의 빈 공간이 문자 '-'로 채워져 있습니다. '-' 대신 다양한 문자로 테스트해 보시기 바랍니다.

```
--1--2--3--4--5
```

그림 16-3 **채움 문자 지정하기**
fill( ) 함수를 사용하면 채움 문자를 지정할 수 있습니다.

수치 정밀도 지정하기

부동 소수점 숫자를 출력할 때에는 precision( ) 함수를 사용하여 자릿수(정밀도)를 지정할 수 있습니다.

정밀도 지정

```
precision(정밀도)
```

Lesson 16

Sample5.cpp ▶ precision( ) 함수 사용하기

```
#include <iostream>
using namespace std;

int main()
{
   double pi = 3.141592;
   int num;

   cout << "원주율을 출력합니다. ₩n";
   cout << "소수점 몇 번째 자리까지 출력하시겠습니까? (1~7)₩n";
   cin >> num;

   cout.precision(num);   // 출력할 소수점의 자릿수를 지정합니다

   cout << "원주율은 " << pi << "입니다. ₩n";

   return 0;
}
```

Sample5의 실행 화면

```
원주율을 출력합니다.
소수점 몇 번째 자리까지 출력하시겠습니까? (1~7)
3 ↵
원주율은 3.14입니다.   // 지정된 자릿수만큼 출력됩니다
```

이 코드에서는 원주율을 뜻하는 변수 pi에 3.141592를 대입하고 있습니다. 그 후, 사용자로부터 입력받은 소수점 정밀도에 맞추어 원주율을 출력하고 있습니다.

3.141592

그림 16-4 **정밀도 지정**

precision( ) 함수를 사용하면 소수점 출력 정밀도를 조절할 수 있습니다.

서식 설정 범위

지금까지는 ostream 클래스의 멤버 함수를 사용한 서식 설정 방법을 소개했습니다. 이 방법은 처음 한번 출력할 때에만 효력이 있습니다. 두 번째 출력 시에 형식을 지정하려면 멤버 함수를 또 다시 호출해야 합니다.

다음 절에서는 조정자를 사용한 서식 설정을 소개하겠습니다. 조정자를 사용하여 설정된 서식은 바꾸기 전까지 그 효과가 계속 유지됩니다.

서식 플래그 설정하기

이 외에도 서식 상태 플래그를 사용하면 보다 다양한 서식을 적용시킬 수 있습니다. 출력 위치를 정렬하는 코드를 예로 들어 보겠습니다.

Sample6.cpp ▸ 서식 상태 플래그 설정

```
#include <iostream>
using namespace std;

int main()
{
   cout.setf(ios::left,ios::adjustfield);      // 왼쪽으로 정렬하여 출력합니다
   for (int i=0; i<=5; i++){
      cout.width(5);
      cout.fill('-');
      cout << i;
   }
   cout << '₩n';
   cout.unsetf(ios::left);      // 왼쪽 정렬을 해제합니다
   cout.setf(ios::right,ios::adjustfield);      // 오른쪽으로 정렬하여 출력합니다
   for (int j=0; j<=5; j++){
      cout.width(5);
      cout.fill('-');
      cout << j;
   }
   cout << '₩n';
```

```
    return 0;
}
```

Sample6의 실행 화면

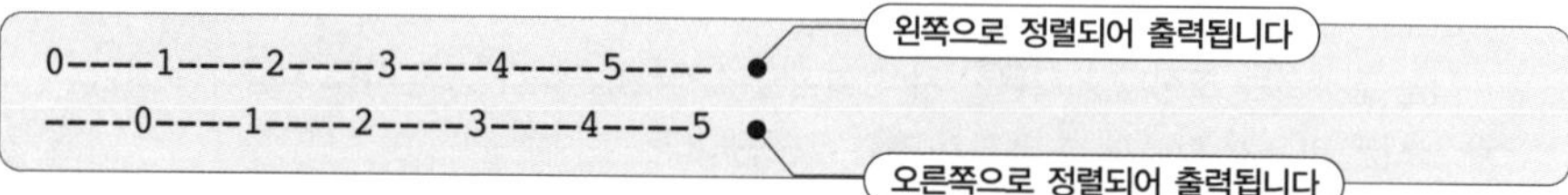

서식 플래그는 setf( ) 멤버 함수를 호출할 때 함께 설정할 수 있습니다. 'ios ::' 로 시작되는 것들이 서식 플래그입니다. 이처럼 ios::left를 설정하면 출력범위 안에서 왼쪽 정렬되어 출력됩니다.

또한 unsetf( ) 멤버 함수를 호출할 경우, 서식이 해제됩니다. 예제 코드에서는 추가로 ios::right을 사용하여 문자열을 오른쪽으로 정렬하고 있습니다.

서식 상태 플래그 설정

```
setf(서식 플래그)
```

서식 상태 플래그 해제

```
unsetf(서식 플래그)
```

서식 플래그의 종류를 다음 표에 정리해 두었습니다.

표 16-1 : 서식 플래그

서식 플래그	내용
ios::adjustfield	출력 위치를 설정한다.
ios::basefield	기수를 설정한다.
ios::floatfield	소수 표기법을 설정한다.
ios::skipws	공백을 건너뛴다.
ios::left	지정된 폭 안에서 왼쪽 정렬한다.
ios::right	지정된 폭 안에서 오른쪽 정렬한다.
ios::internal	부호를 왼쪽으로, 숫자를 오른쪽으로 정렬한다.

서식 플래그	내용
ios::dec	10진수로 출력한다.
ios::oct	8진수로 출력한다.
ios::hex	16진수로 출력한다.
ios::showbase	8진수 앞에 0, 16진수 앞에 0x를 붙여서 출력한다.
ios::showpoint	끝에 0을 붙인다.
ios::showpos	부호를 붙인다(+ 표시).
ios::scientific	과학 표기법으로 출력한다(e 사용).
ios::fixed	고정 소수점 형식으로 출력한다.
ios::uppercase	영문자를 대문자로 출력한다.

16.2 조정자

지금까지는 입출력 스트림 클래스의 멤버 함수를 사용한 서식 설정법을 살펴보았습니다. 표준 라이브러리에는 이 외에도 입력할 때 혹은 출력할 때 사용할 서식을 설정하는 특별한 함수가 정의되어 있습니다. 이 특별한 함수는 **조정자**(manipulator)라고 합니다. 이 절에서는 자주 사용하는 조정자를 학습해 보겠습니다.

개행문자 출력하기

줄 바꿈 시에 사용하는 조정자가 endl입니다. 이 조정자는 이스케이프 시퀀스 '₩n'를 대신해 사용할 수 있습니다.

개행문자 출력하기

```
endl;
```

그러면 endl을 '₩n' 대신 사용해 보도록 하겠습니다.

Sample7.cpp ▶ endl 사용하기

```
#include <iostream>
using namespace std;

int main()
{
    cout << "안녕하세요!" << endl;
    cout << "안녕히 가세요!" << endl;

    return 0;
}
```

여기에서 줄이 바뀝니다

Sample7의 실행 화면

```
안녕하세요!
안녕히가세요!
```


endl을 사용하면 '\n'과 동일하게 줄이 바뀌는 것을 알 수 있습니다.

 10진수 이외의 숫자 값 출력하기

조정자를 사용하여 10진수 이외의 표기법으로 숫자 값을 출력할 수 있습니다. 다음 표를 보십시오.

표 16-2 : 기수를 변경하는 조정자

조정자	내용
dec	서식을 10진수로 설정한다.
oct	서식을 8진수로 설정한다.
hex	서식을 16진수로 설정한다.

다음은 조정자를 사용하여 10진수 이외의 표기법으로 숫자 값을 출력하는 코드입니다.

Sample8.cpp ▶ 다양한 표기법으로 숫자 값 출력하기

```
#include <iostream>
using namesapce std;

int main()
{
    cout << "10을 10진수로 표기하면 " << dec << 10 << "입니다. \n";
    cout << "10을 8진수로 표기하면 " << oct << 10 << "입니다. \n";
    cout << "12을 8진수로 표기하면 " << 12 << "입니다. \n";
    cout << "10을 16진수로 표기하면 " << hex << 10 << "입니다. \n";

    return 0;
}
```


Lesson 16

Sample8의 실행 화면

```
10을 10진수로 표기하면 10입니다.
10을 8진수로 표기하면 12입니다.
12을 8진수로 표기하면 14입니다.
10을 16진수로 표기하면 a입니다.
```

10진수 이외의 표기법으로도 출력할 수 있습니다

조정자 dec는 10진수로 출력합니다. 그리고 oct은 8진수, hex는 16진수로 출력합니다. 또한 지정자가 한 번 지정되면, 지정자가 바뀌기 전까지 그 설정이 지속됩니다. 그러한 이유로 세 번째 줄은 8진수로 출력된 것입니다.

출력 폭 지정하기

조정자를 사용하면 16.1절에 등장한 멤버 함수와 같은 서식을 적용할 수 있습니다. 이번에는 출력 폭을 지정하는 setw( ) 조정자를 사용해 보겠습니다. 단, 이 조정자를 사용하려면 반드시 〈iomanip〉를 인클루드해야 합니다.

Sample9.cpp ▶ 출력 폭 지정하기

```
#include <iostream>
#include <iomanip>
using namespace std;

int main()
{
   for(int i=0; i<=10; i++){
      cout << setw(3) << i;
   }
   cout << '₩n'

   return 0;
}
```

〈iomanip〉를 인클루드합니다

출력 폭을 3으로 지정합니다

Sample9의 실행 화면

문자 출력 폭이 3이 되었습니다

```
1  2  3  4  5  6  7  8  9 10
```

setw( ) 조정자를 사용하면 width( ) 멤버 함수를 사용할 때와 동일한 서식을 적용할 수 있습니다.

멤버 함수와 조정자

이 밖에도 입출력 클래스 멤버 함수의 호출을 통한 서식 설정을 다음의 조정자로 대신할 수 있습니다. 조정자로 설정한 서식은 변경하지 않는 한, 계속 유지되므로 계속 서식을 지정하는 수고를 덜 수 있습니다. 단, 헤더 파일 〈iomanip〉는 반드시 인클루드하시기 바랍니다.

- 채움 문자의 지정 ...... setfill(문자)
- 정밀도 지정 ...... setprecision(정수)

16.3 파일 입출력의 기본

파일 입출력의 원리 이해하기

우리들은 지금까지의 학습을 통해 C++에서는 화면이나 키보드를 스트림으로 간주하고 입력 및 출력을 한다는 사실을 배웠습니다. C++에서는 파일 입출력(데이터의 읽기 및 쓰기)도 스트림에 대한 입출력으로 처리할 수 있습니다. 파일에 쓰는 작업은 '출력'이 되고 파일에서 읽어 들이는 작업은 '입력'이 됩니다. 이 절에서는 파일을 사용한 기본적인 입출력을 학습해 보도록 하겠습니다.

가장 먼저, 파일을 처리하기 위한 기본 단계를 기억해 주시기 바랍니다. 코드에서 파일을 처리할 때의 작업순서는 다음과 같습니다.

파일을 연다.

↓

파일에 읽거나 쓴다.

↓

파일을 닫는다.

파일을 열거나 닫는다는 말은, 파일을 조작하기 전에 입출력에 사용되는 스트림의 개념과 실제 파일을 연결시키고, 파일 조작이 끝나면 스트림과 파일을 분리시키겠다는 뜻입니다. 파일을 사용할 때는 먼저 파일을 열어야 하고, 마지막에는 반드시 파일을 닫아야 합니다.

그림 16-5 **파일 조작의 기본**

파일 조작은 ①열기 ②읽기 및 쓰기 ③닫기의 순서로 실시합니다.

C++ 표준 라이브러리에는 파일을 읽거나 기록할 때 사용할 수 있도록 다음과 같은 클래스들이 포함되어 있습니다.

- ostream 클래스에서 파생된 ofstream 클래스 ...... 파일로 내보내기
- istream 클래스에서 파생된 ifstream 클래스 ...... 파일에서 읽기

ofstream 클래스와 ifstream 클래스를 이용하려면 표준 라이브러리 〈fstream〉를 인클루드해야 합니다.

그러면 파일을 다루는 코드를 작성해 보도록 하겠습니다. 파일을 다루는 프로그램의 실행 방법은 이 책 첫머리 부분의 viii ~ix 페이지를 참고하시기 바랍니다.

Sample10.cpp ▶ 파일의 기본적인 조작

```
#include <fstream>        〈fstream〉을 인클루드합니다
#include <iostream>
using namespace std;

int main()
{
    ofstream fout("test0.txt");        파일을 엽니다
    if(!fout){                          파일을 열 수 없을 때에는 에러 처리를 합니다
        cout << "파일을 열 수 없습니다. ₩n";
        return 1;
    }
    else
        cout << "파일을 열었습니다. ₩n";

    fout.close();        파일을 닫습니다
    cout << "파일을 닫았습니다. ₩n";
```

```
    return 0;
}
```

Sample10의 실행 화면

```
파일을 열었습니다.
파일을 닫았습니다.
```

이 코드에서는 ofstream 클래스의 객체 fout를 생성합니다. ofstream 클래스의 객체가 생성되면 파일이 열리게 됩니다. 만약 파일 열기에 실패하고 에러가 발생하게 되면 fout이 false로 평가됩니다. 그 때 if문을 사용하여 에러가 발생했을 때의 처리를 작성해 둡니다.

이 코드는 마지막으로 close( ) 함수를 호출하여 파일을 닫습니다.

스트림의 상태 이해하기

위 코드에서는 스트림의 상태를 알아내기 위해서 !fout라는 조건식을 사용했습니다. 입출력 스트림의 상태를 확인하는 방법에는 이 외에도 입출력 관련 기본 클래스인 ios 클래스의 멤버 함수를 사용하는 방법이 있습니다.

멤버 함수명	기능
eof( )	파일 끝에 도달했는지 조사한다.
fail( )	에러가 발생했는지 조사한다.
bad( )	에러가 발생했는지 조사한다.
good( )	스트림의 상태가 정상인지 조사한다.
rdstate( )	에러 값을 조사한다.

따라서,

```
!fout
```

이라는 조건식은

```
fout.fail()
```

라고 적는 것이나 마찬가지입니다. 이 책에서는 예제 Sample15가 eof( ) 함수를 사용해서 파일 끝에 도달했는지의 여부를 조사합니다.

 파일에 출력하기

그러면 Sample10에 코드를 추가하여 실제로 파일에 데이터를 기록해 보도록 하겠습니다.

Sample11.cpp ▶ 파일에 출력하기

```
#include <fstream>
#include <iostream>
using namespace std;

int main()
{
   ofstream fout("test1.txt");
   if(!fout){
      cout << "파일을 열 수 없습니다. ₩n";
      return 1;
   }
   else
      cout << "파일을 열었습니다. ₩n";

   fout << "Hello!₩n";
   fout << "Goodbye!₩n";
   cout << "파일에 기록했습니다. ₩n";

   fout.close();
   cout << "파일을 닫았습니다. ₩n";
   return 0;
}
```

파일에 데이터를 기록하고 (출력하고) 있습니다

Lesson 16

Sample11의 실행 화면

```
파일이 만들어졌습니다.
파일에 기록했습니다.
파일을 닫았습니다.
```

이 코드에는 파일에 데이터를 기록하는 처리가 추가되었습니다. 이 작업을 '파일에 출력하기' 라고 부르기도 합니다.

열려 있는 파일을 가리키는 fout에 << 연산자를 사용하여 문자열을 보내는 셈입니다. cout에 << 연산자를 사용하여 출력하는 방법과 거의 동일함을 알 수 있습니다.

프로그램 실행 후 test1.txt를 열어 보십시오. 이 책 앞머리의 순서를 그대로 따라오셨다면, 파일을 확인할 때 ix 페이지의 '제 16장의 주의사항' 이 참고가 될 것입니다. 파일에 기록된 내용이 다음과 같은지 확인해 보시기 바랍니다.

test1.txt

```
Hello!
GoodBye!
```

 서식을 지정하여 파일에 출력하기

이번에는 다루는 데이터의 양을 조금 늘려 보겠습니다. 키보드로 입력받은 학생들의 시험 점수를 파일에 기록해 보겠습니다.

Sample12.cpp ▶ 파일에 출력하기

```
#include <fstream>
#include <iostream>
#include <iomanip>
using namespace std;

int main()
{
```

```
    ofstream fout("test2.txt");
    if(!fout){
        cout << "파일을 열 수 없습니다. ₩n";
        return 1;
    }
                                                   데이터를 키보드로 입력합니다
    const int num = 5;
    int test [num];
    cout << num << "명의 점수를 입력하십시오. ₩n";
    for(int i=0; i<num; i++){
        cin >> test[i];
    }

    for(int j=0; j<num; j++){
        fout << "No." << j+1 << setw(5) << test[j] << '₩n';
    }
                                                   파일에 데이터를 쓰고 있습니다
    fout.close();
                        화면에 출력뿐만 아니라 서식
    return 0;           설정을 할 수 있습니다
}
```

Sample12의 실행 화면

```
5명의 점수를 입력하십시오.
80 ↵
60 ↵
22 ↵
55 ↵
30 ↵
```

이 예제 코드는 출력할 때 setw( ) 조정자를 사용하고 있습니다. 16.1절과 16.2절에서 배운 각종 서식 설정을 파일을 입출력할 때에도 사용할 수 있는 것입니다. 화면의 출력 폭을 설정할 때와 동일한 방법입니다. 코드를 실행시키면 다음과 같이 test2.txt라는 파일이 생성되며 시험 점수가 일정한 출력 폭으로 기록됩니다.

test2.txt

```
No.1    80
No.2    60
No.3    22
No.4    55
No.5    30
```

파일로 입력하기

그러면 이번에는 방금 작성한 파일에서 데이터를 읽어 들이는 코드를 작성해 보도록 하겠습니다. 먼저, Sample11을 통해 만들어진 파일(test1.txt)을 준비하시기 바랍니다. 이 파일의 내용을 화면에 출력해 보도록 하겠습니다.

Sample13.cpp ▶ 파일로 입력하기

```
#include <fstream>
#include <iostream>
using namespace std

int main()
{
   ifstream fin("test1.txt");
   if(!fin){
      cout << "파일을 열 수 없습니다. \n";
      return 1;
   }

   char str1[16];
   char str2[16];
   fin >> str1 >> str2;
   cout << "파일에 기록된 2개의 문자열은 \n";
   cout << str1 << " 입니다. \n";
   cout << str2 << " 입니다. \n";

   fin.close();

   return 0;
}
```

파일을 엽니다(ifstream 클래스의 객체를 생성합니다)

파일에서 데이터를 읽어 들이고(파일로 데이터를 입력하고) 있습니다

Sample13의 실행 화면

```
파일에 기록된 2개의 문자열은
Hello! 입니다.
GoodBye! 입니다.
```

파일에서 데이터를 읽어 들일 때에는 먼저 입력용 스트림 클래스의 객체부터 생성해서 파일을 엽니다. 따라서 Sample13에서는 ifstream 클래스의 fin이라는 객체를 생성해서 파일을 열고 있는 것입니다.

열린 파일에서 데이터를 읽을 때에는 키보드로 데이터를 입력받을 때와 유사하게 >> 연산자를 사용할 수 있습니다. 이 예제에서는 읽어 들인 데이터를 cout를 사용하여 화면에 출력했습니다.

그림 16-6 **파일로 입력하기**
파일로 입력할 때에는 >> 연산자를 사용합니다.

많은 양의 데이터 입력하기

파일을 다루는 프로그램은 매우 유용합니다. 예를 들어, 제 9장에 등장한 시험성적 처리 코드는 학생들의 점수를 키보드로 하나씩 입력해야만 했습니다. 그러나 테스트 데이터를 파일로 미리 준비해 두면 많은 양을 한 번에 읽어 들이는 유연한 코드를 작성할 수 있게 됩니다.

그러면 테스트를 해 보겠습니다. 먼저 다음과 같은 파일을 텍스트 편집기로 작성하시기 바랍니다.

test3.txt

```
80
68
22
33
56
78
33
56
```

이러한 데이터를 준비합니다

이는 학생 8명의 시험 점수가 저장된 데이터입니다. 상당량의 시험 데이터를 읽어 들여서 처리하는 코드를 작성해 보겠습니다.

Sample14.cpp ▶ 파일로 입력하기

```
#include <fstream>
#include <iostream>
#include <iomanip>
using namespace std;

int main()
{
    ifstream fin("test3.txt");
    if(!fin){
       cout << "파일을 열 수 없습니다. ₩n";
       return 1;
    }

    const int num = 8;
    int test[num];
    for(int i=0; i<num; i++){
       fin >> test[i];
    }
    int max = test[0];
    int min = test[0];
    for(int j=0; j<num; j++){
       if(max < test[j])
          max = test[j];
       if(min > test[j])
          min = test[j];
```

파일에 데이터를 읽어 들입니다

가장 높은 점수와 가장 낮은 점수를 확인합니다

```
        cout << "No." << j+1 << setw(5) << test[j] << '₩n';
    }

    cout << "가장 높은 점수는 " << max << "입니다. ₩n";
    cout << "가장 낮은 점수는 " << min << "입니다. ₩n";

    fin.close();

    return 0;
}
```

Sample14의 실행 화면

```
No.1 80
No.2 68
No.3 22
No.4 33
No.5 56
No.6 78
No.7 33
No.8 56
가장 높은 점수는 80입니다.
가장 낮은 점수는 22입니다.
```

이 코드는 저장된 파일에서 8명의 데이터를 읽어 들인 후, 가장 높은 점수와 가장 낮은 점수 그리고 그 외의 정보를 출력하는 성적 관리를 수행합니다.

이 예제를 위해 준비한 데이터는 8명 분에 불과합니다. 그러나 이처럼 파일을 사용하여 입력 작업을 할 경우, 많은 양의 데이터를 미리 준비해둘 수 있다는 장점이 있습니다. 따라서 많은 양의 데이터를 입력해야 할 때 매우 요긴한 방법입니다.

이진 파일과 텍스트 파일

파일을 종류별로 분류하면 **텍스트 파일**과 **이진 파일**로 나눌 수 있습니다. 이 장에서 다룬 파일은 텍스트 파일입니다. 텍스트 파일은 텍스트 편집기로 쉽게 볼 수 있다는 장점이 있습니다. 이 장의 시작 부분에서 학습한 대로 서식을 지정할 수도 있습니다.

반면에 이진 파일은 컴퓨터의 내부에서 처리되는 데이터 형식 그대로 저장된 파일입니다. 데이터를 이진 파일로 저장하면 텍스트 파일과 비교했을 때 그 용량이 줄어들기도 합니다. 예를 들어, '1234567'와 같은 데이터를 텍스트 파일로 저장하면 7문자 데이터(7바이트)가 됩니다. 만약 이 데이터를 이진 파일로 저장하게 되면 파일의 크기는 int형의 크기(4바이트가 일반적임)가 되기 때문에 파일의 크기가 줄어드는 것입니다. 또한 데이터 형식을 문자로 변환하는 수고를 덜 수 있기 때문에 읽기와 쓰기에 소요되는 시간도 줄어듭니다.

그리고 지금까지 등장한 예제에서는 파일을 처음부터 차례대로 읽었습니다만, 입출력 클래스에는 파일의 어느 부분에서도 읽고 쓸 수 있는 기능도 탑재되어 있습니다. 이렇게 파일을 임의의 위치에서부터 읽는 기능을 **랜덤 액세스**라고 합니다. 랜덤 액세스 기능을 사용하면 지정한 부분만 읽어 들일 수 있습니다.

16.4 명령 줄 인수로 입력하기

명령 줄 인수 사용하기

지금까지 우리들이 작성한 코드에서 읽고 쓰는 파일의 이름은 'test●.txt' 와 같이 미리 정해져 있었습니다. 그러나 프로그램을 실행할 때 사용자가 읽고 쓰는 파일 이름을 자유롭게 지정할 수 있다면 보다 편리한 프로그램이 될 수 있을 것입니다.

C++에서는 사용자가 지정한 문자열을 실행 시에 받아서 실행하는 **명령 줄 인수**(command line argument)라는 기능을 사용할 수 있습니다. 코드에서의 명령 줄 인수는 다음과 같이 main( ) 함수에 넘어오는 문자열입니다.

명령 줄 인수

```
int main(int argc, char* argv[])
{
    ...
}
```


이 코드를 실행하면 첫 번째 인수 argc에는 사용자가 입력한 문자열의 개수가 들어옵니다. 그리고 두 번째 인수 argv[ ]에는 사용자가 입력한 문자열을 가리키는 포인터가 들어옵니다.

즉, 사용자가 프로그램을 실행시킬 때 다음과 같이 입력했을 때 argc와 argv[ ]에 들어오는 값은 다음과 같습니다.

```
Sample1 myfile.txt ↵
```

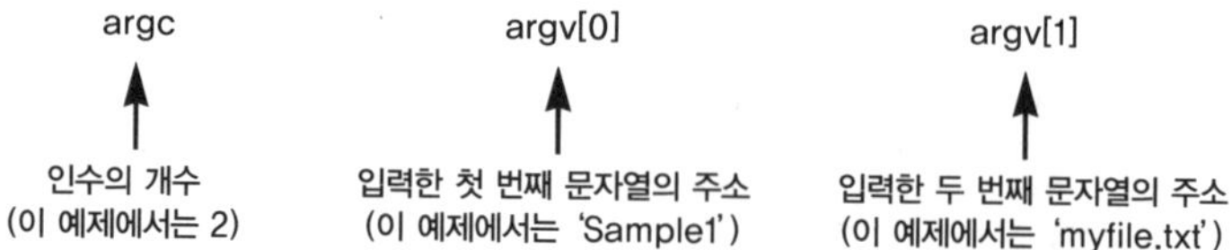

프로그램을 실행시킬 때 가장 먼저 입력해야 하는 것은 프로그램의 이름입니다. 그 후에 공백으로 구분하여 두 번째, 세 번째 ... 문자열을 계속 입력합니다. 그러면 그 문자열들이 main() 함수의 인수로 넘어가게 되는 것입니다. 이 문자열들은 코드 안에서 char* argv[ ]라는 문자열 포인터 배열로 인식됩니다.

그러면 이제 코드를 작성해 보도록 하겠습니다. 이번에는 다음과 같은 텍스트가 담긴 myfile.txt 라는 파일을 준비하십시오.

myfile.txt

```
A long time ago,
There was a little girl.
```

이 예제 코드를 실행시키기 위해서는 명령 줄 인수를 프로그램에 넘겨야 합니다. 명령 줄 인수의 사용 방법은 이 책 첫머리의 viii ~ ix 페이지의 내용을 참고하시기 바랍니다.

Sample15.cpp ▶ 명령 줄 인수 사용하기

```
#include <fstream>
#include <iostream>
using namespace std;

int main(int argc, char* argv[])
{
    if(argc != 2){                         // 입력한 문자열의 총 개수를 조사합니다
        cout << "인수의 개수가 틀립니다. \n";
        return 1;
}

    ifstream fin(argv[1]);                 // 입력받은 두 번째 문자열(파일 이름)을 사용하여 파일을 엽니다
    if(!fin){
        cout << "파일을 열 수 없습니다. \n";
        return 1;
```

```
    }

    char ch;
    fin.get(ch);          // 파일에서 문자 하나를 읽어 들입니다

    while(!fin.eof()){    // 파일의 끝에 도달할 때까지 반복합니다
       cout.put(ch);      // 화면에 문자를 출력합니다
       fin.get(ch);       // 다음 문자를 읽어 들입니다
    }

    fin.close();

    return 0;
}
```

Sample15의 실행 방법

```
Sample15 myfile.txt ↵
```

Sample15의 실행 화면

```
A long time ago,
There was a little girl.
```

이 예제를 실행시킬 때에는 읽어 들일 파일명을 프로그램 이름 뒤에 입력합니다.

이 프로그램은 가장 먼저 argc에 올바른 개수의 인수(문자열)가 입력되었는지 확인합니다. 이 예제는 인수가 2개 필요하므로 다음과 같은 코드를 작성하겠습니다.

```
if(argc != 2){                        // argc의 값을 조사합니다
   cout << "인수의 개수가 틀립니다. \n";
   return 1;                          // 조건과 다를 경우 프로그램을 종료합니다
}
```

그 후, 인수 argv[1](파일명이 저장된 문자열을 가리키는 포인터)를 사용하여 지금까지와 마찬가지로 파일을 열고 있습니다.

```
ifstream fin(argv[1]);
```

argc[1]은 사용자가 지정한 파일 이름입니다

이러한 메커니즘을 활용하면 읽어 들일 파일 이름이 'myfile.txt'이 아닌 경우에도, 다른 파일 이름을 지정할 수 있으므로 프로그램을 고칠 필요가 없습니다.

이처럼 명령 줄 인수를 사용하면 프로그램 실행시에 사용자가 넘긴 정보를 바탕으로 동작하는 프로그램을 만들 수 있게 됩니다. 그 결과 사용자가 선택한 파일을 한 글자씩 읽어 들이는 프로그램이 만들어지게 됩니다

또한 이 프로그램은 지금까지 등장한 예제와 달리, 파일 안에 무엇이 들어있는지 알 수 없는 상황이기 때문에 eof( ) 함수를 사용하여 파일을 끝까지 읽어 들이도록 지시했습니다. 그리고 공백 문자도 읽어 들일 수 있도록 istream 클래스의 get( ) 함수도 사용했습니다. ostream 클래스의 put( ) 함수를 사용하여 출력하고 있습니다.

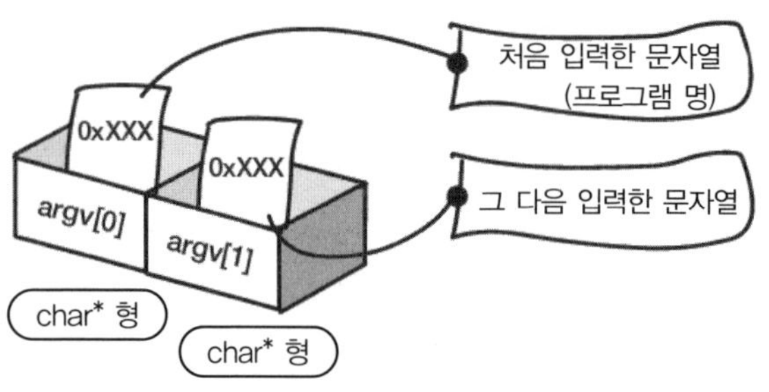

그림 16-7 **명령 줄 인수**

main( ) 함수에 명령 줄 인수를 넘길 수 있습니다.

명령 줄 인수를 사용하면 인수를 넘길 수 있다.

16.5 강의 요약

이 장에서는 다음과 같은 내용을 배웠습니다.

- 입출력 기능을 사용하려면 표준 라이브러리 <iostream>를 이용합니다.
- ostream 클래스의 멤버 함수를 사용하여 서식을 지정할 수 있습니다.
- 지정자를 사용하면 서식을 설정할 수 있습니다.
- 파일 입출력 기능을 사용하려면 표준 라이브러리 <fstream>을 이용합니다.
- 명령 줄 인수를 사용하면, 프로그램에 문자열을 넘길 수 있습니다.

이 장에서는 입출력 관련 기능을 배웠습니다. 화면과 키보드를 대상으로 한 입출력과 파일을 대상으로 한 입출력을 동일한 방법으로 처리할 수 있다는 사실을 이해하셨나요? 파일을 다루는 법을 활용하면 보다 실용적인 프로그램을 작성할 수 있을 것입니다. 앞으로도 다양한 입출력을 연습해 보시기 바랍니다.

연습

1. 다음과 같이 화면에 출력하는 코드를 작성하십시오.

```
--1--2--3--4--5
--6--7--8--9-10
-11-12-13-14-15
-16-17-18-19-20
-21-22-23-24-25
-26-27-28-29-30
```

2. Sample14의 코드를 파일 이름을 입력받도록 수정하십시오.

```
Sample14 test3.txt ↵
```

Appendix A

연습문제 해답

Lesson 1 시작하기

1. ① X ② O ③ X ④ X ⑤ X

Lesson 2 C++의 기본

1. 이 코드에 문법적인 오류는 없으나, 매우 읽기 어려운 코드입니다. 줄 바꿈과 들여 쓰기를 추가하면 다음과 같이 읽기 쉬운 코드로 만들 수 있습니다.

```
#include <iostream>
using namespace std;

int main()
{
   cout << "안녕하세요 ₩n";
   cout << "안녕히 가세요 ₩n";

   return 0;
}
```

2.

```
#include <iostream>
using namespace std;

int main()
{
   //123과 45를 나누어 표시하기
   cout << 1 << 2 << 3 << '₩n' << 4 << 5 << '₩n';

   return 0;
}
```

3.

```
#include <iostream>
using namespace std;

int main()
{
   cout << 123 << '₩n';
```

```
   cout << "₩₩100을 받았다 ₩n";
   cout << "내일 또 만나요₩n";

   return 0;
}
```

4.

- 8진수

```
#include <iostream>
using namespace std;

int main()
{
   cout << 06 << '₩n';
   cout << 024 << '₩n';
   cout << 015 << '₩n';

   return 0;
}
```

- 16진수

```
#include <iostream>
using namespace std;

int main()
{
   cout << 0x6 << '₩n';
   cout << 0x14 << '₩n';
   cout << 0xD << '₩n';

   return 0;
}
```

Lesson 3 변수

1.

```
#include <iostream>
using namespace std;
```

```
int main()
{
   double pi;

   cout << "원주율의 값은 얼마입니까? ₩n';
   cin >> pi;
   cout << "원주율의 값은" << pi << "입니다. ₩n";

   return 0;
}
```

2.

```
#include <iostream>
using namespace std;

int main()
{
   char ch;

   cout << "알파벳의 첫 글자는 무엇입니까?  ₩n";
   cin >> ch;
   cout << "알파벳의 첫 글자는" << ch << "입니다. ₩n";

   return 0;
}
```

3.

```
#include <iostream>
using namespace std;

int main()
{
   double height, weight;

   cout << "키와 몸무게를 입력하십시오. ₩n";
   cin >> height >> weight;
   cout << "키는" << height << "센티미터 입니다. ₩n";
   cout << "몸무게는" << weight << "킬로그램입니다. ₩n";

   return 0;
}
```

Lesson 4 식과 연산자

1.

```
#include <iostream>
using namespace std;

int main()
{
   int ans1 = 0-4;
   double ans2 = 3.14*2;
   double ans3 = (double)5/(double)3;
   double ans4 = 30%7;
   double ans5 = (7+32)/(double)5;

   cout<< "0-4는" << ans1 << "입니다. ₩n";
   cout<< "3.14×2는" << ans2 << "입니다. ₩n";
   cout<< "5÷3은" << ans3 << "입니다. ₩n";
   cout<< "30÷7의 나머지 값은" << ans4 << "입니다. ₩n";
   cout<< "(7+32)÷5는" << ans5 << "입니다. ₩n";

   return 0;
}
```

2.

```
#include <iostream>
using namespace std;

int main()
{
   double height, width;

   cout << "삼각형의 높이를 입력하십시오. ₩n";
   cin >> height;
   cout << "삼각형의 밑변을 입력하십시오. ₩n";
   cin >> width;
   cout << "삼각형의 넓이는" << height * width / 2 << "입니다. ₩n";

   return 0;
}
```

3.

```
#include <iostream>
using namespace std;

int main()
{
   int sum=0, num=0;

   cout << "과목 1의 점수를 입력하십시오. ₩n';
   cin >> num;
   sum += num;
   cout << "과목 2의 점수를 입력하십시오. ₩n";
   cin >> num;
   sum += num;
   cout << "과목 3의 점수를 입력하십시오. ₩n";
   cin >> num;
   sum += num;
   cout << "과목 4의 점수를 입력하십시오. ₩n";
   cin >> num;
   sum += num;
   cout << "과목 5의 점수를 입력하십시오. ₩n";
   cin >> num;
   sum += num;
   cout << "5과목의 합계는" << sum << "점 입니다. ₩n";
   cout << "5과목의 평균은" << (double)sum/5 << "점 입니다. ₩n";

   return 0;
}
```

또한, 제 6장에서 학습한 반복문을 사용하면 보다 쉽게 코드를 작성할 수 있습니다.

Lesson 5 경우에 따라 처리하기

1.

```
#include <iostream>
using namespace std;

int main()
{
```

```
    int res;

    cout << "정수를 입력하십시오. ₩n";
    cin >> res;

    if((res % 2)==0)
        cout << res << "은 짝수입니다. ₩n";
    else
        cout << res << "은 홀수입니다. ₩n";

    return 0;
}
```

0이 아닌 정수는 true로 평가되기 때문에 다음과 같이 적을 수 있습니다.

```
#include <iostream>
using namespace std;

int main()
{
    int res;

    cout << "정수를 입력하십시오. ₩n";
    cin >> res;

    if(res % 2)
        cout << res << "은 홀수입니다. ₩n";
    else
        cout << res << "은 짝수입니다. ₩n";

    return 0;
}
```

2.

```
#include <iostream>
using namespace std;

int main()
{
    int num1, num2;

    cout << "정수를 2개 입력하십시오. ₩n";
    cin >> num1 >> num2;
```

```
    if (num1 < num2){
        cout << num1 << "보다" << num2 << "가 큽니다. ₩n";
    }
    else if(num1 > num2){
        cout << num2 << "보다" << num1 << "가 큽니다. ₩n";
    }
    else {
        cout << "두 숫자는 같습니다. ₩n";
    }

    return 0;
}
```

3.

```
#include <iostream>
using namespace std;

int main()
{
    int res;

    cout << "정수를 입력하십시오. ₩n";
    cin >> res;

    cout << "성적은" << res << "입니다.";

    switch(res) {
        case 1:
            cout << "노력합시다. ₩n";
            break;
        case 2 :
            cout << "조금 더 노력합시다. ₩n";
            break;
        case 3 :
            cout << "더 높은 점수를 목표로 합시다. ₩n";
            break;
        case 4 :
            cout << "매우 잘했습니다. ₩n";
            break;
        case 5 :
            cout << "매우 우수합니다. ₩n";
            break;
    }

    return 0;
}
```

App A

Lesson 6 여러 번 반복하기

1.

```
#include <iostream>
using namespace std;

int main()
{
   cout << "1 ~ 10까지의 짝수를 출력합니다. ₩n";
   for(int i=1; i<=10; i++){
      if((i % 2) == 0)
         cout << i << '₩n';
   }
   return 0;
}
```

2.

```
#include <iostream>
using namespace std;

int main()
{
   int num, sum = 0;
   cout << "시험 점수를 입력하십시오. (0을 입력하면 종료합니다)₩n";
   do{
      cin >> num;
      sum += num;
   } while(num);

   cout << "시험점수의 합계는" << sum << "점 입니다. ₩n";

   return 0;
}
```

3.

```
#include <iostream>
using namespace std;

int main()
{
   for(int i=1; i<=5; i++){
```

```
        for(int j=0; j<i; j++){
            cout << '*';
        }
        cout << '\n';
    }

    return 0;
}
```

Lesson 7 함수

1.

```
#include <iostream>
using namespace std;

//square 함수의 선언
int square(int x);

//square 함수의 호출
int main()
{
    int num1;
    int sq1;

    cout << "정수를 입력하십시오. \n";
    cin >> num1;
    sq1 = square(num1);
    cout << num1 << "제곱은" << sq1 << "입니다. \n";

    return 0;
}

//square 함수의 정의
int square(int x);
{
    return x * x;
}
```

2.

```
#include <iostream>
using namespace std;
```

```
//square 함수의 선언
int square(int x);
double square(double x);

//square 함수의 호출
int main()
{
   int num1;
   int sq1;

   cout << "정수를 입력하십시오. ₩n";
   cin >> num1;
   sq1 = square(num1);
   cout << num1 << "제곱은" << sq1 << "입니다. ₩n";

   double num2;
   double sq2;
   cout << "소수를 입력하십시오. ₩n";
   cin >> num2;
   sq2 = square(num2);
   cout << num2 << "제곱은" << sq2 << "입니다. ₩n";

   return 0;
}

//square 함수(int형)의 정의
int square(int x)
{
   return x * x;
}

//square 함수(double 형)의 정의
double square (double x)
{
   return x * x;
}
```

3.

```
#include <iostream>
using namespace std;

//square 함수의 정의
inline int square(int x){return x*x;}
```

```
inline double square(double x){return x*x;}

//square 함수의 호출
int main()
{
   int num1;
   int sq1;
   cout << "정수를 입력하십시오. ₩n";
   cin >> num1;
   sq1 = square(num1);
   cout << num1 << "제곱은" << sq1 << "입니다. ₩n";

   double num2;
   double sq2;
   cout << "소수를 입력하십시오. ₩n";
   cin >> num2;
   sq2 = square(num2);
   cout << num2 << "제곱은" << sq2 << "입니다. ₩n";

   return 0;
}
```

4.

```
#include <iostream>
using namespace std;

//squaret 함수 템플릿의 정의
template <class T>
T squaret(T x)
{
   return x * x;
}

//square 함수의 호출
int main()
{
   int num1;
   int sq1;
   cout << "정수를 입력하십시오. ₩n";
   cin >> num1;
   sq1 = squaret(num1);
   cout << num1 << "제곱은" << sq1 << "입니다. ₩n";

   double num2;
   double sq2;
   cout << "소수를 입력하십시오. ₩n";
```

```
    cin >> num2;
    sq2 = squaret(num2);
    cout << num2 << "제곱은" << sq2 << "입니다. ₩n";

    return 0;
}
```

Lesson 8 포인터

1. ① × ② ○ ③ ×

2.

```
#include <iostream>
using namespace std;

//add 함수의 선언
void add(int* x1, int* x2, int a);

int main()
{
    int num1 = 0;
    int num2 = 0;
    int ad = 0;

    cout << "2과목 분의 점수를 입력하십시오. ₩n";
    cin >> num1 >> num2;
    cout << "더할 점수를 입력하십시오. ₩n";
    cin >> ad;
    add(&num1, &num2, ad);
    cout << ad << "점을 더했으므로 ₩n";
    cout << "과목 1은" << num1 << "점이 되었습니다. ₩n";
    cout << "과목 2는" << num2 << "점이 되었습니다. ₩n";

    return 0;
}

//add 함수의 정의
void add(int* x1, int* x2, int a)
{
    *x1 += a;
    *x2 += a;
}
```

3.

```
#include <iostream>
using namespace std;

//add 함수의 선언
void add(int& x1, int& x2, int a);

int main()
{
   int num1 = 0;
   int num2 = 0;
   int ad = 0;

   cout << "2과목 분의 점수를 입력하십시오. ₩n";
   cin >> num1 >> num2;
   cout << "더할 점수를 입력하십시오. ₩n";
   cin >> ad;
   add(num1, num2, ad);
   cout << ad << "점을 더했으므로 ₩n";
   cout << "과목 1은" << num1 << "점이 되었습니다. ₩n";
   cout << "과목 2는" << num2 << "점이 되었습니다. ₩n";

   return 0;
}

//add 함수의 정의
void add(int& x1, int& x2, int a);
{
   x1 += a;
   x2 += a;
}
```

Lesson 9 배열

1.

```
#include <iostream>
using namespace std;

//max 함수의 선언
int max(int x[]);

int main()
{
   int test[5];
```

App A

```
    cout << "시험 점수를 입력하십시오. ₩n";
    for(int i=0; i<5; i++){
        cin >> test[i];
    }
    int m = max(test);
    cout << "가장 높은 점수는" << max << "입니다. ₩n";

    return 0;
}

//max 함수의 정의
int max(int x[])
{
    int m = x[0];
    for(int i=1; i<5; i++){
        if(m < x[i])
            m = x[i];
    }
    return m;
}
```

2.

```
#include <iostream>
using namespace std;

//length 함수의 선언
int length(char* str);

int main()
{
    char str[100];
    cout << "문자열을 입력하십시오. ₩n";
    cin >> str;
    int ln = length(str);
    cout << "문자열의 길이는" << ln << "입니다. ₩n";

    return 0;
}

//length 함수의 정의
int length(char* str)
{
    int i = 0;
    while(str[i]){
        i++;
```

```
    }
    return i;
}
```

3.

```
#include <iostream>
using namespace std;

//count 함수의 선언
int count(char str[], char ch);

int main()
{
    char str[100];
    char ch;

    cout << "문자열을 입력하십시오. \n";
    cin >> str;
    cout << "검색할 문자열을 입력하십시오. \n";
    cin >> ch;
    int c = count(str, ch);
    cout << str << "안에" << ch << "은(는)" << c << "개 있습니다. \n";

    return 0;
}

//count 함수의 정의
int count(char str[], char ch)
{
    int i = 0;
    int c = 0;
    while(str[i]){
       if(str[i] == ch)
          c++;
       i++;
    }
    return c;
}
```

Lesson 10 대규모 프로그램의 작성

1. ① ○ ② ○ ③ × ④ × ⑤ ○

2. delete 연산자를 사용하여 메모리를 해제합니다.

```
#include <iostream>
using namespace std;

int main()
{
   int* pA;
   pA = new int;
   *pA = 10;
   delete pA;

   return 0;
}
```

Lesson 11 다양한 형

1.

```
#include <iostream>
using namespace std;

//구조체 Person의 선언
struct Person{
   int age;
   double weight;
   double height;
};

int main()
{
   Person ps[2];

   for(int i=0; i<2; i++){
      cout << "나이를 입력하십시오. ₩n";
      cin >> ps[i].age;
      cout << "몸무게를 입력하십시오. ₩n";
      cin >> ps[i].weight;
      cout << "키를 입력하십시오. ₩n";
      cin >> ps[i].height;
   }

   for(int j=0; j<2; j++){
      cout << "나이" << ps[j].age << "체중" << ps [j].weight
         << "키" << ps[j].height << "입니다. ₩n";
   }
   return 0;
}
```

2.

```
#include <iostream>
using namespace std;

//구조체 Person의 선언
struct Person{
   int age;
   double weight;
   double height;
};

//aging 함수의 정의
void aging(Person* p)
{
   p->age++;
}

int main()
{
   Person ps;

   cout << "나이를 입력하십시오. ₩n";
   cin >> ps.age;
   cout << "몸무게를 입력하십시오. ₩n";
   cin >> ps.weight;
   cout << "키를 입력하십시오. ₩n";
   cin >> ps.height;

   cout << "나이" << ps.age << "몸무게" << ps.weight << "키"
      << ps.height << "입니다. ₩n";

   aging(&ps);
   cout << "1년이 지났습니다. ₩n";

   cout << "나이" << ps.age << "몸무게" << ps.weight << "키"
      << ps.height << "입니다. ₩n";

   return 0;
}
```

Lesson 12 클래스의 기본

1. ① × ② ○ ③ × ④ ○ ⑤ ○

2. 3.

```
#include <iostream>
using namespace std;

//Point 클래스 선언
class Point{
   private:
      int x;
      int y;
   public:
      void setX(int a);
      void setY(int b);
      int getX(){return x;}
      int getY(){return y;}
};

//Point 클래스 멤버 함수의 정의
void Point::setX(int a)
{
   if(a >= 0 && a <= 10)
      x = a;
   else
      x = 0;
}
void Point::setY(int b)
{
   if(b >= 0 && b <= 10)
      y = b;
   else
      y = 0;
}

int main()
{
   Point p;
   int x, y;

   cout << "X좌표를 입력하십시오. ₩n";
   cin >> x;
   cout << "Y좌표를 입력하십시오. ₩n";
   cin >> y;

   p.setX(x);
   p.setY(y);

   cout << "좌표는 ("<< p.getX() << "," << p.getY() <<
```

```
        ")입니다. \n";

   return 0;
}
```

Lesson 13 클래스의 기능

1. ① × ② ○ ③ ×

2. ① × ② × ③ ×

Lesson 14 새로운 클래스

1. ① × ② × ③ ○

2. ① × ② ○ ③ ○

3. main( ) 함수 안의 drv.showBs( ); 호출이 모호합니다.

Lesson 15 클래스에 관한 고급 주제

1. ① ○ ② ○ ③ ×

2. ① × ② ○ ③ ×

3. 4.

```
#include <iostream>
using namespace std;

//Point 클래스 선언
class Point{
   private:
      int x;
      int y;
   public:
      Point(int a=0, int b=0){x=a; y=b;}
      void show(){cout<< "x:" << x << "y:" << y << '\n';}
      Point operator++();
      Point operator++(int d);
      Point operator--();
      Point operator--(int d);
      friend Point operator+(Point p1, Point p2);
```

```
    friend Point operator+(Point p, int a);
    friend Point operator+(int a, Point p);
    friend Point operator-(Point p1, Point p2);
    friend Point operator-(Point p, int a);
    friend Point operator-(int a, Point p);
};

//Point 클래스 멤버 함수의 정의
Point Point::operator++()
{
  x++;
  y++;
  return *this;
}
Point Point::operator++(int d)
{
  Point p = *this;
  x++;
  y++;
  return p;
}
Point Point::operator--()
{
  x--;
  y--;
  return *this;
}
Point Point::operator--(int d)
{
  Point p = *this;
  x--;
  y--;
  return p;
}

// 프렌드 함수의 정의
Point operator+(Point p1, Point p2)
{
  Point tmp;
  tmp.x = p1.x + p2.x;
  tmp.y = p1.y + p2.y;
  return tmp;
}
Point operator+(Point p, int a)
{
  Point tmp;
```

```
    tmp.x = p.x + a;
    tmp.y = p.y + a;
    return tmp;
}
Point operator+(int a, Point p)
{
    Point tmp;
    tmp.x = a + p.x;
    tmp.y = a + p.y;
    return tmp;
}
Point operator-(Point p1, Point p2)
{
    Point tmp;
    tmp.x = p1.x - p2.x;
    tmp.y = p1.y - p2.y;
    return tmp;
}

Point operator-(Point p, int a)
{
    Point tmp;
    tmp.x = p.x - a;
    tmp.y = p.y - a;
    return tmp;
}
Point operator-(int a, Point p)
{
    Point tmp;
    tmp.x = a - p.x;
    tmp.y = a - p.y;
    return tmp;
}

int main()
{
    Point p1(20,10);
    Point p2(1,2);
    p1 = p1-p2;
    p1--;
    p1 = p1-3;
    p2 = 3-p2;

    p1.show();
```

```
    p2.show();

    return 0;
}
```

Lesson 16 파일 입출력

1.

```
#include <iostream>
#include <iomanip>
using namespace std;

int main()
{
    for(int i=0; i<=5; i++){
        for(int j=1; j<=5; j++){
            cout.width(3);
            cout.fill('-');
            cout << i*5+j;
        }
        cout << '₩n';
    }
    return 0;
}
```

2.

```
#include <fstream>
#include <iostream>
#include <iomanip>
using namespace std;

int main(int argc, char* argv[])
{
    if(argc != 2){
        cout << "인수의 개수가 틀립니다. ₩n";
        return 1;
    }

    ifstream fin(argv[1]);
    if(!fin){
```

```
        cout << "파일을 열 수 없습니다. ₩n";
        return 1;
    }

    const int num = 8;
    int test[num];
    for(int i=0; i<num; i++){
        fin >> test[i];
    }
    int max = test[0];
    int min = test[0];
    for(int j=0; j<num; j++){
        if(max < test[j])
            max = test[j];
        if(min > test[j])
            min = test[j];
        cout << "No." << j+1 << setw(5) << test[j] << '₩n';
    }

    cout << "가장 높은 점수는" << max << "입니다. ₩n";
    cout << "가장 낮은 점수는" << min << "입니다. ₩n";

    fin.close();

    return 0;
}
```

Index

영문

한글

YoungJin.com Y.
영진닷컴

그림으로 배우는 C++ Programming 2nd Edition

1판 1쇄 발행　2020년 12월 23일
1판 3쇄 발행　2023년 5월 1일

저　자　Mana Takahashi
역　자　서재원
발 행 인　김길수
발 행 처　(주)영진닷컴
주　소　서울시 금천구 가산디지털1로 128
STX-V타워 4층 영진닷컴 기획1팀

대표팩스　(02) 867-2207
등　록　2007. 4. 27.　제16-4189호

ISBN 978-89-314-6333-0

http://www.youngjin.com

'그림으로 배우는' 시리즈

"그림으로 배우는" 시리즈는 다양한 그림과 자세한 설명으로
쉽게 배울 수 있는 IT 입문서 시리즈 입니다.

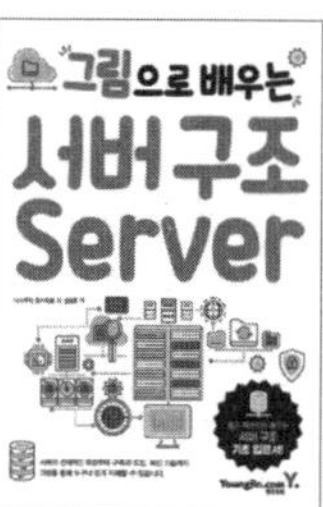

그림으로 배우는
서버구조
니시무라 요시히로 저
240쪽 | 16,000원

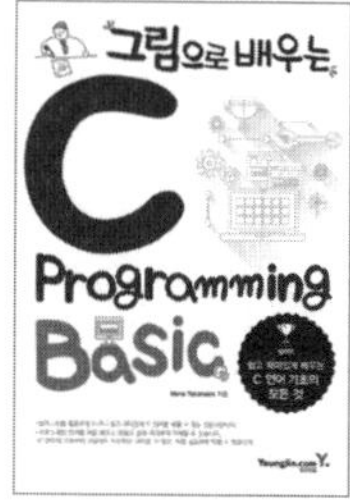

그림으로 배우는
C 프로그래밍
Mana Takahashi 저
504쪽 | 18,000

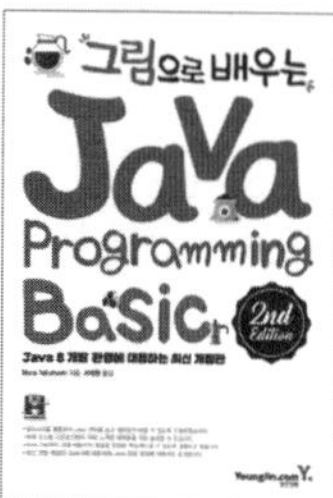

그림으로 배우는
자바 프로그래밍 2nd Edition
Mana Takahashi 저
600쪽 | 18,000

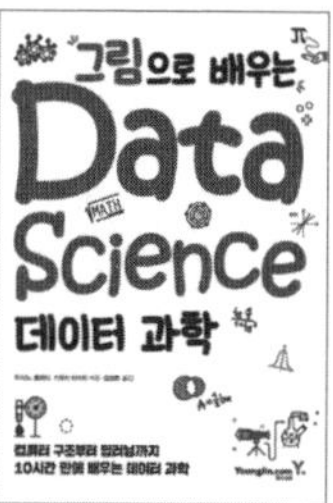

그림으로 배우는
데이터 과학
히사노 료헤이, 키와키 타이치 저
240쪽 | 16,000원

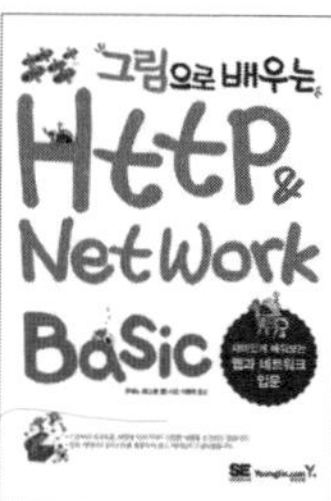

그림으로 배우는
HTTP&Network
우에노 센 저
320쪽 | 15,000원

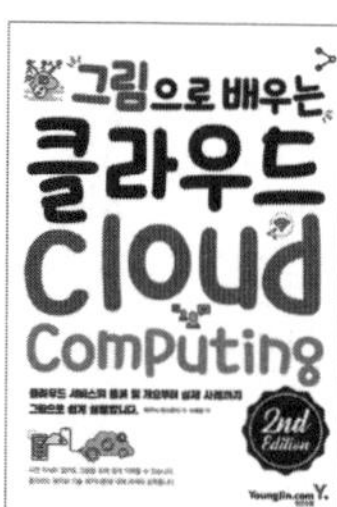

그림으로 배우는
클라우드 2nd Edition
하야시 마사유키 저
192쪽 | 16,000원

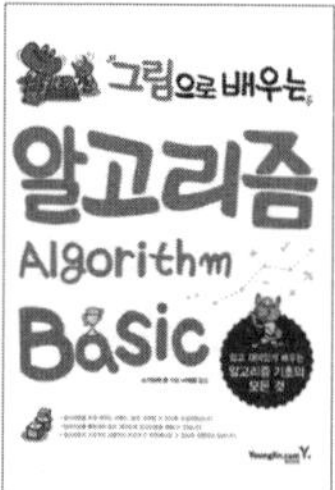

그림으로 배우는
알고리즘
스기우라 켄 저
176쪽 | 15,000원

그림으로 배우는
네트워크 원리
Gene 저
224쪽 | 16,000원

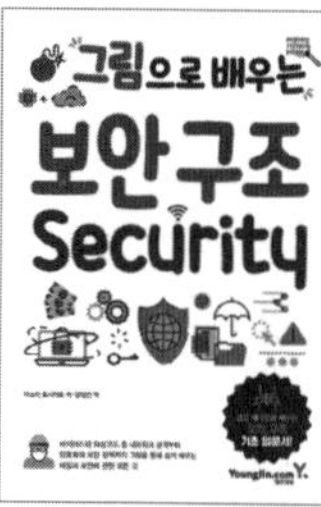

그림으로 배우는
보안 구조
마스이 토시카츠 저
208쪽 | 16,000원